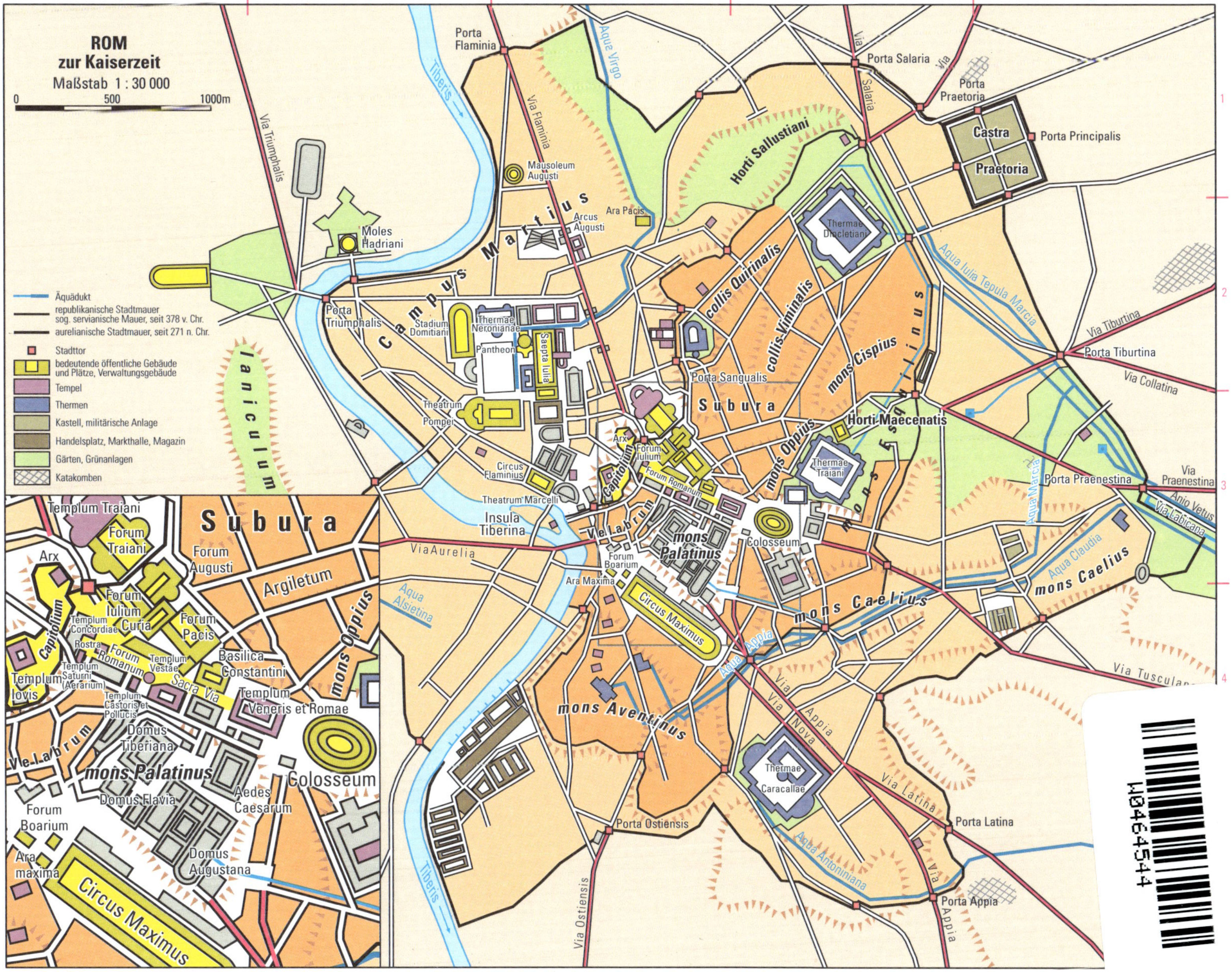
ROM
zur Kaiserzeit
Maßstab 1 : 30 000
0
500
1000m
Äquädukt
republikanische Stadtmauer
sog. servianische Mauer, seit 378 v. Chr.
aurelianische Stadtmauer, seit 271 n. Chr.
Stadttor
bedeutende öffentliche Gebäude und Plätze, Verwaltungsgebäude
Tempel
Thermen
Kastell, militärische Anlage
Handelsplatz, Markthalle, Magazin
Gärten, Grünanlagen
Katakomben
A
B
C
D
E
1
2
3
4
Via Triumphalis
Porta Flaminia
Tiberis
Via Flaminia
Aqua Virgo
Porta Salaria
Via Salaria
Porta Praetoria
Castra Praetoria
Porta Principalis
Horti Sallustiani
Mausoleum Augusti
Ara Pacis
Arcus Augusti
Moles Hadriani
Campus Martius
Porta Triumphalis
Stadium Domitiani
Thermae Neronianae
Pantheon
Saepta Iulia
Thermae Diocletiani
collis Quirinalis
collis Viminalis
Aqua Iulia Tepula Marcia
Via Tiburtina
Porta Tiburtina
Via Collatina
Porta Sangualis
mons Cispius
Subura
Ianiculum
Theatrum Pompei
Circus Flaminius
Theatrum Marcelli
Insula Tiberina
Arx
Forum Iulium
Forum Romanum
Capitolium
mons Oppius
Horti Maecenatis
mons Esquilinus
Thermae Traiani
Porta Praenestina
Via Praenestina
Anio Vetus
Via Labicana
Aqua Marcia
Aqua Claudia
mons Caelius
Via Aurelia
Velabrum
Forum Boarium
Ara Maxima
mons Palatinus
Colosseum
Circus Maximus
Aqua Alsietina
Aqua Appia
mons Aventinus
Via Appia
Via Nova
Via Latina
Via Tusculana
Thermae Caracallae
Porta Latina
Porta Ostiensis
Aqua Antoniniana
Via Ostiensis
Porta Appia
Templum Traiani
Forum Traiani
Forum Augusti
Argiletum
Curia
Forum Pacis
Templum Concordiae
Rostra
Templum Vestae
Basilica Constantini
Templum Saturni (Aerarium)
Templum Iovis
Sacra Via
Templum Castoris et Pollucis
Templum Veneris et Romae
Domus Tiberiana
Domus Flavia
Aedes Caesarum
Domus Augustana
Ara maxima

Cursus Continuus

Texte, Übungen, Begleitgrammatik 1

Ausgabe B

Herausgegeben von Dr. Gerhard Fink und Prof. Dr. Friedrich Maier

Bearbeitet von Dieter Belde, Dr. Gerhard Fink, Prof. Andreas Fritsch, Hartmut Grosser, Rudolf Hotz, Hubertus Kudla, Prof. Dr. Friedrich Maier, Wolfgang Matheus, Andreas Müller, Peter Petersen, Hans-Dietrich Unger, Andrea Wilhelm

Berater: Dr. Karl Bayer

C.C. Buchner
Lindauer
Oldenbourg

CURSUS CONTINUUS, **Ausgabe B** – Unterrichtswerk für Latein in drei Bänden,
herausgegeben von Dr. Gerhard Fink und Prof. Dr. Friedrich Maier

und bearbeitet von
Dieter Belde, Dr. Gerhard Fink, Prof. Andreas Fritsch, Hartmut Grosser, Rudolf Hotz,
Hubertus Kudla, Prof. Dr. Friedrich Maier, Wolfgang Matheus, Andreas Müller, Peter Petersen,
Hans-Dietrich Unger, Andrea Wilhelm

Berater: Dr. Karl Bayer

Illustrationen: Michael Heinrich, München

Das Papier ist aus chlorfrei gebleichtem Zellstoff hergestellt, ist säurefrei und recyclingfähig.

2., korrigierte Auflage 2000 R E

Druck 04 03 02 01 00
Die letzte Zahl bezeichnet das Jahr des Drucks.
Alle Drucke dieser Auflage sind untereinander unverändert und im Unterricht nebeneinander verwendbar.

Umschlag: Mendell & Oberer, München
Lektorat: Dr. Sibylle Tochtermann, Christina Mosler
Herstellung: Johannes Schmidt-Thomé
Satz und Reproduktionen: Satz+Litho Sporer KG, Augsburg
Druck: Appl, Wemding
Bindung: Großbuchbinderei Monheim

ISBN 3-7661-**5331**-5 (C. C. Buchners Verlag)
3-87488-**665**-4 (J. Lindauer Verlag)
3-486-**87665**-1 (Oldenbourg Schulbuchverlag)

Einführung

Der CURSUS CONTINUUS setzt die Tradition der seit fünfundzwanzig Jahren vielfach in der Unterrichtspraxis erprobten CURSUS-Reihe fort, wobei er Bewährtes bewahrt ohne sich an Altes zu klammern.

Daher wurden **die Texte zum größten Teil neu entworfen;** sie führen in immer engerer Anlehnung an Originale nun noch authentischer in die Welt der Antike ein. Ihren Textcharakter unterstreichen die beigegebenen texterschließenden Aufgaben.

Ferner wurde **die Zahl der Lektionen auf 24** und **die Zahl der Lernvokabeln auf ca. 700 reduziert,** ohne dass dadurch die Ansprüche, die an einen gehaltvollen und motivierenden Lateinunterricht zu stellen sind, eingeschränkt worden wären.

Zugleich wurde **den Forderungen des Lehrplans** nach Ökonomie und Effektivität, nach Motivation, Fächer übergreifender, selbstständiger Arbeit, Gegenwartsbezügen und Berücksichtigung der Interessen von Schülerinnen und Schülern **entsprochen.**

Das auf Grund neuer Frequenzstatistiken ausgewählte Vokabular ist so auf die 24 Lektionen verteilt, dass in der Regel 30 Wörter pro Lektion zu lernen sind. Sie werden im Wörterverzeichnis neuerdings in der Reihenfolge ihres Vorkommens im Lektionstext angeführt, was die abschnittsweise Behandlung der Texte erleichtern soll.

Eigennamen sind in einem gesonderten Verzeichnis alphabetisch gesammelt und erläutert.
So sollen die Schüler angehalten werden nachzuschlagen und sich selbstständig zu informieren.

Neuer Stoff und neue Vokabeln sind stets in den Lesestücken geboten. Diese sind wie das Übungsangebot, die Begleitgrammatik und der Wortschatz zweigeteilt, sodass der neue Stoff besser portioniert werden kann. Der Übungsteil dient nicht der weiteren Stoffvermittlung, sondern ausschließlich der Vertiefung des Vermittelten. Für die Einführung neuer Stoffe bieten die E-Texte einen besonders leichten Einstieg, da sie auf vertraute Inhalte und bekannte Vokabeln zurückgreifen.

Da jede Lektion vier Buchseiten umfasst, bleibt viel Platz für reichhaltige Sachinformation, textbezogene Illustration, abwechslungsreiche Übungen (3. Seite der Lektion) und das anregende „Unterhaltungsprogramm" der *„Satura Lanx"* (4. Seite).

Nach jeweils vier Lektionen ist eine *Repetitio Generalis* als Ruhepause eingeschoben; mit ihrem vielfältigen Übungsangebot kann die Erreichung der gesteckten Lernziele in motivierender Weise überprüft werden. Zugleich wird hier eine systematische Einführung in die Technik des Übersetzens gegeben.

Die Grammatik wird innerhalb des Bandes als eigenständiger Teil geboten, die Lektionen begleitend und sukzessiv das System der Sprache aufbauend.

Die Texte führen in möglichst viele Bereiche der Antike ein: Sage und Geschichte, Staat und Gesellschaft, Kunst und Literatur, Ernstes und Heiteres folgen in assoziativ miteinander verknüpften Themenkreisen aufeinander. Dabei wurde darauf geachtet, dass nicht **eine** Darstellungsform dominiert: Erzählung, Rede, Dialog, Brief wechseln ebenso wie die literarischen Gattungen, denen die Vorlagen entnommen wurden.

Das Autorenteam, das Rückmeldungen aus der Praxis gerne berücksichtigt, bittet Lehrer/innen, Schüler/innen und Eltern ihre Wünsche und Beobachtungen dem federführenden Verlag* mitzuteilen. Es dankt allen für solche Mühe im Voraus.

---

* R. Oldenbourg Verlag, Lektorat Alte Sprachen, Postfach 80 13 60, 81613 München.

Inhaltsverzeichnis

Legende für die Symbole

T Texterschließende Aufgaben

V Versionen: Übungen zum Übersetzen aus dem Lateinischen. In diesen Übungen ist der jeweilige Grammatikstoff noch einmal enthalten.

i Informationen

E Einführungen in den neuen Grammatikstoff

1 Übungen zum Stoff der Lektion

4 Übersetzungen aus dem Deutschen ins Lateinische

▶ Kennzeichnung eines Arbeitsbeispiels in den Übungen

? Kennzeichnung einer Lücke im Text, die nicht im Buch ausgefüllt werden soll. Der Text sollte ins Heft übertragen werden, die Lücken sollten dort gefüllt werden.

Ü Übungen in den Abschnitten „Übersetzen mit System". In diesen Übungen wird das gerade Erläuterte gefestigt.

G 1 Grammatikkapitel zu Lektion 1

Leicht ableitbare Wörter, die z. T. auch nicht im Lernwortschatz späterer Lektionen erscheinen, sind wie folgt gekennzeichnet: z. B. *crocodilus*[!].

Erschließbare Komposita bereits gelernter Vokabeln sind durch Bindestrich gekennzeichnet, z. B. *ex-clamat* er ruft aus: *ex-* (aus) und *clamare* (rufen) (22 SL).

Die Erklärung einer Vokabel, die nicht zum Lernwortschatz gehört, aber in den Fußnoten eines früheren Lektionstextes schon einmal erläutert ist, erfolgt nur durch einen Verweis auf die entsprechende Lektion, z. B. in 4 E1: *in frigidarium* (↗ 3 L): Diese Wendung wurde in den Fußnoten zu Lektion 3 erläutert.

Wörter, die beim Übersetzen nicht zu berücksichtigen sind, sind durch das Zeichen ° kenntlich gemacht.

Eigennamen werden nicht an der jeweils gegebenen Stelle erklärt, sondern im Eigennamenverzeichnis.

Bildquellenverzeichnis

S. 21 (oben): Jürgen M. Pietsch, Spröda. – S. 25 (Hintergrund), 63, 73 (rechts), 85, 95, 97, Zeittafel: Dr. Fink, Gerhard, Nürnberg. – S. 41: Landesinstitut für Pädagogik und Medien (LPM), Saarbrücken – S. 49: aus: Wilhelm Busch, Sämtliche Bildergeschichten. – S. 53 (oben): Rheinisches Bildarchiv, Köln. – S. 68: Schmidt-Thomé, Johannes, München. S. 71 (links): Kunsthistorisches Museum, Wien. – S. 71 (rechts), 111: Bildarchiv Preußischer Kulturbesitz Berlin. – S. 73 (links): Thiel, Werner, Hamburg. – S. 75: Giraudon/Lauros, Paris. – S. 79, 83: Scala, Florenz. – S. 91: Museum der Bildenden Künste, Budapest (Foto: Rázsó András). – S. 103: Artothek, Peissenberg. – S. 109: aus Rediscovering Pompeii, © 1990 by L'ERMA di Bretschneider, Roma, Italy, S. 241. – S. 115: Photo R. M. N., Paris (R. G. Ojeda). – S. 119: Archiv für Kunst und Geschichte, Berlin. – S. 123: aus: Honoré Daumier, Götter und Helden, 50 Lithographien, © R. Piper & Co Verlag, München, 1947, S. 37. – Vorsatz/Nachsatz: Büro für Gestaltung, Weilheim.

Textquellenverzeichnis

S. 21, 45, 53, 65, 73, 77, 93: Fremdwortdefinitionen aus: Duden Schülerlexikon. Hg.: Gisela Preuß/Lexikonredaktion des Bibliographischen Instituts. Mannheim 1974, S. 607, 28, 341, 339, 493, 18, 398, 374, 341, 291, 474, 284, 34, 333, 429, 678, 18, 651. – S. 25: M. Gavius Apicius, De re coquinaria/Über die Kochkunst; herausgegeben, übersetzt und kommentiert von Robert Maier, Stuttgart 1991, S. 92. – S. 85: Inschrift aus: Regensburg (Lokalhistorische Texte). Hg.: J. Hohl, München 1933, S. 11.

Im Circus Maximus

(In Anlehnung an Ovid, Ars amatoria I 135 – 148)

An seinem sechzehnten Geburtstag ist MARCUS DOMITIUS LEPIDUS zum ersten Mal im Circus Maximus. Dort sieht er den Kaiser – und CORNELIA!

„Ave, Caesar!“ populus clamat.
„Ave, Caesar!“ clamat et Marcus Domitius.
Valde gaudet, nam modo imperator intrat,
Marcus Ulpius Traianus Caesar Augustus!
Nunc imperator populum[1] appellat;
turba non clamat, sed tacet.
Tum iterum clamat, nam pompa[2] apparet:
Ecce Iuppiter et Iuno,
ecce Apollo et Diana,
ecce Mars et Venus!
Ubi simulacrum Veneris[3] apparet, Marcus plaudit[4].
Amat enim – et ibi est Cornelia, ibi sedet!
Ecce! Etiam Cornelia plaudit[4]!
Nunc et Marcus gaudet et ridet,
nunc spectaculum placet!

---

1) **populum:** das Volk (4. Fall/Akkusativ) 2) **pompa:** Bilderprozession *(vor Beginn der Veranstaltungen im Circus wurden die Bilder der wichtigsten Götter in feierlichem Zug hereingetragen)* 3) **Véneris:** der Venus (2. Fall/Genitiv) 4) **plaudit:** (er/sie) klatscht Beifall

T

- *Zeige anhand der Verben des Textes auf, wie die POMPA auf das Volk, auf M. DOMITIUS und auf CORNELIA wirkt.*
- *Was will MARCUS, was CORNELIA durch den ‚Beifall' für VENUS ausdrücken?*

V

Marcus im Circus

1. Turba gaudet et clamat. 2. Imperator enim intrat. 3. Populus clamat: „Ave, Caesar!“ 4. Nunc etiam Marcus clamat; sed tum tacet. 5. Ecce! Venus apparet et ibi Cornelia sedet! 6. Marcus valde gaudet; Cornelia enim ridet. 7. Populus iterum clamat; nam spectaculum placet.

Circus Maximus

Der Circus Maximus war kein ‚Zirkus' im heutigen Sinn, sondern die größte *(maximus)* von insgesamt vier Rennbahnen im alten Rom. Auf Grund der erhaltenen Überreste kann man berechnen, welche Ausmaße der Circus zur Zeit des Kaisers Trajan hatte: Er war 600 m lang und 150 m breit, mit drei Rängen für 250 000 Zuschauer. Die eigentliche Arena wurde durch einen 214 m langen, niedrigen und mit Altären, Obelisken und Statuen geschmückten Mittelstreifen in zwei Bahnen geteilt.

Die Spiele begannen am frühen Morgen mit einer feierlichen Prozession, der *pompa circensis,* die vom Kapitol über das *Forum Romanum* zum Circus Maximus zog: Voran ging der Beamte, der für die Spiele verantwortlich war, gefolgt von den Wagenlenkern und Musikanten sowie Priestern, die Bilder von Gottheiten mit sich führten.

Danach konnte das Rennen beginnen: Die Startplätze der vier bis zwölf Wagen wurden ausgelost. Sobald der Leiter der Spiele ein weißes Tuch als Startsignal auf die Rennbahn fallen ließ, wurden die Boxen geöffnet. Die Gespanne (meist Viergespanne, *quadrigae*) stürmten auf der rechten Bahn zur ersten Wendemarke. Dann ging es auf der Gegengeraden zur nächsten Wendemarke. Die Gesamtstrecke musste insgesamt siebenmal durchfahren werden (ca. 8,5 km, was knapp 15 Minuten dauerte).

An den Rennen beteiligten sich vier Mannschaften: die Weißen, Blauen, Grünen und Roten. Auf diese Mannschaften oder auch auf einzelne Wagenlenker wurde gewettet. Die Sieger erhielten hohe Preisgelder und manche wurden regelrechte Stars.

Ave, imperator!

(Gruß der Gladiatoren in der Arena)

O Iuppiter!

(Römischer Ausruf des Erstaunens)

1 Übungen

E **Ordne die folgenden Wörter.**
Diskus, Stola, Aquarium, Amerika, Podium, Radius, Planetarium, Tuba, Europa, Hibiskus, Rhombus, Rizinus, Solarium, Afrika, Mensa, Zirkus, Pensum, Minimum, Maximum

1 **Ordne alle Wörter des Lektionstextes einer der vier Spalten zu.**

Marcus Iuno	imperator simulacrum	clamat ridet	iterum nunc

2 **Nur eines passt.**
Wähle aus und übersetze die Sätze.

1. Populus (spectaculum/enim/clamat). 2. Marcus (ubi/ibi/est) sedet. 3. (Clamat/Spectaculum/Marcus) valde gaudet. 4. Cornelia (iterum/et/tacet). 5. (Simulacrum/Turba/Modo) clamat. 6. Spectaculum (valde/intrat/imperator) placet. 7. (Simulacrum/Amat/Cornelia) iterum ridet. 8. (Nunc/Populus/Placet) Marcus gaudet.

3 **Übertrage in dein Heft, ergänze, was fehlt, und übersetze.**
Was fällt dir dabei auf?

1. Popul■ gaude■.
2. Turb■ clama■.
3. Simulacr■ appare■.
4. Spectacul■ place■.
5. Marc■ ama■.
6. Corneli■ ride■.

4 **Zeichne Satzmodelle** der folgenden beiden Sätze und gib an, wo in Satz 2 das Subjekt steckt.
1. Ibi est Cornelia!
2. Ibi sedet.

5 Der Kaiser tritt ein. Das Volk freut sich. Die Menge ruft: „Sei gegrüßt, Cäsar!"

6 **Satz-Schalt-Tafel**
Bilde zehn sinnvolle Sätze. Welche von diesen Sätzen lassen sich mit *nam* verbinden?

Substantiv	Adverbien	Verb
populus turba imperator simulacrum Cornelia Marcus	iterum valde nunc tum modo ibi	clamat apparet sedet intrat gaudet tacet

7 **Irrläufer**
▶ sedet – ridet – et
Lösung: *et* passt nicht in die Reihe, weil es kein Verb ist.

simulacrum – iterum – spectaculum
valde – modo – et – nunc
imperator – turba – populus – tum
Iuppiter – Apollo – Iuno – Mars

8 Die Römer trennten beim Schreiben die Wörter nicht, setzten keine Satzzeichen und benutzten für U und V nur ein Zeichen, das V. Schreibe den folgenden Text so, wie wir ihn heute in einem Buch lesen würden, und übersetze ihn.

AVECAESARMARCVSCLAMATVALDEGA
VDETNAMMODOIMPERATORINTRATMA
RCVSSEDETETTACETTVMITERVMCLAM
ATNAMPOMPAAPPARETETMARCVSRIDE
TNAMSPECTACVLVMPLACET

9 Dort sitzt Cornelia. Sieh da! Dort sitzt auch Marcus. Marcus ruft, Cornelia schweigt. Marcus ruft noch einmal. Jetzt lacht Cornelia.

1 Man nehme vier Substantive, sieben Verben, vier Adverbien, drei Konjunktionen sowie eine Subjunktion und mische sie gut. – Suche die Zutaten im Salat (sie sind waagerecht, senkrecht und diagonal zu lesen), schreibe sie heraus und gib ihre deutsche Bedeutung an.

2 Hier sind die sechs im Lektionstext genannten Gottheiten abgebildet. Nenne ihre Namen in der richtigen Reihenfolge (A – F) und stelle mit Hilfe eines Lexikons oder Sachbuchs fest,

- wie diese Gottheiten von den Griechen genannt wurden,
- über welchen Bereich jede von ihnen Macht hatte,
- welche Symbole (heilige Tiere oder typische Gegenstände) sie hatten.

3 **Was ist mit dem Kaiser?**
Warum die Menge sich diese Frage stellt, erfährst du, wenn du mit dem Pferd wie beim Schachspiel springst.

4 **Götter überall!**
Es gibt nicht wenige Firmen und Produkte, die den Namen einer antiken Gottheit tragen. Sammelt Belege, z. B. aus Prospekten, und stellt gemeinsam aus dem Material eine Collage her.

Afra lernt es!

DOMITILLA, MARCUS' Schwester, kommt gerade mit ihren Freundinnen DRUSILLA, CORNELIA und IULIA aus einer engen Gasse auf das Forum. CORNELIAS neue Sklavin AFRA sieht es zum ersten Mal.

(1) „Ecce forum Romanum!", clamat Domitilla et Drusilla amica: „Ecce via lata!" „Ecce Colosseum!", Iulia clamat. Sed Afra tacet. „Cur non respondet?", Drusilla rogat, „cur non gaudet?" Tum Cornelia: „Nova serva est. Tacet, nam Latine nescit[1]." „Latine nescit[1]!", Domitilla clamat, „Et cur nescit[1]? Nemo eam[2] docet!" Et ad Afram[3]: „Ec-ce fo-rum Ro-ma-num!" Afra dubitat, tum respondet: „Fo-rum Ro-ma-num." Iulia gaudet: „Ecce! Nunc Afra respondet. Nunc laeta est. Domitilla est magistra bona."

(2) Iterum Domitilla: „Ecce templum altum, ecce via lata!" „Al-ta vi-a", Afra respondet. Cornelia et Drusilla rident; Domitilla autem: „Via non est alta, templum est altum; via lata est; magnae viae semper latae sunt." Et Afra: „Viae semper latae sunt." Amicae non iam rident, sed gaudent et invicem[4] clamant: „Templum altum est . . . magna templa semper alta sunt . . . ibi servus firmus stat . . . ibi multi servi . . . ecce, nunc Titus Servilius tribunus apparet, nunc pauci patricii, nunc Marcus Pomponius consul clarus! Laeti sunt et rident." Et Afra: „Multi laeti sunt et rident." Iterum amicae gaudent et clamant: „Bene[5], Afra, bene[5]!" Nunc Afra quoque laeta est. Iam ridet.

1) **Latīnē nescit:** (er/sie) kann kein Latein (*eigentlich: weiß nicht/versteht nicht lateinisch (zu sprechen)*) 2) **eam:** sie 3) **ad Āfram:** zu Afra 4) **ínvicem:** abwechselnd, um die Wette 5) **bene:** gut gemacht!

T
- *Welches Thema herrscht im ersten, welches im zweiten Textabschnitt vor?*
- *Arbeite anhand des Textes heraus, wie sich Verhalten und Stimmung der Sklavin AFRA verändern.*

V
Auf der Straße am Forum

1. Domitilla clamat: „Ecce forum clarum! Ecce multa templa!" 2. Afra stat et tacet. 3. Cur non respondet? 4. Serva nova est. 5. Domitilla et Drusilla et Cornelia laetae sunt; semper rident. 6. Tum Domitilla clamat: „Ecce Marcus!" 7. Ibi enim Marcus apparet. 8. Cornelia autem dubitat et tacet. 9. Amicae rident.

Forum Romanum

Wer heute das *Forum Romanum* betritt, braucht ziemlich viel Fantasie um sich den Zustand zur Zeit des Kaisers Trajan vorzustellen: Allzu viel ist im Laufe der Jahrhunderte zerstört worden.

Ursprünglich befand sich an der Stelle des späteren *Forum Romanum* ein sumpfiges Tal, an dessen Rändern die Bewohner der umliegenden Hügel ihre Toten bestatteten. Außerdem durchquerte eine viel benutzte Straße dieses für die Besiedlung ungeeignete Gebiet. Erst durch den Bau eines Entwässerungskanals (der *cloaca maxima*) im 6. Jh. v. Chr. wurde das Sumpfgebiet trockengelegt. Von da an entwickelte sich die Senke sehr schnell zum religiösen, politischen und wirtschaftlichen Zentrum der Sieben-Hügel-Stadt: Zahlreiche Tempel entstanden im Laufe der Zeit entlang der Hauptachse, der *Via Sacra*, und um das Forum herum, z. B. für Saturn, Vesta, Concordia und das Brüderpaar Castor und Pollux. Der Senat versammelte sich in der *Curia* oder in einem der Tempel. Auf dem Forum fanden die Volksversammlungen statt; von der Rednertribüne *(rostra)* aus versuchten Politiker das Volk zu beeinflussen. Große Hallen (Basiliken) wurden errichtet, in denen Gerichtsverhandlungen stattfanden und wo außer Händlern auch Lehrer mit ihren Schülern Schutz vor Sonne oder Regen suchten. Überall gab es kleine Läden *(tabernae)*, in denen man Schmuck, Parfüm und vieles andere kaufen konnte. Würstchenhändler und Wasserträger boten ihre Waren an. Das Forum war also das Zentrum des täglichen Lebens. Auch wenn man nichts zu tun hatte, wurde es einem dort nie langweilig.

Nova via

(Name einer bekannten Straße in Rom)

Via Appia

(So heißt eine antike Straße, die von Rom nach Süden führt, nach ihrem Erbauer APPIUS CLAUDIUS CAECUS noch heute.)

2 Übungen

E1 Ecce Traianus Caesar Augustus! Traianus est imperator. Nunc intrat et turba gaudet, ridet, clamat, nam laeta est. Etiam imperator gaudet et ridet et laetus est. Tum turba iterum clamat; pompa (↗ 1 L) enim apparet et pompa spectaculum laetum est.

1 **Verbinde** ***Romanus, Romana, Romanum*** **mit**

populus, imperator, spectaculum, via, forum, servus

2 **Nur ein Wort passt.**
Warum?

populus: laetus – nova – bonum
amicus: latus – novus – servus
serva: etiam – via – bona
forum: laetum – iterum – latum

3 **Übertrage in dein Heft und ergänze *bonus* oder *latus* in einer passenden Form.**

1. Afra serva ■ est. 2. Ecce via ■. 3. Domitilla magistra ■ est. 4. Ibi est forum ■. 5. Marcus amicus ■ est. 6. Populus clamat: „Ah, spectaculum ■!“ 7. Via Appia via ■ non est.

4 **Bestimme die Satzglieder.**
1. Forum Romanum latum est.
2. Ibi Colosseum est.

5 Der Marktplatz ist breit. Die Straße ist neu. Das Volk ist fröhlich.

E2 Domitilla et Iulia gaudent et laetae sunt, nam serva nova respondet. Tum amicae clamant: „Ibi Marcus et Titus amici apparent. Cur laeti non sunt?“

6 **Hin und zurück**
Setze Singularformen in den Plural und umgekehrt.

clamat, servus, via, rident, est, templa, intrat, fora, serva, gaudent, tacet, amant, amici, rogat, populi, simulacrum, respondent, amicae, dubitat, docet, stant

7 **Setze in den Plural und übersetze.**
1. Templum altum est.
2. Nunc magistra nova apparet.
3. Amica bona gaudet et ridet.
4. Amicus laetus est.
5. Ibi novus tribunus stat.
6. Spectaculum valde placet.
7. Ecce servus firmus!

8 **Kombiniere!**
Suche die passenden Ergänzungen A. bis E. zu den Satzanfängen 1. bis 5. und übersetze.

1. Afra tacet,	A. via autem lata est.
2. Amicae laetae sunt,	B. et patricii sedent.
3. Serva nunc gaudet	C. et iterum ridet.
4. Templum altum est,	D. nova enim serva est.
5. Consul stat	E. etiam Iulia valde ridet.

9 Warum antworten die Sklavinnen nicht? Sie sind neu. Aber Domitilla ist eine gute Lehrerin. Domitilla erklärt: „Schaut, das berühmte Forum! Schaut, die vielen Tempel!“

1 **Silbenrätsel**

Bilde aus den lateinischen und deutschen Silben bedeutungsgleiche Paare. (Ein Paar ist zum Beispiel: ta-cent – sie schwei-gen.)
Wie viele Paare ergeben sich aus den folgenden Silben?
ap - cla - cu - der - er - er - i - ker - la - le - le - li - mand - mat - mo - mul - ne - nen - nen - nie - pa - po - pu - rent - rum - Schau - schei - schreit - ser - sie - Skla - spec - spie - ta - te - ti - um - vae - vie - vin - Völ - wie

Stellt selbst solche Silbenrätsel her und tauscht sie untereinander aus.

2 **Welche lateinischen Wörter fallen dir dazu ein?**

3 **Hallo, hier „amica“!**

Die Telefonnummer von „amica“ ist 1121. Wie man zu dieser Nummer kommt, zeigt das folgende Schema.

Erkläre auch die folgenden Nummern:
respondent – 22
bonum – 1231
lata – 1221 und 1232

Schreibe die Telefonnummern auf für:

appellant, novae, imperator, templa, turba, intrat, boni, firmum, clara, consul, sunt, Romani, stant, simulacrum, altum, docet, tribuni, placet, laetus, est

4 **Was die Römer spielten: Radmühle**

Zwei Spieler. Jeder hat drei Spielsteine, z. B. gleichfarbige Steine, Geldstücke oder Nüsse. Abwechselnd wird je ein Stein auf einen Punkt gesetzt. Wenn alle Steine platziert sind, wird gezogen. Der Spieler gewinnt, dem es gelingt, eine Mühle zu schließen (also drei Steine in eine gerade Linie zu bekommen). Zeichnet das Spiel ab und spielt es zu zweit.

Das „Radmühlespiel“ findet man noch heute an vielen Orten in Rom, z. B. ist es auf dem Boden der Basilica Iulia auf dem Forum Romanum eingeritzt.

5 **Gut durchgeschüttelt**

wurden die einzelnen Buchstaben lateinischer Wörter. Wie lange brauchst du um die Verwirrung zu beseitigen?

burisunt - dentospern - roteprima - multaspucce

Hochbetrieb in den Thermen

Auf der Suche nach Bekannten kommt MARCUS *auch in die Bibliothek der Trajansthermen; dort findet er seinen Freund* TITUS ANNIUS POLLIO.

(1) MARCUS: Salve, Tite! Cur hic sedes?
TITUS: Quid rogas, amice? Studeo, ut vides.
M: Ego quoque interdum studeo et recito, neque tamen semper studere et recitare iuvat; itaque te rogo: Cur non mecum[1] in palaestra[2] pilam[3] iactas? Iuvat enim ibi esse. Et Gaius et Lucius in palaestra[2] sunt.
T: Iam pareo; amicus bonus sum.

(2) M: Ecce! Hic Gaius et Lucius stant. – Salvete, amici! Cur hic statis et cur pilam[3] non iactatis?
LUCIUS: Quid rogas? Non licet pilam[3] iactare, quod hodie cunctus populus in palaestra[2] est: vix licet intrare.
M: Cur non in frigidarium[4] properamus? Ibi certe non est ‚cunctus populus‘.
T: Cur dubitatis? Num frigidarium[4] timetis? Num timidi estis, amici?
GAIUS: Quid rogatis, Marce et Tite? Cur non tacetis et cavetis? Nihil enim timemus, non sumus timidi neque dubitamus in frigidarium[4] properare, nam iuvat ibi esse, ubi non ‚cunctus populus‘ est.
M: Laudo te, amice! Tu certe non es timidus!

1) **mēcum:** mit mir 2) **in palaestrā:** auf dem Sportplatz 3) **pilam** (4. Fall/Akkusativ): (den) Ball 4) **(in) frīgidārium:** (in) das kalte Bad (mit Schwimmbecken)

T
- *Welche Ortsangaben sind im ersten und zweiten Textabschnitt genannt?*
- *Ordne die Tätigkeiten der drei Freunde diesen Orten zu.*

V

Zur Abwechslung ins Bad

1. Titus rogat: „Ubi sunt Gaius et Lucius, Marce?“ 2. Marcus respondet: „Amici hodie non student, sed natant[1]. 3. Natare[1] enim iuvat, Tite.“ 4. Itaque etiam Marcus et Titus in thermas[2] properant. 5. Ecce frigidarium (↗ 3 L) altum et latum! 6. Ibi iam multi amici sedent, Gaius autem et Lucius natant[1]. 7. Marcus clamat: „Salvete, amici!“ 8. Gaius respondet: „Salve et tu, Marce! Ecce, natare[1] iuvat.“ 9. Et Lucius: „Iuvat vos[3] hic videre. 10. Quid dubitatis? Num timetis?“ 11. Marcus: „Quid rogas? Non timemus neque dubitamus natare[1]. 12. Ecce, iam properamus!“

1) **natāre:** schwimmen 2) **in thermās:** in die Thermen 3) **vōs** (4. Fall/Akkusativ): euch

Thermen

Für Marcus und seine Freunde war der Besuch der öffentlichen Bäder nicht nur ein Freizeitvergnügen. Da die meisten Wohnungen in Rom keinen Wasseranschluss hatten, entstanden schon im 2. Jh. v. Chr. Badehäuser. Die erste wirklich große Thermenanlage wurde ungefähr 20 v. Chr. erbaut: ein prachtvoller Bade- und Freizeitkomplex, der erst durch die Kaiserthermen Neros übertroffen wurde. Kaiser Titus baute 80 n. Chr. noch größere Thermen, die wiederum Kaiser Trajan überbot: Die 109 n. Chr. eröffnete riesige Badeanstalt erstreckte sich über eine Fläche von 337 x 296 Metern; sie war im Inneren mit wertvollen Marmoreinlegearbeiten und Statuen ausgestattet.

Die Thermen waren aber nicht nur Badeanstalten mit Schwimmbad und Sauna. Sie umfassten auch Gärten, Höfe für Sport und Spiel *(palaestrae)*, ja sogar Bibliotheken und Museen.

Zwischen dem Kaltbaderaum *(frigidarium)* im Norden und dem Warmwasserbad *(caldarium)* im Süden lag ein mäßig erwärmtes Gewölbe *(tepidarium)*. Das wegen seiner Größe meist nicht überdachte *frigidarium* enthielt ein Schwimmbecken. Warmwasserbad und Schwitzkammern wurden von einer Unterflurheizung *(hypocaustum)* erwärmt, die Wände mit Hilfe von Hohlziegeln.

Die Thermen öffneten in der Regel erst am späten Vormittag. Bis zur Mitte des 1. Jh.s n. Chr. waren die Badeanstalten für Frauen und Männer zu verschiedenen Zeiten geöffnet. In der *palaestra* hingegen betrieben Frauen und Männer die verschiedenen Ballspiele, das Treiben von Metallreifen und das Hantelschwingen gemeinsam.

Amicus verus[1] thesaurus[2] est magnus.
Timidi cavent, firmi non dubitant.

1) **vērus, -a, -um:** wahr, echt 2) **thēsaurus:** Schatz

3 Übungen

E1 *Marcus und Titus gehen zum Forum. Plötzlich bleibt Marcus stehen.*

Titus rogat: „Quid est, Marce? Cur hic stas?" Marcus non respondet. Sed Titus iterum rogare non dubitat: „Cur taces? Cur non iam laetus es? Non amas mecum (↗ 3 L) esse?" Marcus respondere dubitat; tum: „Non semper rideo. Quid ergo[1]? Non sum laetus? Immo[2] valde gaudeo, nam . . . amo."

---

1) **quid ergō?:** na und? 2) **immō:** im Gegenteil

1 **Bilde den Infinitiv und gib die deutsche Bedeutung an.**

studeo, iacto, parent, recito, video, amas, dubitas, rogo, stant, doces, clamas, respondet, intro, tacet

2 **Reden ist Silber . . .**
Bilde die vom Text geforderten Formen und übersetze.

1. Titus intrat et rogat: „Cur non (studere), Marce?" 2. Marcus tacet, tum: „(Sedere) et (tacere)." 3. Titus: „Cur non (recitare), Marce?" 4. Marcus: „Non semper (studere). 5. Interdum (tacere) iuvat."

3 **Ich und du**
Bilde kurze Sätze.

▶ clamare – tacere
→ Ego clamo, tu taces.

respondere, docere, rogare, parere, recitare, studere, gaudere

4 Warum zögerst du vorzulesen, Marcus? Was fragst du, Titus? Ich zögere nicht, sondern will vorlesen. Es macht Spaß, in der Bibliothek *(in bibliotheca)* zu sein und sich zu bilden.

E2 *Marcus und Lucius sitzen in der Bibliothek; da kommt Titus herein.*

T: Cur hic estis? Cur studetis? Cur non mecum in palaestra pilam (↗ 3 L) iactatis?
M: Non iuvat ibi esse; itaque hic sumus.
T: Quid? Non iuvat esse in palaestra?
L: Videmus te, amice, neque amamus.

5 **Wandle um!**
▶ tacet → Pl. (Plural): tacent → 2. P. (Person): tacetis → Sg. (Singular): taces
rogas → Pl. → 3. P. → Sg. → 1. P. → 2. P.
timeo → Pl. → 2. P. → Sg. → 3. P. → 1. P.
laudat → Pl. → 2. P. → Sg. → 1. P. → 3. P.
cavemus → Sg. → 2. P. → Pl. → 3. P. → Sg.

6 **Füge ein und übersetze.**

nunc, tum, nam, ubi, ut, neque, iterum

1. Populus clamat, ? imperator intrat. 2. ? populum (↗ 1 L) appellat, ? turba clamat, sed tacet. 3. ? pompa (↗ 1 L) apparet. 4. Populus ? clamat. 5. ? simulacrum Veneris (↗ 1 L) apparet, Marcus gaudet. 6. Et Cornelia gaudet, ? Marcus videt.

7 **Ordne die Wortanfänge den Wortenden zu.**
Achtung: Es gibt mehrere Möglichkeiten!

Wortanfänge		Wortenden	
for-	amic-	-um	-ae
s-	respond-	-unt	-a
clam-	sed-	-i	-emus
		-o	-amus

8 Jetzt ist es erlaubt zu antworten. Warum antwortet ihr nicht? Fürchtet ihr euch etwa? Wir sind nicht ängstlich. Wir beeilen uns doch° schon zu antworten. Ihr seid gut und zuverlässig.

1

Schwelle im Treppenhaus eines Wohnhauses in Weimar

So wird man im Haus eines berühmten deutschen Dichters begrüßt. Seinen Namen findest du, wenn du die angegebenen Buchstaben der lateinischen Bedeutungen richtig ordnest.

ich fürchte (4) - sie zögern (8) - ich antworte (9) - nichts (3) - immer (5) - groß (3)

2 Zahlreichen Wörtern moderner Sprachen sieht man ihre Abstammung von ‚Mutter Latein' an. Nenne zu den Wörtern in der Tabelle die lateinischen Stammvokabeln.

Latein	Italienisch	Spanisch	Französisch	Englisch	Rumänisch
?	popolo	pueblo	peuple	people	popor
?	amico	amigo	ami		amic
?	spettacolo	espectáculo	spectacle	spectacle	spectacol
?	buono	bueno	bon		bun
?	studiare	estudiar	étudier	study	studia
?	vedere	ver	voir		vedea

3 **Latein – Italienisch**

a) Gib die italienischen Sätze auf Deutsch wieder.

b) Schreibe die Sätze auf Latein. Vergleiche sie mit den italienischen und nenne Unterschiede.

1. La via è nuova, il tempio non è nuovo.
2. Maria e Giulia sono buone amiche, Paola non è una buona amica.
3. Marco e Lucio sono buoni amici. Sempre ridono.

4 **Was bedeutet eigentlich . . . ?**

Führe die Fremdwörter auf die lateinischen Vokabeln, die ihnen jeweils zugrunde liegen, zurück und erkläre, was sie – genau genommen – bedeuten:

Statist [lat.] *m*, im Theater, beim Film u. im Fernsehen ein Darsteller kleiner Rollen ohne eigenen Text, besonders in Massenszenen.

Amateur [. . . *tör*; frz.] *m*, jemand, der eine Tätigkeit ausübt, ohne einen Beruf daraus zu machen: auch Sport.

5 **Lieber Titus . . .**

Schreibe auf Deutsch einen Brief, in dem Lucius seinem Freund Titus berichtet, was er heute in Rom unternommen hat. In dem Brief sollen folgende Begriffe enthalten sein:

palaestra - frigidarium - Basilica - pompa – Rednertribüne - die Weißen.

LEKTION 4

Ein Gast geht in die Luft

MARCUS DOMITIUS LEPIDUS, der Vater unseres MARCUS, hat Gäste zum Abendessen eingeladen. Einem davon, einem reizbaren Menschen namens GRIPUS, gießt ein Sklave versehentlich heiße Hühnerbrühe auf die Glatze und ein anderer kann sich das Lachen nicht verkneifen. Da legt GRIPUS los:

(1) „Quid video, quid audio? Tu rides, homo? Unde venis, vervex[1], et cur non caves? Ego libertus sum et mercator, tu autem servus. Itaque stare, audire, oboedire debes, furcifer[1]! Neque tamen desinis ridere, verbero[1]. Ah, te iuvat ridere! Iam tremo, iam vix me teneo. Pater autem familias[2] te non reprehendit, non punit, non caedit.

(2) Ubi sumus, amici? Crescit in dies[3] audacia, consuescunt servi ridere, non iam tacent, non iam oboediunt! Domini autem tacent. Sentimus haec[4] et intellegimus neque tamen reprehendimus neque punimus! O dei, ubi estis? Cur non auditis et descenditis? Cur dubitatis? Patres enim . . .“

Tum Marcus Domitius pater: „Cur tantopere clamas, Gripe? Cur non taces et quiescis? Homines sumus, non dei. Tu quoque homo es. Itaque te iterum rogo: Cur tantus clamor, immo tanti clamores?“

Et profecto Gripus clamare desinit; haec[4] tamen fremit: „Verbero, vervex, furcifer!“[1]

---

1) **vervex, fúrcifer, vérberō:** römische Schimpfwörter (etwa: Hammel, Galgenstrick, Watschengesicht) 2) **pater familiās:** Hausherr 3) **in diēs:** von Tag zu Tag 4) **haec:** dieses, das

T

- *Was wird im Text als Aufgabe eines Sklaven, was als Recht eines Herrn angesehen?*
- *Wie kritisiert MARCUS' Vater die Meinung seines Gastes? Nimm dazu Stellung.*

V

Gripus gibt endlich Ruhe

1. Gripus mercator reprehendere non desinit: 2. „Cavere debes. Te rogo: Cur rides?“ 3. Servus oboedit, ridere desinit, tacet, tremit. 4. Sed Gripus iterum fremit: „Quid stas? Cur non venis?“ 5. Clamat: „Et vos[1]? Quid statis nec venitis? 6. Servi sunt! Nihil intellegunt, nihil sentiunt!“ 7. Sed servus intellegit et venire properat. 8. Respondet: „Ecce, iam hic sum, oboedio.“ 9. Nunc Gripus quiescit; clamor non iam crescit, sed desinit. 10. Servi sentiunt: „Nunc ridere licet. Nemo iam[2] timere debet.“

---

1) **vōs:** ihr 2) **nēmō iam:** vgl. nōn iam

Römisches Essen

Wie heute noch in den Mittelmeerländern üblich, waren auch bei den Römern sowohl das Frühstück als auch das Mittagessen eher einfach: Man aß etwas Brot, in Wein getunkt, sowie Obst, Käse, Oliven oder Eier, mittags auch Fisch und Gemüse. Dazu trank man Wasser oder mit Wasser verdünnten Wein. Die Bewohner von Mietwohnungen, die meist keine Küche hatten, aßen zu Mittag an Imbissbuden Gemüse oder Eintopfgerichte, gelegentlich auch gegrillte Würstchen oder gebackenen Fisch, Süßwaren, Obst und Fladenbrot.

Die Hauptmahlzeit der Römer war das Abendessen *(cena)*, das man am Spätnachmittag, manchmal nach dem Besuch der Thermen, einnahm. Während die Ärmeren sich mit einer Gemüsesuppe ohne Fleischeinlage, Brot und einem Mehlbrei aus Gerste oder Weizen begnügen mussten, war die *cena* für wohlhabende Bürger der Anlass mit Gästen ein aus mehreren Gängen bestehendes Menü einzunehmen. Der griechischen Sitte entsprechend speiste man liegend im *triclinium:* Auf drei Seiten eines niedrigen Tisches waren Ruhebetten aufgestellt. Die vierte Seite blieb für die servierenden Sklaven frei. Auf den mit Kissen und Decken gepolsterten Liegen nahmen in der Regel je drei Personen Platz. Man stützte den Ellbogen des linken Armes auf ein Kissen und hielt mit der linken Hand den Teller. Der Gebrauch der Gabel war unbekannt und das Messer überflüssig, weil Sklaven die Speisen mundgerecht zerteilten; also aß man mit den Fingern, die Suppe natürlich mit einem Löffel.

Als Vorspeise gab es immer Eier, als Nachspeise immer Obst, meist Äpfel *(ab ovo usque ad mala)*. Als Hauptgänge servierte man z. B. Wildhase mit Datteln, Spanferkel, gefüllt mit gekochtem Schafshirn, Hühner oder Flamingos, gegrillte Schweineeuter und alle Arten von Fisch. Gewürzt wurde mit Kräutern, Honig, Pfeffer, Kümmel und *garum,* einer salzhaltigen Fischsoße. Als Getränk reichte man mit warmem Wasser gemischten Wein. Vor dem Nachtisch veranstaltete man ein Trankopfer für die Laren, die Schutzgottheiten der Hausbewohner.

Zwischen den einzelnen Gängen und nach dem Essen wurden die Gäste von Musikern und Tänzern, Sängern und Schauspielern unterhalten.

Deus est Dominus.
Hic et nunc.

E1 *Marcus trifft Aulus in der Bibliothek.*
M: Salve, Aule! Valde te reprehendo, quod semper hic sedes et studes. Cur non mecum (↗ 3 L) in frigidarium (↗ 3 L) venis?
A: Tu me semper reprehendis, Marce. Num te iuvat me reprehendere?
M: Me non iuvat; sed cur tu semper studes? Titus quoque amat studere, tamen interdum mecum (↗ 3 L) venit. Cur tu mecum venire dubitas?
A: Iam pareo, amice, iam venio.

1 **Bilde jeweils die 1. und 2. P. Sg.**
debere, tremere, desinere, tenere, caedere, reprehendere, parere, studere

2 **Suche einen lateinischen Gegenbegriff zu**
reprehendere, servus, hic, tacere, stare

3 **Ein strenger Herr**
Füge die Verben aus dem Kasten passend ein und übersetze.

punire, tremere, venire, oboedire, caedere

1. Gripus: „Quid video? Debes ?, non ridere.“ 2. Servus: „Audio, itaque ?.“ 3. Gripus: „Reprehendo te, nunc ? debes.“ 4. Servus: „Iam venio, iam appareo; me ? non debes.“ 5. Gripus: „Non properas, ut servus bonus properare debet; itaque nunc te ?.“

4 **Unverbunden**
1. Stare, audire, oboedire debes.
2. Me non iuvat cavere, parere, tacere.

Was bewirkt die unverbundene Reihung der Infinitive?

5 Woher kommst du, Davus? Warum gehorchst du nicht, Sklave? Jetzt hört der Sklave auf zu lachen.

E2 *Gripus ist entrüstet.*
„Cur non statis neque oboeditis, servi? Cur ridere non desinitis? (Ad patrem familias[1]:) Servi non iam oboediunt, nos[2] autem tremimus neque punimus. Cur domini caedere desinunt? Servi non sunt homines.“

---

1) **ad patrem familiās:** zum Hausherrn 2) **nōs:** wir

6 **a, e, i und k**
Bilde die Infinitive und ordne sie einer Konjugationsklasse zu.
sentimus, intellegimus, punimus, reprehendimus, crescis, debes, auditis, desinis, propero, fremis, descenditis, venis, tenetis, tremitis, recitatis, caedis

7 **Verwandle in die entsprechende Plural- bzw. Singularform** und gib die deutsche Bedeutung an.
audit, fremit, reprehendunt, libertus, homines, tremis, dei, caedimus, punitis, dea, descendo, patres, debetis

8 **Ordne die Adjektive den Substantiven zu;** welches Substantiv bleibt übrig?

homines, pater, via,	laetus, laeti, multi,
mercatores, clamor,	magnus, lata,
Venus, imperator	firmus

9 **Irrläufer**
dominus – tremimus – tantus
tenes – clamores – patres
tantopere – quiescere – fremere
immo – punio – profecto
amice – certe – hodie
fremitis – descenditis – caedis

10 Die Kaufleute schreien: „Es ist erlaubt einzutreten.“ Viele Leute hören und kommen. Das Geschrei ist groß, die Menge wächst. Was ist los° ? Ich verstehe das° nicht. Jetzt verstehe ich: Dort stehen viele neue Sklaven.

1 Kochen wie die Römer

Vielleicht ergibt sich für euch die Gelegenheit diese beiden Rezepte aus der römischen Küche einmal auszuprobieren!

Gekochtes Huhn im eigenen Saft
Stoße Pfeffer, Kümmel, ein wenig Thymian, Fenchelsamen, Minze und Raute, [. . .] gieße Essig dazu, gib Datteln dazu und zerstampfe es. Schmecke mit Honig, Essig, Liquamen und Öl ab. Gib das abgekühlte und abgetrocknete Huhn dazu, das du damit übergossen servierst.

Heiße Kirschfladen
Drücke vier eingeweichte Semmeln gut aus, zerkleinere die Masse und mische sie mit 3 Esslöffeln Mehl, 1/8 l Milch, 2 Eiern, Honig und Zimt. Gib ca. 250 g entsteinte Kirschen dazu. Erhitze Backfett in der Pfanne, knete den Teig zu kleinen Fladen und backe sie von allen Seiten goldgelb.

2 Das war ein ? Mahl!

Wie sagt man auch zu einem besonders üppigen und schmackhaften Essen? Für das gesuchte Adjektiv hat ein römischer Feinschmecker Pate gestanden. Seinen Namen findest du, wenn du die angegebenen Buchstaben der deutschen Bedeutungen ordnest. (Vorsicht bei mehreren Bedeutungen!)

intellegere (4) - ubi (5) - licet (8) - vix (3) - neque (2) - debere (4) - tamen (6) - tenere (3)

3 Wie hieß das bei den Römern?

Ordne die deutschen Bezeichnungen der Lebensmittel den lateinischen zu. Bei richtiger Zuordnung bleiben drei deutsche Wörter übrig: Warum wohl?

piper - feniculum - persicum - vinum - ostrea - sal - caseus - asparagus - nux - caulis - petroselinum - sinapis - dactylus - cucurbita - oleum	Öl - Kohl - Spargel - Kartoffel - Käse - Fenchel - Avocado - Wein - Dattel - Senf - Nuss - Auster - Pfirsich - Salz - Petersilie - Tomate - Pfeffer - Kürbis

1 – 4 Repetitio Generalis

Übersetzen mit System (I)

Regeln

Das Übersetzen aus dem Lateinischen wird dir nicht schwer fallen, wenn du Folgendes beachtest:

1. Die <u>wichtigsten Signale</u> stehen am Ende veränderlicher Wörter.

ride | *s*	du | lach | st	*templ* | *a*	die | Tempel	*amic* | *i*	die | Freund | e

2. Nur <u>ein Teil dieser Signale</u> ist <u>eindeutig</u>; oft musst du WENN-DANN-Entscheidungen treffen:

WENN ein Wort, das auf A endet,	z. B.	, DANN kann es sich
ein Substantiv der $\bar{a}$-Deklination ist, ein Substantiv der *o*-Deklination auf *-um* ist, ein Adjektiv auf *-us, -a, -um* ist,	*amic**a*** *templ**a*** *alt**a***	nur um einen Singular handeln, nur um den Plural handeln, um Sg. (f) oder Pl. (n) handeln.

3. Wichtig ist auch, dass in vielen lateinischen Sätzen das <u>Prädikat am Schluss</u> steht:

Marcus hodie non gaudet, quod amici non in palaestra sunt.

Marcus freut sich heute nicht, weil die Freunde nicht auf dem Sportplatz sind.

Im <u>Hauptsatz</u> *(Marcus hodie non gaudet)* müssen wir beim Übersetzen ins Deutsche eine Umstellung vornehmen: In deutschen Hauptsätzen muss das Prädikat in der Regel an die zweite Stelle (nach dem ersten Satzglied) vorgezogen werden. Du musst also, wenn das erste Satzglied übersetzt ist, mit Schwung zum Prädikat und von da wieder zurück „pendeln", wie es das Schaubild zeigt. Grundsätzlich sollte man sich immer von der lateinischen Wortfolge leiten lassen und nur dann zum „Pendelschwung" ansetzen, wenn der deutsche Satzbau es verlangt:

Marcus laetus est et ridet, ubi simulacrum Veneris apparet.

Marcus ist froh und lacht, sobald das Bild der Venus erscheint.

Ubi simulacrum Veneris apparet, Marcus laetus est et ridet.

Sobald das Bild der Venus erscheint, ist Marcus froh und lacht.

Übersetzen mit System D → L (I)

Regeln

1. Substantive und Adjektive

Im Deutschen haben Adjektive als Attribute von Substantiven Endungen, als Prädikatsnomina n i c h t :	Im Lateinischen richten sich Adjektive s t e t s in Kasus, Numerus und Genus (Fall, Zahl und Geschlecht) nach dem Substantiv, auf das sie sich beziehen:
Schau, der **hohe** Tempel!	*Ecce, templ**um** alt**um**!*
ein hoh**er** Tempel!	
Der Tempel ist hoch.	*Templ**um** alt**um** est.*
Dort ist ein Tempel. **Er** ist hoch.	*Ibi est templ**um**. Alt**um** est.*

„Tempel" ist im Deutschen ein männliches Wort, *templum* dagegen ein Neutrum. Beim Übersetzen ins Lateinische muss man wissen, welches Geschlecht die lateinischen Substantive haben, um an ihren Wortstock und an den der zugehörigen Adjektive die richtigen Ausgänge anfügen zu können.

Ü: Übersetze ins Lateinische und setze zwei der lateinischen Sätze in den Plural.
Der Weg ist nicht breit. Das Durcheinander ist groß. Das Volk ist froh.

2. Verben

Lateinische Verben kennzeichnen Person und Numerus (Einzahl/Mehrzahl) durch eindeutige Person-Zeichen, die im Präsens Aktiv a l l e r Konjugationen dieselben sind. Im Deutschen ist auf die Endungen allein kein Verlass; man muss darum auf weitere Signale (Pronomina, Numerus und Art des Subjekts) achten:

Wir	seh**en**.		*Vide **mus.***	1. Person Plural
Sie			*Vide **nt.***	3. Person Plural
Die Leute		*Homines*	*vide **nt.***	3. Person Plural
Man darf		*Licet*	*vide **re.***	Infinitiv (als Subjekt)

Die Unterschiede zwischen den verschiedenen Konjugationen beschränken sich auf den Stammauslaut *(ama-, vide-, audi-, caed-)* und die zur Sprecherleichterung gelegentlich nötigen Bindevokale (*audiunt, caedit*). Ein Sonderfall ist *amo* (aus *amao*).

Ü: Stelle bei der Übersetzung der folgenden Formen fest, wo die Person-Zeichen unmittelbar an den Stamm treten (0), wo Bindevokale (B) erscheinen und wo, als Sonderfall (S), ein *a* verschwindet:
wir steigen herab - ich ruhe - es ist erlaubt einzutreten - sie fühlen - sie hört - du zitterst - ich lobe - ihr lacht - er lacht

Übungen

1 Überlege, wo du – außer zum Prädikat – noch „pendeln“ musst.

1. Marcus hodie laetus est. 2. Nam valde amat. 3. Cur Cornelia amica non venit? 4. Ecce, ibi stat. 5. Cornelia semper valde tremit. 6. Profecto Cornelia hodie ridere et Marcum[1] appellare dubitat.

1) **Mārcum** (hier): ihren lieben Marcus

2 Gefüllte Fische

Welche Wörter gehören zum Fisch A, welche zum Fisch B?

A

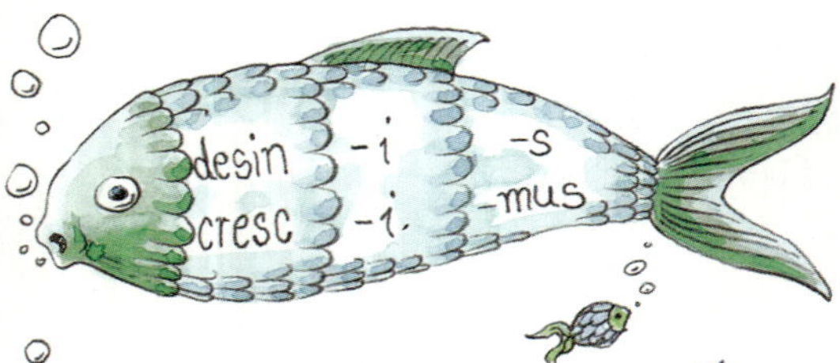

B

sumus - paremus - tenemus - tremimus - properamus - apparetis - caedunt - descenditis - veniunt - quiescis - docemus - punitis - consuescit - debeo - intellegunt - tenes - dubitat - respondemus - desinit

3 Setze ein passendes Attribut zu den folgenden Substantiven.

▶ F1 (tantus clamor)

1. clamor	A. novus
2. populi	B. paucae
3. consul	C. multi
4. magistrae	D. clara
5. via	E. alta
6. dominus	F. tantus
7. mercatores	G. bonus
8. templa	H. laeti
9. homo	I. clarus

4 Zeichne das Satzmodell zu den folgenden Sätzen und übersetze.

1. Servus novus est. 2. Servus novus semper tacet. 3. Traianus imperator bonus est. 4. Nunc imperator novus intrat. 5. Simulacra sunt clara. 6. Non intratis.

5 Setze in den Singular/Plural.

amamus - tribunus - fremunt - novi - amicus - consuescimus - caedis - punimus - quiescit - dei - dea - taces - clamores - fora - intellegis - studeo - sto - reprehendo - homo - cavent

6 Bunt gemischt

Übersetze.

ich sehe, komme, eile, schreie, wachse
du gewöhnst dich, hältst, liest vor, zögerst
er/sie/es zittert, merkt, muss, gehorcht
wir steigen herab, fürchten, bestrafen, fragen
ihr kommt herein, sitzt, seht ein, bestraft
sie tadeln, wollen, schlagen, stehen da

7 Nur nicht ins Rotieren kommen!

Sortiere nach Wortarten und übersetze.

8 Was gehört zusammen?

Ordne in deinem Heft die Sätze den richtigen Satzmodellen zu und übersetze sie dann.

1. Cornelia hodie venit. 2. Properat.
3. Marcus laetus est. 4. Amica venit.
5. Cornelia amica bona est.

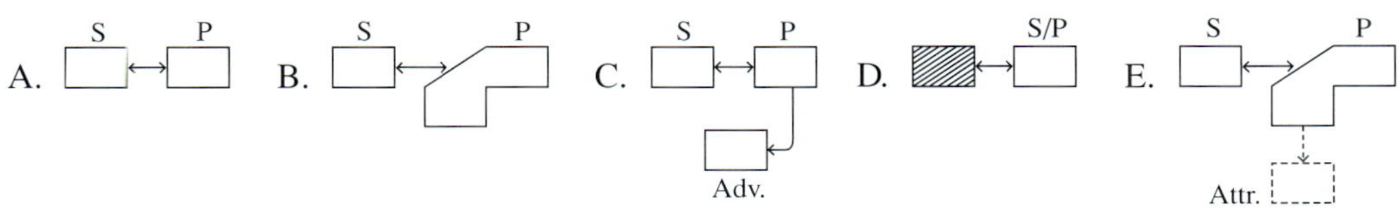

9 Auf die Auswahl kommt es an!

Entscheide unter Beachtung des Kontexts, welche von mehreren Bedeutungen der hervorgehobenen Wörter eine sinnrichtige Übersetzung ergibt.

▶ <u>Turba</u> desinit clamare.
→ <u>Die Verwirrung</u> / <u>das Durcheinander</u> / <u>die Menge</u> hört auf zu schreien.
Sinnrichtig: Die Menge hört auf . . .

1. Populus <u>modo</u> clamat, <u>modo</u> tacet. 2. Simulacra <u>clara</u> placent. 3. Pater filium[1] non <u>caedit</u>, sed reprehendit. 4. Turba clamat <u>neque</u> clamare desinit, <u>ubi</u> imperator venit. 5. Consul intrare <u>dubitat</u>. 6. Amicus timidus non est, <u>immo</u> <u>firmus</u>. 7. Non <u>licet</u> ridere.

1) **filium** (hier): seinen Sohn

10 Was man auf dem Forum sehen und hören kann.

Benenne alle Personen und Gegenstände auf dem Bild Seite 15 und ergänze die Bezeichnungen aus dem Wortschatz 1 – 4.

Was für eine Stadt!

Afra ist nun schon einige Monate in Rom und darf Cornelia oft begleiten. Trotzdem ist ihr die Großstadt noch immer unheimlich.

(1) Cornelia Romam et vitam urbanam[1] amat;
itaque forum et vias latas et aedificia publica et circum clarum saepe laudat.
Afra autem, dum Corneliam audit, tacet et multa deliberat:
„Quanta est Roma! Quot templa hic sunt, quot vias et vicos video!
Et quantus est clamor!
Clamant domini, dum servos vocant,
clamant mercatores, dum vinum et oleum[2] et olivas[2] laudant,
clamant imprimis mendici[3], dum dona poscunt!

(2) Tantum clamorem non sustineo, tot homines timeo.
Cur Corneliam semper iuvat inter homines esse?
Cur multas horas per vias ambulare solet?
Cur tot homines Romam veniunt?“
Dum Afra deliberat, homo sordidus[4] ad Corneliam accedit et donum petit.
Cornelia ridet et donum negat, sed Afra hominem sordidum[4] non ridet.
Habet unum assem[5], hominem sordidum[4] donare studet.
Homo autem assem[5] videt, valde ridet, in templum Fortunae[6] currit.

1) **urbānus, -a, -um:** städtisch 2) **oleum:** Öl; **olīva:** Olive *(Frucht des Ölbaums)* 3) **mendīcus:** Bettler 4) **sórdidus, -a, -um:** schmutzig, abgerissen 5) **as** (Akk.: **assem**): (der) As *(kleine römische Münze)* 6) **Fortūnae** (2. Fall/Genitiv): der Fortuna, der Glücksgöttin

T

- *Stelle mit lateinischen Ausdrücken zusammen, was Cornelia und Afra in der Stadt hören und sehen.*
- *Wie reagieren sie auf das großstädtische Leben und Treiben?*

V

Das Ewige Rom hat auch seine Schattenseiten

1. Multi homines Romam amant; laudant Romam aeternam[1]. 2. Roma enim iam multa saecula[2] stat. 3. Etiam hodie iuvat per vias et vicos ambulare et aedificia et fora clara videre. 4. Et quot templa Roma habet! 5. Tamen multi homines Romam timent, quod tot homines habet. 6. Immo Romam reprehendunt: „Quantus ibi clamor est! Tantum clamorem nemo sustinet! 7. Hic mercatores clamant, ibi mendici (↗ 5 L) dona petunt. 8. Multae viae sordidae (↗ 5 L) sunt.“ – 9. Sed tu, quid sentis? – 10. „Certe, amice, inter tot homines et clamor crescere solet. Sed ego Romam peto, quod vitam amo.“

1) **aeternus, -a, -um:** ewig 2) **saéculum:** Jahrhundert

Die Großstadt Rom

Zur Zeit des Kaisers Trajan lebten in Rom über 1,2 Millionen Menschen, und zwar oft auf engstem Raum; denn Grund und Boden waren teuer und etwa ein Zehntel des Stadtgebiets nahmen öffentliche Gebäude wie Tempel, Basiliken, Thermen, Zirkusbauten, aber auch Parks und private Gärten sowie das dem Kaiser vorbehaltene Palatinische Viertel in Anspruch. Da man damals alle Wege zu Fuß zurücklegte – Wagen und Karren durften tagsüber nur in kaiserlichem Auftrag unterwegs sein –, konnte sich die Stadt nicht einfach ins Umland ausdehnen und man musste auf andere Weise Raum für die wachsende Bevölkerung schaffen: Die Straßen wurden eng gehalten, die Häuser immer höher gebaut.

Nur wenige Straßen verdienten ihren Namen *(viae):* Sie waren so breit, dass zwei Wagen aneinander vorbeifahren konnten. Die meisten anderen Straßen und Gassen, von denen übrigens nur einige gepflastert waren oder Bürgersteige hatten, waren nur 3 bis 4 m breit. Die vorgeschriebene Mindestbreite betrug 2,90 m.

Auch für die mehrstöckigen Mietskasernen *(insulae)* gab es Vorschriften. Aus Sicherheitsgründen beschränkte schon Kaiser Augustus ihre Höhe auf 20 m, Kaiser Trajan setzte sie auf 18 m herab.

Das Leben der Römer spielte sich tagsüber zum großen Teil außer Haus ab. Am belebtesten waren die Geschäftsstraßen, an denen die Läden *(tabernae)* lagen: Ladentische und Körbe standen vor den Türen. Barbiere rasierten ihre Kunden auf der Straße, fliegende Händler priesen lauthals ihre Waren an, Schlosser und Schmiede hämmerten, Bettler flehten um Almosen und aus den zahllosen Wirtshäusern drang das Stimmengewirr der Zecher und Spieler.

Quot homines, tot sententiae.

Roma alta, Roma aeterna[1],
Roma magistra gentium[2]!

(So priesen die Römer ihre Hauptstadt.)

1) **aeternus, -a, -um:** ewig 2) **gentium:** der Völker

5 Übungen

E1 *Drei Freundinnen auf dem Forum*
Modo Titus Servilius tribunus apparet. Tum Cornelia amicas rogat: „Cur multi homines tribunum amant?“ Iulia respondet: „Tribunus bonus est et bonos tribunos amamus.“ Nunc Domitilla amicam rogat: „Cur Pomponius consul . . . ?“ Tum amicae Pomponium audiunt. Modo templa laudat, modo circum.

1 **Ergänze die fehlenden Formen.**
Übertrage hierzu die Formen in dein Heft.

servus	servum	dea	?
?	vitam	?	dominos
vici	?	viae	?
vinum	?	?	deos
?	dona	circus	?

2 **Bilde Sätze.**
1. Afra, multi, via, videre
2. Marcus, templum, altus, laudare
3. Cornelia, servi, vocare
4. Mercatores, vinum, laudare
5. Servus, dona, poscere

3 **Nicht jeder liebt das Stadtleben.**
Übertrage den Text in dein Heft, fülle die Lücken und übersetze.
1. Cornelia Rom? amat; sed Afra vic? amat. 2. Vi? latas et aedificia alt? non amat. 3. Turb? et spectacul? non placent. 4. Templa alt? intrare Afram non iuvat. 5. Timid? est, saepe tacet. 6. Vit? Roman? non laudat.

4 **Zeichne Satzmodelle.**
1. Afra clamorem audit. 2. Cornelia circum clarum laudat. 3. Multi domini servos vocant. 4. Cornelia multa deliberat.

5 Es macht Freude, Rom zu sehen. Wir sehen breite Straßen, eine große Rennbahn, das berühmte Forum. Ich liebe die fröhliche Menschenmenge, die Gassen, die Bauwerke.

E2 Afra deliberat: „Quantum clamorem audio! Quot homines video! Cur per vias et vicos ad forum properant? Cur in forum veniunt? Cur Corneliam iuvat inter homines esse?“

6 **Setze in den Akkusativ und übersetze.**

viae latae	amici laeti
consules Romani	tantum donum
nova serva	vici novi
clara simulacra	vinum bonum
pater bonus	homo timidus

7 **Bestimme die hervorgehobenen Satzglieder/Satzgliedteile und übersetze.**
1. Multi homines <u>Romam</u> amant; itaque <u>homines</u> iuvat ibi ambulare. 2. Marcus <u>laetus</u> est, nam <u>multos</u> homines videt. 3. <u>Multas horas</u> ambulare solet. 4. <u>Per vias</u> <u>latas</u> currit. 5. <u>Quantum</u> clamorem audit!

8 **a) Vervollständige die Verbformen, ergänze die Adjektive in der richtigen Form und übersetze.**
1. Marcus et Lucius hodie ambula?. 2. (Multi) horas per vicos ambula? sole?. 3. Nam vias (latus) et aedificia (altus) ama?. 4. Mercatores vide? et clamores audi? amicos iuvat. 5. Nunc Domitillam et Afram vide?: 6. „Salve, Domitilla! Cur hic e??“ 7. „Salvete, amici! In forum curr?. Cur vos (↗ 4 V) hic es??“ 8. „Sole? templa (altus) et forum (tantus) pet?.“

b) Wo ist ein Infinitiv als Subjekt, wo als Objekt verwendet?

9 In der Tat, dort ist es möglich, viele fröhliche Menschen zu sehen. Auch ich liebe es°, durch die Straßen und Gassen zu spazieren. Unter den Leuten sind viele Kaufleute. Ich gehe auf einen Kaufmann zu. Er fragt: „Was willst (verlangst) du?“ Ich antworte: „Ich will einen guten Wein.“

1 Die Römer schrieben im Alltag auf kleine Wachstafeln. Um Zeit und Platz zu sparen kürzten sie oft die Wörter ab. Hier hat Lucius sich Notizen gemacht zu der Frage: Was gibt es in Rom zu sehen? Schreibe die abgekürzten Wörter aus.

2 **Kommt zurück!** Den Wörtern sind die Endbuchstaben weggelaufen. Hole sie wieder zurück.

homin turb domin templ consul

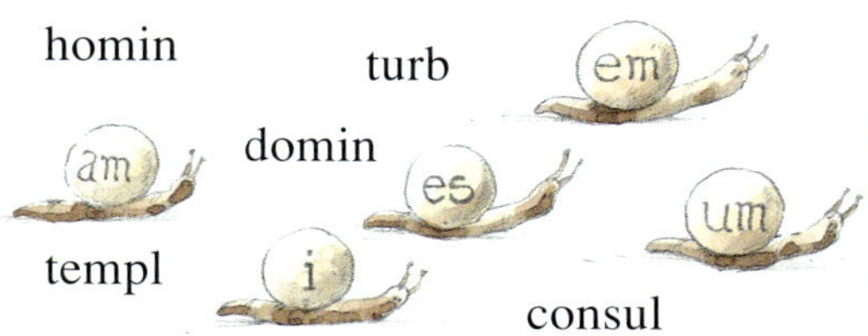

3 **Lateinische Buchstabensuppe**
Das sind die Zutaten auf Deutsch:

1. jetzt
2. du suchst auf
3. wir fürchten
4. dort
5. er wächst
6. mich
7. ich bin
8. sie kommen
9. sie pflegen, sind gewohnt
10. ich liebe
11. schon
12. es ist erlaubt
13. aber, sondern
14. ihr schlagt

Suche die Zutaten in der Suppe (sie sind waagerecht, senkrecht, diagonal, vorwärts und rückwärts zu lesen) und schreibe sie auf. Oh! Eine der Zutaten hat der Koch vergessen. Welche?

4 **Roma**
a) Welche der folgenden Städte haben heute ungefähr so viele Einwohner, wie Rom im 1. Jh. n. Chr. hatte?

Mailand - München - London - Berlin - Prag - Nürnberg - Athen - Oslo - Ankara - Augsburg

b) Wie viele Einwohner hat Rom heute?
c) Vergleiche die Lebens- und Wohnsituation im antiken Rom mit der in einer heutigen größeren Stadt. Was war in Rom ganz anders?

5 Im Stimmengewirr auf dem Forum war ein Wort nicht zu hören: „Ubi es, Marce? Ubi es?“ – „??? sum. Cur me vocas? Num times?“ War es: certe – hodie – hic – ibi?

Warten auf dem Kapitol

MARCUS hat CORNELIA lange nicht mehr gesehen. Heute hofft er sie auf dem Kapitol zu treffen.

(1) Iam unam horam Marcus in Capitolio, pro templo Iunonis[1], stat et Corneliam exspectat. Subito videt: Ibi venit, sine Afra, sine amicis! Marcus gaudet et vocat: „Salve, Cornelia! Quid agis?" Sed Cornelia susurrat[2]: „Cur non taces, Marce? Ecce! Ibi pater cum Aulo avunculo[3] et nonnullis cum amicis ex templo Iovis[4] venit et ibi est pro Afra Megaera! Megaera mulier mala est; semper me summa cum cura observat, semper me admonet, nihil non videt, nihil non audit."

(2) Iam Megaera accedit et rogat: „Quid est, Cornelia? Cur cunctis in locis stas? Cur venire non properas? Iam cum patre forum petimus." „Ex animo te amo!", Marcus susurrat[2] et „in mea[5] vita . . .", dum Cornelia cum Megaera de Capitolio in forum descendit. Marcus diu in Capitolio manet et simulacra clara spectat. Cogitat enim: „Fortasse Cornelia . . ." Sed frustra sperat. Cornelia non iam a foro venit. Itaque Marcus maestus est et rogat: „Cur dei Megaeram non perdunt? Cur non cunctas servas malas, cunctos homines malos cunctis in terris perdunt? Cur me non a mulieribus, non ab hominibus malis protegunt?"

1) **Iūnōnis:** der Juno 2) **susurrāre:** flüstern 3) **avúnculus:** Onkel 4) **Iovis:** des Jupiter 5) **meus, -a, -um:** mein; (hier): mein(e) ganzer(e/es)

T

- *Erzähle den Ablauf der Handlung schrittweise nach. Beachte dabei die Orts- und Zeitangaben im Text.*
- *Vergleiche die Beschreibung MEGAERAS mit ihren Äußerungen. Welches Bild ergibt sich?*

V

Manchmal übersieht man selbst die schönsten Tempel

1. Hodie Marcus sine amicis pro templo Iovis (↗ 6 L) sedet. 2. Templum non spectat, sed magna cum cura homines observat. 3. Tamen ab hominibus nihil sperat. 4. Diu Corneliam exspectat; sed frustra manet. 5. Itaque de Capitolio in forum descendit. 6. In foro quoque nonnulla templa sunt. 7. Marcus autem hodie nihil videt. 8. Dum de amica deliberat, a foro in Novam viam venit. 9. Subito in magna turba Lucium et Titum videt. 10. Sed amici cum clamore alio[1] currunt. 11. Quid agunt? Quid in animo habent?

1) **aliō:** anderswohin

Kapitol

Wenn sich Marcus mit Cornelia auf dem Kapitol verabreden wollte, musste er schon genau angeben, wo das sein sollte, denn auf diesem Hügel standen zahlreiche kleine und große Tempel, Altäre, Statuen und Büsten.

Schon in der Frühzeit Roms war die Anhöhe im Norden des Forums sehr wichtig: Sie beherrschte den Tiber und das Tal des Forums und wurde wegen dieser günstigen Lage auch stark befestigt. Auf ihrer nördlichen Kuppe, die wegen ihres steilen Felshanges eine natürliche Festung bildete *(arx:* Burg), stand der Tempel der *Iuno Moneta.* Den Beinamen *Moneta,* der „Mahnerin, Warnerin" bedeutet, hatte die Göttin nicht nur wegen ihrer wachsamen Gänse bekommen. Auch bei anderen Gelegenheiten soll sie wichtige Ermahnungen gegeben haben. Deshalb wurde wohl 269 v. Chr. neben ihrem Tempel eine Münzprägestätte errichtet (Moneten!). Die südliche Kuppe des Kapitols wurde von der großen Tempelanlage für die drei Gottheiten Jupiter, Juno und Minerva beherrscht: Hinter einer Säulenvorhalle mit drei Säulenhallen befanden sich drei Innenräume *(cellae).* In der mittleren *cella* stand das Kultbild Jupiters. Er war wegen seiner alles überragenden Macht der „Beste und Größte" *(Optimus Maximus)* der römischen Götter. Seine Symbole waren ein Szepter und ein Bündel Blitze.

In der *cella* links von Jupiter wurde Juno verehrt. Sie war Retterin, Geburtshelferin, Mahnerin, Beraterin und Beschützerin der Frauen, sie wachte über Ehe und Familie.

Die *cella* rechts von Jupiter war die der Minerva. Auf dem Kapitol wurde sie als schützende Stadtgöttin verehrt. Sie war auch die Göttin des Handwerks. Wie die griechische Athene wurde Minerva mit Schild, Speer und Helm dargestellt, als Kriegsgöttin und mächtige Helferin.

In angustiis[1] amici apparent.
Homo bonus semper tiro[2] est.

1) **angustiae:** Notlage 2) **tīrō:** Anfänger

6 Übungen

E1 Corneliam per forum, vias, vicos ambulare et templa intrare iuvat, nam in foro, viis, vicis multi homines, in templis multa simulacra sunt. Corneliam etiam in circo inter homines sedere iuvat, nam interdum in turba Marcum videt.

1 **Welche der folgenden Wörter lassen sich mit *pro, sine, ex* oder *cum* verbinden?**
modo, nemo, immo, subito, circo, vico, vino, dono, nego, ambulo, dona, vita, dea, templa, curris, petis, horis, poscis, venis, dominis, curis, servis, caedis

2 **Ergänze im richtigen Kasus und übersetze.**
1. Cornelia (vita Romana) amat. 2. Itaque saepe per (forum) ambulat. 3. Ex (templum) venit et accedit ad (simulacrum). 4. Simulacrum pro (templum) stat. 5. Cum (amicae) (Capitolium) petit. 6. Sine (Megaera) deam rogat.

3 **Überlege und entscheide.**
in mit Akkusativ oder *in* mit Ablativ?
1. Marcus in (Capitolium) stat. 2. Tum in (forum) currit. 3. Neque tamen in (forum) Corneliam videt. 4. Itaque in (Subura) properat. 5. Neque in (Subura) Corneliam videt. 6. Itaque iterum in (Capitolium) currit.

4 **Irrläufer**
pro – sine – ex – ad
modo – subito – nemo – certe
cura – audacia – dea – fora
donum – vinum – deum – templum
agis – imprimis – curris – petis

5 Marcus sitzt vor dem Tempel und wartet. Dann steigt er zum Forum hinab. Cornelia geht mit ihren[c] Freundinnen spazieren.

E2 *Cornelia auf dem Forum*
Cur Servilius tribunus cum tot mulieribus ad Pomponium consulem accedit? Quid clamant? Quid cum consule agunt? Ecce pater! Cur cum tot mercatoribus ibi in vico stat? Cur nunc in forum currunt?

6 **Marcus audit de . . .**
imperator bonus - consules clari - forum latum - mercatores laeti - tantus clamor - tribuni novi - turba laeta - templa alta - vita maesta - pater laetus

7 **Bestimme jeweils die semantische Funktion des Ablativs und übersetze.**
1. Marcus in foro stat. 2. Pater sine Afra venit. 3. Pater cum Aulo intrat. 4. Megaera Corneliam magna cum cura observat. 5. Cornelia cum Megaera de Capitolio descendit. 6. Marcus in Capitolio manet.

8 **Verbinde die Wortanfänge mit den möglichen Wortenden.**

anim-, mane-, cur-, mal-, sper-, pet-, serv-
-mus, -a, -um, -o, -as, -us, -is, -itis

9 **Suche einen Gegenbegriff.**
bonus, laetus, clamare, rogare, tantus, cuncti

10 Lucius fragt Marcus: „Woher kommst du? Kommst du etwa aus der Rennbahn? Wir erwarten dich schon mit großer Sorge." Marcus antwortet: „Ich komme vom Kapitol herab, wie du siehst." Dann laufen die Freunde mit Marcus schnell° über das Forum zur Rennbahn. In der Rennbahn gibt es (ist) heute ein großes Schauspiel.

1 Ubi est Cornelia?

Das erfährst du, wenn du herausgefunden hast, wo die anderen sind.

1. Marcus	de Capitolio	sedet.
2. Titus	pro templo	venit.
3. Iulia	in foro	accedit.
4. Pater	per vicum Tuscum	est.
5. Afra	ad consulem	intrat.
6. Consul	ad circum	venit.
7. Gaius	ex aedificio	stat.
8. Drusilla	inter turbam	currit.
9. Lucius	in templum	descendit.
10. Cornelia	a foro	ambulat.

2 Wie heißt es denn bloß?

Dominus mercatorem, quod saepe dona donat, laudat et pro amico bono habet.

Suche aus den Übersetzungen die richtige heraus:

a) Der Herr lobt den Kaufmann, wie viele Geschenke er doch oft macht, und hält ihn für einen guten Freund.

b) Der Herr beschenkt den Kaufmann oft, weil er die Geschenke lobt, und hält ihn für einen guten Freund.

c) Der Herr lobt den Kaufmann, weil er oft Geschenke macht, und hält ihn für einen guten Freund.

d) Der Herr lobt den Kaufmann, weil er oft etwas schenkt und Geschenke für einen guten Freund hat.

3 Titus und Marcus – eine Szene zum Nachspielen

T: Iam unam horam te exspecto.
M: Ecce, hic sum. Quid nunc?
T: Forum petere in animo habeo.
M: (dubitat)
T: Quid dubitas? Quid deliberas?
M: Forum petere me non iuvat. Quot homines ibi semper sunt!
T: Me iuvat inter homines esse.
M: Ego tantum clamorem non sustineo.
T: Sed certe Cornelia ibi est.
M: Nunc non iam nego. Iam venio.

4 Rösselsprung

Springe wie das Pferd beim Schachspiel.

5

Welche lateinischen Bezeichnungen für eine weibliche Person kennst du?

Auf Leben und Tod

Um auf andere Gedanken zu kommen geht Marcus schließlich ins Kolosseum, wo gerade Gladiatorenkämpfe stattfinden.

(1) In Colosseo multi homines gladiatores exspectant. Dum intrant, stant, salutant, alii Barbatum gladiatorem clarum magno cum clamore incitant[1], alii Syrum: „Audi, Syre! Pete Barbatum! Tu nihil times, spera igitur victoriam, pugna, labora, sustine, es firmus! Cuncti enim te observant!“ Syrus autem stat, exspectat, Barbatum petere dubitat – et Barbatus Syrum observat. Itaque turba iterum clamat: „Pugnate tandem! Cur dubitatis? Quid cavetis? Num gladios et pericula timetis? – O dei, audite! Perdite cunctos gladiatores malos!“ Tandem Barbatus Syrum gladio petit et iterum turba clamat: „Cave, Syre! Cave Barbatum! Dolo enim pugnat!“ Marcus neque clamat neque pugna gaudet, nam curis non vacat. Dum Syrus et Barbatus alter alterum gladiis vulnerare student, Marcus de Fortuna, dea tam iniusta, deliberat:

(2) „Cur Cornelius pecunia abundat, cur Domitius pater divitiis caret? Cur ego ipse[2] Corneliam in tanto amore habeo? Cur sine Cornelia cunctis locis maestus, ne ludis quidem laetus sum?“ Subito populus clamat: „Habet! Habet![3]“ Syrus iacet, Barbatus victoria gaudet, turba victorem laetis clamoribus laudat. Marcus autem Colosseo cedit. Dum per vias ambulat, se ipse[2] rogat: „Cur hodie tam maestus es, Marce? Num nece Syri[4] doles? Num sine Cornelia spectacula non placent?“ Sed ecce, Afra accurrit et vocat: „Es laetus, Marce! Habeo litteras!“ „A Cornelia . . .?“, Marcus rogat et Afra ridet: „Cornelia!“ Iam Marcus curis vacat, iam vita et amore gaudet.

---

1) **incitāre:** anfeuern 2) **ipse:** selbst; **ego ipse:** gerade ich; **sē ipse:** sich selbst 3) **habet:** „er hat (*etwas abbekommen*)“, er ist getroffen *(so rief die Menge, wenn ein Gladiator verwundet worden war)* 4) **Syrī:** des Syrus

T

- *Stelle die verschiedenen Reaktionen des Publikums zusammen und ordne sie nach ihrer sprachlichen Form (Aufforderungen, Warnungen usw.).*
- *Aus welchen Beweggründen verlässt Marcus das Kolosseum?*

V

Erbarmungslose Zuschauer

1. Romani ludos valde amant. 2. Hodie in Colosseo multi homines sedent. 3. Laeto clamore imperatorem salutant. 4. Tum gladiatores apparent. 5. In arena[1] stant et vocant: „Ave, Caesar, morituri[2] te salutant.“ 6. Homines laetis animis pugnam exspectant. 7. Cuncti gladiatores et victoriam et vitam sperant. 8. Alii magno animo pugnant, alii pugnare dubitant. 9. Tum populus iterum magno clamore pugnam poscit: 10. „Agite, pugnate tandem! Age nunc, Barbate, caede!“ 11. Multi gladiatores pugna vitam perdunt. 12. Spectatores[3] autem cura vacant et gaudent: „Videte audaciam! Quanta audacia pugnant!“

---

1) **arēna:** Sand, Arena 2) **moritūrī:** die Todgeweihten 3) **spectātor** m (vgl. spectāre, spectāculum): Zuschauer

Gladiatorenkämpfe

Das im Jahre 80 n. Chr. von Kaiser Titus eingeweihte Kolosseum war das größte Amphitheater Roms und der antiken Welt: Das 48 m hohe, 188 m lange und 156 m breite elliptische Gebäude fasste 50 000 Zuschauer. Sie konnten vor der Sonneneinstrahlung durch riesige Sonnensegel geschützt werden.
In der Arena des Kolosseums fanden Gladiatorenkämpfe und Tierhetzjagden statt, wie sie ursprünglich bei Leichenspielen zu Ehren Verstorbener üblich gewesen waren. Doch daran dachten Marcus und die anderen Zuschauer des Gladiatorenkampfes wohl kaum mehr.
Als Gladiatoren wurden zum Tod Verurteilte, Kriegsgefangene und Sklaven ausgebildet, dazu Freiwillige, die das Risiko liebten und den Ruhm der Arena suchten. In Gladiatorenkasernen, die eher Gefängnisse waren, lernten sie die verschiedenen Kampfarten kennen.
Ein Kampftag begann mit einem Festzug *(pompa)*. Wenn die Gladiatoren vor der Ehrenloge des Kaisers angekommen waren, blieben sie stehen und grüßten: „*Ave, Caesar, morituri te salutant!* (Heil dir, Cäsar! Die Todgeweihten grüßen dich!)“. Damit gaben sie zu verstehen, dass sie ohne Rücksicht auf ihr eigenes Leben kämpfen wollten.
Nach einem Trompetensignal kämpften die Gladiatoren paarweise, in Gruppen oder in Massen gegeneinander oder gegen Tiger, Löwen, Nashörner und andere wilde Tiere, die nur zu diesem Zweck importiert wurden.
Über das Schicksal verletzter, kampfunfähiger Gladiatoren entschieden die Zuschauer. Der Spielgeber konnte dann dem Schiedsspruch des Publikums folgen und den Gladiator durch Heben des Daumens begnadigen. Der gesenkte Daumen bedeutete den Tod.
Obwohl sich Philosophen wie Seneca und später die christlichen Kirchenväter diesem Gemetzel von Mensch und Tier widersetzten, wurden die Gladiatorenspiele erst im 5. Jh. n. Chr. verboten: So sehr liebte das Publikum diesen Nervenkitzel.

Amat victoria curam.

Horae cedunt.

7 Übungen

E1 Marcus per forum ambulat. Magnis clamoribus mercatores vinum laudant: „Accedite, domini et dominae[1]! Degustate[1] vinum, sentite odorem[2], este laeti, gaudete vino bono et firmo!“ Tum Davus ad Marcum accedit: „Audi, domine!“ Sed Marcus: „Tace et delibera: Ubi est Cornelia?“ Davus: „Quiesce, domine! In Capitolio est.“ Tum Marcus Capitolium petit, sed frustra: maestus Capitolio descendit.

1) **dēgūstāre:** kosten, probieren 2) **odor:** Duft, „Blume“

1 **Suche** aus dem Lektionstext 7 (1) alle Nomina und Verben heraus, die auf *-a, -e, -o* oder *-is* enden.

a) Bestimme die Wörter, die nicht im Ablativ stehen.

b) Ordne die Ablative nach Deklinationsklassen.

2 **Bilde die Imperative Sg. und Pl. und übersetze.**

properare	audire	petere	currere
habere	accedere	vocare	respondere
agere	gaudere	venire	esse
intrare	tacere	desinere	descendere

3 **Ergänze im Ablativ.**
Übertrage die Sätze in dein Heft und entscheide, ob der Ablativ mit oder ohne Präposition *(in, cum, de)* stehen muss bzw. kann.
1. Multi homines ? (Colosseum) sunt. 2. Nonnulli ? (amici) veniunt. 3. Non cuncti gladiatores ? (gladii) pugnant. 4. Multi gladiatores ? (cura) non vacant. 5. Nunc autem turba fremit, quod Barbatus ? (dolus) pugnat. 6. Turba victoriam ? (magnus clamor) laudat.

4 Komm und sieh! Warte auf° (erwarte) mich! Hör mich an, ich bitte dich. Hab guten Mut! Habt guten Mut! Hört zu! Schweigt! Beeilt euch! Freut euch! Lobt den Herrn! Kommt zu mir!

E2 *Marcus auf dem Weg zum Kolosseum*
Spectaculis Marcus laetus esse solet, sed hodie maestus est neque curis vacat: Cunctis locis multos homines spectat neque tamen Corneliam videt.

5 **Übersetze und benenne die jeweilige Grundfunktion des Ablativs.**

1. Syrus Barbatum gladio petit. 2. Marcus de Fortuna deliberat. 3. Cornelius pecunia abundat. 4. Domitius divitiis caret. 5. Marcus sine Cornelia ludis laetus non est. 6. Barbatus victoria gaudet. 7. Marcus Colosseo cedit. 8. Cornelia de Capitolio descendit.

6 **ping-pong**
Schreibe die Verbformen in dein Heft und ergänze das passende Gegenstück.

▶ clamo ↷ clamamus; ridetis ↷ rides

habeo ↷	?	respondent ↷	?
agis ↷	?	laudatis ↷	?
gaudent ↷	?	descenditis ↷	?
venis ↷	?	petimus ↷	?
sum ↷	?	voco ↷	?

7 **Alles Ablativ – oder?**
Suche aus den Zweiergruppen die Ablative heraus.

amore - laborare, ludo - doleo, cedis - gladiis, pugna - labora, sperare - victore, animo - maneo, animis - perdis, propera - cura, nega - vita

8 Die Menschen schreien im Kolosseum: „Kämpft endlich! Schlag zu°, Syrus! Greif den Barbatus an! Warum haut er den Barbatus nicht mit dem Schwert zusammen? Jetzt greift Barbatus den Syrus mit List an. Syrus hat heute keinen Mumm (Kühnheit)! Nimm dich in Acht, Mensch!“

1 **Graffiti . . .**

. . . gab es auch schon in Rom.
Welche der Anschriften könnten von Marcus sein?

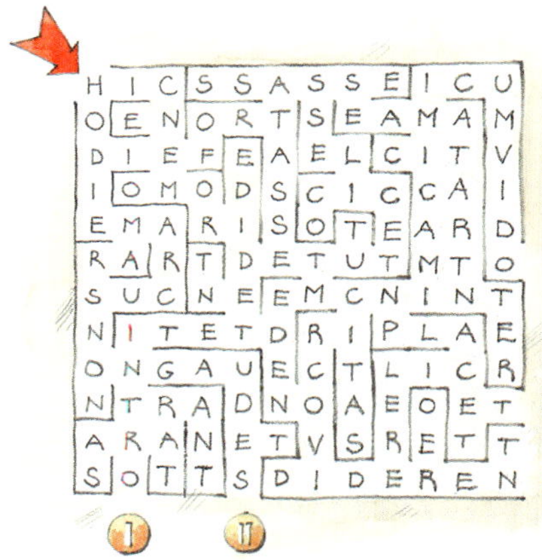

2 **Eine Geheimbotschaft?**

Suche den Weg durch das Labyrinth. Welcher der Ausgänge I bis V ist der richtige?

3 **Latein - Italienisch**

1. Sandra, vedi il nuovo edificio? - No, non lo vedo.
2. Mario e Paola, vedete il nuovo edificio? - Certo lo vediamo.
3. Sandra non vede il nuovo edificio, Mario e Paola lo vedono.

a) Gib diese italienischen Sätze auf Deutsch wieder.
b) Vergleiche die Formen des italienischen Verbs *vedere* mit den lateinischen und deutschen. Welche Gemeinsamkeiten und Unterschiede zwischen den Sprachen fallen dir auf?

Zwei kämpfende Gladiatoren mit Schiedsrichter

4 **Gladiatorenspiele**

a) Schon in der Antike gab es, wenn auch vereinzelt, Kritik an den Gladiatorenspielen. So bezeichnet z.B. der Philosoph Seneca sie als „reinen Mord". Den ersten Vorstoß zum Verbot der Spiele unternahm im Jahre 326 n. Chr. Kaiser Konstantin der Große. Informiere dich über ihn in einem Lexikon um herauszufinden, was ihn zur Ablehnung der Spiele bewogen haben könnte.
b) Kennst du Veranstaltungen aus unserer Zeit, bei denen du Parallelen zu den römischen Gladiatorenspielen siehst?

Peitschenkämpfer

Ein Brief für Marcus

(1) Iam Marcus litteras habet, iam legit: „Cornelia Marco suo s. p. d.[1] Maesta sum, quod non iam cum Afra ambulare, quod non saepe scribere possum. Nam Megaera cuncta videt, cuncta audit, cuncta observat. ‚Puella‘, inquit, ‚nusquam sola ambulare potest. Multa enim mala in foro, multa in viis accidere possunt. Mane igitur, tace, es contenta! Hic laeta legere et studere potes.‘ Itaque convenire non possumus, exspectare debemus. Deos autem saepe sic oro: ‚Di boni, qui[2] cuncta dare, cuncta negare potestis: Liberate . . .‘ Neque tamen litteras finire possum: Iam Megaera venit! Vale!“

(2) „Perdite Megaeram!“, inquit Marcus, „et liberate Corneliam a muliere mala, dei cuncti deaeque!“ Tum maestus templum Veneris[3] petit et pro templo sic orat: „O Venus, te voco, nam tu sola Corneliam curis et dolore liberare potes. Tu homines ubique protegere soles, si amant. Quid est vita sine te? Quis enim amores conciliat nisi tu? Quem igitur vocare possum, si doleo, nisi te? A quo auxilium sperare possum nisi a te? Nonne Cornelia te saepe sacrificiis delectat? Nonne ego templa tua[4] saepe peto? Num sacrificiis contenta non es? Exspectasne columbas[5]? Exspectasne agnellam[6]? Divitiis non abundo, pecunia careo. Tamen unam agnellam[6] voveo et sic oro: Audi mea[4] verba, Venus, magna dea! A te sola auxilium spero!“

---

1) **Mārcō suō s. p. d.:** sendet ihrem Marcus viele Grüße 2) **quī** (hier): die ihr 3) **Véneris:** ↗ 1 L
4) **meus, -a, -um; tuus, -a, -um:** mein; dein 5) **columba:** Taube 6) **āgnella:** (weibliches) Lämmchen

T

- *Beschreibe Form und Inhalt des Briefes der CORNELIA. Was beabsichtigt sie mit ihrem Brief?*
- *Was gehört zu einem Gebet an römische Götter und was erwartet der Betende von ihnen?*

V

Können denn die Götter helfen?

1. Romani a deis auxilium exspectare solent. 2. Deos sacrificiis placare[1] student. 3. Hodie Cornelia maesta domi[2] sedet et deliberat: „Quis auxilium dare potest? 4. Nonne dei auxilium dare possunt?“ 5. Litteras ad Marcum scribit. 6. Marcus autem litteris gaudet; legit inter alia: „A deis solis auxilium sperare possumus.“ 7. Tum ex animo orat: „Te, o Venus, laudamus, quod amorem concilias. 8. Tu amicum et amicam protegis. 9. Tu igitur Corneliam a serva mala liberare potes.“ 10. Tandem: „Quid est?“, inquit. „Nonne et ego scribere possum? Certe possum!“ 11. Et litteras ad Corneliam dat.

---

1) **plācāre:** besänftigen 2) **domī:** zu Hause

Beten und Opfern

Wie müssen wir uns Marcus betend vorstellen? Der Altar, vor dem er betete, befand sich nicht, wie in einer christlichen Kirche üblich, im Innern des Heiligtums, sondern vor dem Tempel. Vor dem Gebet wusch man sich die Hände, beim Beten kehrte man das Gesicht und die offenen Handflächen der Gottheit zu. Üblicherweise betete man laut. Ein Großteil des Gebetes bestand aus formelhaften Wendungen, deren genaue Einhaltung eine Voraussetzung für die Erfüllung der im Gebet geäußerten Wünsche war. Die Hilfe der Gottheiten musste sich der Mensch verdienen: Er musste den Göttern etwas geben, damit sie ihm halfen oder ihm etwas gaben (*Do, ut des*: „Ich gebe, damit du gibst.“). So ist es also zu verstehen, wenn Marcus in seinem Gebet ein Lämmchen gelobt.

Die Opfertiere für die einzelnen Götter waren nach Art, Zahl, Geschlecht und Farbe genau vorgeschrieben.

Auch der Verlauf des Opfers war durch Vorschriften geregelt, z. B. die Herrichtung des Opfertieres: Die Hörner der weißen Stiere, welche die Konsuln zu Beginn ihres Amtsjahres vor dem Jupiter-Tempel auf dem Kapitol opferten, waren vergoldet.

Um festzustellen, ob das Opfer unter günstigen Vorzeichen stand, wurden die der Gottheit vorbehaltenen Teile des Opfertieres (Leber, Lunge, Herz) von den Priestern genau untersucht und dann zusammen mit dem Blut des Opfertieres auf dem Altar verbrannt. Das übrige Fleisch wurde von den Priestern und denjenigen, die das Opfer dargebracht hatten, verzehrt.

Dieses Ritual wurde natürlich nicht bei jedem kleinen Lamm oder Täubchen vollzogen. Wenn Marcus sein Gelübde einlöste, lieferte er sein Lämmchen bei der Tempelverwaltung ab.

Amicus est alter ego.
(Cicero)
Litterae sunt divitiae.

8 Übungen

E1 Marcus multa deliberat: Cur Corneliam videre non iam possum? Cur convenire[1] non iam possumus? Tu, Venus, sola Corneliam et me protegere potes, dei soli homines malos perdere possunt. An[1] non potestis, o di?

1) **an:** oder etwa

1 **Wandle um und übersetze.**
▶ scribo → scribere possum
scribit → scribere potest

peto - audis - sustinemus - finiunt - venit - desinitis - dant - protegit - cedis - tacetis

2 **Triff deine Wahl und übersetze!**
Auch bei den Präpositionen muss man prüfen, welche der gelernten Bedeutungen jeweils passt.

1. Forum est inter Capitolium et Suburam.
2. Inter ludum homines non tacent. 3. Marcus multas horas per forum ambulat et per vicos currit. 4. Marcus pro templo stat et Corneliam exspectat, sed Megaera pro Cornelia venit.
5. Tum pro Cornelia orare in animo habet:
6. In Capitolium currit et in templum intrat.

3 **Zeichne Satzmodelle.**
1. Venus donis contenta est.
2. Dea cunctos homines curis liberare potest.
3. A deis Romani multa bona sperant.

4 **Wo steckt das Subjekt?**
1. Venire non possum, Marce:
2. Semper me Megaera observat.
3. Itaque non licet ambulare.

5 Wir können den Kampf beenden. Ich kann mich nicht befreien. Befreie mich, ich bitte dich! Du kannst gehen.

E2 (Marcus:) Quid video? Quis pro templo Veneris (↗ 1 L) stat? Nonne Cornelia est? Num sine Megaera ibi est? Quem Cornelia salutat? Patremne salutat? Non est pater! A quo cavere debeo?

6 **Antworte lateinisch.**
1. Quis litteras saepe scribere non potest?
2. Quis est Megaera? 3. Quid agit Megaera?
4. Cur Marcus et Cornelia convenire non possunt? 5. Quid orat Cornelia? 6. Ubi Marcus orat? 7. Quis homines curis liberare potest?
8. Quem Venus protegit? 9. A quo homines auxilium sperare possunt? 10. Cur Marcus magnum sacrificium vovet?

7 **Frage lateinisch nach den unterstrichenen Wörtern.**

▶ <u>Puella</u> sola est. → Quis sola est?

1. Megaera <u>cuncta</u> videt. 2. Cornelia maesta est, <u>quod saepe scribere non potest.</u> 3. Cornelia <u>deos</u> orat. 4. <u>Cornelia</u> deam saepe sacrificiis delectat. 5. Marcus et Cornelia <u>a dea</u> auxilium sperant.

8 **Drei Wörter fehlen.**
Marcus Titum rogat: „Cur tandem in ludo neque ? neque ? licet?“ – Titus tacet et deliberat, tandem respondet: „Quod scribere non potes, nisi ?. Igitur non licet.“

(Die Lösungswörter sind versteckt im folgenden Buchstabensalat: *reast, ceirea, deses.)*

9 Er kann mit dem Kampf zufrieden sein. Ihr könnt bleiben. Sie können lachen. Alles tut weh. Ich kann den Schmerz nicht aushalten. Nichts kann mich erfreuen. Jetzt kannst du hoffen. Kann dich meine° Hilfe nicht erfreuen?

1 Wer kennt sich aus in Rom?

Bei richtigen Antworten erhältst du einen Lösungsspruch.

	richtig	*falsch*
1. Rom wird auch die Acht-Hügel-Stadt genannt.	AMI	MAG
2. Im Zentrum Roms lag das Forum Romanum.	IST	CUS
3. Auf dem Forum fanden Gladiatorenspiele und Wagenrennen statt.	LAB	RAG
4. Der höchste Hügel Roms heißt Kolosseum.	ORA	AUD
5. Der kaiserliche Palast stand auf dem Palatin.	ETE	MUS
6. Die *cloaca maxima* führte Wasser vom Forum zu den Thermen.	SUM	TTE
7. In den Thermen stand die Rednertribüne (*rostra*).	TEM	LAU
8. In der Curia auf dem Forum versammelte sich der Senat.	DAT	PLA

2 Was bedeutet eigentlich . . . ?

Konvention [lat.] *w*: **1)** Übereinkunft, Abkommen, Vertrag. So ist z. B. die *Genfer K.* ein internationales Übereinkommen über die Einrichtungen und Aufgaben des Roten Kreuzes; **2)** Herkommen, Brauch, Förmlichkeit. Jemand benimmt sich *konventionell*, wenn er sich an bestimmte herkömmliche Förmlichkeiten hält.

Konkurs [lat.] *m*, wird z. B. ein Unternehmen zahlungsunfähig, dann kann der Unternehmer den K. beantragen.

Konkurrenz [lat.] *w*: Wettbewerb, vor allem zwischen Unternehmern oder Geschäftsleuten (z. B. durch das Unterbieten von Preisen oder besseres Warenangebot).

3 Welche Fremdwörter kennst du zu *solus, vacare, ambulare, littera*?

4 Da stimmt wohl etwas nicht!

Korrigiere die Übersetzung und erkläre, wodurch die Fehler entstanden sind.

Lucius Titum iam multas horas in foro exspectat. Tandem amicum videt. Magno clamore per vias currit. Lucius rogat: „Quid est? Cur clamas?" Titus respondet: „Ecce! In via lata . . . !" Sed Lucius: „Quid in via videre potes? Ego nihil video." Tum amicus: „Ibi iacet elephantus!."

Schon viele Stunden warten Lucius und Titus auf das Forum. Trotzdem sieht er einen Freund. Großes Geschrei läuft durch die Straßen. Lucius fragt: „Wer bist du? Warum schreist du?" Titus antwortet: „Dort! In der fröhlichen Straße!" Lucius sagt: „Wer kann über die Straße lachen? Ich lache nicht." Darauf sagt der Freund: „Dort schweigt ein Elefant!"

5 Ein Cocktail

In dem Mischkrug sind – waagerecht und senkrecht zu lesen – die lateinischen Infinitive und Präsensformen von ‚können' und ‚sein'. Alle? Nein, zwei fehlen! Welche?

5 – 8 Repetitio Generalis

Übersetzen mit System (II)

Regeln

1. Mehrdeutige Signale wie z. B. *-um* in *templum:* der Tempel (Nominativ) – den Tempel (Akkusativ) werden durch Sinn und Satzzusammenhang (Kontext) eindeutig:
Beispiel: *Marcus templum videt.*
Marcus (Subjekt im Nominativ Singular) sieht d e n / e i n e n Tempel.

2. Manchmal lässt sich eine mehrdeutige Form erst durch ihre KNG-Beziehung auf ein anderes Wort aus dem Sinnzusammenhang (Kontext) eindeutig bestimmen:
Beispiel: *Cornelia templa alta videt.* Cornelia sieht die hohen Tempel.
In diesem Satz kann die an sich mehrdeutige Form *alta* nur Akkusativ Plural des Neutrums sein; es kann nämlich nur Attribut zu der Pluralform *templa* sein, die ihrerseits Akkusativ-Objekt zu dem Prädikat *videt* – (sie) sieht – ist. Eine Beziehung auf das Subjekt *Cornelia* ist nicht sinnvoll.

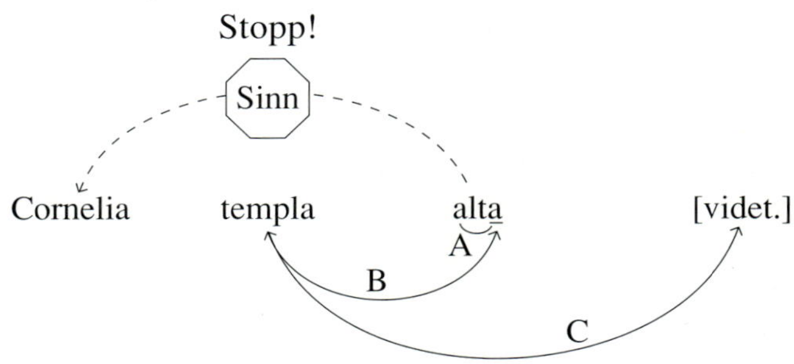

(A) Für sich allein kann *alta* Singular oder Plural, Femininum oder Neutrum sein.
(B) Als Attribut zu *templa* kann es nur Neutrum Plural sein.
(C) Weil aber *templa* Objekt zu *videt* ist, kann *alta* nur Akkusativ Neutrum Plural sein.

3. Die Wortstellung ist im Lateinischen freier als im Deutschen oder im Englischen; trotzdem trifft man sehr oft auf Sätze, die sich ganz mühelos Wort für Wort übersetzen lassen:

Beispiel: *Cave, homo, et tace de Cornelia!*

Nimm dich in Acht, Mensch, und schweig von Cornelia!

4. Attribute stehen allerdings in der Regel h i n t e r dem Wort, zu dem sie gehören:

Beispiel: *Cave, homo male, et tace de Cornelia amica!*

Nimm dich in Acht, schlechter Mensch, und schweig von meiner Freundin Cornelia!

5. Kräftiger ‚ausschwingen' musst du oft in Richtung Prädikat, wenn der Hauptsatz durch einen Gliedsatz unterbrochen wird. Bei der Suche nach dem Hauptsatzprädikat bleibt der durch Satzzeichen abgegrenzte Gliedsatz zunächst unberücksichtigt:

Beispiel: *Marcus, quod Megaera cuncta videt, non saepe litteras ad Corneliam dare* ***potest.***

Marcus **kann,** . . . nicht oft einen Brief an seine Cornelia schreiben.

Wenn du das Prädikat gefunden hast, dann übersetze nicht irgendwo im Satz weiter, sondern ‚schwinge' an die Stelle zurück, von der aus du zum Prädikat gependelt bist. Danach kommst du meist problemlos voran, wenn du dich an die gegebene Wortfolge hältst und die Ausgänge beachtest.

6. Sehr oft ist in lateinischen Haupt- und Gliedsätzen das Subjekt nur im Prädikat enthalten:

Beispiel: *Litteras dare studet, quod maestus es****t.***

Einen Brief schreiben will er, weil **er** traurig ist.

7. Lateinische und deutsche Gliedsätze sind oft im Ablauf recht ähnlich, weil in beiden Sprachen ihr Prädikat am Ende steht:

Beispiel: *Marcus maestus est, quod Megaera Corneliam amicam semper et ubique magna cum cura* ***observat.***

Marcus ist betrübt, weil Megaera seine Freundin Cornelia immer und überall mit großer Sorgfalt **beobachtet.**

8. Oft zeigen aufeinander folgende Sätze einen parallelen, deutlich aufeinander bezogenen Aufbau, der durch gleich laufende Satzglieder gestaltet ist und auch durch Konnektoren unterstützt wird:

Beispiel:	*Maesta sum,*	***quod non*** *iam cum Afra*	*ambulare,*	
		quod non *saepe*	*scribere*	*possum.*
	Ich bin traurig,	**weil ich nicht** mehr mit Afra	spazieren gehen,	
		weil ich nicht oft	schreiben	kann.
	Sed Megaera	***cuncta*** *videt,*		
		cuncta *audit,*		
		cuncta *observat.*		
	Aber Megaera	sieht **alles,**		
		hört **alles,**		
		beobachtet **alles.**		

Übersetzen mit System D → L (II)

Regeln

1. Satzglieder bestimmen

Viele englische Sätze haben einen klaren Bauplan:
S – P – O:
Marc writes a letter.
Ausnahmen kommen aber vor:
Why ***does*** *Marc write a letter?*

Auch im Deutschen folgen oft Subjekt, Prädikat und Objekt aufeinander:
S – P – O:
Marcus schreibt einen Brief.
In manchen Sätzen ist die Reihenfolge aber anders:
Warum schreibt (P) Marcus (S) einen Brief (O) ?
Er schreibt einen Brief, weil er (S) Cornelia (O) liebt (P).

Da im Deutschen nicht ohne weiteres zu erkennen ist, welche Aufgabe im Satz ein bestimmtes Wort erfüllt, muss diese Aufgabe durch Fragen ermittelt werden. Man geht dabei vom Prädikat (liebt) aus und fragt:
WER (WAS) liebt? → Subjekt – WEN (WAS) liebt er? → Akkusativ-Objekt.

Ü: Bestimme mit Hilfe dieser Frage die Satzglieder im folgenden Satz:
Berühmte Tempel betrachten die Leute gerne.

Hat man den Kasus (K) der Satzglieder bestimmt, dann muss noch die N-G-D-Frage geklärt werden:
1. In welchem **N**umerus stehen die einzelnen Satzglieder (Singular/Plural?)?
2. Welches **G**enus haben die entsprechenden lateinischen Wörter?
3. Zu welcher **D**eklination gehören sie?

Im folgenden Beispiel sind K, N, G und D bereits bestimmt.
Welche Ausgänge müssen die einzelnen Satzglieder also erhalten?

	Neue	Sklavinnen	tadelt die	böse	Frau	ständig.
K	Akk.	Akkusativ		N.	Nominativ	
N	Pl.	Plural		Sg.	Singular	
G	f	feminin		f	feminin	
D	$\bar{a}$-Dekl.	$\bar{a}$-Deklination		$\bar{a}$-Dekl.	Kons. Deklination	

Beachte, dass die Adjektive zwar nach KNG mit ihrem Bezugswort übereinstimmen, aber nicht immer in der Deklination.

2. Präpositionale Verbindungen

Wendungen wie ‚auf dem Forum, auf das Forum, nach Rom, durch Geld' werden im Lateinischen unterschiedlich wiedergegeben, nämlich

mit Präposition		**ohne** Präposition	
+ Akk.	+ Abl.	Akk.	Abl. (andere Fälle)
z. B. *in forum*	*in foro*	*Romam*	*pecunia*
auf das Forum	auf dem Forum	nach Rom	durch Geld

Bei der Präposition *in* lässt sich der nachfolgende Fall erfragen: Wohin? (Akk.), Wo? (Abl.); bei den übrigen Präpositionen muss man wissen, welchen Fall sie im Lateinischen verlangen (z. B. *de:* Abl.).
Der (seltene) Akkusativ ohne Präposition (bei Richtungsangaben) begegnet vor allem bei Namen von Städten; der Ablativ ohne Präposition entspricht meist präpositionalen Verbindungen, nach denen man ‚womit?', ‚wodurch?', ‚wovon?', ‚wann?' und (selten) ‚wo?' fragen kann.

Ü: Wähle aus dem folgenden Angebot die präpositionalen Verbindungen aus, die mit einem Ablativ ohne Präposition wiedergegeben werden müssen.

mit Freunden – ohne den Vater - mit den Schwertern - (frei sein) von Sorgen - während der Spiele - auf der Straße - an allen Orten - in den Tempel - unter Sorgen (leiden) - durch die Stadt (laufen)

Übungen

1 ‚Pendeln'
Wo musst du ‚pendeln', wo kannst du Wort für Wort übersetzen?

1. Ecce, ibi stat Marcus pro magno templo. 2. Exspectat enim Corneliam. 3. Hodie autem Marcum non iuvat tam diu exspectare. 4. Subito videt: Ibi Cornelia venit, sine Afra, sine amicis. 5. Marcus gaudet et amicam salutat: „Salve, Cornelia, quid agis?" 6. Tum autem rogat: „Cur semper te tam diu exspectare debeo, cur semper sero[1] venis?"

1) **sērō:** zu spät

2 Übersetze die folgenden präpositionalen Verbindungen.

in forum venire - inter aedificia - pro templo - sine dolore - inter amicos - in foro esse - per vias currere - ad pugnam venire - cum hominibus ridere - sine amicis esse - ex templo venire - pro patre - de victore audire

3 *in* mit Akkusativ oder Ablativ?
Setze in den folgenden Ausdrücken unter Berücksichtigung des Kontexts die richtigen Ausgänge in deinem Heft ein.

in lud? venire - in circ? pugnare - in pugn? esse - in templ? properare - in templ? orare - in templ? amicum exspectare

4 Alles schon da gewesen!
Welche Wörter aus dem Wortschatz 5 – 8 fallen dir zu diesen Bildchen ein?

a) 

b) 

c) 

d) 

5 Alles Ablative?
Bestimme die Formen, die keine Ablative sind.

nemo - in Capitolio - dono - studeo - vino - soleo - nego - pro - sacrificio - accedo - animo - malo - observo - ego - auxilio - do - contento - finio - alio - dolo - subito - doleo

6 Vor dem Kampf

1. Barbatus betritt froh die Arena[1], denn er erwartet einen Sieg. 2. Während er da°steht und wartet, kommt Syrus. 3. Darauf sagt° Barbatus: „Warum zögerst du so lange? Fürchtest du etwa mein° Schwert?" 4. Die Menschen aber be°grüßen, weil sie auf° den Kampf warten (erwarten), den Syrus mit großem Geschrei. 5. Den Barbatus aber be(ob)achten sie nicht. 6. Deshalb ist er traurig und schweigt.

7 Welcher Fall bitte?
Setze die in Klammern stehenden Wörter jeweils in den Kasus, den das Verb erfordert, und übersetze dann die entstandenen Sätze.

▶ *cave (homines mali)* → *cave homines malos:* Hüte dich vor schlechten Menschen!

cave	(animus iniustus; dolus malus; mercator malus)
caremus	(pecunia; amici; pater)
Roma abundat	(servi boni; gladiatores)
quis vacat	(curae; pecunia)?
este contenti	(vita laeta; dona)!
quis non sperat	(auxilium; victoria; amor)?
doleo	(nex; ludi; clamor)
gaudeo	(spectacula; simulacra clara; amor; victoria; aedificium novum)

8 Imperativ – oder?
Suche aus dem folgenden Angebot alle Imperative heraus und bestimme die restlichen Formen.

roga - mala - summa - age - admone - saepe - hora - nega - sine

Guter Rat für Alexander

(Nach Seneca d. Ä., Suasorie 1)

Einen großen Teil des Tages muss MARCUS bei dem Redelehrer DIODOTUS verbringen. Dessen Unterricht sagt ihm aber nicht immer zu und darum kommt er gelegentlich zu spät.

(1) TITUS: Salve, Marce! Cur tam sero venis? Cave iram Diodoti!
LUCIUS: Filius Fortunae es: Magister enim Senecae librum legit.
Liber valde placet, ut vides; itaque Diodotus te non curat.
Nos[1] autem novam suasoriam[2] disputamus.
MARCUS: Quid disputatis? Narrate, amici!
TITUS: Disputamus consilia Alexandri Magni, regis Macedonum.
MARCUS: Quid ad me[3]? Non curo consilia regum vel imperatorum.
LUCIUS: Tu nihil curas nisi puellas pulchras; semper litteras Corneliae exspectas.
MARCUS: Cave, homo miser, et tace de Cornelia! Plenus es invidiae miserae,
quod ego puer pulcher sum, quod puella pulchra me amat. –
Tu autem narra, Tite: Quid in animo habet?

(2) TITUS: Quis?
MARCUS: Alexander tuus cum militibus suis.
TITUS: Non est ‚Alexander meus', non magis quam[4] tuus – neque tamen narrare
dubito: Hodie Oceanum navigare studet.
MARCUS: Oceanum! Nonne timet iram Dio . . . ehem, deorum et dearum?
LUCIUS: Audi verba magistri nostri: „Alexander, quod gloriae cupidus est,
cum paucis viris Oceanum navigare studet. Vos[5] autem, pueri,
consiliarii[6] regis, amici vestri, estis."
GAIUS: Possumus regem de periculis magni Oceani admonere:
Est plenus monstrorum . . .
TITUS: . . . in libris hominum doctorum nihil de terris in Oceano sitis legimus . . .
LUCIUS: Itaque rex neque oppida neque agros invenire potest . . .
GAIUS: . . . iamque dominus tot terrarum, tot populorum est . . .
MARCUS: (laetus et gratus): Nunc et ego bonis consiliis abundo, amici mei:
Nunc certe Alexandrum nostrum admonere possum!

1) **nōs:** wir 2) **suāsōria, -ae:** Redeübung 3) **quid ad mē?:** Was geht das mich an? 4) **nōn magis quam:** ebenso wenig wie 5) **vōs:** ihr 6) **cōnsiliārius:** Ratgeber

T
- *Was sagt der Text über eine typische Unterrichtssituation in einer römischen Schule aus?*
- *Was erfährst du im Text über ALEXANDER DEN GROSSEN? Informiere dich über seine Taten.*

V

Schulweisheiten über den Welteroberer

1. Pueri verba magistri audiunt. 2. Domi[1] narrant: „Magister noster multos et pulchros libros habet. 3. Est vir litterarum cupidus." 4. Pueri cum magistro de vita Alexandri Magni disputant. 5. Alexander multorum hominum et populorum dominus est. 6. Tamen rex suo regno[2] contentus non est; gloriae cupidus novas terras divitiarum plenas petit. 7. Viri docti bona consilia dare possunt. 8. Alius regem de magnis periculis admonet, alius de pugnis, alius de monstris. 9. Tandem unus e pueris magistrum rogat: „Nonne Alexander multorum imperatorum clarorum exemplum[3] est?"

1) **domī:** zu Hause 2) **rēgnum:** Königreich 3) **exemplum:** Beispiel, Vorbild

Schule und Unterricht

Bevor Jungen wie Marcus zu einem Redelehrer gehen konnten, mussten sie den Elementar- und den Grammatikunterricht hinter sich bringen. Wer keinen Privatlehrer hatte, besuchte vom siebten bis zum elften Lebensjahr eine Elementarschule.

Danach trennten sich die Wege der Jungen und Mädchen. Vermögende Eltern ließen ihre Söhne weiter unterrichten: Beim Grammatiker studierten sie klassische Autoren wie Terenz und Vergil, Cicero und Sallust.

Während die Jungen zum Grammatiker gingen, bereiteten sich die Mädchen auf ihre Rolle als Hausfrau und Mutter vor: Sie übten sich in Handarbeiten, manchmal in Gesang, Musik und Tanz. Nur ausnahmsweise wurden Töchter der Vornehmen von einem Hauslehrer unterrichtet.

Junge Römer aus wohlhabenden Familien studierten nach dem Unterricht beim Grammatiker noch mehrere Jahre lang Redekunst (Rhetorik, *ars dicendi*) bei einem Redelehrer *(rhetor)*. Während dieser Zeit mussten sie sich ein umfassendes Wissen in Literatur und Philosophie, Grammatik und Geschichte sowie Grundkenntnisse in Musik, Mathematik, Geometrie und Astronomie aneignen. Im Zentrum der Ausbildung standen aber die Abfassung und das Vortragen von Reden, Gedichten und Theaterstücken.

Das Vortragen von Übungsreden (Deklamation) und literarischen Werken (Rezitation) wurde zu einer gesellschaftlichen Pflichtübung: Man lud sich gegenseitig dazu ein und die Söhne mussten zur Unterhaltung der Gäste und der stolzen Eltern aus ihren Werken vortragen. Aber nicht, w a s man sagte, sondern w i e man es sagte, war entscheidend.

Homo doctus in se[1] semper divitias habet.
Libri magistri, libri amici.
Aliud legunt pueri, aliud viri, aliud senes[2].

1) **se** (Abl): sich 2) **senex, senis:** der alte Mann, Greis

9 Übungen

E1 (Titus de amore Marci amici deliberat:) Profecto Marcus miser maestusque est! Frustra puer bonus auxilium a deis sperat. Corneliae quoque vita misera est: Templa intrare et simulacra deorum dearumque spectare valde amat, sed nunc de vita victoriisque imperatoris aliorumque hominum legere debet et audaciam Megaerae mulieris malae vix sustinet.

1 **Genitive gesucht.**
Suche aus dem Lektionstext 9 (1) alle deklinier- oder konjugierbaren Wörter heraus, die auf *-is, -i* oder *-um* enden.
a) Wie viele findest du?
b) Wie viele Genitive sind darunter?
c) Wenn du die Zahl aus b) von der Zahl aus a) abziehst, erhältst du die Zahl der übrigen im Text zu findenden Genitive. Findest du sie alle?

2 **Bilde Genitive im Sg. und Pl. und übersetze.**
puella pulchra - puer contentus - magister bonus – pater laetus - forum pulchrum - homo miser - victor iniustus - mulier maesta - locus pulcher

3 **Wandle um!**
homo timidus → Gen. → Pl. → Abl. → Sg. → Akk. → Pl. → Nom. → Sg.
magnus clamor → Abl. → Pl. → Gen. → Nom. → Akk. → Sg. → Nom.
liber pulcher → Akk. → Pl. → Nom. → Abl. → Gen. → Sg. → Nom.
mercator contentus → Pl. → Gen. → Sg. → Akk. → Pl. → Abl. → Sg. → Nom.
mulier laeta → Pl. → Akk. → Sg. → Gen. → Pl. → Abl. → Sg. → Nom.

4 Wo ist das neue Buch? Hast du das Buch? Ich habe viele schöne Bücher. Das neue Buch habe ich nicht.

E2 Marcus cum avunculo (↗ 6 L) suo et Tito amico ludum petit. Marcus: „Diodotus est . . .“ Titus: „. . . magister noster.“ Avunculus: „Amatisne magistrum vestrum?“ Titus: „Non amamus; semper dona poscit, nam pecuniae nostrae cupidus est.“ Avunculus: „Num pater tuus dona dat?“ Titus: „Pater meus negat, sed pater Marci dat.“

5 **Wer besitzt was?**
Setze die passenden Possessiv-Pronomina ein und übersetze.
1. Marcus ad Titum, amicum ■, accedit et: „Hodie“, inquit, „magister ■ laetus non est. 2. Semper me admonet: ‚Cur verba magistri ■ non curas? 3. Disputa cum amicis ■ de Alexandro ■! 4. Cur rex ■ cum viris ■ ad terras in Oceano sitas navigare studet?‘ 5. Sed non est rex ■! Magister nova pericula Alexandri ■ invenit. Plenus irae sum.“ 6. Titus: „Sed amoris Corneliae ■ cupidus es. 7. Semper pulchram puellam ■ valde curas. 8. Pro Cornelia ■ multa pericula sustines et Corneliam ■ semper protegis.“ 9. „Tace tandem, miser! Invidiae plenus es, quod amica ■ me amat neque te.“

6 **Lauter Genitive – oder?**
Bestimme und gib die deutsche Bedeutung an.
fini, viri, nostri, nonnulli, inveni, victoris, victoriis, clamoris, poscis, tuis, donatis, vicis, mei, regis, terris, regum, animum, hominum

7 **Zeichne Satzmodelle.**
1. Amicus Marci plenus invidiae est.
2. Alexander pericula magni Oceani non timet.

8 Marcus ist interessiert an (begierig auf) neuen Büchern. In den Büchern liest er viel von Ungeheuern und großen Gefahren, von der Verwegenheit berühmter Männer und der Liebe schöner Mädchen. Cornelia fragt: „Ist nicht auch unser Leben heute voller Gefahren?“

1 Spielen, wie die Römer spielten: Delta

Zwei oder mehr Spieler. Das Dreieck wird auf den Boden gezeichnet. Jeder Spieler hat fünf Spielsteine. Aus einer Entfernung von ca. 2 m wird reihum geworfen. Ziel ist es, die Steine auf Felder mit möglichst hohen Nummern zu werfen. Am Ende werden die Punkte zusammengezählt. Sieger ist, wer die meisten Punkte erreicht hat.

Das Spiel ist nach dem griechischen Buchstaben Δ (Delta) benannt.

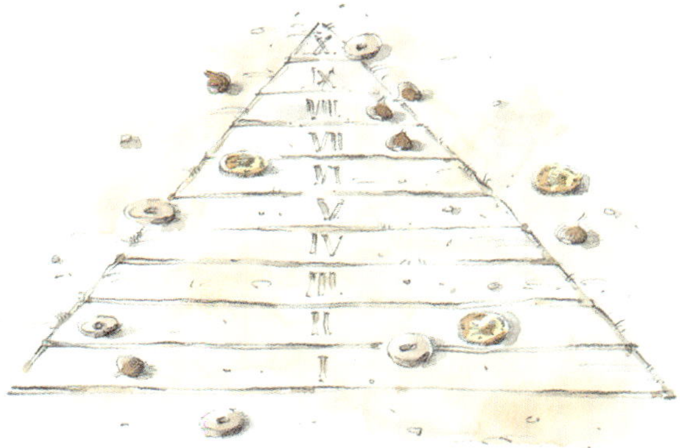

2

a) Den hier abgebildeten Grabstein hat man in Köln gefunden. Die Übersetzung der Zeilen 1 und 2 lautet:
Gaius Aiacius, Sohn des Publius, aus der Tribus (Bürgerabteilung) Stellatina, Sklavenhändler.

Die Zeilen 3 und 4 kannst du selbst übersetzen.

Grabstein des Gaius Aiacius (ca. 1. Jh. n. Chr.), Römisch-Germanisches Museum, Köln.

b) Auf einem anderen Grabstein sollen nur drei Wörter gestanden haben:
IACET
TACET
PLACET
Was könnte damit gemeint gewesen sein?

c) Auch heute kann man lateinische Inschriften finden: auf Denkmälern, in Kirchen, an öffentlichen Gebäuden. Achte auf solche Inschriften. Sie sind manchmal schwer zu entziffern, aber einiges kannst du bestimmt schon verstehen.

3 Lückenbüßer

▶ debeo: debes ≙ do: ? (das)

1. scribere: scribo ≙ narrare: ?
2. curat: curant ≙ invenit: ?
3. dolet: doleo ≙ curat: ?
4. orat: oro ≙ potest: ?
5. finio: finire ≙ libero: ?
6. protego: protegimus ≙ concilio: ?

4 Was bedeutet eigentlich . . . ?

Plenarsitzung [lat.: dt.] *w*: Sitzung des Parlamentes, in der keiner der Abgeordneten unentschuldigt fehlen darf.

Agrarstaat *m*, ein Staat, dessen Wirtschaft vorwiegend von der Landwirtschaft bestimmt ist.

5

Latein	Italienisch	Spanisch	Französisch	Englisch	Rumänisch
?	maestro	maestro	maître	master	maestru
?	figlio	hijo	fils	–	fiu
?	terra	tierra	terre	–	teren
?	pieno	lleno	plein	–	plein
?	libro	libro	livre	–	–
?	re	rey	roi	–	rege

Menschenräuber?

MARCUS wartet auf den Sklaven DAVUS, den er fortgeschickt hat um AFRA ein Briefchen für CORNELIA zuzustecken. Endlich kommt der Erwartete zurück und erzählt aufgeregt:

(1) „. . . per Suburam ambulabam et Afram ubique quaerebam, nam Afra saepe in Subura est. Varios clamores ibi audiebam, varios homines videbam. Modo tabernas[1] mercatorum intrabam, modo apud fabros stabam, modo ante tabernas[1] pretia legebam – iam enim legere possum, ut scis. Subito vocem Galli, amici mei, audivi. Homines enim iterum atque iterum rogabat, quod dominum quaerebat – neque tamen dominus in Subura erat. Ego autem Gallum magno cum gaudio salutavi; tum ambo[2] per vias et vicos vadebamus et quaerebamus, ego Afram, dominum Gallus . . .“

„Narra cito“, inquit Marcus, „habetne Afra litteras meas?“

„Habet; officium meum bene explevi. Tum statim ad te redire[3] properavi.“

(2) „Non adeo festinavisti, nam multas horas te exspectavi. Nonne tu et Gallus in popina[4] fuistis?“

„Non fuimus, nam Gallus me deseruit, quod iram domini duri et severi timebat; solus igitur in Subura eram. Sed audi: Modo per Argiletum vadebam, per vicum obscurum[5], cum subito magnum clamorem audivi: ‚Quo tu, furcifer[6]? Ubique te quaesivi.‘ Iamque me vir firmus tenuit; ego autem valde timui, nam in Argileto homines mali sunt. Iam multos servos miseros tenuerunt et in agros abduxerunt . . .“

„Tu autem evasisti, ut video.“

„Sic est, nam dei vota mea audiverunt. Homo malus me in carcere clausit; sed post nonnullas horas evadere potui: Discessi. Nonne Fortunae filius sum?“

„Fortasse Sisyphi filius es.“

1) **taberna, -ae:** Laden 2) **ambō:** beide 3) **redīre:** zurückkehren 4) **popīna, -ae:** (*einfache*) Gaststätte, „Schnellimbiss“ 5) **obscūrus, -a, -um:** finster 6) **fúrcifer, -ferī:** ↗ 4 L

T

- *Gib den Inhalt des Textes in gegliederter Form wieder. Achte dabei auf die Tempora und die Satzverbindungen.*
- *Beschreibe das Treiben in der SUBURA. Wie wirkt es auf den Sklaven DAVUS und wie wird es von MARCUS beurteilt?*

V

Schon wieder ein Sklave verschwunden!

1. „Ubi fuisti?“ 2. „In foro fui.“ 3. „Quid ibi quaesivisti?“ 4. „Servum meum quaesivi. 5. Unus enim ex servis meis hodie mane[1] in forum festinavit neque revertit[2]. 6. Itaque puerum ubique quaerebam multosque homines rogabam. 7. Subito magnum clamorem audivi. 8. Sed quid video? Nonnulli homines meum servum abducere studebant! 9. Ego cito accessi et magna voce clamavi: 10. ‚Cavete, viri! Quid in animo habetis? Cur meum servum tenetis?‘ 11. Statim discesserunt et evaserunt. 12. Servus autem magno cum gaudio me salutavit: ‚Liberavisti me, domine, ab hominibus malis.‘“

1) **māne:** früh(morgens) 2) **revertit:** (er) ist zurückgekehrt

Sklaven

Dass Marcus den Sklaven Davus mit einem Briefchen für Cornelia wegschicken konnte, zeigt, welche Vertrauensstellung dieser innehatte. Die Familie des Marcus besaß gewiss mehrere Sklaven für verschiedene Dienste im Haus. Personen von gesellschaftlichem Ansehen, die nur 10 Sklaven hatten, wurden schon im 1. Jh. v. Chr. bedauert. Leute, die ihren Reichtum zur Schau stellen wollten, hatten bis zu 200 Sklaven in ihrem städtischen Haushalt: Köche, Kammerdiener, Servierer, Sänftenträger, Schreiber, Sekretäre, Vorleser, Bibliothekare usw. Sklaven bekamen in der Regel ein Taschengeld, Trinkgelder des Herrn oder der Gäste und gelegentlich auch eine Gewinnbeteiligung für ihre Arbeit. Über dieses kleine Vermögen konnten sie selbst bestimmen; einige wenige besaßen sogar selbst Sklaven.
Ganz anders sah das Leben der Sklaven auf den großen Landgütern in Süditalien oder Sizilien, in den Bergwerken oder Fabriken aus. Dort wurden sie wie Maschinen für besondere Aufgaben eingesetzt und einer eisernen Disziplin unterworfen.
Sklaven waren Eigentum ihres Herrn, ein lebender Sachwert, den man kaufen und verkaufen konnte. Der Herr hatte sogar das Recht seine Sklaven zu töten. Erst unter Kaiser Hadrian (117 – 138 n. Chr.) wurde dieses Recht eingeschränkt. Doch, von wenigen Ausnahmen abgesehen, waren die Herren ohnehin bestrebt die Arbeitskraft ihrer Sklaven zu erhalten.
Zur Zeit Kaiser Trajans gelangten wegen des Dakien-Feldzugs viele Kriegsgefangene nach Rom, die als Sklaven verkauft wurden, doch war das Angebot auf dem Sklavenmarkt insgesamt eher gering. So kam es dann schon vor, dass in Rom Sklaven gekidnappt und auf Landgüter verschleppt wurden.

Cavete ab hominibus!
(NT Matthaeus 10.17)
Et servi homines sunt.

E1 *Titus wartet auf Marcus am Kolosseum.* Titus: „Cur tam sero venis, Marce? Unam horam te exspectavi.“ Marcus: „Valde doleo, Tite, sed audi: In foro eram et gaudebam. Mercatores enim clamabant, domini servos reprehendebant et puniebant. Subito magnum clamorem audivi: Vir firmus servum caedebat. Tum ad te properavi.“

1 **Suche** aus dem Lektionstext 10 (1) alle Imperfekt-Formen heraus und wandle sie nach folgendem Muster um:

▶ ambulabam → ambulo → ambulamus → ambulabamus

2 **Ergänze und übersetze.**
Übertrage die Sätze hierzu in dein Heft.

1. Magister Tit■ laudat: „Bene, Tit■, te laudo.“ 2. Tum Marc■ reprehendit: „Te autem, Marc■, content■ non sum.“ 3. Itaque Titus gaudet, laet■ librum legit; Marcum autem ira magistr■ maest■ libr■ legere non iuvat. 4. Tum magister de Alexandr■ Magn■, reg■ clar■, narrat. 5. Pueri mult■ verbis de consiliis reg■ diviti■ gloriaeque cupid■ et de vita reg■ disputant. 6. Tandem magister pueros invidi■ plen■ admonet et de hominibus Asiae oppidisque in Asia sit■ narrat. 7. Tum: „Mult■ homines diviti■ carent, tamen vita su■ content■ neque miser■ sunt.“

3 **In der Subura**
Was kann man dort sehen, hören und tun? Bilde zehn kleine Sätze.

▶ Ad mercatores propero. – Pretia quaero.

4 Heute waren wir viele Stunden auf dem Forum. Dort sahen wir viele Leute und suchten dich überall. Immer wieder hörten wir das Geschrei der verschiedenen Kaufleute. Plötzlich hörte ich deine Stimme.

E2 Marcus: „Tune ad me properavisti? Cum Gallo in foro fuisti. Certe tabernas (↗ 10 L) intravistis et ibi diu mansistis. An[1] te homines mali tenuerunt?“ Davus: „Non fuimus in foro. Gallus subito iram domini timuit et Subura cessit. Ego autem statim ad te properavi.“

1) **an:** oder etwa

5 **Setze die Reihe fort.** Übertrage die Formen hierzu in dein Heft.
▶ timeo - timebam - ?; (timui)

vocant	–	vocabant	–	?
placet	–	placebat	–	?
scribo	–	scribebam	–	?
tacetis	–	tacebatis	–	?
audimus	–	audiebamus	–	?
claudis	–	claudebas	–	?
abduco	–	abducebam	–	?
discedunt	–	discedebant	–	?
quaeritis	–	quaerebatis	–	?

6 **Imperfekt oder Perfekt?**
Begründe deine Entscheidung aus dem Kontext.

1. Davus per Suburam (ambulabat/ambulavit). 2. Marcum ubique (quaerebat/quaesivit). 3. Subito Davus vocem Marci (audiebat/audivit). 4. Marcus Davum magno cum gaudio (salutabat/salutavit). 5. Tum per vias (ambulabant/ambulaverunt). 6. Davus de Afra et Cornelia (narrabat/narravit). 7. Tum ad templum Caesaris (accedebant/accesserunt). 8. Ibi multi homines (erant/fuerunt).

7 Ich habe dich hier erwartet; ich bin nicht weggegangen. Aber wo ist der Sklave Gallus? Ist er etwa nicht bei dir gewesen? Jetzt ist er entwischt. Ich konnte den Jungen nicht festhalten. Sicherlich hat niemand den Gallus entführt. Vielleicht ist er zu seinem Herrn geeilt.

1 Irrläufer

invenis – agris – agis – petis – vides
meus – tua – nostra – pulchra – vestra
agrum – librum – periculum – virum – filium
naviga – da – ora – terra – sustine
sero – spero – soleo – studeo – accedo
apud – per – ante – ad – inter – cum
ubi – et – quid – num – nonne
clamore – hora – aedificio – curo – tanto

2 Latein – Italienisch

Die Formen des italienischen Imperfekts sind den lateinischen Formen sehr ähnlich.

Vergleiche: *lat.* sperabat scribebamus
ital. sperava scrivevamo

Übersetze ins Lateinische und Italienische:
sie schrieb - wir grüßten - er lachte - wir saßen - sie grüßte - wir hofften - er bildete sich - wir lachten - sie saß

3 Welche lateinischen Wörter fallen dir dazu ein?

1.

2.

3.

4 Was Wichtiges?

Lucius hat diese beschädigte Tonscherbe gefunden: Was steht darauf? Schreibe den vervollständigten Text in dein Heft und übersetze.

5 Sklaven

a) Die römischen Schriftsteller Cato und Varro schrieben Ratgeber für Gutsbesitzer. Bei Varro findet sich folgende Einteilung der Dinge, die bei der Landwirtschaft benötigt werden: „Sprechende, Laute von sich gebende und stumme Werkzeuge“. Cato empfiehlt dem Gutsherrn unter anderem Folgendes: „Wein und Getreide, das überschüssig ist, soll er verkaufen; alte Ochsen, entwöhnte Kälber und Lämmer, Wolle, Felle, einen alten Wagen, abgenütztes Ackergerät, alt gewordene Sklaven, kränkliche Sklaven und was es sonst Überflüssiges gibt, soll er verkaufen.“

– Wie werden Sklaven hier betrachtet?

b) Der römische Philosoph Seneca schreibt in einem Brief an seinen Freund Lucilius: „Bedenke bitte, dass der, den du deinen Sklaven nennst, den gleichen Ursprung hat wie du, dass sich über ihm derselbe Himmel wölbt, dass er die gleiche Luft atmet, dass er so wie du lebt und stirbt.“

Welche Haltung nimmt Seneca gegenüber den Sklaven ein?

Gut gemacht, Marcus!

Marcus Domitius, der Vater von Marcus, war bei seinem Freund Lucius Calpurnius Macer zu einer Dichterlesung eingeladen. Vorgetragen wurden Szenen aus einem Trauerspiel, an dem der siebzehnjährige Sohn des Gastgebers arbeitet. Als Domitius spät am Abend heimkommt, ist er von der Leistung des jungen Mannes noch immer sehr beeindruckt:

(1) „Audi, Marce, audite, mater et Domitilla! Lucius, Macri filius, tragoediam scripsit; profecto sibi[1] magnam sumpsit materiam: De Coriolani superbia et nece hodie recitavit. Tu autem, Marce, audivistine iam de Coriolano?"
„Audivi, pater, nam Livii libros legi, et apud Diodotum iam de Coriolano imperatore claro egimus: Postquam copias Volscorum vicit, triumphum egit. Tum cuncti victorem laetis clamoribus laudaverunt. Sed ubi invidiam plebis odiumque tribunorum movit, patriam reliquit et Volscos adiuvit et bellum paravit . . ."

(2) „Satis est, Marce; tu profecto de Coriolano bene narrare potes. Id[2] modo vidi et magnopere gaudeo. Sed quid apud Diodotum egistis? Quid declamavistis[3]?"
„Titus Coriolanum accusavit, quod patriam prodidit, quod copiis Volscorum Romam circumdedit. Ego autem verba matris finxi et inter alia dixi: ‚Tu legiones Romanas pepulisti, tu milites nostros cecidisti, tu . . .' "
„Te laudo, Marce, nam multa didicisti, multa comprehendisti. Filius bonus es, quamquam tragoediam non scripsisti."
Tum ad Domitillam et matrem: „Nonne doctus est Marcus noster? Nonne gaudetis? Ecce, hodie Marcus ridet, hodie maestus non est!"
Profecto Marcus, ubi verba patris audivit, laetus est et „Gaudeo", inquit, „quod tu, pater, me laudavisti. Semper filius bonus esse studeo."
Tacitus[4] autem: „Mea vota audivisti, Venus, me adiuvisti et cuncta mutavisti. Iam pater me laudat, iam ridet. Fortasse amorem meum non iam vituperat, fortasse etiam pater Corneliae . . ."

1) **sibī:** sich 2) **id:** das 3) **dēclāmāre:** (etwas) in Übungsreden behandeln 4) **tácitus** (hier): still für sich

T
- *Was erfährst du aus dem Text über die Schulbildung junger Römer?*
- *Welche Rolle spielt dabei der Sagentext (ab Z. 4)?*

V Fabeln hören und erfinden

1. „Quid hodie in ludo egistis?" „Multa tractavimus[1]." 2. „Narra, oro te!" „Magister librum recitavit." 3. „Et tu, quid egisti?" 4. „Quid quaeris? Magistrum audivi. 5. Nonnullas fabulas Aesopi[2] legit; Aesopus multas fabulas[2] reliquit. 6. Una fabula[2] fuit de ranis[3]. 7. Ranae[3] enim regem poscebant; sed Iuppiter negavit. 8. Tandem hydrum[4] dedit regem." 9. „Et quid a ranis[3] didicistis? Quid fabula[2] docet? Tune fabulam[2] comprehendisti?" 10. „Certe sententiam intellexi, sed nunc non possum cuncta disputare." 11. „Nihilne pueri scripserunt hodie?" 12. „Pauca scripsimus; fabulas[2] finximus atque etiam recitavimus." 13. „Et quid magister dixit?" 14. „Alias fabulas[2] laudavit, alias vituperavit."

1) **tractāre:** behandeln 2) **fābulae Aesōpī:** Fabeln des Äsop 3) **rāna, -ae:** Frosch 4) **hydrus:** Wasserschlange

Ein beliebtes Thema solcher Redeübungen war das Schicksal des Gnaeus Marcius, eines vornehmen Römers, der – der Sage nach 493 v. Chr. – die Volskerstadt Corioli erobert und deshalb den ehrenvollen Beinamen Coriolanus erhalten hatte. Bald danach brach in Rom eine Hungersnot aus. Bei der Diskussion, wie man den Notleidenden helfen könne, machte sich Coriolan durch arrogante Äußerungen beim Volk derart verhasst, dass er schließlich verbannt wurde. In seinem Stolz zutiefst gekränkt entschloss er sich zu den feindlichen Volskern zu gehen, mit ihnen Rom zu erobern und sich so an seiner Heimatstadt zu rächen. Wenig später stand er mit dem Volskerheer vor den Toren Roms. Da die Römer die Entscheidung im Kampf fürchteten, versuchten sie Coriolan durch Verhandeln zur Umkehr zu bewegen. Zwei Gesandtschaften scheiterten. Erst als seine Mutter und seine Frau mit ihm redeten, gab er nach.

Diese Geschichte bot viel Stoff für Übungsreden: „Coriolan wird wegen seiner unbeugsamen Haltung gegenüber dem Volk angeklagt“, „Coriolan überredet die Volsker zum Kampf gegen Rom“, „Soll Coriolan lieber seine Ehre oder seine Heimatstadt verraten?“ – Die Liste der möglichen Themen war lang.

i Coriolan

In den Rhetorenschulen der Kaiserzeit übte man sich in der Abfassung von Gerichtsreden *(controversiae)* über Streitfälle, die sich der Lehrer ausdachte, oder von Reden, in denen einer historischen oder mythologischen oder frei erfundenen Person Rat erteilt wurde *(suasoriae)*. Dabei kam es nicht auf die historische Wirklichkeit an, sondern auf die Argumentation und den rhetorischen Schmuck der Rede.

Ubi bene, ibi patria.
Audi multa, dic pauca!
(Publilius Syrus)
Varietas[1] delectat.

1) **varietās, -ātis** f: Abwechslung

11 Übungen

E1 Marcus per forum ambulabat. Subito Titum vidit. Statim ad amicum accessit et rogavit: „Davumne vidisti? Invenitne Corneliam et officium suum explevit?“
Tum amicus: „Davus ad Corneliam accedebat, cum Megaera apparuit et puellam abduxit. Tum servus tuus templum Fortunae petivit.“

1 **Perfekt!**
Suche aus dem Lektionstext 11 (1) alle Perfekt-Formen heraus und bilde dazu die entsprechenden Formen des Präsens und des Imperfekts.

2 **Ergänze die Reihe.**
Übertrage die Formen hierzu in dein Heft.

Präsens	Imperfekt	Perfekt
quaero	?	?
?	discedebas	?
?	?	timuimus
venitis	?	?
?	dolebas	?
?	?	narravi
evadit	?	?
?	puniebant	?
accedit	?	?

3 **Wandle um und übersetze.**
clara vox → Gen. → Pl. → Abl. → Sg. → Akk. → Pl. → Nom. → Sg.
miles Romanus → Abl. → Pl. → Gen. → Nom. → Akk. → Sg. → Nom.
plebs contenta → Abl. → Gen. → Akk. → Nom.
carcer firmus → Pl. → Gen. → Sg. → Akk. → Nom.

4 Wir haben bereits ein Buch des Livius gelesen. Was hat Livius geschrieben? Livius hat unter anderem über das Leben des Coriolan berichtet. Coriolan hat die Volsker besiegt, dann aber den Hass seines eigenen° Volkes erregt.

E2 Diu Marcus in Capitolio Davum exspectavit. Tum de Capitolio descendit et ad Colosseum cucurrit. Tandem servum suum vidit. Subito vir firmus Davum tenuit et abducebat, sed Marcus cito accessit, virum cecidit, servum liberavit.

5 **Bildung perfekt?**
Ordne die Verben nach Perfektbildung und bilde die entsprechenden Präsens-Formen.
a) scivi, finxit, pepulerunt, tacuit, finivit, iacui, sedisti, admonuistis, stetit, cavi, deseruit, cucurristi, legisti, abduxerunt
b) liberavit, comprehendi, proteximus, petiverunt, explevit, clausi, scripserunt, descendit, circumdedi, didicit, dixit, prodidisti, accidit

6 **Imperfekt oder Perfekt?**
Setze die Infinitive in die vom Text geforderte Form und übersetze die Geschichte.
1. Cornelia narrat: „Cum amicis in foro (ambulare). Ibi multa (videre) et (audire). 2. Modo pretia mercatorum (reprehendere), modo fabros (observare), modo amicos (salutare). 3. Modo ludo (gaudere), cum nonnulli viri per forum (currere), unum fabrum (circumdare), hominem miserum (caedere). 4. Faber magna voce (clamare) et auxilium (petere). Sed nemo fabrum (adiuvare). 5. Cuncti enim valde (timere), quod illi[1] homines gladiatores (esse) et gladios (habere). 6. Ubi custodes publici[2] (accedere), gladiatores cito (discedere). 7. Faber autem deos (laudare): ‚Vos[3] me (protegere)!‘ “

1) **illī:** jene 2) **custōdēs pūblicī:** Polizisten 3) **vōs:** ihr

7 Coriolan verließ sein Vaterland und verriet es°. Er unterstützte die Volsker. Da ließen manche Städte die Römer im Stich und unterstützten Coriolan. Die Truppen des Coriolan schlugen die römischen Legionen. Er umzingelte sogar Rom. Schließlich verhandelte die Mutter des Coriolan mit ihrem Sohn.

1 Marcus litteras ad Corneliam scribit.

Marcus Corneliae suae s.p.d.[1]
Si vales, bene est; ego valeo. Hodie cum Tito in Colosseo fui, ubi gladiatores novi pugnaverunt. Populus pugna contentus erat, nam gladiatores timidi non erant, sed alter alterum gladiis petebat. Subito turba clamavit: Alter sine gladio in arena stabat et necem exspectabat. Tum ego pugnas spectare non iam potui et cito e Colosseo cessi. Dum forum peto, multis locis homines miseros vidi. A viris mulieribusque pecuniam poscebant. Alii dederunt, alii negaverunt. Cur nemo homines tam miseros curat, cur nemo adiuvat?
Et ego miser sum, tu sola me adiuvare potes. Veni igitur in Capitolium, ubi te iam saepe exspectavi!
Vale!

1) **Cornēliae suae s.p.d.:** sendet seiner Cornelia viele Grüße

2 Welche lateinischen Wörter fallen dir dazu ein?

1.

2.

3 Lückenbüßer

▶ claudo: claudunt ≙ clausi: ? (clauserunt)

1. pello: tenemus ≙ ? : tenuimus
2. ? : movemus ≙ cecidisti: movimus
3. videt: vident ≙ vidit: ?
4. venit: vēnit ≙ venitis: ?
5. disco: paras ≙ ? : paravisti
6. cedit: ? ≙ laborat: laboravit
7. adiuvat: adiuvit ≙ circumdat: ?
8. ago: fingitis ≙ egi: ?
9. legit: lēgit ≙ vincit: ?
10. ? : sumpsimus ≙ dicunt: sumimus
11. respondit: ? ≙ respondet: est
12. relinquis: agitis ≙ reliquisti: ?

Stellt selbst fünf Reihen mit einem Lückenbüßer zusammen und tauscht sie untereinander aus.

4 „Gefülltes Schwein“

Die beste Schweinsfüllung macht man aus den „kleinen Wörtern“.
In dieser Füllung sind 26 Wörter. Schreibe sie heraus und ordne sie nach Wortarten.
Welche Wortart kommt am häufigsten vor?

Ein junger Mann macht Geschichte

Am 23. September wurde GAIUS OCTAVIUS, der spätere Kaiser AUGUSTUS, geboren; einen so wichtigen Gedenktag kann DIODOTUS nicht mit Schweigen übergehen.

(1) „Annos undeviginti natus[1], pueri, C. Octavius privato consilio et privata pecunia copias comparavit. Tum populo Romano, tum Romae aeternae, tum foro et templis et Capitolio magna pericula imminebant, nam Brutus et Cassius – sed quid video? Titus verba magistri non audit; Titus amicis multa narrare studet. Agedum[2], dic, Tite: Quid de Bruto et Cassio narrare potes?"

Titus paulum deliberat, tum magistro respondet: „Brutus et Cassius cum nonnullis aliis Caesari dictatori insidias parabant. Sed postquam Caesarem occiderunt, cunctis fere hominibus, viris et mulieribus, invisi[3] fuerunt. Itaque Roma cesserunt, in Graeciam se receperunt[4] copiasque comparaverunt. Tum M. Antonius imperator C. Iulio Octaviano, heredi Caesaris, inimicus erat; bellum erat in Italia, Romae seditio, donec Octavianus Antonium sibi conciliavit.
Postea cum Antonio Brutum et Cassium vicit bellaque finivit . . ."

(2) „Multa", inquit Diodotus, „tibi nota sunt, Tite, neque tamen cuncta. Itaque ego vobis, pueri, cetera narrare debeo; vos autem audite: Marcus Antonius Cleopatrae, reginae Aegypti, nonnullas provincias imperii Romani concessit; Alexandriae ut rex cum regina vixit. Iterum imperio magna pericula imminebant, sed Octavianus homines timore liberavit et imperio pacem diuturnam dedit. Itaque senatores Octaviano multos honores tribuerunt: imperatorem ‚patrem patriae' et ‚Augustum' nominaverunt . . ."

„. . . et Paci Augustae aram consecraverunt[5]!"

„Quid? Cuius vocem audivi? Cui licet clamare inter verba magistri? Tu tibi, Tite, adeo places? Tu nos perturbare studes? Cave! Sed quod nobis modo multa de imperatore Augusto narravisti, nunc audacia tua tibi impune[6] est."

---

1) **annōs ūndēvīgintī nātus:** (19 Jahre alt) als Neunzehnjähriger 2) **ágedum:** los! 3) **invīsus, -a, -um:** verhasst 4) **recipere (recēpī):** zurückziehen 5) **cōnsecrāre:** weihen 6) **impūne:** ungestraft, straflos

T
- *Beschreibe anhand des Textes die Stationen des Aufstiegs des OCTAVIANUS/AUGUSTUS.*
- *Wie werden die Taten des AUGUSTUS, wie die seiner Gegner im Text dargestellt?*

V

Eine Lobrede auf Kaiser Augustus

1. Octavianus, postquam Antonium et Cleopatram vicit, animos hominum sibi conciliare studebat. 2. Romae imperator novus non modo senatoribus, sed etiam plebi miserae placebat. 3. Nam quis populo tot aedificia donavit, quis deis tot templa vovit quot Augustus? 4. Nonnulla autem templa, quod tam pulchra erant, cunctis fere hominibus nota erant. 5. Cuius consilia senatores Romani tam saepe laudaverunt, cui tot honores tribuerunt? 6. Non modo plebs, sed etiam senatores Augustum ‚patrem patriae' nominaverunt. 7. Et sibi et imperio Romano Augustus aeternam gloriam comparavit.

Augustus' Weg zur Macht

Gaius Octavius, der spätere Kaiser Augustus, wurde 63 v. Chr. geboren. Seine Mutter war eine Nichte Cäsars. Da Octavius' Vater bald starb, kümmerte sie sich um seine Erziehung; sein Großonkel Cäsar führte ihn in das öffentliche Leben ein.

Nach der Ermordung Cäsars (15. März 44 v. Chr.) wurde dessen Testament bekannt gegeben: Gaius Octavius war durch Adoption der Erbe eines riesigen Vermögens. Er nahm die Erbschaft an, nannte sich Gaius Iulius Caesar Octavianus, Sohn des Cäsar, und sah sich dadurch verpflichtet, die Ermordung des Adoptivvaters zu rächen.

Nun begann der vierzehnjährige Kampf um die Macht im Staat: Raffiniert und oft skrupellos errang Octavianus die Alleinherrschaft über Rom. Als der Bürgerkrieg im Jahre 31 v. Chr. zu Ende ging, hatten 300 Senatoren und 2000 Angehörige des Ritterstands ihr Leben lassen müssen, die toten Soldaten und die Opfer unter der Zivilbevölkerung hat niemand gezählt.

Am 11. Januar 29 v. Chr. wurden die Türen des Janus-Tempels geschlossen, zum Zeichen, dass endlich Frieden war. Octavianus, der seit dem 16. Januar 27 v. Chr. den Namen IMPERATOR CAESAR DIVI FILIUS AUGUSTUS trug, hatte auf Grund seiner vielen Ämter die tatsächliche und alleinige Macht im Staat.

Er tat alles, damit die neuen Verhältnisse dem Volk und dem Senat von Rom gefielen: Rom ließ er als prachtvolle Hauptstadt der Welt zu einer Stadt aus Marmor umgestalten. Die ärmsten Bürger wurden durch regelmäßige Getreidespenden und zahlreiche Spiele *(panem et circenses)* zufrieden gestellt. Die auf die altrömischen Tugenden bedachten konservativen Mitglieder des Ritterstandes und des Senats lobten seine strengen Sittengesetze. So war es kein Wunder, dass der Senat, der Ritterstand und das römische Volk im Jahre 2 v. Chr. dem Kaiser einmütig den Titel „Vater des Vaterlandes“ verliehen.

Augustus von Prima Porta (um 20 v. Chr.), Vatikanische Museen, Rom.

Festina lente[1]!

(Lieblingswort des Kaisers Augustus)

Audi, vide, tace, si tu vis[2] vivere in pace!

1) **lentē:** langsam, „mit Weile“ 2) **vīs:** du willst

12 Übungen

E1 *Titus träumt in der Schule.*
Novam tragoediam scribit; magnam sibi sumpsit materiam. Modo in bibliotheca[1] libris se delectat et cunctis de tragoedia litteris studet. Subito Diodotus rogat: „Cur Coriolanus neque senatoribus[1] neque tribunis neque plebi placuit?“ Statim Titus: „Gloriae studuit et populo Romano paravit bellum.“ Cur Diodotus verbis Titi non est contentus?

1 **Setze um und über!**
Setze in den Dativ Sg. und Pl. und übersetze.

homo - pater - filia - miles - deus - mulier - amicus - imperator - vox - rex - legio - terra - consilium - populus - faber - clamor - consul

2 **Wandle nach folgendem Schema um:**
victor iniustus → Pl. → Gen. → Sg. →Dat. → Pl. → Akk. → Sg. → Abl. → Pl.

3 **ISUMIO**
Bestimme und gib die Wortbedeutung an.

-is hominis - vincis - gladiis – pepulistis - satis - audis - regis - viris - multis - dicis - scis - quis - fingis
-um auxilium - solum - possum - dictatorum - militum - bellum - sum - interdum
-i imperatori - amici - consuli - veni - vici - studuisti - miseri - ibi - pulchri - fini - legi - legioni - alii - templi - vini
-o sustineo - nemo - subito - seditio - officio - invenio - animo - gaudeo - gaudio - disco

4 Diodotus erzählt den römischen Jungen von Cäsar: Brutus und Cassius planten den Anschlag auf den Diktator (stellten dem Diktator eine Falle). Aber nach Cäsars gewaltsamem° Tod drohten dem römischen Volk neue Gefahren.

E2 Lucius (ad Titum et Marcum):
Num vobis tragoedia de Coriolano placet? T: Cuius tragoedia? L: Tragoedia Calpurnii. T: Valde nobis placet. L: Cui tragoediae placent? Mihi profecto non placent. Vosne iuvat forum petere mecum? M: Nos Colosseum petimus. Tune nobiscum venis? L: Me non iuvat, ego spectacula gladiatoria[1] non amo. M: Quid tandem tibi placet?

5 **Setze passende Pronomina ein und übersetze.**
Ein Herr macht seinem Sklaven Vorwürfe.
1. Dominus: „Iam multas horas ■ exspecto. Et ■, ubi fuisti? 2. Aliis servis dixi: ‚■ quaerite Afrum, ■ hic maneo.‘ 3. Multas curas ■ et ■ paravisti: ‚■ Afro accidit? ■ Afro insidias paravit? 4. Fortasse amicum ■ adiuvit? 5. Num ■ vinum comparavit nec viam invenit?‘ 6. ■ autem certe apud amicam ■ fuisti neque officia ■ explevisti. 7. Narra tandem: Cur tam sero ad ■ venisti? Responde ■!“

6 **Antworte lateinisch.**
▶ Dedistine <u>mihi</u> librum? - Librum <u>tibi</u> dedi.
1. Potesne <u>nobis</u> de Bruto et Cassio narrare?
2. Placuitne <u>tibi</u> amicos convenire?
3. Num <u>me</u> quaesivisti?
4. Iuvatne <u>vos</u> tragoedias audire?

7 **Was passt wo und warum?**

ubique - quo - donec - ubi - postquam - statim - quod - tandem

Octaviano, ■ Antonium et Cleopatram ad Actium vicit, ■ per senatores triumphum agere licuit.

8 Ein lang dauernder Krieg brachte (bereitete) den Römern Schmerz und Sorge. Nach vielen Kämpfen gab Oktavian den Menschen Frieden. Deshalb erwiesen sie dem Kaiser Ruhm und Ehre. – Aber, wenn es dir gefällt, Diodotus, erzähle uns jetzt über Kleopatra.

1 **Wie war das doch mit Oktavian?**
Wähle die sinnvollen Antworten aus.

1. Quid Octavianus privato consilio comparavit?
   copias – materiam – legionem – milites
2. Cui magnum periculum imminebat?
   patriae – plebi – mercatoribus – imperio Romano
3. Cuius superbia iram Bruti et Cassii movit?
   Antonii – Caesaris – Cleopatrae – Octaviani
4. Cur senatores Octaviano multos honores tribuunt?
   Quod: patriam prodidit – Romam reliquit – Cassio insidias paravit – Antonium vicit – hominibus pacem dedit – Alexandriam magnis copiis circumdedit – Cleopatram Alexandria pepulit.

2 **Was bedeutet eigentlich . . . ?**

Materialismus [lat.] *m*, Weltanschauung, der zufolge nur die ↗ Materie wirklich existiert. Seele und Geist sind für den M. Funktionen der Materie.

Lizenz [lat.] *w*, vollständige oder teilweise Übertragung eines Nutzungsrechtes, eines Patents oder eines Gebrauchsmusters durch den Urheber in einem Vertrag *(Lizenzvertrag)*.

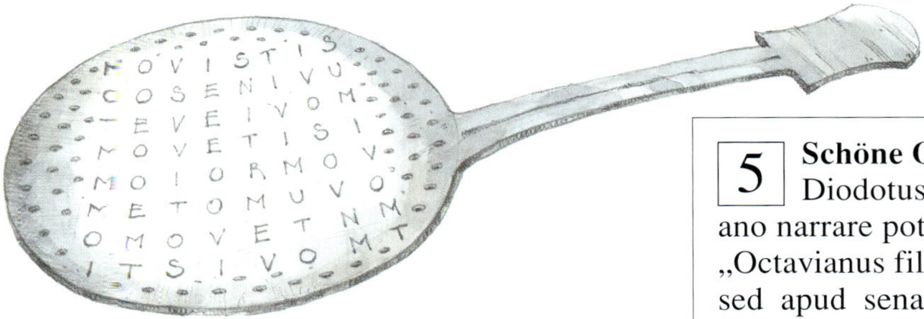

3 **„Ausgesiebt"**
In diesem Sieb liegen Präsens- und Perfektformen von MOVERE (senkrecht, waagerecht, diagonal, vorwärts und rückwärts zu lesen). Zwei sind schon durch das Sieb gefallen. Welche?

4 **Verwandlung**
Füge jeweils einen Buchstaben hinzu; die Stellung der Buchstaben kann verändert werden.

UT
? ? ? (Adverb)
? ? ? ? (Form eines Possessiv-Pronomens)
? ? ? ? ? (Konjunktion)
? ? ? ? ? ? (Form eines Adjektivs)
A L T E R U M

5 **Schöne Geschichten!**
Diodotus rogat: „Quis nobis de Octaviano narrare potest?" Statim Lucius respondet: „Octavianus filius Caesaris et Cleopatrae erat, sed apud senatores nihil valebat, quod erat homo malorum consiliorum plenus. Novorum enim agrorum, oppidorum terrarumque semper cupidus erat. Tum patrem suum occidit. Sic seditionem Romae movit. Antonius solus patriae auxilium dare poterat, ut multi viri clari scribunt." – „Tace!" Diodotus clamat. „Verba tua iram meam movent. Quid tu, Tite, de Octaviano scis?" Sed Titus: „Cleopatra", inquit, „filia pulchra regis Aegypti erat, tamen magno in periculo erat. Alexandriae enim profecto multa mala accidunt, ut scio. Itaque Antonium convenire deliberavit et curavit . . ." – „Tace, miser", Diodotus clamat. „Nihilne comprehendistis? Verba vestra non iam sustineo. Nisi statim disceditis . . ." – In via Lucius rogat: „Cur ludo cedere debuimus? Cur verba nostra magistro non placuerunt? Quid iram magistri movit?"

Stelle die Aussagen über Oktavian richtig.

9 – 12 Repetitio Generalis

Übersetzen mit System (III)

Regeln

1. Wie du schon weißt, geht man beim Übersetzen mit System oft nicht sogleich vom ganzen Prädikat aus, sondern nur von seinem Signalteil. Dies gilt besonders für lateinische Prädikate, die im Deutschen mit einer zusammengesetzten Verbform wiedergegeben werden.

Beispiel: *audi**v** **it**:* (er) **hat** gehört

*Marcus iam multa de Alexandro audi**v** **it**.*

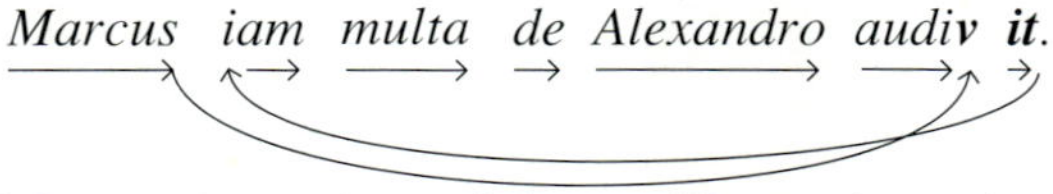

Marcus **hat** schon viel von Alexander gehört.

Bei einem Satz wie diesem genügt ein kurzer Pendelschwung zum Bildungselement *-v-* und zur Perfekt-Endung *-it* (er hat . . . / seltener: er ist . . .). Danach übersetzt man in üblicher Weise weiter.

2. Der Kontext hilft, die passende Bedeutung des Prädikats zu finden.

Beispiel: *Homines mali iam multos servos miseros in agros abdu**xerunt**.*
Schlechte Menschen ***haben*** schon viele bedauernswerte Sklaven aufs Land verschleppt.

In diesem Satz passt die gelernte Bedeutung ‚abbringen' für *abducere* nicht, ‚wegführen' klingt noch nicht besonders gut; am treffendsten ist ‚verschleppen'.

3. Selbst bei Fragesätzen, die im Deutschen mit dem Prädikat (oder einem Teil davon) beginnen, kann man die Entscheidung über dessen Bedeutung oft lange hinauszögern:

Beispiel: *Nonne Lucius, Calpurnii Macri filius, quod de superbia et nece Coriolani tragoediam scripsit, sibi magnam sump**sit** materiam?*
Hat nicht Lucius, Calpurnius Macers Sohn, weil er über den Stolz und den gewaltsamen Tod des Coriolan eine Tragödie geschrieben hat, sich einen bedeutenden Stoff vorgenommen?

Ü: Übersetze entsprechend:
1. Num Davus, Marci servus, quae[1] de eo homine malo narravit, finxit?
2. Nihilne, quod[1] Davus dixit, verum[2] fuit?

1) **quae/quod:** was 2) **vērus, -a, -um:** wahr

Übersetzen mit System D → L (III)

Regeln

1. Genitiv und Dativ

Die beiden Kasus lassen sich leicht erfragen:

Diodot erzählt dem Jungen von den Plänen Alexanders.				
WER?	WEM?		WESSEN?	
Diodotus	*pueris*	*de consiliis*	*Alexandri*	*narrat.*
Nominativ	Dativ	Präp. m. Abl.	Genitiv	Verb
Subjekt	Objekt		Attribut	Prädikat

2. Imperfekt und Perfekt

Deutschem Perfekt entspricht fast immer auch lateinisches Perfekt:
Ich bin entkommen. *Evasi.* Warum hast du geschrien? *Cur clamavisti?*
Deutsches Präteritum übersetzt man in einer zusammenhängenden Erzählung

mit dem Perfekt,
wenn von aufeinander folgenden Ereignissen die Rede ist.

Davus **entkam** dem Menschenräuber
evasit
und **lief** zu seinem Herrn.
cucurrit

mit dem Imperfekt,
wenn von Zuständen, länger andauernden oder sich wiederholenden Vorgängen die Rede ist.

Marcus **las** gerade, als . . .
las den Brief immer wieder.
legebat

3. Verbformenbildung: Schritt für Schritt

Ü: Coriolan **verriet** seine Heimat.
1. Bestimme das im Lateinischen nötige Tempus des Prädikats (s. 2!).
2. Ist es ein Perfekt, dann nimm den Perfekt-Aktiv-Stamm; der Wortspeicher gibt ihn bei allen Verben, die k e i n *v*-Perfekt bilden, an dritter Stelle so an: *prodere (prodo, prodidi); prodidi* ist die 1. Person Singular des Indikativ Perfekt Aktiv; der Stamm lautet somit *prodid-*.
3. Nun fehlt noch die Perfekt-Endung der 3. Pers. Sg.: – *it* → *prodid- it* – fertig ist die Form.

Bilde entsprechend:
du bist geblieben – er hat gehofft – sie haben beschützt – ihr habt verloren – wir sind dagelegen – du bist gegangen

Übungen

1 Die Probe aufs Exempel

Wende die in ‚Übersetzen mit System' (III) vorgeführte Technik bei den folgenden Sätzen an, beschreibe die ‚Pendelschwünge' und übersetze.

1. „Ego", inquit Davus, „postquam officium meum bene explevi, statim Subura cessi. 2. Tum me Gallus, quod domini iram valde timebat, deseruit. 3. Subito me, dum per Argiletum vado, ubi multi homines mali sunt, vir firmus comprehendit et tenuit. 4. Homo iniustus me, quamquam clamabam, per multas vias in vicum abduxit, ubi nemo clamorem meum audivit. 5. Tamen ab homine (certe enim me in agros abducere studuit), quod Fortunae filius sum, evasi."

2 Wie gehe ich mit *-um* um?

Suche die Substantive heraus und bestimme den Kasus.

num - cum - tum - seditionum - simulacrum - latum - fabrum - Romanum - monstrorum - honorum - possum - circum - votum - vocum - aedificiorum - amicarum - iterum - iniustum - imperatorum - imperium - oppidum - notum - insidiarum

3 Zum Verwechseln ähnlich

Bei welchen der folgenden Verben sehen die 3. Person Singular und die 1. Person Plural im Indikativ Präsens und Perfekt gleich aus? Gib die deutschen Bedeutungen dieser Verben an.

explere - deserere - venire - legere - comprehendere - vituperare - occidere - concedere - vivere - prodere - tribuere

4 Doppeldeutig

Welche Aufgabe erfüllt die Form *cura* im Satz (1), welche in (2)?

(1) Domina: „Audi, Megaera: \ / Corneliam meam!"
cura
(2) Megaera: „Semper magna cum / \ puellam observo."

5 Coriolan

1. Die römischen Senatoren gestanden dem Coriolan einen Triumph zu, nachdem er die Truppen der Volsker besiegt hatte. 2. Aber nachdem er den Triumph gefeiert hatte, erregte er den Zorn und den Hass des Volkes. 3. Nachdem sich dies *(id)* ereignet hatte, ging Coriolan aus Rom weg und verriet sein Vaterland. 4. Er unterstützte nämlich die mit° den Römern verfeindeten Volsker und bereitete einen Krieg vor. 5. Veturia, die Mutter des Coriolan, eilte sofort zu ihrem Sohn und tadelte ihn mit großem Zorn. 6. Nachdem die Mutter ihren Sohn getadelt hatte, gab er nach und führte die Volsker weg.

6 VUSDRuv

Ordne die folgenden Verben nach ihrer Perfekt-Bildung. Gib die deutschen Bedeutungen an.

tribuere - venire - finire - dicere - adiuvare - vivere - evadere - vocare - legere - pellere - comprehendere - dare - abducere - agere - discere - occidere - relinquere - videre - discedere - convenire - prodere - deserere - caedere - petere

7 Paare bilden

1. reginam	A. miseri
2. honoribus	B. duri
3. nos	C. pulchram
4. milites	D. ceteris
5. legionibus	E. diuturnae
6. plebis	F. aeternis
7. paci	G. contentae

8 Kombiniere!

1. Romani audacia Coriolani laeti erant,
2. Eramus modo apud consulem,
3. Marcus servum laudat,
4. Multos homines notos vidimus,
5. Octavianus multos inimicos perdidit,
6. Senatores insidias timuerunt,

A. quod officia bene explevit.
B. postquam clamorem populi audiverunt.
C. donec invidiam et iram plebis movit.
D. ubi privata pecunia copias comparavit.
E. dum de seditione narrat.
F. dum paulum in foro ambulamus.

9 Stelle aus dem Wortschatz 1 - 12 alle bisher gelernten Konjunktionen und Subjunktionen zusammen.

10 Nenne die Bedeutung der folgenden Adverbien und ordne sie den Gruppen ‚Zeit', ‚Ort', ‚Art und Weise' zu.

saepe - ibi - semper - sero - ubique - tum - valde - iterum - sic - adeo - cito - non iam - profecto - modo - bene - nunc - satis - fere - paulum - iam - certe - fortasse - hic - frustra - hodie - immo - interdum - statim - subito - tandem - unde - vix

11 Welche Finger passen an welche Hand?

Welche Finger passen an Hand A, welche an Hand B, welche an keine? Welche Stämme aus Hand A und B können für sich allein, also ohne Endung, übersetzt werden? Bilde zehn Formen und übersetze sie in deinem Heft.

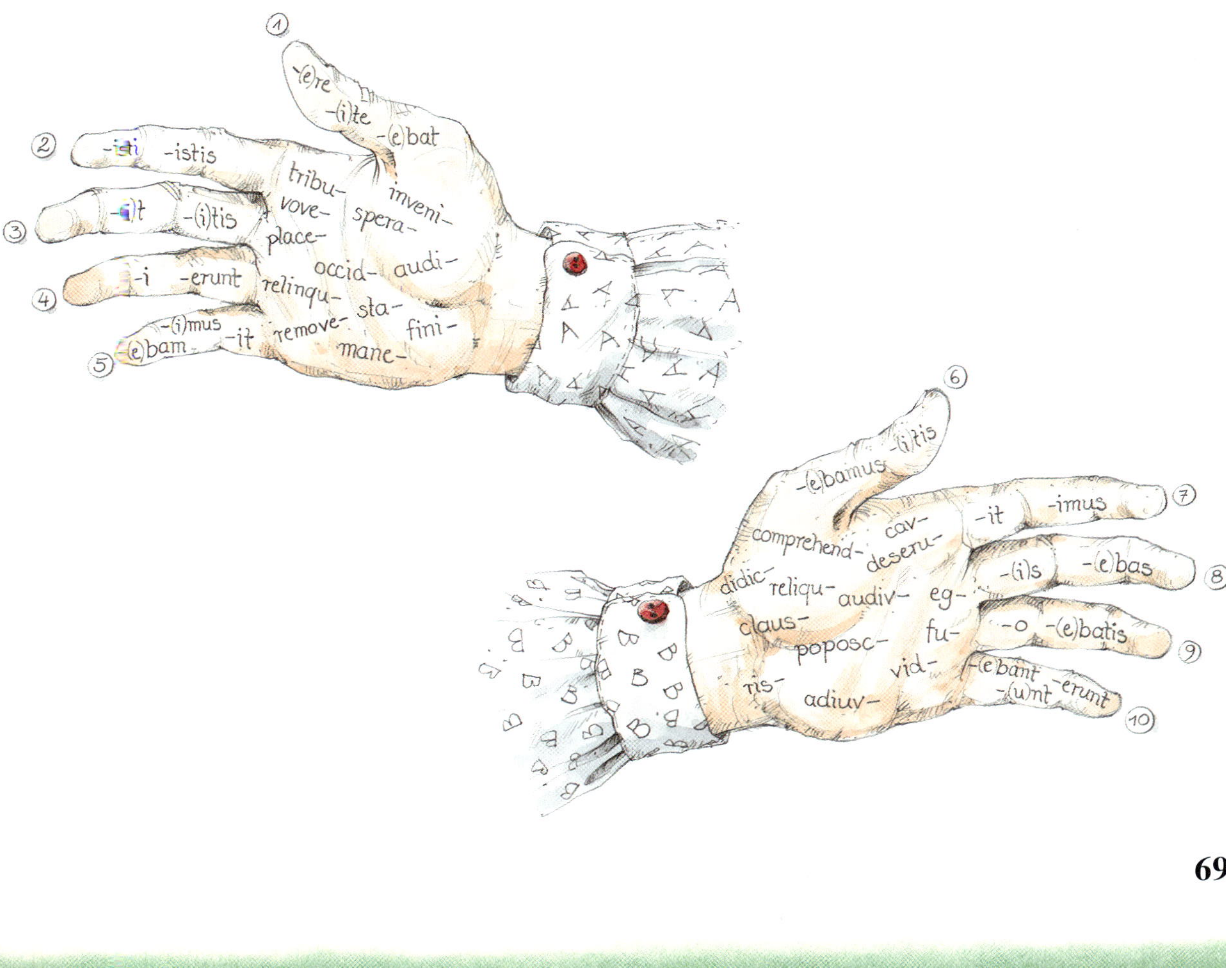

Kein Glück im Kaiserhaus

(Nach Sueton, Augustus 63 – 65)

AUGUSTUS, der ein Jahrhundert der Bürgerkriege glücklich beendete, musste persönlich eine ganze Reihe von Schicksalsschlägen ertragen.

(1) Imperatori Augusto, qui populo Romano post multa bella pacem dedit, Fortuna non semper et ubique favit. Ex uxoribus, quas duxit, Iuliam filiam neque tamen filium habuit, quamquam nihil magis optabat. Nepotes autem, quos valde amabat, amisit ambos[1], Gaium Caesarem in Asia, Lucium Caesarem Massiliae. Postea Agrippam Postumum nepotem et Tiberium Claudium adoptavit[2]. E quibus Agrippam, cuius ingenium malum, cuius mores asperi erant, abdicavit[3] et in parvam insulam transportavit. In qua postea vitam miseram vixit.

(2) Iuliam filiam Augustus magna cum cura educavit. Eam primo filio sororis suae, deinde, ubi is vita cessit, Marco Agrippae amico suo nuptum[4] dedit. Cum eo viro Iulia nonnullos annos vixit duas[5]que filias et eos filios genuit, de quibus iam narravimus: Gaium Caesarem, Lucium Caesarem Agrippamque Postumum. Postquam et Marcus Agrippa vita cessit, Augustus Iuliam Tiberio nuptum[4] dedit, quamquam eum non amabat. Mox Tiberius eam reliquit et propter iram Augusti insulam Rhodum petivit; tum Iulia cum amicis suis vitam agebat inter gaudia, nam tum libera erat. Augusto autem mores eius non placuerunt; itaque eam quoque in exilium pepulit. Etiamsi eum populus Romanus senatoresque iterum atque iterum pro ea rogabant, ei veniam non dedit et, cum de ea et de Iulia filia eius narrabat, eas ‚carcinomata‘ [6] sua vocare solebat.

1) **ambōs** (Akk.): beide 2) **adoptāre:** an Kindes statt annehmen, adoptieren 3) **abdicāre:** verstoßen 4) **nūptum:** „zum Heiraten“, zur Frau 5) **duās** (Akk.): zwei 6) **carcinōmata:** Krebsgeschwüre

T

- *Versuche anhand des Textes einen Stammbaum der Familie des AUGUSTUS zu erstellen.*
- *Was erfährst du über den Charakter der einzelnen Familienmitglieder?*

V

Die Herrschaft des Tiberius

1. Tiberius, filius Augusti adoptivus[!], saepe mores malos Iuliae uxoris, filiae Augusti, vituperavit. 2. Postea eos non iam toleravit[1] et uxorem reliquit. 3. Nonnullos annos Rhodi in insula Graeciae vixit, quod iram Augusti timebat. 4. Tandem Augustus eum Romam re-vocavit et heredem nominavit. 5. Post mortem[2] Augusti Tiberius imperator Romanorum fuit. 6. Primo senatores ei, cuius mores ingeniumque laudabant, faverunt; tum ei paucos tribuerunt honores, quibus contentus erat. 7. Postea autem iram invidiamque eius timebant. 8. Ne Liviae quidem matri, cui imperium debebat, favebat Tiberius. 9. Post nonnullos annos Romam reliquit et Capreis in insula parva Italiae vixit. 10. Morte[2] eius populus valde gaudebat.

1) **tolerāre:** ertragen 2) **mors, mortis** f: Tod

Tiberius (?) (ca. 20 n. Chr.), Kunsthistorisches Museum, Wien.

Tiberius (um Christi Geburt), Ny Carlsberg Glyptotek, Kopenhagen.

i Augustus – ganz privat

Sueton (ca. 75 – 150 n. Chr.) hat in seiner Biografie des Augustus viel über das Privatleben des ersten römischen Kaisers geschrieben. Schon damals interessierten sich nämlich viele Menschen mehr für den „Klatsch am Kaiserhof" als für die Politik und ihre Hintergründe.

Sueton beschreibt Augustus als einen Mann von außergewöhnlicher Schönheit: Er hatte blonde, leicht gelockte Haare und helle, glänzende Augen, in denen manche Leute eine göttliche Kraft vermuteten.

Er war nicht ganz 1,70 m groß und sein Leben lang von schwacher Gesundheit. Kälte und Hitze machten ihm zu schaffen und als Sonnenschutz trug er sogar im Winter einen Hut.

An Essen und Trinken stellte er keine großen Ansprüche: Besonders schätzte er einfaches Brot, kleine Fische, handgepressten Kuhmilchkäse und frische Feigen. Wein trank er sehr wenig.

Zur Entspannung angelte er oder spielte mit Würfeln und Nüssen. Leidenschaftlich befasste er sich mit der Redekunst. Obwohl er die Fähigkeit besaß aus dem Stegreif zu sprechen, zog er es vor, seine Reden sorgfältig vorzubereiten. Um mit Auswendiglernen keine Zeit verlieren zu müssen las er sie dann lieber ab.

Er interessierte sich sehr für griechische Literatur und Philosophie, sprach aber nicht fließend Griechisch. Wie alle Römer beachtete er mit abergläubischer Furcht gute und schlechte Vorzeichen. Bei Donner und Blitz befiel ihn panische Angst, sodass er immer und überall ein Robbenfell als Abwehrmittel mit sich führte. Sowohl auf seine eigenen Träume als auch auf die fremder Personen achtete er genau, da sie sich gelegentlich bewahrheitet hatten.

Honores saepe mutant mores.
Per aspera ad astra[1].

1) **astrum:** Stern

13 Übungen

E1 Caesar, qui apud nonnullos in invidia erat, de insidiis, quas pauci parabant, sciebat neque tamen periculum, quod imminebat, evadere studuit. Adoptavit (↗ 13 L) C. Octavium, quem ut filium amabat. Qui magnas comparavit copias, quibus Brutum et Cassium vicit. Cuius victoria cuncti fere gaudebant. Octavianus, cui senatores magnos honores tribuerunt, paravit pacem, quae diu mansit.

1 **Suche alle Relativ-Pronomina aus dem Lektionstext 13 (1) heraus,** bestimme sie und nenne das Bezugswort.

2 **Ergänze jeweils ein Relativ-Pronomen und übersetze.**

Imperator Augustus comparavit copias,
  ? Bruto et Cassio insidias parabat.
  ? in Graeciam transportavit.
  ? inimicos Caesaris vicerunt.
? imperator,
  ? multi Romani amabant,
  ? nonnullas provincias imperio Romano comparavit, populo Romano pacem diuturnam dedit.

3 **Verbinde die Sätze durch passende Relativ-Pronomina und übersetze.**

▸ Marcus saepe legit. Marci pater doctus est.
→ Marcus, cuius pater doctus est, saepe legit.

1. Senatores laeti sunt. Senatores in templum properant. 2. Marcus amicos videt. Cum amicis per vias ambulare amat. 3. Templum magnum est. Ex templo Marcus venit. 4. Gladiatores iam multos occiderunt. Gladiatores turba laudat. 5. Timor servorum magnus erat. Servi e carcere evaserunt.

4 Dem Kaiser Augustus, der dem römischen Volk dauerhaften Frieden gab, war das Volk oft gewogen. Viele Römer liebten den Kaiser, dem auch die Senatoren verschiedene Ehren erwiesen.

E2 Quid de eo viro, quem Caesar adoptavit (↗ 13 L), scitis, pueri? Is fuit heres Caesaris, itaque divitiae eius erant magnae. Brutus et Cassius ei inimici erant; itaque eis bellum paravit, eos petivit eorumque copias pepulit . . . et senatores eum nominaverunt ‚Augustum'.

5 **Verbinde mit der kongruenten Form von *is, ea, id.***

sorori, mores, uxore, anni, venia, insulam, filiae, exilium, ingenio, provincias, honorum

6 **Man kann alles von zwei Seiten sehen.** Setze die richtige Form von *is, ea, id* ein, gib die Verwendung an und übersetze.

1. Iulia Tiberium non amavit. Nam mores ? filiae Augusti non placuerunt. 2. Postea Tiberius ? reliquit, quod ? vita ? non placuit. 3. ? enim vitam agebat sine gaudiis. 4. Itaque ? pauci homines favebant. 5. Sed Iuliae vita gaudiorum plena placuit; ? homines laeti placuerunt.

7 **Alles Dativ - oder?**
cui - meis - ei - vos - eo - eae - tuae - eis - quibus - vestro - tuo - nos - quae

8 **Ordnung schaffen!**
Die folgenden Wörter gehören zu zwei grundverschiedenen Sachfeldern: Ordne sie entsprechend.

studere - pecunia - docere - carere - divitiae - liber - magister - abundare - recitare - disputare - quaerere - educare - habere

9 Denjenigen, die tüchtig waren, war Augustus gewogen. Die Senatoren nannten ihn ‚Vater des Vaterlands'. Horaz und Vergil, die damals berühmt waren, waren seine Freunde. Sie rühmten ihn, der ihre Bücher oft las und mit ihnen manchmal diskutierte.

1 Irrläufer

satis - magis - scis - bene
postquam - post - apud - ante
vocibus - voco - voci - voces
parvi - firmi - cavi - novi
tenes - terris - quaeris - pellis
nisi - aut - cum - ubi

2 Was bedeutet eigentlich . . .?

Konzession [lat.] *w:* **1)** Zugeständnis; **2)** behördliche Genehmigung, z.B. die Schankkonzession für einen Gastwirt.

Imperialismus [lat.] *m,* das Bestreben von Staaten, ihren Machtbereich auszudehnen.

Pazifismus [lat.] *m,* grundsätzliche Ablehnung des Krieges aus religiösen, sittlichen, oft auch politischen Gründen.

Honorar [lat] *s,* Vergütung für die freiberufliche Leistung in wissenschaftlichen u.a. Berufen (Ärzte, Rechtsanwälte, Schriftsteller), oft auch für Auftragsleistung bei Künstlern. *Honorarprofessor,* Ehrentitel für einen nicht hauptamtlich tätigen Universitätsprofessor.

3 Passende Namen

Welchen Geschäften, Firmen, Unternehmen usw. könnte man folgende Namen geben?
pecunia, cito, vita, statim, vox, ubique, in aeternum, auxilia

4 Lückenbüßer

1. ea : eam = ? : quam
2. eum : eos = ? : quos
3. ei : eis = cui : ?
4. eius : cuius = id : ?
5. vos : ii = vobis : ?
6. mihi : me = ei : ?
7. nos : nos = ? : eas
8. se : sibi = eo : ?

5 Kommt zurück!

Den Substantivformen sind die Endbuchstaben weggelaufen. Hole sie zurück.

bell regin provinci inimic dictator

6 Wie heißt es denn bloß?

Mulieres cunctis locis laetis clamoribus victoria gaudebant.

1. Alle Frauen in den Orten freuten sich mit fröhlichen Rufen über den Sieg.
2. Die Sieger freuten sich über die Frauen, die überall fröhlich schrien.
3. Die fröhlichen Frauen zeigten überall durch ihr Geschrei ihre Freude über den Sieg.
4. Überall freuten sich Frauen mit fröhlichen Rufen über den Sieg.

Altar des Friedens

An der berühmten ARA PACIS, die auf dem Marsfeld errichtet wurde, ließ AUGUSTUS seine Familie abbilden – neben Göttern und Gestalten der Sage. Das alles erklärt DIODOTUS seinen Schülern:

(1) „Ecce Ara Pacis, ara clara, ara laudata, ara ab Augusto exstructa! Hic videmus imperatorem Augustum et Agrippam amicum eius, ibi Iuliam Agrippae et postea Tiberio a patre in matrimonium[1] datam – eam Iuliam, de cuius fortuna iam narravi. O, quam laeta erat relicta a Tiberio, viro non amato, quam misera a patre laeso in parvam insulam transportata, remota ex Italia! Ecce! Hic sunt Gaius et Lucius Caesares, pueri ab Agrippa geniti, ibi est Tiberius, imperator a multis vituperatus, a paucis laudatus! – E numero deorum Terram Matrem videmus, quae hominibus cuncta bona dat. Ibi autem sunt Martis et Reae Silviae filii, quos rex Amulius, homo malus, in loco remoto exposuit. Fratres expositos lupa invenit et ad tempus nutrivit[2]; sic eos servavit – sed ecce! Iam Faustulus appropinquat.

(2) Faustulus, qui pueros a lupa servatos et nutritos[2] secum abduxit et educavit, pastor erat. A quo pueris nomina Romulus et Remus data sunt. Qui postquam diu inter pastores vixerunt, forte ad avum suum ducti sunt. Is erat Numitor, Reae Silviae pater, ab Amulio fratre regno pulsus. O quantum scelus, quanta iniuria! Fratres autem, ubi ex avo scelera Amulii audiverunt, statim magno cum agmine pastorum Albam Longam propinquum oppidum petiverunt. Ibi rex Amulius ab eis occisus, regnum Numitori redditum est. Eo tempore Romulus et Remus in iis locis, ubi expositi et educati erant[3], oppidum condere decreverunt. Auspiciis habitis[4] Romulo regnum traditum est. Qui postquam a Remo irrisus et lacessitus est, fratrem occidit. Oppidum autem modo conditum e suo nomine ‚Romam' nominavit."

---

1) **mātrimōnium:** Ehe 2) **nūtrīre:** ernähren, säugen 3) **ēducātī erant:** sie waren . . . worden (Plusquamperfekt) 4) **auspiciīs habitīs** (hier): auf Grund der Vogelschau *(Die Brüder hatten nach altem Brauch den Vogelflug beobachtet um den Willen der Götter zu erfahren.)*

T

- *Welche Themen erscheinen auf der ARA PACIS und wie werden sie dargestellt?*
- *Warum hat AUGUSTUS gerade die ROMULUS-Sage für die ARA PACIS ausgewählt?*

V

Romulus und Remus

1. Romulus et Remus fratres a Faustulo pastore inventi et servati ab uxore eius educati sunt. 2. Postea ab eis oppidum novum in Palatio conditum est. 3. Quod in oppidum e vicis remotis agmina pastorum aliorumque hominum convenerunt, a quibus fratres valde adiuti sunt. 4. Id oppidum Romulus muris[1] circumdabat. 5. Sed quod Remus ioco[2] muros[1] novos transiluit[3], a Romulo fratre eo scelere lacessito statim occisus est. 6. Oppidum autem conditum ex nomine Romuli nominatum est.

---

1) **mūrus:** Mauer 2) **iocō:** im Scherz 3) **trānsiluit:** (er) übersprang

Ara Pacis (Grundsteinlegung 13 v. Chr.), Rom.

Die Ara Pacis

Unter der Regierung des Kaisers Augustus erlebte die römische Welt eine neue wirtschaftliche und kulturelle Blüte, die Zeit der *Pax Augusta,* des Augustus-Friedens. Wie gut es Augustus verstand, seine Politik an Kunstwerken wirkungsvoll darstellen zu lassen, zeigt die *Ara Pacis Augustae.*
Der ganze Bau besteht aus Marmor. Auf einem einfachen Sockel erhebt sich eine fast quadratische Umfassungsmauer von etwa 11 m Seitenlänge. Zwei gegenüberliegende Seiten, die Fronten, sind jeweils in der Mitte von einem 3,60 m breiten, quadratischen Portal durchbrochen. Der eigentliche Altar der Göttin *(Pax Augusta)* nimmt fast den ganzen Innenraum ein.
Die Reliefs auf der Außenseite der Umfassungsmauer sind durch ein waagerecht verlaufendes Mäanderband unterteilt. Die Flächen unterhalb dieses Bandes füllt ein groß angelegtes Pflanzenornament, das, wie Spuren von Farben belegen, naturgetreu bemalt war.
Im darüber liegenden Figurenfries sieht man an der linken Türseite der Rückwand Tellus, die Göttin der Fruchtbarkeit der Erde. Sie symbolisiert den Wohlstand Italiens.
Als Zeichen der Macht über den Erdkreis ist rechts das siegreiche und herrschende Rom als Göttin dargestellt.
An der Gegenseite kann man auf dem linken Relief die Szene erkennen, wie Romulus und Remus von dem Hirten Faustulus entdeckt werden.
Das rechte Relief zeigt Äneas, der nach seiner Landung in Italien an einem Feldaltar den Penaten, den Schutzgöttern des Hauses und der Familie, opfert: ein stolzer Hinweis auf den frommen Stammvater der Julier, deren mächtigster Vertreter Augustus war.
Die Figurenfriese der Langseiten zeigen den Festzug zur Grundsteinlegung der Ara Pacis im Jahre 13 v. Chr.: Auf der Südseite erscheint Kaiser Augustus in Begleitung der hohen Priesterschaft und der kaiserlichen Familie, auf der Nordseite folgen weitere Würdenträger, Senatoren und Mitglieder der Priesterkollegien.

Vox audita perit[1], littera scripta manet.
Homo homini lupus.
(Plautus/Thomas Hobbes)

1) **perit:** (er/sie/es) geht zu Grunde

E1 Augustus Iuliam filiam Tiberio nuptum (↗ 13 L) dedit, quamquam Iulia eum virum non amabat. Postquam Tiberius, vir non amatus, Rhodum insulam petivit, Iulia ab eo relicta Romae vitam inter gaudia agebat.

1 **Verbinde mit dem PPP in der kongruenten Form und übersetze.**
▶ ara (laudare) → ara laudata
filia (amare), uxorem (removere), mores (vituperare), filii (servare), ab homine (perturbare), insidias (parare), reginae (accusare), matri (salutare)

2 **Ergänze Partizipien in der richtigen Form und übersetze.**

delectare, amare, adiuvare, laudare, vincere, comprehendere

1. Cleopatra a multis propter audaciam ? primo cum fratre regnum Aegypti habebat. 2. Postea Cleopatra a Caesare ? sola regina Aegypti erat. 3. Caesar autem reginam valde ? reliquit. 4. Marcus Antonius magno amore ? nonnullas provincias imperii Romani reginae concessit. 5. Post bellum asperum Cleopatra a copiis Octaviani ? cum Antonio vitam finivit. 6. Nam Octavianus moribus reginae non ? amore comprehensus non est neque ei favit.

3 **Das Partizip - Chamäleon.**
Finde für die Partizip-Konstruktion möglichst viele sinnvolle Übersetzungen.
1. Augustus Iuliae ex Italia remotae veniam non dedit. 2. Homines timore liberati pace gaudebant. 3. Marcus a patre laudatus laetus est. 4. Titus a magistro vituperatus nihil respondit.

4 In Rom sehen wir den von Augustus erbauten und von allen gerühmten Altar des Friedens. Vielen gefallen besonders die von Faustulus gefundenen Jungen.

E2 „Ecce Ara Pacis, ara clara et laudata! Quae ab Augusto exstructa est. Hic videmus Tiberium, qui ab Augusto adoptatus est (↗ 13 L), ibi filios Martis et Reae Silviae, qui a rege Amulio expositi sunt."

5 **Nenne die entsprechende Form im Passiv und übersetze.**
decrevit, condidit, reddiderunt, laesi, exstruxerunt, servavimus, exposuisti, optavit, educavimus, transportavistis

6 **Wähle die passenden Verbformen aus und übersetze.**

1. Numitor, rex Albae Longae, ab Amulio fratre regno (donatus/pulsus/ductus est). 2. Mox nepotes Numitoris ab eo homine malo (remoti/remotae sunt/removerunt) et (docti/inventi/expositi sunt). 3. Ii pueri a lupa (inventi/deserti/decreti sunt) ac (servaverunt/servata est/servati sunt). 4. Postea a Faustulo pastore (risi/quaesiti/abducti sunt) et (educati/redditi/perditi sunt). 5. Ab eo pueris nomina (tradita/data/relicta sunt).

7 **Verwandle ins Passiv.**
▶ Pater vos adiuvit → (Vos) a patre adiuti estis.

1. Davus verba Marci audivit. - 2. Davus litteras Marci non amisit. - 3. Officium explevit. - 4. Imperator magnam gloriam petivit. - 5. Profecto senatores ei honores tribuerunt. - 6. Augustus Liviam duxit. - 7. Augustus mores filiae vituperavit. - 8. Tiberius Iuliam reliquit.

8 Den von einem Hirten geretteten Jungen wurden die Namen Romulus und Remus gegeben. Die nachher von den Brüdern gegründete Stadt wurde Rom genannt. Die Stadt wurde von den Römern nicht mehr verlassen; daher wurde sie später ‚das Ewige Rom' genannt.

1 **Stelle aus den Wörtern vier inhaltliche Gruppen zusammen** und suche Oberbegriffe für die Gruppen:
clamare – pater – gaudium – dicere – liber – filia – discere – maestus – disputare – soror – ridere – negare – verbum – inquit – magister – uxor – iuvat – respondere – doctus – mater – rogare – docere – dolere – nepos – tacere – litterae – placere – studere – vox – filius – laetus – frater

2 **Dieser Sack ist viel zu schwer.**
Fülle die Substantivformen in „kleine Säcke“, indem du zehn Spalten (eine für jeden Kasus im Singular und Plural) anlegst. (Fülle mehrdeutige Formen mehrmals ein.)

3 **Was bedeutet eigentlich . . . ?**

Annalen [lat.] *Mz.,* Jahrbücher, Chroniken, die, nach Jahren geordnet, Ereignisse der Vergangenheit übersichtlich wiedergeben. Auch chronologisch angeordnete Geschichtswerke werden A. genannt (u. a. bei Tacitus).

Koedukation *[ko-e . . .;* lat.*] w,* gemeinschaftliche Erziehung von Jungen und Mädchen in Schulen und Internaten.

Moral [lat.] *w,* Sitte oder sittliches Verhalten des Menschen; die Lehre von den Gesetzen des sittlichen Verhaltens. Als M. bezeichnet man auch eine intakte Gesinnung, z. B. M. der Truppe.

Viadukt *[w. . .;* lat.*] m,* ein über ein Tal oder eine Schlucht führender Brückenbau; Überführung.

4 **Hinter Abkürzungen verbergen sich oft lateinische Wörter:**
1. In Briefen kann man manchmal lesen: P. S. (eine Präposition und ein Partizip)
2. Eine Vorlesung an der Universität beginnt 16 s.t. (= 16.00 Uhr) oder 16 c.t. (= 16.15 Uhr) (je eine Präposition und ein Substantiv)
3. An manchen Gebäuden steht: A. D. (zwei Substantive: eins im Ablativ, eins im Genitiv Singular)
4. Man schreibt etc., man spricht . . . ? (eine Konjunktion und eine Form eines Adjektivs)

5 **Latein – Italienisch**
1. Giulia non ha amato Tiberio e non è stata amata da Tiberio.
2. Paolo e Maria hanno letto molti libri. Quanti libri sono stati letti da te?
3. Hai visto i miei amici? Sono entrati nel teatro? – Maria ed Anna sono entrate, Valerio non è entrato.

Beschreibe, wie die Formen des italienischen Perfekts *(passato prossimo)* im Aktiv und Passiv gebildet werden. Vergleiche mit dem Deutschen und dem Lateinischen: Wie wird jeweils das Partizip verwendet? Welche weiteren Unterschiede oder Gemeinsamkeiten stellst du fest?

Ein Held auf der Flucht

Die Zwillinge ROMULUS und REMUS auf dem Relief der ARA PACIS erinnern an die Gründung der Stadt Rom; nicht weit von ihnen sieht man einen Mann beim Opfer. Das ist der Trojaner ÄNEAS, der Stammvater des römischen Volkes.

(1) Troia fuit oppidum firmum in Asia situm; quod oppidum antiquis temporibus a viribus Graecorum diu oppugnatum est. Paris enim, regis Priami filius, Helenam, uxorem regis Menelai, e Graecia trans mare in patriam suam abduxerat. Frustra duces Graecorum abductam depoposcerant[1]: Troiani eis mulierem iterum atque iterum negaverant. Itaque Graeci cum Troianis decem annos summis viribus magnaque crudelitate pugnabant, donec Troia dolo ac fraude, non vi et armis expugnata cum moenibus turribusque incendio deleta est.

(2) Tum Aeneas, quod a deis ipsis in summo discrimine monitus et servatus erat, cum paucis comitibus evasit et Italiam petivit. Venus enim dea, mater Aeneae, filium suum sic monuerat: „Voluntate Iovis ipsius Troianis nova patria in Italia destinata[2] est.“ Aeneas autem ventis adversis per maria vasta in eam regionem Africae agitatus est, in qua a Didone regina modo Carthago condita erat. Dido quoque patriam suam reliquerat, quod Sychaeus coniunx a fratre ipsius divitiarum cupido occisus erat. Tum et Dido ipsa in summo periculo fuerat. Ipsi enim insidiae paratae erant. Itaque fugam capessiverat novamque patriam quaesiverat. Aeneas autem Carthaginem vix intraverat, cum Dido virum pulchrum et probum adamavit[3]. Aeneas quoque ipse reginam amavit diuque apud eam mansit.

---

1) **dēpōscere (dēpopōscī)** (m. Akk.): (jemandes) Auslieferung verlangen 2) **dēstināre:** bestimmen, ausersehen 3) **adamāre** (m. Akk.): sich (in jemanden) verlieben

T
- *Mit welchen Begriffen werden die Flucht des ÄNEAS und deren Ursachen beschrieben?*
- *Wie vertragen sich die beiden Gründungssagen (ROMULUS – ÄNEAS) miteinander?*

V
Der Kampf um Troja

1. Troia, quo de oppido Homerus poeta[1] narrat, moenibus altis turribusque firmis circumdata erat. 2. Tamen Troia, quod rex Priamus insidias Graecorum non satis intellexerat, ab eis expugnata est. 3. Magnae enim vires Graecorum, quae e Graecia per mare in Asiam navigaverant, id oppidum oppugnaverant. 4. Sed quamquam Graeci summa vi pugnaverant, Troiani vim eorum diu sustinuerant. 5. Hector, filius regis Priami, saepe cum Graecis pugnaverat. 6. Qui Patroclum, amicum Achillis, in pugna occiderat. 7. Sed postea Hector ipse ab Achille, rege claro Thessaliae, occisus est. 8. Cuius dolo Troia a Graecis tandem expugnata est?

Römische Gründungssagen

Da die Römer über ihre Frühgeschichte keine gesicherten Kenntnisse hatten, entwickelten sich im Laufe der Jahrhunderte Sagen, die schließlich für wahr gehalten wurden. Nach der Äneas-Sage waren nach Italien eingewanderte Trojaner die Vorfahren der Römer. Die Sage von Romulus und Remus machte sie zu Söhnen des Mars. Beide Sagen verschmolzen im Laufe der Zeit miteinander:

Nach der Zerstörung Trojas (angeblich 1184 v. Chr.) verließ Äneas auf Wunsch seiner Mutter, der Göttin Venus, mit seinem Vater Anchises, seinem Sohn Iulus und einigen Gefährten die Heimat. Seine Frau Krëusa hatte er bei der Flucht aus dem brennenden Troja verloren. Nach langen Irrfahrten landete er, wie es ihm bestimmt war, an der Küste der italischen Landschaft Latium, wo er vom König Latinus gastfreundlich aufgenommen wurde und sogar dessen Tochter Lavinia zur Frau bekam. So wurde er der rechtmäßige Erbe des latinischen Königsthrones. Als Äneas starb, übernahm sein Sohn Iulus die Herrschaft und gründete eine neue Hauptstadt, Alba Longa. Hier herrschten rund vierhundert Jahre Könige aus dem Geschlecht des Äneas über die Latiner, bis Numitor, der König von Alba Longa, von seinem Bruder Amulius entmachtet wurde. Um die Geburt eines Thronerben zu verhindern, ließ Amulius die Tochter Numitors, Rea Silvia, zur Vestalin weihen, da sie so nicht heiraten durfte. Doch sie gebar dem Gott Mars Zwillinge, Romulus und Remus, die von Amulius in einem Korb auf dem Tiber ausgesetzt wurden. Der Korb strandete am Fuß des palatinischen Hügels. Dort fand eine Wölfin die Kinder und säugte sie. Später wurden sie von dem Hirten Faustulus und seiner Frau erzogen. Als sie erwachsen waren, setzten sie ihren Großvater Numitor wieder als König ein und beschlossen, an dem Ort, wo sie gerettet worden waren, eine neue Stadt zu gründen, der Sage nach im Jahre 753 v. Chr.

Äneas und Anchises (ca. 1618), Bernini, Galleria Borghese, Rom.

Invidia gloriae comes est.
Vim vi repellere[1] licet.

1) **repellere:** abwehren

E1 Rufus servus Gallum amicum rogavit: „Tune mare Oceanum vel mare nostrum iam vidisti, Galle?“ Gallus, qui non mari, sed terra Romam venerat, respondit: „Ego non vidi, sed dominus meus per cuncta maria navigavit. Is pericula marium amat; is in alto mari solet . . .“ Tum Rufus, qui iam multa de eo domino audiverat, clamavit: „Tace, Galle, satis est.“

1 **Was und woher?** Bestimme und gib die deutschen Bedeutungen an.

i

abdux- ven- mar- nis- reg- serv- delet- oppid-

2 **Mitte-los**
Welches Mittelstück passt wo?

-idera-, -i-, -u-, -a-, -era-, -vera-

oppugnav■t, delever■tis, trad■nt, laes■mus, serva■m, expon■nt

3 **Ein schreckliches Schicksal**
Wer erzählt davon? Ergänze die Verbformen im Plusquamperfekt.
1. Maesta sum; nam cunctas sorores et cunctos fratres amisi. 2. Mater nos (relinquere). 3. Tum malus  (venire). 4. Ubique nos (quaerere). 5. Forte me non (invenire). 6. Tum (cedere). 7. Tandem mater venit.

4 **Zeichne Satzmodelle.**
1. Paris Helenam e Graecia trans mare in patriam suam abduxerat. 2. Itaque Graeci cum Troianis decem annos summis viribus pugnabant.

5 Die Griechen hatten Troja mit List und Gewalt erobert und viele Trojaner getötet. Äneas aber rettete sich mit den Seinen und segelte nach Afrika, dann nach Latium.

E2 Amulius fratrem regno pepulerat, ipse autem regnum tenebat. Quod firmare[1] studebat. Itaque nepotes fratris sui ipsius exposuit. Postea Romulus et Remus – ea erant nomina, quae pueris expositis data erant – eum occiderunt et iis ipsis locis, quibus expositi erant, oppidum condiderunt.

6 **Titus weiß etwas Neues.**
Suche passende Übersetzungen für die Formen von *ipse*.
1. „Ego ipse te vidi, Marce. Pro templo Veneris fuisti. 2. Ante ipsum templum Corneliam exspectavisti. 3. Quae ipsa te in Capitolio exspectavit, ut audivi. 4. Ea ipsa hora filius consulis forte ibi erat . . .“ 5. „Tace tandem! Ab ipsa Cornelia id iam audivi.“

7 **Bilde die richtigen Verbformen und übersetze.**
1. Postquam oppidum Troianorum a Graecis (delere), Aeneas cum paucis comitibus (evadere). 2. Ventis adversis in Africam (agitare), ubi Didonem reginam (videre). 3. Quae ipsa patriam (relinquere) et modo Carthaginem (condere). 4. Nam postquam coniunx eius a fratre ipsius (occidere), ei ipsi magna pericula (imminere; Imperf.). 5. Itaque in Africam (navigare), ubi rex Iarbas ei terram (dare).

8 **Was passt wo?**
Wortanfänge:
gladi- mari- v- ips- timuer- er- ipsor- fuer- viri- dol- viror- clamor- aut- s- coniug- comit- dec- duc- qu-

Das dicke Ende
-a
-e
-i
-u
M

9 Äneas wurde von König Latinus selbst gefragt: „Woher seid ihr gekommen, warum habt ihr eure Heimat verlassen?“ Äneas antwortete: „Wir haben unsere Stadt, die von den Griechen durch Brand zerstört worden war, verlassen und sind nach Italien gekommen.“

1 Rom – die Sieben-Hügel-Stadt

a) Welcher der drei genannten Hügel verbirgt sich hinter den deutschen Bedeutungen der neun lateinischen Vokabeln? Nimm die angegebenen Buchstaben (Vorsicht bei mehreren Bedeutungen!) und ordne sie.

b) Wie heißen die anderen vier Hügel Roms?

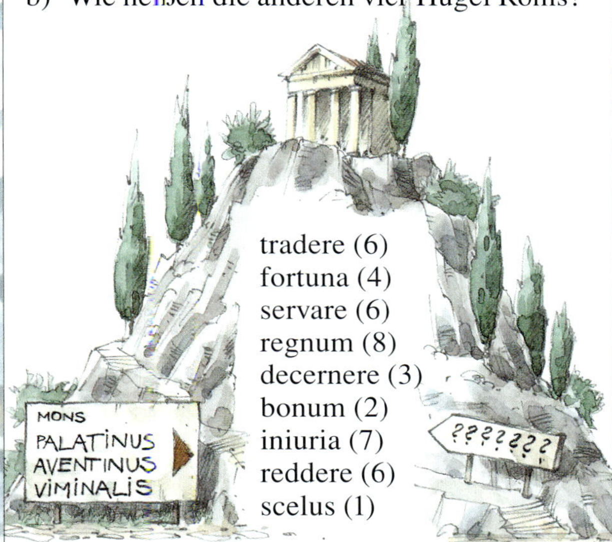

tradere (6)
fortuna (4)
servare (6)
regnum (8)
decernere (3)
bonum (2)
iniuria (7)
reddere (6)
scelus (1)

2 Fabella[1] Aesopi

Homo, dum cum propinquo ambulat, gladium vidit et sumpsit. Tum alter dixit: „Ecce! Gladium invenimus!“ Sed is, qui eum invenerat, respondit: „Non licet dicere: ‚Nos eum invenimus‘, quod ego solus eum inveni. Itaque dicere debes: ‚Tu eum invenisti‘.“ Post unam horam appropinquavit homo, qui cunctos rogabat: „Gladiumne in via vidistis?“ Tum is, qui gladium invenerat: „Ecce! Is est homo, qui gladium amisit. Nunc cavere debemus!“ Sed alter respondit: „Non dicere potes: ‚Nos cavere debemus‘, quod ego gladium neque inveni neque sumpsi. Itaque dicere debes: ‚Nunc ego cavere debeo!‘“ Quibus verbis Aesopus docet:

Quem non amicum vocamus, cum gaudemus, is amicus noster non est, cum dolemus.

3 Wort im Wort

In den folgenden Wörtern verbergen sich andere. Schreibe sie heraus.

▶ scri**bi**mus: ibi

vixisti - appropinquat - agere - convenimus - duxerant - risimus - tantam - sperabam - vestrorum - mutas - accurrebam - relinquo

4 Fabella[1]

Homo gladium, quem forte in via invenerat, rogavit: „Quis te perdidit?“ – Cui gladius respondit: „Me unus, sed ego multos.“

5 Magisches Quadrat

Wie kann man die lateinischen Wörter für – die Hauptstadt Italiens – Liebe – Meer – ich war – so ordnen, dass jedes Wort insgesamt viermal (vorwärts und rückwärts, waagerecht und senkrecht) zu lesen ist?

6 Was hatten die hier genannten Frauen mit dem Trojanischen Krieg zu tun?

Wähle einen der Namen aus, informiere dich und erzähle der Klasse von:
Iphigeneia - Kassandra - Penelope - Andromache - Penthesileia - Hekabe - Elektra - Klytaimestra

Das hölzerne Pferd

(Nach Vergil, Aeneis II 13 – 220)

Auf Bitten DIDOS schildert ÄNEAS, durch welche List es den Griechen gelang, Troja zu erobern: Nach langer, erfolgloser Belagerung erbauten sie auf den Rat des ODYSSEUS (lat. ULIXES) ein gewaltiges Holzpferd, in dessen Bauch sie ihre tapfersten Krieger versteckten. Sie ließen es am Strand zurück und fuhren selbst – so schien es – nach Hause.

(1) „. . . iam portae Troiae patent, iam homines castra Graecorum locumque desertum videre iuvat. Imprimis autem equum ligneum[1] stupent: alii eum equum votum esse putant, alii timore moti insidias[2] in mare praecipitare cogitant. Ecce, cum multis comitibus accurrit Laocoon sacerdos et iam procul clamat: ‚O miseri! Num putatis dona Graecorum dolis carere? Nescitisne Ulixem ceteris Graecis prudentia praestare? Nonne constat eum semper dolo et fraudibus et insidiis pugnare? Ego milites in ipso equo latere puto, ego Graecos timeo, etiamsi dona dant!‘
Dum Laocoon turbam sic monet, dum se insidias Graecorum timere dicit, nonnulli pastores ad regem magno clamore hominem trahebant, quem modo invenerant.

(2) Is non negat se Graecum esse, sed se in magno periculo fuisse simulat: Ulixem sibi insidias paravisse, se autem fuga salutem petivisse et in silvis latuisse contendit. Itaque rex Priamus misericordia motus: ‚Credo etiam tibi ab Ulixe insidias structas esse. Te in periculo fuisse apparet. Nunc autem narra nobis de equo!‘
Statim homo callidus Graecos oraculis monitos equum deae Minervae statuisse affirmat. Iam multi Troiani verbis eius libenter credebant et equum summis viribus in oppidum trahere studebant, cum subito duae[3] serpentes a Minerva missae apparuerunt et Laocoontem petiverunt, qui cum filiis suis ad aram stabat. Nos fugam capessivimus, Laocoon autem et filii eius a serpentibus oppressi sunt. Statim turba sacerdotem a deis ipsis punitum esse clamavit et moenia dividere[4] properavit."

1) **līgneus, -a, -um:** hölzern 2) **īnsidiae, -ārum** (hier): verdächtiges Ding 3) **duae:** zwei 4) **dīvidere** (hier): einreißen (*Das Pferd war zu groß, als dass man es durch das Stadttor hätte ziehen können.*)

T

- *Wie wird der Grieche ODYSSEUS im Text charakterisiert? Wie ändert sich die Einstellung der Trojaner gegenüber dem hölzernen Pferd?*
- *Wessen Eingreifen führt zu LAOKOONS furchtbarem Ende und warum musste er sterben?*

V

Äneas erzählt von seiner Flucht aus Troja

1. E pugna ad patrem Anchisam contenderam eumque admonueram: „Relinque nobiscum Troiam!" 2. Pater autem se Troiam relinquere posse negavit. 3. Tum ego: „Troianos oppressos esse apparet, victoresque victos occidere vel ex oppido pellere vidi. 4. Sed licet tibi sperare: fugam nobis patere credo." 5. Tamen pater timore motus se ex oppido deleto discedere non debere putavit. 6. Deinde Crëusa uxor mihi parvum Iulum dedit seque fugam non timere affirmavit. 7. Tum cum Crëusa uxore et Iulo filio et patre Anchisa fugam capessivi.

Laokoon

Als die Griechen nach zehnjähriger Belagerung Trojas – zum Schein – fortsegelten, ließen sie ein riesiges hölzernes Pferd am Strand zurück. Die erstaunten Trojaner wussten zunächst nichts damit anzufangen und misstrauten eher dem „Geschenk" der Griechen. Erst als ihnen ein zurückgelassener Grieche in perfekter Heuchelei einredete, dass es sich um ein Weihgeschenk für die Göttin Athene handle, beschlossen sie es in die Stadt zu schaffen. Das hölzerne Pferd war aber für die Tore Trojas zu hoch. Deshalb musste eine Bresche in die Mauer geschlagen werden, so wie es der schlaue Odysseus beabsichtigt hatte.

Laokoon aber, der Priester des Apollon, befürchtete eine List der Griechen und warnte die Trojaner vor dem Pferd. Vergil legt ihm die Worte in den Mund: „. . . *timeo Danaos et dona ferentes* (Ich fürchte die Danaer/Griechen, auch wenn sie Geschenke bringen)." Da aber einige Götter die Zerstörung Trojas wollten, ließen sie Laokoon und seine beiden Söhne durch zwei Schlangen töten.

Diese Szene ist uns aus der Antike in zwei verschiedenen Kunstformen überliefert, als Statuengruppe aus Marmor und in Versform. Die Laokoon-Gruppe wurde von drei Künstlern aus Rhodos um 50 v. Chr. geschaffen, die Verse aus Vergils Aeneis haben ungefähr folgenden Inhalt:

Laokoon opferte gerade am Strand dem Gott Neptun einen Stier. Da schwammen von der Insel Tenedos her zwei ungeheure Schlangen auf die Küste zu. Ihre Köpfe und die blutroten Kämme ragten hoch aus dem schäumenden Wasser hervor. Die Bestien züngelten, zischten und sahen sich mit feurigen, blutunterlaufenen Augen um. Zielbewusst schossen sie auf Laokoon zu und umschlangen und töteten zuerst seine Söhne. Als der Vater diesen mit einer Waffe zu Hilfe kommen wollte, wurde auch er ein Opfer der Schlangen. Mit ihren schuppigen Leibern wanden sie sich um Körper und Hals Laokoons. Dieser versuchte vergeblich sich mit den Händen zu befreien und brüllte wie ein verwundeter Stier.

Laokoon (Kopie aus der Zeit des Tiberius), Vatikanische Museen, Rom.

Libenter homines id, quod volunt[1], credunt.

(Cäsar)

Malum est habuisse et nihil habere.

1) **volunt:** sie wollen

16 Übungen

E1 Aeneas, postquam Carthaginem intravit, ad templum venit. Quod vix intraverat, cum mulier pulchra apparuit. Iam eam esse reginam Didonem scivit. Quae statim se Aeneam amare sensit et iam se beatam[1] esse cogitavit. Et Aeneas se ei gratum esse cito intellexit.

1) **beātus, -a, -um:** glücklich

E2 Constat Laocoontem insidias Graecorum intellexisse neque tamen Troianos verba eius audivisse. Scimus equum ligneum (↗ 16 L) ab eis in oppidum tractum esse. Nemo nescit Troiam dolo Ulixis expugnatam esse.

1 Verwandle jeweils den AcI in eine selbstständige Aussage.

▶ Troiani equum donum esse putabant.
→ Troiani putabant: Equus donum est.

1. Troiani Ulixem dolis pugnare non putabant. 2. Laocoon sacerdos Ulixem saepe aliis insidias parare frustra dixit. 3. Milites in equo latere putabat. 4. Deos Graecos adiuvare nesciebat. 5. Troiani dona Graecorum dolis carere putabant.

2 Baue zusammen und übersetze.

▶ Marcus scit: Templum Iovis magnum est.
→ Marcus templum Iovis magnum esse scit.

Wer's glaubt?
Quis putat: Nonnulli equi libros scribunt. – Gladiatores timoris pleni sunt. – Multi mercatores homines donis donant. – Milites sine armis pugnant. – Cuncti senatores consules sunt.

3 Pronomen – wofür?
Stelle fest, wer mit den hervorgehobenen Wörtern jeweils gemeint ist, und übersetze.

1. Laocoon se insidias Graecorum timere dixit. 2. Troiani Ulixem sibi insidias parare non putabant. 3. Homo malus se inimicum Ulixis esse narravit. 4. Troiani eum dolo fraudibusque pugnare non putabant. 5. Itaque Troiani se periculis vacare putabant.

4 Es steht fest, dass die Griechen nicht mehr in ihrem Lager sind. Laokoon sieht die Tore der Stadt offen stehen. Er glaubt, dass den Trojanern Gefahr droht.

5 Bilde die Infinitive des Perfekt Aktiv und Passiv.

clamare, dicere, narrare, claudere, finire, habere, protegere, invenire, scribere, videre, tradere, tribuere

6 Bilde den passenden Infinitiv und übersetze.

1. Constat C. Octavianum annos undeviginti natum (↗ 12 L) privata pecunia magnas copias (comparare). 2. Nam ei apparebat magna pericula populo Romano (imminere). 3. Sciebat enim Brutum et Cassium cum aliis Caesari insidias (parare). 4. Itaque multi Romani gaudebant Brutum et Cassium Roma (cedere) et trans mare in Graeciam (navigare). 5. Postea cuncti gaudebant Octavianum bella (finire).

7 Nur vom Hörensagen!
Mache die folgenden Sätze abhängig von *audivi.*

1. Nonnulli pastores hominem miserum invenerunt. 2. Is homo Graecus fuit. 3. Ulixes ei insidias paraverat. 4. Is autem fuga se servaverat. 5. Homo miser de eo equo narravit.
6. Multi Troiani verbis eius crediderunt.
7. Troiani equum in oppidum traxerunt.

8 Allein Laokoon glaubt, dass die Griechen den Trojanern eine Falle gestellt haben. Die Trojaner meinen, dass von den Griechen das Pferd für° Minerva (Dat.) aufgestellt wurde. Wir wissen, dass die Trojaner das Pferd schließlich in die Stadt gezogen haben.

1 Die älteste „Gründungsurkunde“ Deutschlands

Eine Steininschrift, von der Teile gefunden wurden, berichtet von der Erbauung des römischen Lagers *Castra Régina*, aus dem Regensburg hervorging.

Bauinschrift des Legionslagers Castra Régina

Unten siehst du eine Transkription der Inschrift. Dabei sind Ergänzungen, die Wissenschaftler für die fehlenden Teile vorgeschlagen haben, in eckige Klammern gesetzt.
Die Lücken sollst du selbst füllen, indem du die fehlenden Wörter auf der Abbildung der Inschrift entzifferst.

1: [IMPERATOR CAESAR MARCUS AURELIUS ANTONINUS, DIVI PII FILIUS, VERI] ?, DIVI HADRIANI ?, DIVI TRAIANI PA[RTHICI PRONEPOS,]
2. [DIVI NERVAE ABNEPOS, AUGUSTUS GERMANICUS SARMA]TICUS PONTIFEX MAXIMUS TRIB[UNICIAE] POTESTATIS XXXVI I[MPERATOR VIIII, CONSUL III, PATER PATRIAE]
3: [ET IMPERATOR CAESAR LUCIUS AURELIUS COMMODUS AUGUSTUS SARMA]TICUS ? MAXIMUS ANTONINI IMP[ERATORIS FILIUS, DIVI PII NEPOS, DIVI
4. HADRIANI PRONEPOS, DIVI TRAIANI PARTHICI ABNEPOS, DIVI NERVAE ADNEPOS, TRIBUNICIAE POTESTATIS III I]MP[ERATOR] II CO[N]S[UL] II VALLUM ? FEC[ERUNT] P[ER LEGIONEM III]
5: [ITALICAM CONCORDEM PROCURANTE] M[ARCO] HELVIO CLEMENTE DEXTRIANO LEG[ATO] AU[GUSTORUM PRO PRAETORE]

a) Welche Personen werden als Gründer genannt?
   Wann etwa wurde demnach Regensburg gegründet?
b) Die Gründer tragen zwei Arten von Beinamen. Welche?
   Warum haben einige Personen das Attribut „DIVUS“ bei sich?

Zur Beantwortung der Fragen helfen dir die Worterklärungen und der Stammbaum:

divus: *Adjektiv zu* deus
pontifex maximus: oberster Priester
tribuniciae potestatis: mit tribunizischer Amtsgewalt
vallum: *ist als Lehnwort ins Deutsche eingegangen*
fec-: *Perfekt-Aktiv-Stamm zu* facere: machen (lassen)
concors: einträchtig
procurante: unter der Leitung (von)
legatus pro praetore: Befehlshaber im Range eines Prätors

M. Cocceius **Nerva** (96 – 98)
M. Ulpius **Traianus** (98 – 117)
P. Aelius **Hadrianus** (117 – 138)
T. Aelius **Antoninus Pius** (138 – 161)
L. Aurelius **Verus** (161 – 169) — **M. Aurelius** Antoninus (161 – 180)
L. Aurelius **Commodus** (180 – 192)

(....... = *adoptiert)*

13 – 16 Repetitio Generalis

Übersetzen mit System (IV)

Einrückverfahren: Regeln

Satzgefüge, die mehrere Gliedsätze enthalten, sind auf den ersten Blick oft schwer überschaubar. Mit Hilfe des Einrückverfahrens kannst du ihren Verlauf veranschaulichen.
Dabei erscheint der Hauptsatz (HS) ganz links. Jeder Satz und jeder (auch der unterbrochene) Teilsatz erhalten eine eigene Zeile. Die Gliedsätze werden je nach dem Grad ihrer Abhängigkeit nach rechts eingerückt (GS 1, GS 2 . . .), wobei Zusammengehöriges und Strukturgleiches möglichst untereinander in die gleiche Spalte gesetzt werden.

Beispiel:

HS	GS1	GS2
Augustus Agrippam Postumum,		
	quem non amabat,	
		quod mores eius asperi erant,
in parvam insulam transportavit.		

Übersetzen mit System D → L (IV)

Regeln

1. Relativ-Pronomina

Relativ-Pronomina richten sich im Numerus und Genus nach dem Wort, auf das sie sich beziehen:
Die Völker, **die** von den Römern besiegt wurden . . .
Populi, *qui*
m Pl. m Pl.
Beim Kasus des Relativ-Pronomens kommt es darauf an, welche Aufgabe es im Relativsatz erfüllt; man muss also vom Relativsatz aus fragen:
W e r wurde von den Römern besiegt? → **die** eben genannten Völker)
In diesem Fall ist das Relativ-Pronomen also Subjekt des Relativsatzes.

Ü: Bestimme Kasus, Numerus und Genus des Relativ-Pronomens in den folgenden Beispielen und bilde jeweils die entsprechende lateinische Form:

Die Länder, **die** Äneas aufsuchte . . .
Der König, **dessen** Tochter er heiratete . . .
Der Krieg, **den** er vorbereitete . . .
Die Göttin, **die** ihm half . . .

2. PPP und Perfekt Passiv

Anders als das deutsche (und auch das englische) Perfekt-Partizip, mit dem sich aktive und passive Formen bilden lassen, kommt das lateinische PPP nur als passives Partizip und in Passiv-Formen des Perfektbereichs vor:

Aktiv:	er hat	**gerufen**	*he has*	*call**ed***	*voca**vit***
	er ist	**gegangen**	*he has*	***gone***	*ces**sit***
Passiv:	er ist	**gerufen** worden/	*he has*	*been call**ed***	*voca**tus est***
	wurde	**gerufen**			

In den zusammengesetzten Verbformen, die das Deutsche und das Englische mit Partizipien bilden, verändern diese ihre Form nicht; das lateinische PPP aber richtet sich in KNG immer nach seinem Bezugswort:

Das Theater / Der Turm / Die Mauer — wurde erbau**t**.	*Theatrum*[1] / *Turris* / *Moenia* — *exstruct**um** est.* / *exstruct**a** est.* / *exstruct**a** sunt.*

Von seiner Tochter	gekränkt	ließ der Kaiser . . .
A filia	*laes**us***	*imperator . . .*
Von ihrem Mann	gekränkt	wollte Julia . . .
A viro	*laes**a***	*Iulia . . .*

Infolgedessen sollte man bei lateinischen Partizipien wie bei Adjektiven immer an die KöNiGs-Regel denken.

3. AcI

Dem AcI vergleichbare Konstruktionen gibt es auch im Deutschen und im Englischen:

Ich sehe meine Freundin kommen.	*I want her to stay.*
(Was sehe ich? Meine Freundin kommt.)	(Was wünsche ich? Dass sie dableibt.)

Der lateinische AcI enthält eine Aussage über Tatsachen, Wahrnehmungen und Meinungen. Im Deutschen werden solche Aussagen meist durch dass-Sätze, oft auch als abhängige Rede wiedergegeben:

Laocoon clamat / putat / videt	*pericula imminere.*	Laokoon ruft, / glaubt, / sieht,	dass Gefahren drohen.
Apparet		Es ist offensichtlich,	

(Was ruft/glaubt/sieht Laokoon? Was ist offensichtlich? → Gefahren drohen!)

Übersetzt man einen deutschen dass-Satz, der eine Tatsache, Wahrnehmung oder Meinung enthält, ins Lateinische, geht man so vor:

	Subjekt	*Dativ-Objekt*	*Akk. Obj.*	*Prädikat*
Laokoon glaubt, dass	die Griechen	den Trojanern	eine Falle	stellen.
		unverändert	*unverändert*	
Laocoon putat	***Graecos***	***Troianis***	***insidias***	***parare.***
entfällt	*Akkusativ*			*Infinitiv*

Der AcI erfasst also nur zwei Satzglieder des dass-Satzes, das Subjekt und das Prädikat; alle anderen bleiben von ihm unberührt.
Gehört zum Prädikat ein Prädikatsnomen, muss dieses – nach der KNG-Regel – wie das Subjekt im Akkusativ stehen:

Laokoon ruft,	dass	die Trojaner	bedauernswert	seien.
Laocoon clamat		*Troian**os***	*miser**os***	*esse.*

Liegt das, was im dass-Satz ausgesagt ist, zeitlich v o r dem Hauptsatzgeschehen, steht das Prädikat im Infinitiv Perfekt:

	(jetzt)	(vor ein paar Stunden)			
Die Trojaner	glauben, dass	die Griechen	von Troja	abgezogen sind.	
Troiani	*putant*	*Graec**os***	*Troia*	*ce**ssisse.***	
	dass	das Pferd	für die Götter	erbaut	ist/sei.
		*equ**um***	*deis*	*exstruc**tum***	***esse.***

Sie glauben nicht, dass	**sie** (selbst)	in Gefahr	sind/seien.
Non putant	***se***	*in periculo*	*esse.*

Hier erscheint als ‚Subjekt' des AcI ein Reflexiv-Pronomen, weil die Trojaner **sich** selbst nicht für gefährdet halten.
Grundsätzlich müssen Pronomina der 3. Person Singular und Plural, die sich auf das Subjekt des Satzes beziehen, im AcI immer reflexiv wiedergegeben werden:

Er sagte,	dass er (selbst) . . .	*Dixit*	***se . . .***
Sie sagte,	dass sie (selbst) . . .	*Dixit*	***se . . .***
Sie sagten,	dass sie (selbst) . . .	*Dixerunt*	***se . . .***

Wie leicht zu erkennen ist, sieht das schwieriger aus, als es ist!

Übungen

1 Stelle die folgenden Sätze nach dem Einrückverfahren dar und übersetze.

1. Augustus ex uxoribus, quas duxit, filium non habuit, quamquam nihil magis optabat. 2. Postquam etiam Marcus Agrippa vita cessit, Augustus Iuliam Tiberio nuptum (↗ 13 L) dedit, quamquam eum non amabat. 3. Augustus, quamquam eum populus Romanus iterum atque iterum rogabat, Iuliae veniam non dedit et, cum de ea narrabat, eam ‚carcinoma'[1] suum vocare solebat.

1) **carcinōma** (Akk. Sing.): Krebsgeschwür

2 Octavianus, der spätere Augustus

1. Cassius und Brutus, die Cäsar ermordet hatten, töteten sich selbst, nachdem sie von Octavianus besiegt worden waren. 2. Dieser wurde später ‚Augustus' genannt. 3. Von Kaiser Augustus nach Germanien geschickt, wurde Quinctilius Varus dort in eine Falle gelockt[1]. 4. Die Legionen des Varus wurden von den Germanen getötet. 5. In den alten Büchern steht (ist) geschrieben, dass Augustus, nachdem er vom Tod so vieler Soldaten gehört hatte, gerufen habe: „Varus, gib die Legionen zurück!"

1) **in eine Falle locken:** dolō circumvenīre

3 Gut, dass es sie gibt!

Entscheide bei den folgenden Sätzen, welches Verfahren (Wort-für-Wort-Übersetzen, Pendeln, Einrückverfahren) geeignet ist.

1. Cleomenes Lacedaemonius rogatus est: „Cur Lacedaemonii Argivos, quibuscum saepe diu magnaque vi pugnaverant, quos saepe vicerant, non deleverunt?“ 2. Cleomenes autem respondit id a Lacedaemoniis non esse petitum affirmavitque se cunctosque Lacedaemonios contentos esse semper aliquem[1] populum inimicum habere. 3. „Sic enim“, inquit, „viri nostri semper de periculis admoniti sunt semperque cupidi belli redditi sunt. 4. Certe viri nostri non possunt vires suas exercere[2], nisi Argivos habent inimicos.“

1) **aliquem:** irgendein (Akk.) 2) **exercēre:** üben, trainieren

4 Schwierige Verständigung

Bei einem Abendessen liegt unter den Gästen der anscheinend schwerhörige Aulus, der ständig bei seinem Nachbarn Paulus fragt, was gesagt wurde.

1\. Gast: Hodie vinum bonum non est.
Aulus: Quid dixit? Non bene audivi.
Paulus: Dixit hodie vinum bonum non esse.
2\. Gast: Sabinus saepe tacet, vix ridet, homo asper est.
Aulus: Hem? Quid dixit?
Paulus: Dixit Sabinum saepe tacere, vix ridere, hominem asperum esse.
3\. Gast: Syrus gladiator heri[1] nihil timuit, sed magna vi pugnavit.
Aulus: Quis timuit?
Paulus: Dixit Syrum gladiatorem heri[1] nihil timuisse, sed magna vi pugnavisse.
4\. Gast: Itaque Syrus vulneratus non est, sed vicit.
Aulus: Nihil audivi.
Paulus: Dixit Syrum vulneratum non esse, sed vicisse.
5\. Gast: Victori magna dona data sunt.
Paulus *(wiederholt gleich)*: Dixit victori magna dona data esse.
6\. Gast: Ego vino contentus non sum.
Paulus: Ille[2] dixit se vino contentum non esse.
Aulus: Et alii?
Paulus: Alii quoque dicunt se vino contentos non esse.
7\. Gast: Tu, Aule, quid de novis consulibus dicis?
Aulus *(hört plötzlich ganz gut)*: Dico eos homines malos esse, asperos, pecuniae cupidos.

1) **herī:** gestern 2) **ille:** jener

5 Qui, quem, quo . . .

Setze jeweils das Relativ-Pronomen ein und übersetze.

1. Daedalus, ? vita, ? Creta in insula sub[1] Minoe rege agebat, non placebat, fugam paravit. 2. Icarum quoque filium, ? valde amabat, secum in patriam ducere studuit. 3. Sed per mare, ? a Minoe clausum erat, fuga se servare non potuit. 4. Itaque arte[2], ? non carebat, sibi pueroque alas[3] struxit. 5. Tum puerum timida voce admonuit de periculis, ? imminebant. 6. Puer autem audacia motus patris verba non curavit propiusque[4] ad solem[5] accessit, ? alae[3] deletae sunt.

1) **sub** (m. Abl.): unter 2) **ars, artis** f: Kunstfertigkeit
3) **āla, -ae:** Flügel 4) **propius** (Adv.): allzu nahe
5) **sōl, sōlis** m: Sonne

6 Der Akkusativ hat viele Gesichter.

Nenne die drei Funktionen des Akkusativs und stelle fest, welche jeweils in den folgenden Sätzen auftritt.

1. Constat iam multos homines Aram Pacis vidisse. 2. Faustulus, qui pueros loco remoto expositos servaverat et educaverat, eis nomina dedit. 3. In libris antiquis legimus Romulum Remum fratrem occidisse. 4. Iam audivistis Troiam fuisse oppidum firmum in Asia situm. 5. Quod oppidum Graecos multos annos oppugnavisse Homerus tradit. 6. Scimus autem eos dolo Ulixis Troianos tandem vicisse.

Blick in die Zukunft

(Nach Vergil, Aeneis VI 756 – 890)

ÄNEAS wäre wohl bei DIDO geblieben, hätte nicht JUPITER den Götterboten MERKUR zu ihm gesandt um ihn an seine Bestimmung zu erinnern. Darum verließ ÄNEAS heimlich Karthago.

(1) Vergilius Didonem ab Aenea relictam mortem sibi ipsam conscivisse[1], Aeneam autem navibus in Italiam venisse prodit. Ibi cum Sibylla vate ad inferos[2] descendit patremque Anchisem in sedibus beatis de sorte gentis suae rogavit.
Qui filium summo cum gaudio salutatum secum duxit et: „Nunc tibi“, inquit, „eas animas monstrabo, quas deus suo tempore ad lucem vocabit, et te tua fata docebo. Videbis eos reges, qui Albae Longae regnabunt, qui arces in montibus aedificabunt, Nomentum et Gabios urbemque Fidenam. Quae tum nomina erunt, nunc sunt sine nomine terrae.

(2) Iam tibi cuncta prodam, tu autem audies stupebisque – sed ecce: Ibi venit Romulus ille, qui Romam condet suoque nomine dicet, qui urbem moenibus circumdabit, qui primus regum Romanorum erit – et hic est Augustus ille, qui Aegyptios vincet finesque imperii propagabit[3]. Is discordiam civium finiet summoque cum gaudio gentium orbi terrarum post multa mala tutam pacem otiumque gratum dabit.
Visne[4] Tarquinium videre, regem superbum, Brutumque, qui Tarquinium ex urbe pellet et in civitate libera primus consul erit? Visne[4] videre Scipionem illum, qui de Hannibale triumphum aget, magnumque illum Catonem ceterosque consules claros et duces et imperatores?
Tu enim, Aenea, auctor novae gentis eris, eique genti, genti Romanorum, ceterae gentes parebunt. Imperia Romanorum iusta erunt pacemque et mores populis dabunt.
Victis hostibus parcent, superbos autem debellabunt[5].“

1) **cōnscīscere (cōnscīvī)** (hier): geben 2) **ad īnferōs:** zu den Unterirdischen, in die Unterwelt
3) **prōpāgāre:** ausdehnen 4) **vīs:** du willst 5) **dēbellāre:** (im Krieg) niederringen, bezwingen

T
- *Bringe die Voraussagen des ANCHISES in die richtige zeitliche Reihenfolge.*
- *Informiere dich über die im Text genannten Gestalten und deren Bedeutung für die römische Geschichte.*

V

Cato warnt die Römer vor den Griechen

1. Ille M. Porcius Cato, qui Graecis non favebat, cives Romanos sic fere admonere solebat: 2. „Si litteris Graecorum vos dabitis, civitas in magnum periculum veniet. 3. Pueros vestros non bene educabitis, filii vestri officia non iam explebunt, sed otio se dabunt. 4. Pueri magis libros legere quam[1] gladio pugnare discent. 5. Si barbari[2] sibi novas sedes in Italia quaerent, malum fatum vos opprimet. 6. Nam illis gentibus parebitis; is erit finis imperii Romanorum. 7. Proinde[3] pueros vestros more patrum educate, deos timete, magistros Graecos ex urbe pellite!“

1) **quam:** als 2) **bárbarus:** Fremder, Barbar 3) **proínde:** daher

Äneas mit Sibylle in der Unterwelt (ca. 1600), J. Brueghel d. Ä., Musée des Beaux-Arts, Budapest.

i Äneas in der Unterwelt

Vergil lässt Äneas mit der Sibylle von Cumae in die Unterwelt hinabsteigen: In der Nähe des Avernersees bei Neapel betreten sie das Reich Plutos und Proserpinas. In der Vorhalle wohnen schreckliche Gespenster wie die Trauer, die Gewissensbisse, die Angst, die Zwietracht mit ihren Schlangenhaaren, der Krieg und der Tod. Großen Schrecken jagen dem Äneas ein hundertarmiger Riese und eine fürchterlich zischende Schlange ein. Doch die Sibylle belehrt ihn, dass das alles nur körperlose Schatten seien. Weiter führt ihr Weg zum Unterweltsfluss Acheron. Am Ufer drängen sich die Seelen der Verstorbenen um sich von dem grausigen Fährmann Charon über den Fluss zum Tor der Unterwelt bringen zu lassen, wo Zerberus wacht, der Höllenhund mit drei Köpfen und Nattern am Hals. Die Sibylle betäubt ihn mit drei opiumgetränkten Honigkuchen. Nun müssen Äneas und seine Führerin trostlose Gegenden durchqueren: Hier wimmern die Seelen der bei der Geburt gestorbenen Kinder, dort warten die zu Unrecht zum Tod Verurteilten auf ein gerechtes Urteil. Nahe bei ihnen bereuen Selbstmörder ihre Tat und auf den Feldern der Tränen leiden die aus Liebeskummer Gestorbenen. Dort sieht Äneas auch Dido, die sich aus Kummer über seine Abreise ins Schwert gestürzt hat. Er versucht sie zu trösten, sie aber wendet sich wortlos ab. Als Äneas all die bei der Schlacht um Troja gefallenen Helden trifft, drängt ihn die Sibylle weiterzugehen. Nun gabelt sich der Weg: Links liegt der von einer dreifachen Mauer und einem Flammenfluss umgebene Tartarus. Die Schreie der dort bestraften Sünder übertönen das Tosen des Flusses. Rechts geht der Weg zum Elysium, dem Aufenthaltsort der Gerechten und Frommen. Hier endlich trifft Äneas seinen Vater Anchises, der ihm die Seelen seiner Nachkommen und der künftigen großen Männer Roms zeigt.

Dicere beatum ante mortem neminem debemus. *(Ovid)*

Terrarum dea gentiumque Roma,
cui par[1] est nihil et nihil secundum[2] . . .
(Martial 12,8,1f.)

1) **pār:** gleich, ebenbürtig 2) **secundus, -a, -um:** der zweite; nahe kommend

17 Übungen

E1 Laocoon Troianos sic monuit: „Vos non tenebo multis verbis, Troiani. Cavete Graecos! Nisi equum in mare praecipitabitis, cuncti in summo periculo erimus: Graeci oppidum nostrum expugnabunt et delebunt, victores erunt.“ Sed Priamus: „Timidus non sum neque ero, o Laocoon! Pastores modo hominem Sinonem nomine invenerunt. Qui te de eo equo docebit; is enim poterit.“

1 **Suche alle Futurformen heraus.**
taces, venis, ridebas, eras, stabis, soles, vocabit, dicit, agit, studebit, timet, petit, donamus, habebimus, currimus, poscimus, regnabimus, manent, aedificabunt, dabunt, vacant, dolent

2 **Setze die eingeklammerten Verben ins Futur und übersetze.**

Ein Angeber erzählt:
1. Titus equum habet; ego elephantum[1] (habere). 2. Titus Romam petivit; pater meus in Britanniam (navigare). 3. Titus consulem vidit; fratres mei Augustum ipsum (salutare). 4. Titus unum librum legit; ego de cunctis litteris (disputare). 5. Pater Titi aram condidit; nos oppidum (aedificare).

3 **Suche alle Formen heraus, die nicht Genitiv sind.**

gaudium, navium, montium, aedificium, arcium, ducum, consilium, adversum, bellum, fratrum, fatum, urbium, imperium, marium, militum

4 Die Sibylle sagt zu Äneas: „Ich werde dir die Wohnstätten der Seelen großer Männer zeigen, du wirst deinen Vater sehen, er wird dir über dein Volk erzählen.“

E2 Ille Sino: „Oboediam“, inquit, „voluntati tuae, rex, et dicam de eo monstro, quod stupetis. Audietis, Troiani, de dolis illius Ulixis, intellegetis prudentiam ducis Graecorum – illum Agamemnonem dico, qui copias in Graeciam re-ducere decrevit.“

5 **Ergänze zu einer Futurform.**
ag-■-t, habe-■-t, vide-■-tis, fini-■-nt, tene-■-nt, sta-■-nt, debe-■-s, dic-■-s

6 **Verwandle in die entsprechende Form des Futurs.**

taces, timebat, liberavi, finivit, cucurristi, petivit, deseruisti, invenimus, dixi, dicunt, admonuistis, vovit, videbam, narravisti, audiverunt

7 **Wähle die richtige Verbform aus und übersetze.**

Octaviano Sibylla dixit:
1. Amulius ille fratrem regno pepulit/ pellet. 2. Pueri expositi urbem Romam condiderunt/ condent. 3. Romani Germanos non vicerunt/ vincent. 4. Imperatores Romani agrum Britannicum intraverunt/ intrabunt. 5. Imperium Romanum esse non desinet/ desiit.

8 **Welche Kombinationen sind möglich? Übersetze.**

rapi
duc
labor
capi

-em/
-am

9 Anchises: „Ich werde dir von den berühmten Bürgern der Stadt Rom erzählen. Du wirst viel über das Schicksal unseres Geschlechts hören. Du selbst wirst der Begründer des römischen Volkes sein. Die Römer werden in vielen Ländern zahlreiche Völker besiegen.“

1 Zum Trojanischen Krieg

Entscheide, ob die Aussage zutrifft  oder nicht . Bei richtiger Entscheidung erfährst du aus dem Satz, der sich aus den Buchstabengruppen (von oben nach unten zu lesen) ergibt, ob Anchises mit seiner Prophezeiung Recht hatte.

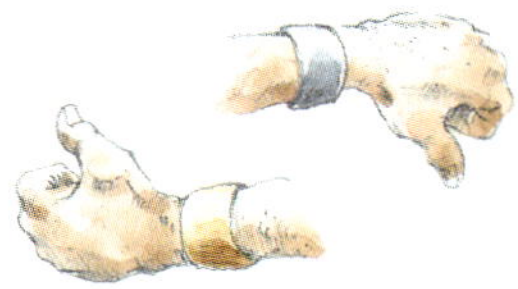

1. Troiani Graecos castra deseruisse procul videbant.	ROM	CUR
2. Aeneas portas Troiae patuisse Didoni narrat.	ANO	AMA
3. Cuncti Troiani equum ligneum (↗ 16 L) donum Graecorum putabant.	BIS	SVI
4. Aeneas Troianos imprimis equum ligneum stupuisse affirmavit.	CTI	DES
5. Equus ligneus in mare praecipitatus est.	ERT	SNO
6. Priamus misericordia motus verbis illius hominis mali credidit.	NSE	VAI
7. Troiani Ulixem homini malo insidias non paravisse nesciebant.	MPE	RVI
8. Laocoontem sacerdotem ceteris Troianis prudentia praestitisse apparet.	RPE	RIA
9. Ulixes, qui in silvis latuerat, a pastoribus inventus est.	RDI	PER
10. Fraus hominis mali statim a deis punita est.	DER	CIS
11. Filii Laocoontis serpentes a Minerva missas oppresserunt.	UNT	SEC
12. Aeneas, ubi Troiam reliquit, in Africa regnum condere cogitavit.	SCI	ONS
13. Aeneas, quamquam Didonem reginam amabat, officium suum praestitit.	TAT	MUS

2 Für wenigstens zehn Dinge auf diesem Bild kennst du das lateinische Wort:

3 Was bedeutet eigentlich . . . ?

Agitation [lat.] *w,* aufreizende Werbung für bestimmte politische Anschauungen; aufrührerische (politische) Hetze.

Tradition [lat.] *w,* Überlieferung, Herkommen, Bewahrung von Kulturbesitz u. Wertvorstellungen vergangener Generationen.

4 Welche Fremdwörter kennst du zu

credere, statuere, navis, finis, iustus, trahere?

5 Silbenrätsel

Bilde aus den lateinischen und deutschen Silben 13 Paare.
Ein vierzehntes lateinisches Wort bleibt ohne Partner. Wie heißt dieser?

ae – ae – ba – be – be – bel – ben – bu – ce – ci – ci – co – com – con – da – de – de – e – fen – ge – ge – ge – hen – Herr – im – Krie – la – le – len – li – lum – mi – nug – oc – pa – pa – pau – pe – pen – pel – per – pi – pro – Pro – ra – ra – re – re – re – re – re – re – re – rei – ren – ri – sa – schaf – schaft – ste – Sol – ten – ten – ten – tes – tei – tis – tö – trei – tri – Trup – tur – um – ver – vin – vin – wir – zen – zu – zu

6 Wann, wo und in welchem Zusammenhang heißt es

„URBI et ORBI" ?

Der Trick des Tyrannen

(Nach Livius I 53 f.)

TARQUINIUS SUPERBUS, der letzte König Roms, soll zwar ein tüchtiger Heerführer, aber als Herrscher hochmütig, grausam und skrupellos gewesen sein.

(1) Tarquinius ille, cui cognomen[1] Superbus erat, Gabios, propinquam urbem, diu oppugnabat. Quam ubi neque vi neque obsidione[2] capere potuit, dolum et fraudem adhibuit. Ipse enim se Romam recipit, templorum fundamenta iacit, se operibus publicis occupatum esse simulat. Sextus autem filius eius ex composito[3] Gabios fugit ibique patris crudelitatem fugae causam fuisse dicit. „Ad vos, viri Gabini," inquit, „confugio, apud vos manere cupio, quod mihi nullum aliud refugium[4] est, quod nusquam a patre tutus sum nisi apud hostes. Is enim me telo interficiebat et scelus perficiet, si poterit."

(2) Gabini filium regis exceperunt laeti et in consilia publica adhibuerunt et, ubi prudentiam audaciamque eius cognoverunt et suspexerunt, ducem belli fecerunt. Qui postquam dux factus est, cum militibus Gabinis Romanos petivit, victorias peperit, vicos Romanorum diripuit, direptos incendit. Gabini autem victoriis partis gaudebant Sextumque ducem sibi a deis missum credebant. Sed is, ubi se apud Gabinos nihil non posse vidit, clam nuntium ad patrem misit et rogavit, quid faceret[5]. Tarquinius nuntio nihil respondit, sed cum eo per hortum ambulavit. Ibi dum incedit, summa papavera[6] gladio cecidit. Quae ubi Sexto nuntiata sunt, statim consilia patris cognovit et alios principes civitatis apud populum proditionis[7] accusavit, alios urbe eiecit, alios clam interfecit, donec urbem auxilio privatam patri sine pugna tradere potuit.

1) **cognōmen, -minis** n: Beiname 2) **obsidiō, -ōnis** f: Belagerung 3) **ex compositō:** nach vorheriger Absprache (*mit dem Vater; die „Flucht" des Sextus war also Teil eines abgekarteten Spiels*) 4) **refugium:** Zuflucht 5) **quid faceret:** was er tun solle 6) **papāver, -eris** n: Mohnstaude 7) **prōditiōnis:** wegen Hochverrats

T
- *Erkläre, worin der ‚Trick' des Tyrannen besteht und wie er bewertet wird.*
- *Informiere dich, woher TARQUINIUS seinen Beinamen ‚SUPERBUS' erhalten hat.*

V

Brutus – ein Dummkopf?

1. Tarquinius rex prodigio[1] malo perturbatus filios suos Delphos ad oraculum misit; nam responsum[2] oraculi audire cupivit. 2. Comes eis erat L. Iunius Brutus, filius sororis regis, quem is apud se receperat. 3. Brutus autem, quod cognoverat fratrem suum a Tarquinio rege interfectum esse, consilium ceperat se stultum[3] esse simulare neque e regno fugere. 4. Postquam filiis oraculum datum est, ipsi deum rogaverunt: „Quis post mortem patris regnum Romanum occupabit? Cui summum imperium erit?"

Das Orakel antwortete: Wer von ihnen zuerst seiner Mutter einen Kuss gebe, werde der Nachfolger des Tarquinius. – Bei der Ankunft in Italien lässt sich Brutus zu Boden fallen und küsst die „Mutter" Erde . . .

1) **prōdigium:** Vorzeichen 2) **respōnsum:** Antwort 3) **stultus, -a, -um:** dumm, töricht

Etruskische Grabmalerei (um 470 v. Chr.), Tomba dei Leopardi, Tarquinia.

i Die Etrusker

Die Etrusker (lat. *Etrusci,* meist *Tusci*) siedelten vor allem an der Westküste Italiens zwischen dem Tiber im Süden und dem Arno im Norden. Noch heute erinnert der Name der Landschaft Toskana an sie.
Im 6. Jh. v. Chr. dehnten sie ihre Herrschaft nach Norden bis zur Adria und über den Po aus, im Süden über Latium bis nach Kampanien. Mit ihren religiösen Gebräuchen, dem Totenkult, der von den Griechen übernommenen Schrift und ihrer politischen Ordnung prägten sie ihr Herrschaftsgebiet.
Sie gründeten Stadtstaaten, die jeweils von einem Priesterkönig und den Vertretern des Adels regiert wurden. Auch die Gründung Roms war ihre Tat: Die kleinen Dörfer auf den Hügeln vereinten sie zu einer Stadt und gaben ihr einen etruskischen Namen, *Ruma*, lateinisch: *Roma*. Der ursprünglichen latinischen Bevölkerung zwangen sie das eigene Herrschaftssystem auf: Adlige Geschlechter (*gentes*) herrschten über den neuen Stadtstaat, nur sie hatten Zugang zum Ältestenrat (*senatus*), sie ernannten den König (*rex*), der zugleich oberster Priester (*pontifex maximus*) war. An diese Königszeit bewahrten die späteren Römer nur ungenaue Erinnerungen. In den Sagen ist von sieben Königen die Rede, aber nur der letzte, ein Etrusker mit Namen Lucius Tarquinius, war vielleicht wirklich König in Rom. Der Beiname *Superbus* wurde erst spät erfunden um ihn als bösen Tyrannen zu charakterisieren und so die Abschaffung des Königtums zu rechtfertigen. Der Sage nach wurde er gestürzt, weil sein Sohn der Ehefrau seines Vetters, Lucretia, Gewalt angetan hatte. Iunius Brutus veranlasste daraufhin die Römer die Tarquinier zu vertreiben. Rom wurde zur Republik und seither war schon das Wort ‚König' verhasst.

Aliud est dicere, aliud facere.

Multos timere debet, quem multi timent.

(Publilius Syrus)

18 Übungen

E1 Aeneas comitibus: „Audite, amici! Pauca dicam: Cuncti fere Troiani occisi sunt, Troia deleta est, patria nobis non iam est. Quid nunc? Fugam capessemus, etiamsi fugere nos non iuvat. Confugiemus in aliam terram, ubi nova nobis erit patria."

1 **Gleiche das (in Klammern) angegebene Verb den anderen Formen an.**

occupo – regno – (capere)
monstrant – putant – (cupere)
simulabat – affirmabat – (fugere)
expugnabunt – credent – (recipere)
traham – stupebo – (interficere)

2 **Wähle das richtige Wort aus und übersetze.**

1. Octavianus privato consilio et privata pecunia (naves/ copias/ mortem) comparavit. 2. Ei non erat (equus/ mater/ filius), quamquam nihil magis optabat. 3. Imperatori Augusto (Fortuna/ pater/ rex Germanorum) non semper favit. 4. Augustus post multa bella populo Romano (mores/ gaudia/ pacem) dedit. 5. Iuliae filiae non amatae (pecuniam/ insulam/ veniam) non dedit.

3 **Suche alle Dative heraus.**
capio, fato, iacio, equo, tuti, hosti, illo, genti, primi, capis, fundamentis, causis, ei, crudelitatis, ipsis

4 L. Tarquinius hatte den Beinamen (↗ 18 L) ‚der Stolze'. Der König bemühte sich vergeblich die Stadt Gabii zu erobern. Daher zog er sich mit seinen Soldaten nach Rom zurück und gab vor (täuschte vor), dass er andere Pflichten habe.

E2 Gabini, quod Tarquinius se Romam receperat, sibi periculum non iam imminere putabant. Itaque Sextus, filius Tarquinii, postquam Gabios confugit, ab eis magno cum gaudio receptus est.

5 **Bilde zu den angegebenen Formen die entsprechenden von *cupere*.**

petit, optant, petam, optabant, petivisti, optaveram, petunt, optabunt, petet, optavi, petebatis, opto

6 **Chamäleons**
Bestimme diese mehrdeutigen Wörter und führe sie auf ihre Lernformen zurück.

nuntio, amicis, animis, cura, deis, dono, filiis, fini, iace, libero, primo, regno, sedes

7 **Verwandle ins Passiv.**
▶ Arminius legiones Romanas vicit.

→ Legiones Romanae ab Arminio victae sunt.

1. Gabini Sextum Tarquinium receperant. 2. Eum belli ducem fecerant. 3. Cum eo milites Gabinorum victorias pepererant. 4. Vicos Romanorum diripuerant. 5. Sextus nuntium ad patrem miserat. 6. Is ei nihil responderat. 7. Tamen Sextus multos principes civitatis clam interfecit. 8. Sic Tarquinius Gabios cepit.

8 **Zeichne das Satzmodell:**
Sextus oppidum auxilio privatum patri sine pugna tradidit.

9 Sextus, der Sohn des Tarquinius, floh nach° Gabii. Die Gabiner machten ihn zum Heerführer und er errang einige Siege. Dann aber unterdrückte er die Gabiner selbst: die einen beraubte er ihrer° Güter (Abl.), andere vertrieb er aus der Stadt, andere tötete er.

1 Diesen Grabstein hat man bei Augsburg gefunden.

Römischer Grabstein, Museum Augsburg.

Vier Personen sind darauf genannt:
Titus Flavius Primanus
Traiana Clementina
Titus Flavius Clemens
Titus Flavius Martialis

- Wer von ihnen hat den Stein aufstellen lassen?
- Wie sind die vier Personen miteinander verwandt?
- Wer von ihnen war Soldat der „Legio III Italica"?

2 Hat Äneas seinen Vater Anchises richtig verstanden?

Gens Romana ceteris gentibus
favebit - parebit - parcet.

Oder hat Anchises etwas ganz anderes gesagt? Wenn ja, dann verändere den lateinischen Satz so, dass er der Aussage des Anchises entspricht.

3 Quid facit vates? - Quid facit auctor?

Welche der folgenden Aussagen treffen zu?

1. Hominibus arces in montibus sitas monstrat. - 2. Sacerdotes de sorte sua rogat. - 3. Novas civitates urbesque condit. - 4. Animas e sedibus beatis ad lucem ducit. - 5. Homines fata eorum docet. - 6. Homines navibus ad fines orbis ducit. - 7. Homines a morte servat. - 8. Libros scribit de imperatoribus, regnis gentibusque claris. - 9. Bella non facit nisi iusta.

4 Hieroglyphen

So nennt man die Bilderschrift der alten Ägypter. Was bedeuten die folgenden Hieroglyphen wohl im Lateinischen?

(Eine kleine Hilfe: Das sind in anderer Reihenfolge die deutschen Bedeutungen: Frau - groß - Menschen - Mann - Stadt - Gebäude - bauen - schlagen)

Geschriebenes Recht für Rom

(Nach Livius II 44 und III 31 ff.)

Nach dem Ende der Königsherrschaft verweigerten die alten Adelsfamilien den kleinen Leuten, den Plebejern, die Gleichstellung, legten das mündlich überlieferte Gewohnheitsrecht willkürlich aus und wollten von geschriebenen Gesetzen nichts wissen. Für diese traten energisch die Volkstribunen ein.

(1) Acribus verbis tribuni cum patribus agebant et unus ex iis, C. Terentilius Arsa: „Celeri“, inquit, „auxilio opus est, nam discordiae patrum et plebis finem non faciemus nisi legibus scriptis.
Quid, si plebs iniustis et crudelibus iudiciis irata iterum urbe cedet?
Quid, si non iam unius viri verbis credet?
Menenium Agrippam illum dico, qui animos hominum fabula movit.
Durus, mihi credite, labor fuit!
Brevi tempore equites celeres hostium venient urbemque a magna parte populi relictam diripient! Iam principes hostium apud omnes Etruriae populos clamant etiam magna imperia mortalia esse. Vident enim nobis duo ingentia pericula imminere: Seditionem et discordiam, quae iam multas et magnas urbes perdiderunt. Cavete igitur, patres! Concedite plebi leges scriptas, quae omnibus civibus utiles erunt!“

(2) Quibus verbis moti patres saluti communi consuluerunt legesque concesserunt. Postquam inter patres et tribunos de legibus convenit, statim tres legati in Graeciam missi sunt. Ibi claras illas Solonis leges et aliarum Graeciae civitatum iura descripserunt. Quattuor aut quinque mensibus[1] post legati cum Graecis legibus reverterunt[2]. Quas decem viri prudentes correxerunt et, postquam opus perfectum est, ingenti cum exspectatione[3] hominum decem tabulas in foro exposuerunt.
Paulo post illis decem tabulis duae novae adiectae[4] sunt. Qua de causa Romani eas leges ‚duodecim tabulas‘ vocare solebant, quasi[5] fundamentum omnis publici privatique iuris.

---

1) **mēnsis, -is** m: Monat 2) **revertī:** ich kam zurück 3) **exspectātiō, -ōnis** f: Erwartung, Spannung, Anteilnahme 4) **ad-icere (-iēcī, -iectum):** hinzufügen 5) **quasi:** gewissermaßen, sozusagen

T
- *Mit welchen Argumenten fordert der Volkstribun geschriebene Gesetze?*
- *Überlege, warum die Römer nicht einfach die Gesetze des* SOLON *übernommen haben.*

V

Ein Aufstand des Volkes

1. Temporibus antiquis patres plebi scripta iura negabant, iram civium iudiciis acribus movebant. 2. Itaque plebs irata seditionem fecit. 3. Et brevi tempore ingens numerus hominum Romam reliquit et in Montem Sacrum cessit. 4. Tum Menenius Agrippa, vir prudens, unus e patribus, cum omni plebe disputavit. 5. Ab eo homines illam de stomacho[1] et de membris[2] fabulam audiverunt, qua eos monuit seditionem plebis omni populo nocere[3] posse. 6. Qua fabula utili Agrippa saluti civitatis bene consuluit, nam sic plebem in urbem re-duxit.

---

1) **stómachus:** Magen 2) **membrum:** Glied 3) **nocēre:** schaden

Patrizier und Plebejer

Nach der Abschaffung des Königtums fiel die Herrschaft über Rom ganz dem patrizischen Adelsstand zu. Da nur Adlige Priester werden konnten und allein die Priester die Kenntnis des mündlich überlieferten Gewohnheitsrechts hatten, fühlte sich die nichtadlige Bevölkerung der Willkür des Adels ausgeliefert.

Die von den Patriziern als *plebs* bezeichnete große Menge der Bevölkerung war aber nicht mittellos: Freie Grundbesitzer aus der *plebs* besaßen beträchtliche Vermögen und außer den unselbstständigen Bauern gab es plebejische Gewerbetreibende und Handwerker.

Als Folge der zunehmenden Macht Roms konnte der Kriegsdienst nicht mehr allein von den adligen Rittern *(equites)* geleistet werden. Man musste auch Plebejer dazu heranziehen. Diese wiederum forderten, entsprechend ihrer militärischen Leistung, auch Anteil an der Macht. Die Patrizier wehrten sich gegen derartige Ansprüche durch rücksichtslose Ausnützung ihrer politischen und militärischen Mittel.

Dagegen organisierten die Plebejer ihre Opposition: Sie wählten sich eigene Anführer, die Volkstribunen *(tribuni plebis)*. Diese beriefen Volksversammlungen *(concilia plebis)* ein, die – zunächst nur für die Plebs gültige – Beschlüsse *(plebiscita)* fassten. Das stärkste Machtinstrument der Plebs war aber der Auszug aus Rom *(secessio)*, eine Art Streik, der die Stadt politisch und militärisch lahm legte.

Durch eine solche *secessio* erzwang die Plebs die Abfassung und Veröffentlichung der Zwölf Tafeln im Jahre 450 v. Chr. und hatte damit einen wichtigen Sieg im Kampf um ihre rechtliche Gleichstellung mit den Patriziern gewonnen. Aber erst seit 287 v. Chr. hatten die *plebiscita* für das ganze Volk und nicht nur für die Plebs Gesetzeskraft.

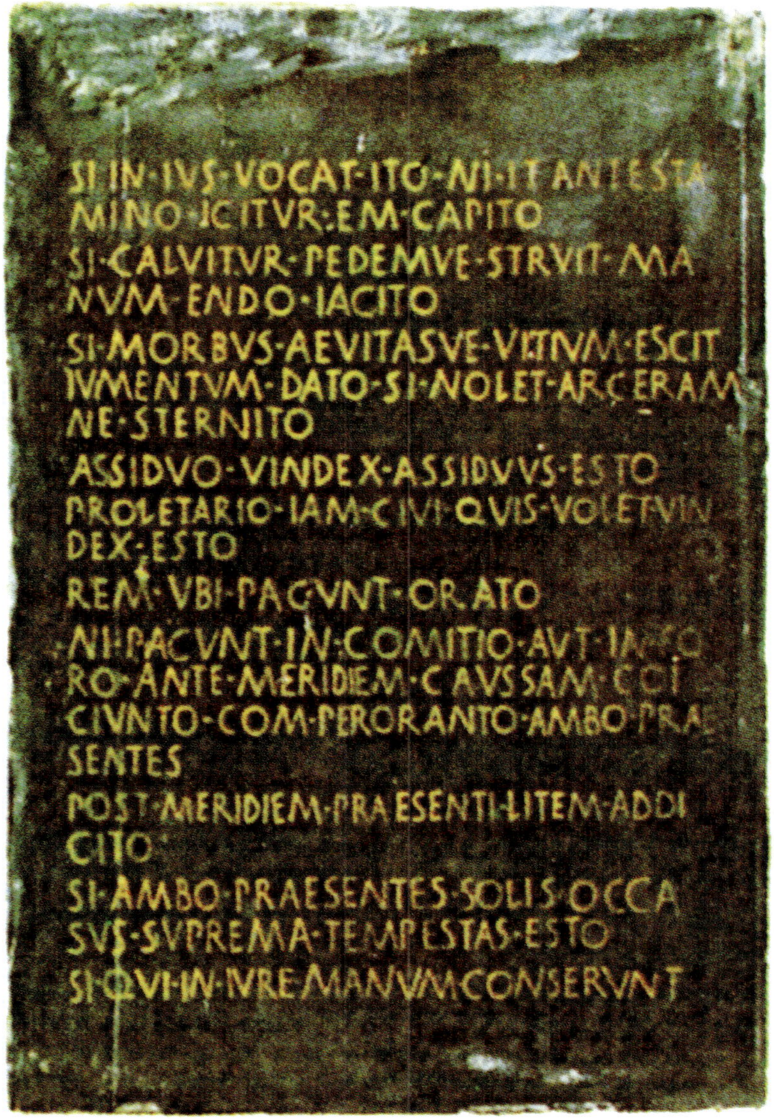

Nachbildung der ersten Tafel der Zwölftafelgesetze, Museo della Civiltà Romana, Rom.

Summum ius, summa iniuria.

Salus populi suprema[1] lex.

(Cicero)

Iustitia[2] fundamentum regnorum.

1) **suprēmus, -a, -um:** der oberste 2) **iūstitia, -ae:** Gerechtigkeit

19 Übungen

E1 Tarquinius Superbus magna cum crudelitate regnabat. Nemo tam crudelis erat quam is. Cuncti fere homines crudele regnum eius timebant. Iis gentibus, quas putabat hostes, bella crudelia faciebat, in urbe inimicos nece crudeli puniebat. Quis cives Romanos ab illo rege crudeli liberavit? Quis illum regem crudelem Roma pepulit?

1 **Suche** aus dem Lektionstext 19 (1) alle Verbindungen von Substantiven mit Adjektiven oder PPP heraus und setze sie jeweils in den Nominativ des gleichen Numerus.

2 **Dekliniere im Singular und Plural.**
anima mortalis, fatum crudele, equus celer

3 **Verbinde je ein Substantiv mit einem passenden Adjektiv.**

fati, hominum, pericula, verbum, clamorem, litteris, pueros, horti, voce, opus

ingens, crudelis, mortalium, acri, celeres, ingentis, omnia, acre, brevibus, ingentem

4 **Immer wieder -i**
a) Bestimme!
iudicii, iusti, civi, saluti, utili, perfeci, ingenti, legi, operi, duxi, teli, hosti, fugi, parti, nuntii

b) Setze zu den Substantiven aus dieser Reihe je eine passende Form von *unus, -a, -um.*

5 Mit scharfen Worten hatten zwei Tribunen von den Senatoren geschriebene Gesetze gefordert, diese aber hatten alles, was die Tribunen forderten, verweigert. Ein gewaltiger Teil des wütenden Volkes verließ darauf die Stadt Rom.

E2 Iam antiquis temporibus Romae tribuni plebis erant. Primo erant duo, deinde quattuor, tum quinque, postea etiam decem. Ille Terentilius Arsa tres collegas[!] habuit. Nomina illorum trium virorum tradita non sunt, scimus autem eos collegam[!] suum magnopere adiuvisse.

6 **Zwei oder drei**
Verbinde die Substantive der ersten vier Sätze aus dem Lektionstext 19 (2) mit den entsprechenden Formen von *duo* und *tres*. Bei welchen Substantiven ist dies nicht sinnvoll?

7 **Römisch Rechnen**

II + II = ?	IV + V = ?
VII + V = ?	IX – IV = ?
VI + II = ?	XI – IV = ?

8 **Satz-Ersatz**
Ersetze die Gliedsätze durch Partizip-Konstruktionen. Achte dabei auf die Wortstellung und übersetze.

1. Gabios, quamquam diu oppugnati erant, Tarquinius ille non cepit nisi dolo ac fraude. 2. Gabini Sextum Tarquinium, qui a patre Gabios missus erat, oppido receperunt. 3. Sextus, qui a Gabinis receptus erat, crudelitatem patris causam fugae fuisse simulavit. 4. Nemo Sexto, ubi in consilia publica adhibitus est, prudentia et audacia praestabat. 5. Sextus, quod a Gabinis laudatus erat, dux belli factus est. 6. Gabini a Sexto, postquam ab eis dux factus est, proditi sunt.

9 Durch eine kurze, aber nützliche Geschichte belehrte Menenius Agrippa die Menschen, dass ein Volksaufstand für° alle Bürger (Dat.) ein Übel sei. Später wurden zehn, darauf zwölf Tafeln auf dem Forum aufgestellt, auf denen alle neuen Gesetze niedergeschrieben waren.

1 Aesopus narrat:

Antiquis temporibus homo malus in Aegypto alium hominem interfecerat. Itaque propinqui hominis interfecti nece irati eum comprehendere statuerunt. Qui ubi se in summo periculo esse cognovit, clam fugam capessivit. Postquam decem fere horas cucurrit, ad mare venit. Ibi lupum vidit. Quod eum timebat, in arborem[1], quae ibi erat, confugit, ubi se tutum esse putabat. Vix in arbore[1] sedebat magnoque timore lupum observabat, cum subito serpens, quae in ea arbore[1] vivebat, ei appropinquavit. Quam fugere cupivit et in mare praecipitavit. Erat autem ibi crocodilus[1], qui miserum captum interfecit.

Fabula docet:

Qui alii homini necem paravit, nusquam tutus est, neque in terra neque in caelo[2] neque in mari.

1) **arbor, arboris** f: Baum 2) **caelum:** Himmel

Hier ist die Handlung der Fabel dargestellt. Bringe die Bilder in die richtige Reihenfolge.

2 Welche Fremdwörter kennst du zu

publicus, occupare, causa, simulare?

3 Welche dieser Vornamen kommen wohl aus dem Lateinischen und was bedeuten sie?

Philipp, Viktor, Anna, Janine, Siegfried, Beate, Justus, Alexander, Regina, Silvia, Susanne, Katharina, Victoria, Josef, Rudolf, Benedikt, Klara, Thomas, Patricia

4 Latein - Italienisch

a) Nenne die deutsche Bedeutung der italienischen Wörter und ordne sie nach Substantiven und Adjektiven.

b) Sehr häufig haben die italienischen Substantive das Genus ihres lateinischen Ursprungswortes beibehalten. Setze die italienischen Artikel dazu (für Maskulinum il, für Femininum la, vor Vokal jeweils l').

c) Schreibe zu den italienischen Adjektiven die entsprechenden lateinischen. Was stellst du fest?

pace, contenta, isola, breve, pastore, tavola, nuovo, giusto, buona, voce, madre, libero, monte, comune, libro, anno, uomo, primo, mortale, crudeltà, timido, dura, figlia, prudente, molto, utile, piena, torre, fine

5 In welchem Jahr erhielten die Plebejer den Zugang zum Konsulat?

Die dreistellige Jahreszahl ergibt sich aus den richtigen Antworten auf folgende Fragen:

Wie viele von diesen Substantiven

- gehören zur *i*-Deklination? (→ 1. Ziffer)
- stehen im Akk. Pl.? (→ 2. Ziffer)
- sind Feminina? (→ 3. Ziffer)

equos – voluntate – fundamentum – militum – duces – princeps – moenia – silva – viribus – auxilium – horto – portas – crudelitas – civium – nomine – nuntium – pueri – regionum – castra – hostes – turri – finibus

Scipios Triumph

(In Anlehnung an Ovid, Ars amandi I 219 – 228)

Einer der gefährlichsten Gegner Roms war der Karthager HANNIBAL, der den römischen Heeren in Italien vernichtende Niederlagen zufügte. Erst dem jungen SCIPIO gelang es HANNIBAL, der zum Schutz Karthagos aus Italien abberufen worden war, 202 v. Chr. bei ZAMA in Nordafrika zu schlagen. Seinen Sieg feierte er in Rom mit einem prächtigen Triumphzug.

(1) „Ecce, iam agmen primum video!“
„Iam tubae, iam carmina militum sonant!“
„Eia[1], quid portant milites, quas imagines urbium et locorum et fluminum?“
„Haec est Carthago ipsa, illius autem oppidi nomen est Utica.“
„Et quem montem ibi video?“
„Hunc montem Siculi Aetnam vocant . . . sed ecce! Adest Scipio ipse! Huic viro nos omnes salutem et libertatem debemus, huius virtute Poeni superati sunt, ab hoc Roma e summo discrimine servata est.“
„Africane! Africane!“
„Quid clamant homines? Quo nomine Scipionem vocant?“
„Ignorasne victorem magni belli a patribus Africanum appellatum esse?“
„Macte[2], Africane! Tu lumen populi Romani, tu decus huius urbis es, tu . . .“

(2) „Tace et specta! Nonne hi elephanti bestiae terribiles sunt?“
„Harum bestiarum corporibus firmis certe milites nostri valde territi sunt . . .“
„Videsne hoc aurum, illud argentum? Haec est belli praeda! Profecto Carthago divitiis abundavit . . .“
„Et quos homines vinctos post currum[3] imperatoris video?“
„Hi sunt captivi nobiles – at horum sors misera erit.“
„Non me miseret istorum hominum! Satis diu Hannibal iste nos terruit, satis diu insidias et dolos istius timuimus. Iustum igitur erit, quiquid[4] isti turbae accidet.“
„Non probo istam crudelitatem, istud odium. Me quidem eorum hominum miseret.“

---

1) **eia:** toll! 2) **macte:** hoch! 3) **currus** (Akk: **currum**): Wagen 4) **quidquid:** alles, was

T
- *Ermittle aus dem Text heraus, was zu einem römischen Triumphzug gehörte.*
- *Wie wird der hannibalische Krieg in den Äußerungen der Zuschauer beurteilt?*

V

Szene in einer römischen Schule

1. M(agister): Quis Romanos ad Cannas superavit? 2. T(itus): Fuit Hannibal, dux Carthaginiensium. Huius copiis milites Romani victi sunt. 3. M.: Quorum imperio copiae Romanae tum parebant? 4. T.: Varro et Paulus duces Romanorum fuerunt; hic pugna occisus est, ille fuga salutem petivit. 5. M.: A quo imperatore Romano Carthaginiensium copiae superatae sunt? Qua in terra? Quo anno? Quod cognomen (↗ 18 L) huic postea a senatoribus datum est? 6. T.: Nescio . . .

Publius Cornelius Scipio

Trotz der Niederlage bei Cannae (216 v. Chr.), der bis dahin schwersten in der römischen Geschichte, gab der Senat den Kampf nicht auf. Die Bundesgenossen in Mittelitalien waren Rom treu geblieben und Hannibal wagte nicht die Stadt anzugreifen. Syrakus, Capua und Tarent, die ihn unterstützt hatten, wurden im Laufe der Zeit erobert. Römische Armeen, die unter dem Kommando zweier Brüder namens Scipio standen, kämpften in Spanien gegen das Heer von Hannibals Bruder Hasdrubal und eroberten Sagunt zurück, konnten jedoch die Karthager nicht aus Spanien vertreiben.

Nachdem sein Vater und sein Onkel gefallen waren, erhielt Publius Cornelius Scipio den Oberbefehl über die römischen Truppen in Spanien. Bis 206 v. Chr. gelang es ihm, die Karthager zu vertreiben. Nach Rom zurückgekehrt, wurde er vorzeitig Konsul und ging nach Sizilien. Von dort aus setzte er nach Afrika über um Karthago selbst anzugreifen und besiegte Hannibal bei Zama (202 v. Chr.). Für diesen Sieg wurden Scipio der Beiname *Africanus* und ein Triumph zuerkannt:

Vom Marsfeld aus zog der prunkvolle Festzug durch die Stadt zum Forum und von da zum Kapitol. Senatoren und die höchsten Beamten schritten voran; dann kam, z.T. auf Tragen und Wagen, die Kriegsbeute. Waffen, Feldzeichen, Kunstschätze und Gemälde, auf denen Schlachten dargestellt waren, erregten ebenso wie die Kriegselefanten die Bewunderung der Römer. Festlich geschmückte Opfertiere und die vornehmsten Gefangenen (Hannibal war nicht darunter) wurden hinter dem Prunkwagen geführt, der von vier weißen Pferden gezogen wurde. Auf ihm stand Scipio in gold besticktem Purpurgewand mit elfenbeinernem Zepter und Lorbeerkranz. Lorbeergeschmückt war auch das Heer, das den Schluss des Zuges bildete. Die Soldaten sangen Ruhmeslieder oder freche Spottverse auf ihren großen Feldherrn. Am Kapitol angelangt, legte Scipio seinen Lorbeerkranz im Jupitertempel nieder und brachte ein Dankopfer dar. Zum Abschluss der Feier wurden Heer und Volk bewirtet und die Soldaten mit je 400 Kupfer-As belohnt.

Schlacht bei Zama (um 1530), Jörg Breu, Alte Pinakothek, München.

Hannibal ad portas!

Ius parit ius, iniuria iniuriam.

Quid tam populare[1] est quam libertas?

(Cicero)

1) **populāris, -e:** beliebt

20 Übungen

E1 (In ludo): Quis saluti civitatis fabula consuluit? – Fuitne Sicinius aut Menenius Agrippa aut . . . ? Habeo: Hic illam fabulam narravit, ille fuit auctor seditionis plebis. – Cui discordiae Menenius finem facere studuit? – Discordiae patrum et plebis. – Quae fuit causa huius discordiae? – Illi tenebant iura, quae huic concessa non erant; haec poscebat leges scriptas, quas illi negabant. – Illis magnas divitias fuisse, hanc autem vitam miseram egisse apparet.

1 **Dekliniere im Singular und Plural.**
hic miles Romanus, haec imago ingens, hoc flumen altum

2 **Lange Leitung?**
Ergänze Interrogativ-Pronomina und übersetze.

1. Agmen video. ■ agmen vides? Primum agmen video. 2. Tubae sonant. ■ tubae sonant? Tubae militum sonant. 3. Carmina audio. ■ carmina audis? Carmina militum audio. 4. Milites ducem nomine vocant. ■ nomine ducem vocant? Ducem nomine Africanum vocant. 5. E discrimine Romam servavit. E ■ discrimine Romam servavit? E summo discrimine. 6. Ibi sunt simulacra. ■ simulacra ibi sunt? Simulacra belli ibi sunt. 7. Ibi homines video. ■ homines vides? Homines victos video.

3 **Dies und das**
Ergänze passende Formen von *hic, haec, hoc.*

imaginibus, auctores, montem, urbium, oppidi, tubae, civitatis, flumine, decus, virtuti, lumina, iura, carminum, libertatis

4 Welcher Feldherr hat die Römer bei Cannae besiegt? Welche Stadt war die Vaterstadt Hannibals? Welcher Krieg war so schlimm wie dieser Punische Krieg?

E2 *Zwei junge Römer beim Triumph*
M: Claram Scipio peperit victoriam; iste Hannibal nos non iam in periculum vocabit.
T: Scipionem isti monstro necem non paravisse doleo. Erit autem tempus, cum duces nostri istius Carthaginis moenia Poenosque ipsos delebunt. M: Me ista verba, ista ira delectant.

5 **Ein Reiseführer**
Nunc videmus forum Romanum. Hic est templum deae Vestae et ibi templum Castoris et Pollucis. Illud templum iam a rege Numa Pompilio conditum est. Hoc templum Romani pro victoria ab Etruscis parta aedificaverunt. Illud templum intrare ne consulibus quidem licet. Ipso in loco huius templi Castor et Pollux victoriam Romanis nuntiaverunt. Ex illo templo mulieres Romanae initio[1] anni novam flammam[1] petunt. In illo templo est Palladium, quod Aeneas ex Asia in Italiam transportavit.

Obwohl der Reiseführer bei der Beschreibung der beiden Tempel ständig von einem zum anderen wechselt, weiß ein Römer genau, welches Bauwerk gerade gemeint ist. Woran liegt das?

1) **initium:** Anfang

6 **Ergänze die Pronomina aus dem Kasten und übersetze.**

ipse – nos – qui – ego – is – eius – suum – tu – eum

Syrus: Ecce, ibi venit Lydus; ■ et ■ semper laboramus, ■ autem ambulat.
Davus: Dominus ■ amat; itaque dolos ■ non vituperat et Lydus dominum ■ semper laudat.
Syrus: Dominus ■ Lydo, ■ nihil laborat, magnam pecuniam dedit. Davus: Tace, ■ servi sumus et iniuriam domini timere debemus.

7 In welchem Jahr und bei welcher Stadt wurde dieser Hannibal in Afrika von Scipio besiegt? Durch die Tüchtigkeit dieses Mannes° errangen die Römer den Sieg über die Karthager. Ihn nannten die römischen Bürger ‚den Glanz und die Zierde' des Staates.

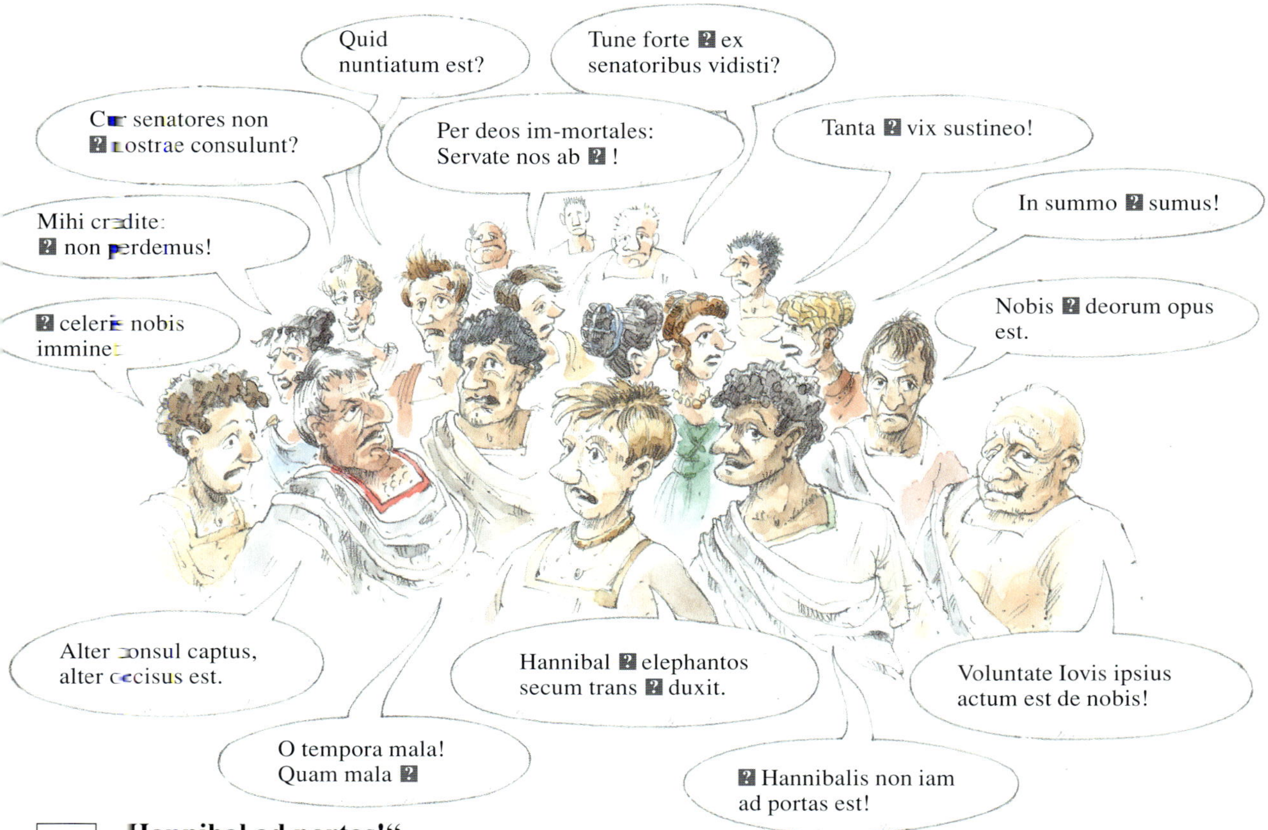

1 „Hannibal ad portas!“

Ea vox in urbe ubique audita est, postquam omnes fere copiae Romanae ab Hannibale ad Cannas deletae sunt. Nullo tempore civitas Romana in tanto discrimine erat. Ingens hominum numerus per vias vicosque currebat.

Quantus timor! Quot clamores! – In dem unbeschreiblichen Durcheinander sind manche Wörter nicht zu hören. Vervollständige die Ausrufe, indem du passende Wörter aus dem Kasten wählst und sie in der richtigen Form einsetzt.

agmen – antiquus – auxilium – decem – fortuna – fuga – hostis – iniuria – libertas – malum – mare – mors – nemo – nomen – numerus – periculum – salus – unus – urbs

2 Schreibe die Wörter heraus, die Personen bezeichnen:

pater – salus – amicus – coniunx – magister – imperator – animus – timor – comes – vates – vicus – turris – hostis – regio – faber – filius – victoria – materia – regina – serva – via – vis – vita – vir – lux – patria – avus – discordia – opus – sors – dux – regnum – audacia – sedes – nepos – eques – soror – praeda – puella

Zu welchen Personen kennst du das weibliche bzw. männliche Gegenstück?

3 In welchem Jahr wurde Karthago letztendlich zerstört?

Die Jahreszahl ergibt sich aus den richtigen Antworten auf diese Fragen: Wie viele der folgenden Formen stehen im Dativ Singular (→ 1. Ziffer), wie viele sind mehrdeutig (→ 2. Ziffer) und wie viele sind Feminina (→ 3. Ziffer)?

eo – hunc – quarum – iste – huius – eos – ipsas – hanc – ille – cui – hos – ea

17 – 20 Repetitio Generalis

Übersetzen mit System (V)

Die Leistung der Pronomina: Regeln

1. Texte haben einen inneren Zusammenhang (Kohärenz). Die Beziehung auf vorher erwähnte Personen oder Sachen wird aber in der Regel nicht mit denselben Wörtern hergestellt; dafür stehen ‚Für-Wörter' (Pronomina). Sie verweisen auf Vorheriges zurück und ermöglichen so die Kohärenz des Textes.

Beispiel: ***Tribuni** acribus verbis cum **patribus** agebant;*

***hi** enim leges, **quas illi** poscebant, negaverant.*

In diesem Satz ist *quas* nach Numerus und Genus eindeutig auf *leges* bezogen.
Mit *hi* und *illi* sind männliche Personen im Plural gemeint, die *patres* und die *tribuni.*
Hier musst du wissen, dass *hic* immer auf das Nähere, *ille* auf das Fernere verweist.

2. Pronomina können aber nicht nur etwas schon Genanntes bezeichnen, sondern auch noch auf etwas, das erst noch genannt wird, vorverweisen.

Beispiel: ***Ille** vir, **qui** Romanos e summo periculo servavit, fuit **Scipio.***

In diesem Satz wird die noch ungenannte Person *(ille)* zuerst durch den Zusatz *vir* und dann durch den Relativsatz *qui . . . servavit* in der Funktion eines Attributs näher bestimmt. Auch durch solche Vorverweise wird der innere Zusammenhang (die Kohärenz) des Textes unterstützt.

Übersetzen mit System D → L (V)

Regeln

1. Futurbildung

Wenn man Futurformen lateinischer Verben bilden will, muss man wissen, zu welcher Konjugationsklasse sie gehören:

Die Verben der *ā*- und *ē*-Konjugation bilden ihr Futur mit *-b-*
(z. B. *amā**bō**, amā**bis**, sedē**bitis**, sedē**bunt**),*
die Verben der anderen Konjugationen haben als Futurzeichen in der 1. Person Singular *-a-*, sonst *-e-* (z. B. *audi**a**m, leg**ē**s, ced**e**nt).*

Auf eine kurze Formel gebracht, lautet die Regel:

Konjugationsklasse:	Bildungsweise:
ā / ē:	***b** (-bō, -bis, -bunt)*
ī / ĭ / Kons.:	***a** / **e** (-am, -ēs, -ent)*

Hat man z. B. die Form ‚wir werden beenden' zu übersetzen, stellt man fest, zu welcher Konjugationsklasse das im Lateinischen benötigte Verb gehört.
▶ *fīnīre*, beenden → *ī*-Konjugation: *ā/ē* – Futur → *fīni-ē-mus*

2. *capio* und seine Verwandten
Die meisten Formen von Verben der kurzvokalischen Konjugation gleichen im Schriftbild denen der *ī*-Konjugation, z. B.: *audio/ capio – audiunt/ capiunt – audiēs/ capiēs – audiēbat/ capiēbat.*
Abweichend gebildet werden

die 2. Person Imperativ im Singular:	*cape*
der Infinitiv Präsens Aktiv:	*capere*

Da ist nicht viel zu merken. ↑

3. *hic, haec, hoc*
Die Formen dieses Pronomens behält man leichter, wenn man sie sich zusammen mit den entsprechenden von *qui, quae, quod* einprägt:
hic, haec, hoc   *qui, quae, quod*   –   ***hi, hae, haec***   *qui, **quae**, **quae** . . .*
Diese sechs Formen des Nominativ Singular und Plural sind auch die ausgefallensten.

Übungen

1 Pronomina
Im Folgenden ist der Text 18 L so abgedruckt, dass alle Pronomina und das Bezugswort IN GROSSEN BUCHSTABEN erscheinen. Zeige auf, was die Pronomina jeweils leisten.

▶ TARQUINIUS ILLE, CUI . . . erat.

Ille verweist auf einen fern stehenden/ bekannten Menschen; das Relativ-Pronomen *cui* leitet einen Satz ein, der eine zusätzliche Information zu dem genannten Substantiv (hier: *Tarquinius*) enthält.

TARQUINIUS ILLE, CUI cognomen (↗ 18 L) Superbus erat, Gabios, propinquam URBEM, diu oppugnaverat. QUAM ubi neque vi neque obsidione (↗ 18 L) capere potuit, dolum et fraudem adhibuit.

IPSE enim SE Romam recipit, templorum fundamenta iacit, SE operibus publicis occupatum esse simulat. Sextus autem filius EIUS ex composito (↗ 18 L) Gabios fugit ibique patris crudelitatem fugae causam fuisse dicit. „Ad VOS, VIRI Gabini", inquit, „confugio, apud VOS manere cupio, quod MIHI nullum aliud refugium (↗ 18 L) est, quod nusquam a PATRE tutus sum nisi apud hostes. IS enim ME telo interficiebat et scelus perficiet, si poterit."

2 Auf die Länge kommt es an.
Achte beim Übersetzen der folgenden Formenpaare auf die angegebenen Längen.

fugimus – fūgimus	vincimus – vincīmus
cupitis – cupītis	invenīmus – invēnimus
venit – vēnit	sedēs – sēdēs
legit – lēgit	

3 Leicht zu verwechseln
sind die folgenden Formen. Sieh also genau hin, wenn du sie bestimmst und übersetzt.

sustinetis - sustinete	capit - cepit
recipit - recepit	diripitis - direptis
convenitis - convenietis	iacio - iaceo
iacis - iactis	vivit - vixit
facit - fecit	diripuerunt - diripuerant

4 Treppauf-treppab

Schreibe die folgenden Verbformen entsprechend dem Arbeitsbeispiel:

▶ audi – e – mus   wir – werden – hören

monueratis – monstrabunt – recipient – confugiam – adhibuerat – diripuerunt – nuntiatum est – cognovit – iacietis – cupivisti – ceperamus

5 Quis fuit?

Gefragt ist nach Personen und Begriffen, von denen in diesem Buch bereits die Rede war; als Antwort genügt jeweils ein Name. Wenn du die Anfangsbuchstaben der Lösungswörter in die richtige Reihenfolge bringst, erhältst du den Namen einer ungewöhnlichen Frau.

1. A quo sacerdote Troiani frustra moniti sunt?
2. Cui regi Troiani tum parebant, cum Graeci Troiam oppugnabant?
3. In qua insula Tiberius diu vixit?
4. Quis patriam prodidit et copiis Volscorum Romam circumdedit?
5. In qua parte orbis terrarum Massilia sita est?
6. De cuius regis consiliis pueri apud Diodotum disputaverunt?
7. Quem tyrannum[1] superbum Brutus Roma pepulit?
8. Quis est auctor populi Romani?
9. Quod est nomen Graecum Ulixis?

6 Verbindungen

Suche eine angemessene deutsche Entsprechung für folgende Ausdrücke:

<u>capere</u>	gaudium, arcem, fugam, consilium, urbem, pecuniam, honores, gloriam
<u>recipere</u>	milites, se ex loco, se trans flumen, Ciceronem e civitate pulsum, litteras, Romulum in numerum deorum
<u>iacere</u>	ancoram[1], fundamenta, iniuriam in…
<u>fugere</u>	mala, Troia, ex oppido, ex patria, tempus fugit, hoc me fugit
<u>confugere</u>	ad aram, ad statuam[1] Augusti
<u>facere</u>	pacem cum . . . , magna verba

7 Ihr Götter, steht uns bei!

Im folgenden Text fehlen Formen von *hic, ille, iste* und *is.* Setze sie ein und übersetze.

1. Ecce, multi homines ad templum Concordiae veniunt et [?] (hic) fere orant: 2. „Dei, recipite [?] (ille) miseros, audite verba [?] (hic) miserorum, qui ad vos confugerunt. 3. Protegite [?] (ille) civitatem, reddite civibus [?] (is) concordiam[1], quae amissa est. 4. Nunc in [?] (iste) civitate sua quisque[2] curat, officia publica nemo explet; [?] (is), quae communia omnibusque utilia sunt, [?] (hic) temporibus magna pars [?] (iste) civium ignorat, bona autem publica non curat. 5. Servate igitur in [?] (hic) discrimine [?] (hic) civitatem, di boni!“

1) **concordia, -ae:** Eintracht 2) **quisque:** jeder

8 Sokrates nimmt Alkibiades die Furcht vor einer Volksmenge zu reden.

1. Alkibiades zögerte sehr in der Volksversammlung[1] zu sprechen. 2. Deshalb fragte ihn Sokrates: 3. „Was zögerst du? Fürchtest du etwa diesen oder jenen oder irgendeinen[2] anderen aus der Zahl der Bürger?“ 4. Jener antwortete: „Ich übertreffe sie alle an (durch) Tüchtigkeit und Ruhm.“ 5. Sokrates aber lachte: „Wenn du die Einzelnen[3] alle übertriffst, warum fürchtest du sie, wenn sie alle in der Volksversammlung[1] sitzen?“ 6. So setzte Sokrates das durch, was er hatte erreichen wollen: Alkibiades sprach ohne Furcht in der Volksversammlung[1].

1) **Volksversammlung:** cōntiō, -ōnis f 2) **irgendeinen:** aliquem (Akk.) 3) **die Einzelnen:** singulī, -ōrum

9 Ein kleiner Schritt in die Zukunft

Von den folgenden Formen lassen sich fünf <u>nicht</u> durch Austausch oder Hinzufügung <u>eines</u> Buchstabens ins Futur verwandeln. Welche sind es? Setze sie ins Futur.

monstras - parcis - incendunt - vincimus - adhibet - describis - adestis - sonat - terreo - consulit - parit - eicitis - portamus - cognoscimus

10 Treue eines Hundes

1. A Seiano, amico crudeli imperatoris Tiberii comiteque scelerum eius, multi Romani nobiles iniuria accusati et interfecti sunt. 2. Nemo fere ab insidiis istius hominis tutus erat, civibus perturbatis neque in legibus neque in iudiciis erat auxilium. 3. Tum etiam Titius Sabinus, Germanici amicus, captus et cum omnibus servis in carcerem conditus mortem exspectavit. 4. Unus ex his servis canem[1] secum habuit, quem nemo a domino removere potuit. 5. Neque a corpore domini interfecti canis[1] se recepit, sed maestos edidit[2] ululatus[2]. 6. Cibum[3] a custodibus[4] datum ad dominum interfectum portavit. 7. Postquam autem corpus domini in Tiberim iactum est, canis[1] corpus in flumine sustentare[5] studuit. 8. Tum multi homines ad flumen cucurrerunt, quod canis[1] amorem spectare cupiverunt.

1) **canis, -is** m: Hund 2) **ēdidit ululātūs:** (er) gab Gewinsel von sich, winselte 3) **cibus:** Nahrung 4) **custōs, -ōdis** m: Wächter 5) **sustentāre:** über Wasser halten

11 Ordnung muss sein.

Stelle die folgenden Formen verschiedener Verben in Konjugationstabellen für Präsens, Imperfekt und Futur Aktiv sowie Perfekt und Plusquamperfekt Aktiv und Passiv zusammen. Mit den unten angegebenen Formen werden die Tabellen jedoch nicht gefüllt. Fülle die Lücken mit Formen von *agere.*

oppugnabant - licet - fugisti - exspectabimus - cognitus eram - venistis - sustinebo - traditum est - petimus - docebas - sonueras - captus es - servati eratis - respondit - videratis - missi eramus - terretis - confugeramus - audiebamus - facies - eiecti estis - vulneratus eras - habui - solebat - timebunt - auditi sumus - speraverant - accedes - servata sum - adhibuimus - studebatis - appropinquaverant - expugnatae sunt - dubito - facta erant - dixeram - eiciet

12 Eine römische Baustelle

Benenne die Personen, Gegenstände und Tätigkeiten A. bis F. Bilde zu ① bis ⑤ lateinische Sätze. Jede Lücke steht für ein fehlendes Wort.

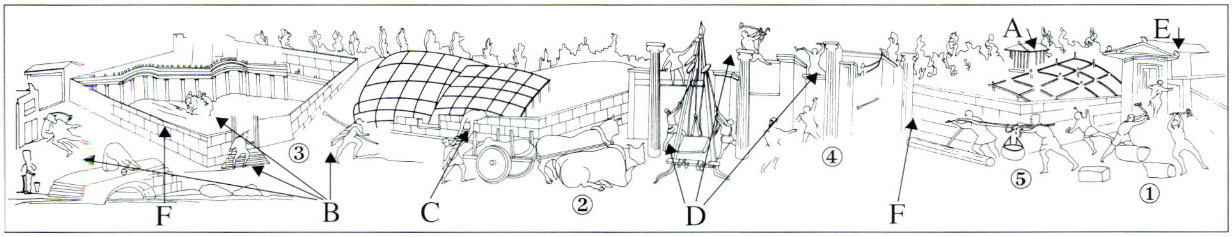

① [?] [?]. ② Boves (Rinder) [?] [?], modo [?]. ③ [?] hortum [?]. ④ Fortasse [?] [?] [?] est. ⑤ [?] [?] lapidem (Stein) [?].

Arme Delia!

(In Anlehnung an Juvenal, Satura VI 476 – 500)

Die Kriege, die Rom nach dem Sieg über Karthago im Osten führte, brachten zahllose Griechen und Kleinasiaten in die Sklaverei. Hauptumschlagplatz für den Gewinn bringenden Handel mit der Ware ‚Mensch' war seit 166 v. Chr. der Freihafen Delos. Von dort kam auch DELIA *nach Rom, die einer Mitsklavin, der Thrakerin* CHLOË, *ihr Leid klagt:*

(1) CHLOË: Heus[1], Delia, quid agis? Cur tam tristis es? Cur fles?
DELIA: (tacet)
C: Nonne tu es Delia, nova serva Atiae?
D: Delia Romae tantum nominor.
C: Quo nomine re vera[2] vocaris et unde venisti?
D: Melissa vocor et Assi habitavi. Parvum Asiae oppidum sic vocatur. A Graecis hominibus colitur. Inde cum nonnullis comitibus Pyrrham in insulam navigabam, cum subito a piratis petimur. Nautae perterriti proelium committunt, sed opprimuntur; nonnulli necantur; ego autem cum ceteris virginibus capior Delumque abducor . . .
C: Itaque hic Delia diceris; Deli multi servi emi solent.

(2) D: Nunc serva Atiae sum. Domina aspera et dura est. Saepe ab ea aspere et acriter vituperamur et vexamur et interdum nos coërceri et caedi iubet.
C: Et cur caedimini?
D: Modo Psecas caedebatur et coërcebatur, quod crines dominae male disposuerat. Misere clamabat, ego autem perterrita effugi. Nunc iram dominae valde timeo, nam certe ego quoque vituperabor, puniar, vehementer caedar.
C: Si mihi parebis, neque vituperaberis neque punieris: Pete veniam domini tui! Is enim clemens est neque umquam in servos suos crudeliter consuluit, quod ab iis amari cupit, non timeri. Ceterum ne ei ipsi quidem mores turpes uxoris placent: Nuper lecticarii[3] ab ea puniebantur – dixerat enim eos tarde venisse –, cum subito dominus venit et homines miseros fortiter defendit.
D: Profecto dominus fortis est, si iram Atiae non timet . . .

1) **heus:** hallo 2) **rē vērā:** in Wirklichkeit, tatsächlich 3) **lectīcārius:** Sänftenträger

T

- *Zeige, warum die Sklavinnen und Sklaven* ATIA *fürchten, nicht aber den Herrn.*
- *Informiere dich über die Bedeutung der Sklaven in der Antike.*

V

Sklavenschicksal

1. Servi a dominis saepe non ut homines, sed ut bestiae habebantur. 2. Multi vehementer puniri solebant, cum dominus contentus non erat. 3. Nonnulli male caedebantur, quod effugere studebant. 4. Non pauci crudeliter necabantur. 5. At clementes et iusti domini a servis suis amabantur. 6. Atia quidem illa magis timetur quam[1] amatur; servi enim ab ea aspere opprimuntur. 7. Saepe haec verba audiuntur: „Hoc mihi non placet, itaque coerceberis. 8. Officia non explevistis, itaque puniemini. 9. Servi mali sunt, itaque caedentur." 10. Interdum autem servi Atiae a domino ipso defenduntur.

1) **quam:** als

Sklavinnen frisieren eine Dame. Teil eines Grabmonuments (2./3. Jh. n. Chr.), Rheinisches Landesmuseum, Trier.

Die Eroberung Griechenlands

Durch den Sieg über Hannibal hatte sich Rom den Ruf der Unbezwingbarkeit erworben. Nun richtete der Senat seine Aufmerksamkeit auf den Osten, ohne dass man bereits bestimmte Eroberungen ins Auge gefasst hatte. Allerdings herrschte großes Misstrauen gegenüber den hellenistischen Staaten, als Makedonen und Seleukiden sich gegen Ägypten verbündeten. Pergamon und Rhodos, die sich von diesem Bündnis bedroht fühlten, drängten den Senat von Rom sich in die Streitigkeiten zwischen den griechischen Stadtstaaten und den hellenistischen Reichen einzumischen. Außerdem erhofften sich einige ehrgeizige römische Adlige Ruhm und Beute bei kriegerischen Auseinandersetzungen.
Zunächst spielten sich die Römer als Garanten der griechischen Freiheit auf: Als römische Legionen 197 v. Chr. die Makedonen besiegt hatten, musste Makedonien auf jeden Einfluss in Griechenland verzichten. Im darauf folgenden Jahr erklärte der römische Oberbefehlshaber T. Quinctius Flamininus bei den Isthmischen Spielen in Korinth alle Griechenstaaten für frei und alle Bündnisse für nichtig. Diese Ankündigung soll einen solchen Jubel ausgelöst haben, dass sogar die Vögel wie betäubt verstummten und aus der Luft fielen.
Doch die Griechen hatten nicht bedacht, dass ihre Kleinstaaten jetzt wehrlos waren. Nicht lange blieben die Römer die ‚Wohltäter der Menschheit'. Mehr und mehr von Machtwillen beherrscht gingen sie bei angeblichen Aufständen rücksichtslos vor: Die Landschaft Epirus wurde systematisch ausgeplündert, 70 Orte wurden vernichtet und 150.000 Bewohner versklavt; Makedonien mit Epirus wurde die erste römische Provinz im Osten (148 v. Chr.). Mit der Zerstörung Korinths, zwei Jahre später, endete die politische Geschichte Griechenlands.

Inter dominum et servum nulla amicitia[1] est. *(Q. Curtius)*
Quot servi, tot hostes.

1) **amīcitia, -ae:** Freundschaft

21 Übungen

E1 Aulus, qui cum amicis triumphum spectat, rogat: „Audite! Quo nomine homines Scipionem vocant?“ Tum unus e turba: „A senatoribus ‚Africanus‘ appellatus est, itaque etiam a populo sic vocatur. At dic, puer: Quo nomine vocaris tu? (Ad amicos eius:) Quibus nominibus vocamini vos, pueri?“ Statim Aulus: „Ego vocor Aulus, amici autem vocantur Crassus et Brutus.“ Tum amici: „Semper a te irridemur, Aule, neque cupimus irrideri.“

1 **Welches Pronomen passt zu welchem Person-Zeichen?**

vos, ei, tu,	-tur, -mur, -ntur,
is, nos, ego	-(o)r, -ris, -mini

2 **Chloë serva narrat.**
In Thracia habitabam. Subito oppressi sumus. Oppidum nostrum deletum est. Nonnulli homines necati sunt. Ego autem capta sum.

Welche Informationen fehlen bei dieser Erzählung? Was muss sich ändern, wenn Chloë im Aktiv erzählt?

3 **Beim Triumphzug**
Ergänze eine passende Verbform im Präsens Passiv und übersetze.
1. Imagines urbium et fluminum et montium et silvarum a militibus (portare). 2. Multis carris[1] praeda urbium expugnatarum (ducere).
3. Imperator a militibus carminibus (irridere).
4. Post imperatorem captivi miseri (trahere).

4 **Suche eine treffende Übersetzung.**
1. Magnum flumen vix movetur.
2. Mores hominum saepe mutantur.
3. Romani ludis crudelibus delectantur.
4. Clamor elephantorum auditur.

5 Ein Sklave erzählt uns: „Ich werde Stichus genannt. Die Söhne des Herrn werden von mir erzogen und unterrichtet, gelobt und getadelt und manchmal auch bestraft.“

E2 Delia, quae Assi Melissa vocabatur, dominam valde timet: „Saepe me aspere vituperavit, saepe me acriter cecidit, cum vehementer irata erat. Etiamne hodie vituperabor, immo caedar?“

6 **Verwandle in die entsprechende Form des Passivs und übersetze.**

portas	timemus	laudabatis
superant	videbis	terrebis
audio	aget	vinciebas
vocatis	mittebas	statuent
iacit	praestabunt	capiam

7 **Verwandle ins Passiv.**
▸ Piratae nos petunt. → A piratis petimur.

1. Nautae proelium committunt. 2. Piratae nonnullos homines necant. 3. Piratae me cum ceteris puellis capiunt. 4. Eques Romanus nos Deli emit. 5. Uxor eius saepe me vituperat et caedit. 6. Dominus certe nos non vituperabit. 7. Dominus homines miseros semper defendebat. 8. Constat dominum nos non caedere.

8 **Adjektiv oder Adverb?**
Entscheide, ergänze und übersetze.

1. Atia est domina (asper). 2. Servae saepe ab ea (asper) vituperantur. 3. Etiam caeduntur, cum crines dominae (malus) disposuerunt. 4. Caeduntur, cum (tardus) venerunt. 5. Sed dominus servos (miser) defendit.

9 In den römischen Schulen wurden die Jungen von Lehrern streng erzogen und klug unterrichtet. Oft wurden die Zwölftafelgesetze und die Bücher des Livius gelesen. Milde Lehrer wurden geliebt, strenge Lehrer wurden sehr gefürchtet.

1 **Die Neue**
Afra und Syra unterhalten sich.

accedam – caedor – caederis – caeduntur – capiuntur – coerceor – dicet – habet – inveniam – rogabo – tacebunt – venit – vocatur

caedimur – caedimini – coërcemini – consulunt – facies – ignoro – invenietur – puto – respondebit – sunt – veniunt

a) Setze die richtigen Verbformen aus der jeweiligen Sprechblase ein und übersetze:

AFRA:
Atia novam servam (1). Unde (2)? Quo nomine (3)?

SYRA:
– Nomen eius (4), sed eam e Graecia venisse (5). At dic: vosne re vera (↗ 21 L) a domino (6) et (7)?

AFRA:
Ego neque (8) neque (9), alii autem saepe (10) et (11). Tu autem, Syra, (12) -ne interdum?

SYRA:
– Nos non (13), nam domina dominusque boni (14) neque umquam in nos acriter (15). Ecce! Ibi nonnulli Atiae servi (16), in his nova illa serva.

AFRA:
Ego ad eam (17) et nomen (18).

SYRA:
– Fortasse tibi non (19). Quid (20)?

AFRA:
Certe inter eos servos unum (21), qui nomen eius mihi (22).

SYRA:
– Et si nemo (23)?

AFRA:
Non omnes (24).

b) Lest den vervollständigten Text mit verteilten Rollen oder tragt den Dialog frei vor.

c) Wie heißt die neue Sklavin denn nun? Ihr Name ist in den folgenden Substantivformen, die im Nominativ Plural stehen, versteckt. Schreibe diese heraus und lies ihre *kursiv* gedruckten Buchstaben hintereinander. Aus dem gefundenen Namen kannst du schließen, aus welcher Gegend Griechenlands die Sklavin kommt.

liberta*t*is – tu*b*a – cas*t*ra – consta – s*o*na – *n*avi – *h*orti – fu*g*i – auctor*e*s – *v*incies – vi*r*tuti – lu*x* – te*m*pus – sede*s* – ca*p*tus – acr*i* – fine*s* – gau*d*es – argenti – *l*umine – port*a*e – *m*ortis – mu*l*ieres – incend*ii* – ad*f*ui – c*u*i – decor*a*

2 **Welche Fremdwörter kennst du zu**

primus, lex, pars, ius, patere?

Herkules in Italien

(Nach Vergil, Aeneis VIII 171 – 281)

Nicht nur Menschen aus den verschiedensten Ländern kamen – oft gezwungen, oft auch freiwillig – nach Rom, sondern auch die Götter fremder Völker.
Einer der ersten „Einwanderer“ war HERAKLES, den die Römer HERCULES nannten.

(1) Hercules, postquam in remotas orbis terrarum partes iter fecit magnaque pericula superavit, etiam in eas regiones venit, ubi postea Roma condita est. Euandrus Arcas ibi habitavit, qui e Graecia in Italiam venerat. Ab eo libenter tecto receptus Hercules haec fere narravit: „Iam multa itinera longa et periculosa confeci; nullum autem iter fuit aut longius aut periculosius quam id, quod modo feci. Mihi quidem longius fuit! Cum multis adversariis crudelibus et immanibus iam pugnavi. Tamen nemo eorum fuit terribilior et crudelior quam Geryon ille ingens, cuius boves rapui. Is enim multo altior fuit quam arbor alta, ei tria corpora et tria capita fuerunt canisque eius ferocior fuit quam leo ferox celeriusque cucurrit quam ventus.“

(2) Dum Hercules, omnium virorum fortissimus, sic narrat, e spelunca[1] propinqua Cacus venit, monstrum atrocissimum, cui Vulcanus pater fuit. Ignes vomere[2] poterat et hominum turpissima caede gaudebat. Qui ubi primum boves pulcherrimos Herculis sine custode vidit, complures eorum captavit et quam celerrime cauda[3] in speluncam[1] suam traxit. Neque tamen Herculem hoc modo fefellit: Qui vix mugitum[4] miserrimum unius bovis audiverat, cum arma rapuit et limen[5] clausum speluncae[1] temptavit, sed frustra! Itaque saxum ingentissimum, quo erat tecta, summis viribus removit – et Caci spelunca[1] detecta patebat! Tum acerrime cum eo pugnavit corpusque vastissimum victi ad lucem pedibus traxit. Qua victoria laetus Hercules Iovi patri immolavit[6]. Eo autem loco, quo immolavit[6], postea ara exstructa est, quae ‚Maxima‘ semper dicebatur semperque maxima erat.

---

1) **spēlunca, -ae:** Höhle 2) **vómere:** speien 3) **caudā** (Abl.): am Schwanz 4) **mūgītus** (Akk.: **-um**) m: das Muhen, das Gebrüll 5) **līmen, -minis** n: Eingang 6) **immolāre:** opfern

T

- *Der Text handelt von zwei Riesen, die HERKULES besiegte. Vergleiche die beiden.*
- *Wodurch werden die unerhörten Leistungen des HERKULES deutlich?*

V

Taten des Herkules

1. Quis iustior et fortior erat quam Hercules? 2. Eius virtus et in Graecia et in Italia notissima erat. 3. Seneca, philosophus[!] clarior, dicit Herculem, filium Iovis, acerrimum hostem omnium malorum fuisse. 4. Qui a rege Eurystheo iussus periculosissimum leonem Nemeaeum necavit eumque Mycenas portavit. 5. Ingentissimum aprum[1] Erymanthium, qui in Arcadia agros vastaverat[2], pedibus vinctum regi tradidit. 6. Cerberum quoque, canem maximum et ferocissimum custodemque inferorum[3], cui tria capita erant, Hercules ab inferis[3] in lucem et ad regem traxit, tum autem ad inferos[3] re-misit.

---

1) **aper, aprī** m: Eber 2) **vāstāre:** verwüsten 3) **īnferī, -ōrum** m: Unterwelt

Herkules und Cacus (1718), François Lemoyne, Louvre, Paris.

Herkules

„*Mehercle* – Beim Herkules!“ war eine bei den römischen Männern sehr beliebte Beteuerungsformel. Man rief damit den unbezwingbaren Helden als Zeugen und Helfer an. In Rom brachten schon im 5. Jh. v. Chr. vor allem Kaufleute dem in Griechenland sehr populären Halbgott Opfer dar, und zwar auf der *Ara Maxima* am *Forum Boarium*, dem Rindermarkt.
Herkules verkörperte Kraft, Mut und Tapferkeit; er war der immer siegreiche Helfer, der die Menschen von Leiden befreite. Darum galt er als Nothelfer und Retter (Beinamen *victor, invictus*). Von den Philosophen wurde er gerne als Vorbild hingestellt: Durch seine Leistungen und seine Entscheidung für ein Leben voller Mühen habe er sich die Unsterblichkeit verdient.
Auf der Komödienbühne erlebte man jedoch einen ganz anderen Herkules: einen rohen Naturburschen mit wildem Temperament, einen gewaltigen Esser, Trinker und Frauenhelden.

Nil sine magno vita labore dedit mortalibus.
(Horaz)

Labor omnia vincit.
(Vergil)

Honos est praemium[1] virtutis.
(Cicero)

1) **praemium:** Lohn, Belohnung

22 Übungen

E1 Chloe: Domina mea aspera et dura est. Delia: Domina mea multo asperior est. Nullam duriorem esse, nullam superbius atque crudelius in servos consulere constat quam eam.

1 **Suche alle Komparative heraus.**
acriorem, adversarius, crudelius, coleris, decoris, tristiores, arborum, armorum, celeria, altiorum, communium, asperiores, ceteris, capior, clauderis, perterreberis, fortius, gladius, gratius, clementioribus, imperatoribus, immaniores, iustius, ipsius, tardiorum, terreris, utiliora, nobilioris

2 **EMRISUM**
Bestimme und gib die deutsche Bedeutung an.

-em plebem, longiorem, timorem, tandem, imaginem, virginem, prudentiorem, nobilem, crudelitatem, turpiorem, longiorem, quidem, breviorem, arcem

-ris beatioris, mitteris, terris, gratioris, auctoris, itineris, ingentioris, defenderis, crudelioris, vehementioris, callidioris

-um victorum, periculosiorum, turrium, trium, solum, ferociorum, interdum, ceterum, tutiorum, librum, liberum, duorum, asperiorum, paulum

3 **Familienfest**
Suche Wörter, die zur gleichen Wortfamilie gehören.

▶ fugere → effugere, confugere, fuga

curare, amare, dolere, donare, ducere, incendere, liberare, regnare, sedere, vincere

4 Die Kräfte des Herkules waren stärker, sein Charakter war wilder als der° anderer Männer. Er war gerechter und tapferer und lebte gefährlicher als die übrigen Menschen.

E2 Quis mortalium fuit fortior quam Hercules? Qui profecto fuit fortissimus ac miserrimus omnium filiorum, quos Iuppiter e mulieribus mortalibus habuit. Omnia pericula fortissime superavit neque pugna victus est, sed fraude turpissima.

5 **Darf 's etwas mehr sein?**
Bilde jeweils Komparativ und Superlativ der Adjektive; übersetze.
navis celeris, tecti pulchri, arboris altae, ignem terribilem, custodi firmo, caede atroci, saxa ingentia, scelerum turpium, nomina clara, ventis vehementibus, iter longum, equitis tardi

6 **Blitzschnell**
Bemühe dich bei den hervorgehobenen Formen um eine möglichst treffende Übersetzung.

1. Lupus insidias pastorum <u>celerrime</u> evasit.
2. Etiam viri hac fabula <u>tristissima</u> moventur.
3. Imago mulieris <u>pulcherrimae</u> laudabitur.
4. Serva domino <u>notissimam</u> fabulam narrabit.
5. Illud templum <u>antiquissimum</u> est.
6. Dominus servos <u>crudelius</u> vexavit.
7. Itinere <u>periculosissimo</u> Alpes superavimus.
8. Milites ducem clamore <u>laetissimo</u> salutabant.

7 **Plus eins!**
Bilde neue Wörter, indem du einen Buchstaben am Wortanfang hinzufügst.
▶ ?eum → meum
ora, irata, ego, spera, is, emo, mare, mitto, vadis, deo, ave, e, ero, ex, ibi, ea, more, iam, oro, es, lumen, actum

8 Gelehrte Griechen berichten, dass Herkules die schrecklichsten Ungeheuer überwand und gefesselt zu dem hochberühmten König Eurystheus schleppte. Dennoch konnte° jener überaus tapfere Herkules einem äußerst elenden Tod nicht entgehen.

1 Herkules – halb Mensch, halb Gott

Die Mutter des Herkules war Alkmene; sie war mit Amphitryon verheiratet. Diesem erzählt im Folgenden eine Sklavin von einem Ereignis kurz nach der Geburt des Herkules und seines Zwillingsbruders. Dabei erfährt Amphitryon eine interessante Neuigkeit:

„Postquam pueri in cunas[1] conditi sunt, praecipitant serpentes in impluvium[2] duae maximae. Statim capita extollunt[3]. Postquam pueros viderunt, cito ad cunas[1] accedunt. Quas ego nunc huc, nunc illuc[4] traho et duco; valde enim timeo. Sed serpentes tanto acrius pueros petunt. Postquam ille alter puer serpentes vidit, cito e cunis[1] exsilit[5], eas temptat, comprehendit, necat. Dum haec accidunt, porta caeli[6] tonat[7] et voce clara ex-clamat nomen uxoris tuae summus imperator deorum atque hominum Iuppiter. Is dixit alterum puerum, illum serpentium victorem, filium suum esse, alterum esse tuum.

1) **cūnae, -ārum:** Wiege 2) **impluvium:** das Impluvium *(nicht überdachter Teil des röm. Hauses, ursprünglich Auffangbecken für Regenwasser)* 3) **extóllere:** (empor-)heben 4) **nunc hūc, nunc illūc** bald hierhin, bald dahin 5) **exsilīre:** herausspringen 6) **caelum:** Himmel 7) **tonāre:** donnern

D
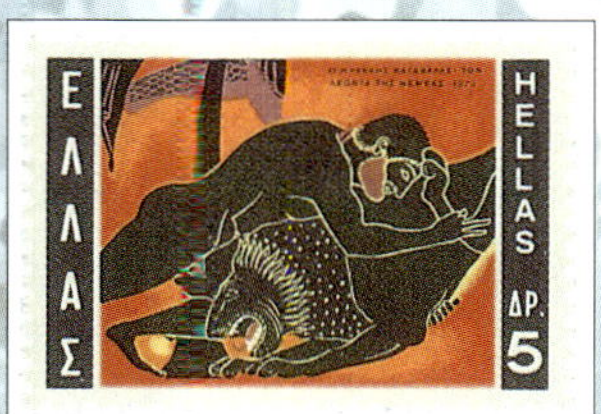

E

F

C

B

A

2

Juno zürnte Jupiter wegen seines Abenteuers mit Alkmene. Sie wollte sich an Herkules rächen und sorgte dafür, dass er für Eurystheus, den König von Mykene, zwölf gefährliche Abenteuer *(labores)* bestehen musste:

Er musste

1. den nemeïschen Löwen und
2. die Hydra von Lerna bezwingen,
3. die kerynitische Hirschkuh und
4. den erymanthischen Eber fangen,
5. die stymphalischen Vögel vertreiben,
6. die Ställe des Augias reinigen,
7. den kretischen Stier und
8. die Pferde des Diomedes bändigen,
9. den Gürtel der Amazonenkönigin Hippolyte,
10. die Rinder des Geryon,
11. die Äpfel der Hesperiden und zuletzt
12. den Zerberus aus der Unterwelt holen.

a) Ordne die Abbildungen den Aufgaben zu.
b) Wähle eine der Taten des Herkules aus, informiere dich darüber (z. B. mit Hilfe eines Sagenbuches) und erzähle der Klasse davon.

G

H

Griechische Briefmarken mit Darstellungen der Taten des Herkules.

Orpheus in der Unterwelt

(Nach Ovid, Metamorphosen X 1 – 77)

Die schwierigste „Arbeit“ des HERKULES war es gewesen, den Höllenhund ZERBERUS aus der Unterwelt zu holen. Darauf spielt der Sänger ORPHEUS in einem Lied an, mit dem er die Totengötter PLUTO und PROSERPINA zu rühren sucht:

(1) „O numina mundi sub terra siti: Non ad vos descendi, quod regna vestra videre, quod Cerberum, monstrum terribile, vincire cupio. Causa viae est coniunx, quam modo amisi. Ecce, supplex adsum et oro: ‚Reddite mihi Eurydicam!‘ Cum satis diu vixerit, cum suos[1] annos expleverit, non invita huc properabit, quo omnes mortales contendimus. Vos enim longissimum regnum humani generis tenetis. Si mihi mortuam uxorem vivam reddideritis, vobis gratissimus ero clementiamque vestram carminibus semper laudabo. Sin autem mihi negata erit, si preces meae auditae non erunt, si vos meo carmine, meis lacrimis nullo modo flectere potuero, lucem non iam videre cupiam: Tum morte gaudete duorum!“

(2) Deinde Orpheus voce dulci cantans animum Proserpinae movit; et regem mortuorum moverunt verba cantantis. Flentes stabant animae mortuorum neque Tantalus aquam effugientem captavit neque Sisyphus saxum volvit neque aves Tityum vexaverunt iecur[2] eius carpentes. Tum primum lacrimae videbantur in oculis Furiarum sortem tristem Orphei dolentium!
Cui eo modo oranti dat Proserpina uxorem hac condicione: ‚Si cedens oculos flexeris et Eurydica a te spectata erit, priusquam ex his sedibus evaseris, eam statim amittes!‘
Iam Orpheus viam carpit cum uxore propter vulnus tardius incedente, iam margini[3] terrae appropinquant, cum ille amore ardens oculos flectit – et statim Eurydica, uxor amata, evadit!
Orantem Orpheum Charon arcuit neque iterum transportavit.
Tamen eum per septem noctes flentem et dolentem ibi mansisse poetae prodiderunt.

---

1) **suus, -a, -um** (hier): ihr zustehend 2) **iecur, -oris** n: Leber 3) **margō, -inis** m: Rand

T

- *Charakterisiere ORPHEUS aus dem Text heraus.*
- *Informiere dich über die anderen im Text vorkommenden mythologischen Gestalten.*

V

Das Ende des Orpheus

(Nach Ovid, Metamorphosen XI 1 ff.)

1. Ecce, in Thracia mulieres feroces Orpheum cantantem et morte coniugis dolentem procul vident. 2. Quid facient, si ad vatem vi amoris oppressum venerint? 3. Profecto vehementissima ira motae ad Orpheum accurrunt; vatem sub arbore sedentem, citharam[1] tenentem ingenti clamore petunt saxa et tela iacientes. 4. Orpheum illo tempore primum nihil voce moventem, frustra cantantem occidunt. 5. Ad inferos[2] descendentem umbrae[3] recipiunt. 6. Cuncta loca, quae viderat ante[!], re-cognoscit quaerensque invenit Eurydicam amatam. 7. Per sedes beatas nunc duo gaudentes incedunt Eurydicamque suam sine cura spectat Orpheus amans.

---

1) **cíthara, -ae:** Leier, Laute 2) **īnferī, -ōrum** m: (Götter der) Unterwelt 3) **umbra, -ae:** Schatten

i Orpheus

Orpheus war der Sohn eines Königs von Thrakien. Von seiner Mutter Kalliope, der Muse der Dichtkunst, wurde er im Gesang, von Apollo im Lyraspiel unterrichtet. Beides beherrschte er so vollkommen, dass man seiner Musik eine göttliche Macht zuschrieb: Nicht nur Menschen verzauberte er, sondern auch Tiere und Pflanzen, ja sogar die unbelebte Natur. Zahme und wilde Tiere versammelten sich friedlich um ihn, Bäume und ganze Wälder kamen herbei. Bei seinem Gesang hörten die Flüsse auf zu fließen und das wilde Meer wurde ruhig. Den beeindruckendsten Beweis seiner Kunst gab Orpheus in der Unterwelt. Nachdem er Eurydike dort zum zweiten Mal verloren hatte, ging er traurig zurück nach Thrakien, mied die Menschen und sang und spielte nur noch in Gedanken an seine geliebte Eurydike. Doch bald fand er selbst den Tod: Thrakische Frauen, die in wilder Begeisterung das Fest des Gottes Dionysos feierten, stürmten durch den Wald. Als sie Orpheus trafen, rissen sie ihn in Stücke, weil sie wütend darüber waren, dass er seit Eurydikes Tod nichts mehr von der Liebe wissen wollte und die thrakischen Männer dazu gebracht hatte, ihm zu folgen und ihre Familien zu verlassen. Die Musen begruben Orpheus' Leiche in seiner Heimat. Die Lyra des Sängers versetzten sie als Sternbild an den Himmel. Orpheus' Seele stieg in die Unterwelt hinab, wo sie für immer mit Eurydike vereint war. Nach Orpheus wurde eine religiöse Bewegung benannt, die im 5. Jh. v. Chr. in Thrakien entstand und sich bis nach Süditalien ausbreitete. Deren Anhänger, die ‚Orphiker', glaubten, dass die Seele, das Göttliche im Menschen, sich im Körper wie in einem Grab befinde. Nach dem Tod müsse sie in einen neuen Körper eingehen, bis sie ein besonders sittenreines Leben aus dem Kreis der Wiedergeburten befreie. Zur sittlichen Lebensführung der ‚Orphiker' gehörten Reinigungen, Enthaltsamkeit bei Fleisch, Eiern und Bohnen sowie der Verzicht auf wollene Kleidung.

Orpheus und Eurydike (röm. Kopie eines attischen Originals von ca. 410 v. Chr.), Museo Archeologico Nazionale, Neapel.

Verus[1] amor nullum novit[2] habere modum.

(Properz)

Amare et sapere[3] vix deo conceditur.

(Publilius Syrus)

Omnes una manet nox.

(Horaz)

1) **vērus, -a, -um:** wahr 2) **nōvī** (Perf.): ich weiß, kenne 3) **sápere:** vernünftig sein

23 Übungen

E1 Hercules, ubi boves suas abductas esse cognovit, „Non quiescam“, inquit, „priusquam[1] eum, qui boves meas abduxit, invenero. Qui si inventus erit, a me ipso interficietur.“

1) **priusquam** (nach verneintem Satz): bevor nicht, ehe

1 **Suche** aus dem Lektionstext 23 (1) alle Futur-II-Formen heraus und verwandle sie ins Futur I.

2 **Verwandle** Futur I in Futur II und umgekehrt.
temptabit, audiet, petentur, struemus, eritis, stupebunt, ducemini, comprehenderint, fuero, relicti erunt, pellemur, concessum erit, occisi erunt, constiterit, comparabo, detexeritis

3 **RISAM**
Bestimme und gib die deutsche Bedeutung an.
-ris generis, senseris, accusaris, egeris, itineris, captaris, tegeris, arboris
-am iaciam, nautam, rapiam, temptaveram, tegam, invitam, lacrimam, flectam

4 **Synonyme**
Nenne sinnverwandte lateinische Wörter, setze sie in die gleiche grammatische Form wie das angegebene Wort und übersetze sie.

▶ maestam → tristis → tristem

nonnullae, ignoramus, amisit, probum, decus, perturbatur, intellexi, superabunt, cupiveris, ante, relinquent, vituperatus erit, terribile, omnes, dicitur, dolo, comparavit, capessunt, humanus, oboedite, nominaberis, pugnans

5 Orpheus sprach zu Pluto und Proserpina: „Wenn ihr mir Eurydike zurückgebt, werde ich in meinen Liedern eure Milde rühmen. Ich werde euch immer dankbar sein.“

E2 Orpheus animos deorum sub terra regnantium flectere studuit haec verba dicens: „O numina in hoc regno regnantia! Videtis me dolentem, auditis me uxorem mortuam flentem. Vos suppliciter oro: Reddite mihi Eurydicam! Ego vos in aeternum laudabo.“

6 **Partizip gesucht**
Bilde die Formen des PPrA im Nom. Sg. und Abl. Sg. von

movere, sentire, punire, capere, sumere, vincere, conficere, captare, flere, committere, defendere, finire, effugere, vincire, consuescere, dare

7 **Welche Form des Partizips passt?**
Begründe deine Entscheidung und übersetze.

1. Orpheus voce dulci {cantans / cantante / cantanti} omnes bestias movit.
2. {Oranti / Orantibus / Orans} rex mortuorum uxorem dedit.
3. Orpheus et uxor iam luci {appropinquanti / appropinquans / appropinquantes} amore arserunt.
4. Charon Orpheum vehementer {orantes / orantem / orans} arcuit.

8 **Zeichne das Satzmodell zu:**
Orpheus voce supplici orans deos inferorum (↗ L 17) movit.

9 Orpheus sang mit wunderschöner Stimme. Da versuchte° weder der leidende Tantalus das zurückweichende Wasser zu erhaschen noch rollte Sisyphus den gewaltigen Felsen weiter°. Später führte Merkur, dem Willen Plutos gehorchend, die Liebenden zum Licht zurück°.

1 Cum Orpheus cantabat, omnia animalia[1] conveniebant:

1) **animal, -ālis** n: Tier

2 ‚Tierische' Sprichwörter

Übersetze die Sprichwörter. Bei welchen wird im Deutschen ein anderes Bild verwendet?

1. Multitudo[1] canum mors est leporum.
2. Lupo ovem commisisti.
3. Vulpes pilum[2] mutat, non mores.
4. Una hirundo non facit ver[3].
5. Cornix cornici numquam[4] oculos effodit[5].
6. Dat veniam corvis, vexat censura[6] columbas.

1) **multitūdō, -dinis** f: Menge 2) **pilus:** Haar, Fell
3) **vēr, vēris** n: Frühling 4) **numquam:** niemals
5) **effodere** (hier): aushacken 6) **cēnsūra, -ae:** Kritik

3 Und die Moral von der Geschicht' . . .

Erinnern dich die folgenden Lehren an eine Fabel? Erzähle sie nach oder erfinde selbst eine dazu passende Fabel und verwende dabei oben abgebildete Tiere.

1. Haec propter illos homines scripta est fabula, qui fictis causis innocentes[1] opprimunt.
2. Qui dat malis auxilium, post tempus dolet.
3. Qui ea, quae facere non possunt, verbis elevant[2], hoc exemplum[3] sibi ad-scribere debebunt.
4. Homo callidus, ubi in periculum venit, effugere studet alterius malo.

1) **innocēns, -ntis:** unschuldig 2) **ēlevāre:** beschönigen
3) **exemplum:** Beispiel

Strafe für Tantalus

(Nach Homer, Odyssee XI 582 – 592)

Noch heute sind die ‚Tantalusqualen' sprichwörtlich, von denen HOMER, der älteste Dichter der Griechen, berichtet.

(1) Tantalum, regem Lydiae, Iuppiter in Olympum invitavit, quod eum meliorem putabat quam ceteros mortales. Itaque eum maioribus honoribus afficere studuit.
Is autem neque melior neque prudentior, sed peior et immanior erat.
Ipsum Iovem Optimum Maximum despexit, deorum cibos clam ademit amicisque optimis dedit. Praeterea plurima deorum consilia, de quibus audiverat, hominibus narravit.
Pessimum autem scelus, quod commisit, hoc fuit: Suum filium occidit deisque, quos tecto receperat, cenam turpissimam paravit.
Haec enim secum cogitavit: ‚Si dei non sentient se hominis carnem[1] edere, apparebit eos fortasse plura scire quam homines, neque tamen omnia.'

(2) Iuppiter autem, postquam consilia hominis pessimi perspexit, eum poena gravissima affecit: In Tartarum deiectus Tantalus semper acerrima fame sitique atrocissima vexatur. Nam medio in stagno[2] stans bibere minime potest: Cum haurire cupit, aqua statim effugit. Simili modo rami[3] arborum super caput eius pendentes pulcherrimorum pomorum[4] pleni effugiunt, cum eos capere studet.
Hoc modo is, qui deos maxime laesit, in aeternum maxime vexatur.

1) **carō, carnis** f: Fleisch 2) **stāgnum:** Teich, Weiher 3) **rāmus:** Ast 4) **pōma, -ōrum** n: Äpfel, Früchte

T
- *Ermittle aus dem Text, worin die Schuld des TANTALUS besteht.*
- *Stelle anhand der Texte L 23 und L 24 Aussagen zu den Jenseitsvorstellungen der Antike zusammen.*

V

Prometheus – ein Wohltäter der Menschen

1. Prometheum homines e terra et aqua fecisse eisque animum dedisse poetae antiqui narrant. 2. Praeterea, quod vitam hominum meliorem reddere cupiebat, ignem de caelo[1] rapuit hominibusque donavit. 3. Hoc Promethei donum hominibus utilissimum optimumque fuisse apparet, nam igne adiuti homines plurimas artes[2] invenerunt. 4. Sed Prometheus maximam Iovis iram non effugit, qui gravissima poena eum affecit: Vulcanus enim eum in monte Caucaso ad saxum vinxit, ubi aquila[3] iecur[4] eius ex-edebat. 5. Postea Hercules aquilam[3] interfecit et illum Prometheum pessimis doloribus vexatum liberavit.

1) **caelum:** Himmel 2) **ars, artis** f: Kunst 3) **áquila, -ae:** Adler 4) **iecur, iécoris** n: Leber

Tantalusqualen

Tantalus herrschte in Kleinasien über ein mächtiges Reich und kümmerte sich in besonderem Maße um seine Untertanen. Deshalb wurde er von ihnen wie ein Gott verehrt und sogar von den Göttern so hoch geschätzt, dass sie ihn manchmal an ihrem Mahl teilnehmen ließen. Wegen dieser besonderen Ehre wurde Tantalus aber hochmütig und hinterging die Götter: Er stahl Nektar, das Göttergetränk, und Ambrosia, die Nahrung der Götter, um vor seinen irdischen Gästen damit zu prahlen. Außerdem verriet er ihnen die Pläne der Himmlischen – und diese straften ihn dafür merkwürdigerweise nicht!

Also wurde er noch übermütiger und stellte die Götter auf die Probe, indem er seinen Sohn Pelops tötete, zerstückelte, kochte und den Göttern vorsetzte, als sie bei ihm zu Gast waren. Die Götter erkannten den Frevel sofort, nur Ceres, die wegen des Raubes ihrer Tochter Proserpina zutiefst betrübt war, aß ein Stück von der Schulter des Pelops. Dieses Stück mussten die Götter durch eine Prothese aus Elfenbein ersetzen, als sie Pelops' Körper wieder zusammenfügten und mit Leben erfüllten. Tantalus verurteilten sie wegen seines gottlosen Verhaltens und seiner Überheblichkeit *(superbia,* gr. *hýbris)* zu ewigen Qualen.

„Die wohlbekannten Tantalusqualen", Daumier, Lithographie (1841/43)

Fraus in auctorem recidit[1].
Non fallit te Deus: fallitur, qui sibi ipse nimium[2] credit.
(Thomas von Kempen)

1) **recidere:** zurückfallen 2) **nimium:** zu sehr

24 Übungen

E1 Orpheus post mortem Eurydicae, coniugis optimae et dulcissimae, in maximo dolore fuit. Nemo umquam maiorem dolorem ceperat, nemo plures lacrimas dederat quam ille. Iterum atque iterum clamabat: „O mala fortuna, fortuna peior et durior! Quae mulier umquam fuit melior, quae dulcior quam uxor modo amissa? Iam plurimas iniurias fortuna fecit, sed haec est omnium pessima."

1 **Steigere** bei folgenden Wortpaaren jeweils das Adjektiv und gib die Bedeutung an.

▶ filiae pulchrae → pulchrioris, pulchriori, pulchriores; pulcher: schön

legibus malis - aquam bonam - multorum consiliorum - magni operis - iudicium crudele - parvae copiae - custodis prudentis - magna clementia - comitem miseram - multos oculos - lumine claro - parvi tecti - carminibus bonis - equitis celeris - magnae arboris - armorum malorum - litterae breves

2 **Wandle um!**
magnum corpus → Gen. → Pl. → Komparativ → Akk. → Superlativ → Dat. → Komp. → Sg. → Sup. → Abl.
parvus hortus → Gen. → Komp. → Akk. → Sup. → Pl. → Komp. → Abl. → Sg. → Sup. → Gen.
multi heredes → Komp. → Gen. → Sup. → Akk. → Komp. → Dat. → Sup. → Nom. → Komp. → Positiv
condicio mala → Akk. → Pl. → Komp. → Sup. → Gen. → Sg. → Komp. → Abl. → Sup. → Positiv

3 Jupiter erwies Tantalus, den er für° besser hielt als andere Menschen, sehr große Ehren. Er lud den überaus klugen König zu den Mahlzeiten der Götter ein.

E2 Cui mortalium Iuppiter magis favit quam Tantalo? Quis se minus gratum praestitit quam ille? Ei, quamquam Iovi plurimum debebat, minime placebat deos colere, immo maxime eum iuvabat deos despicere. Qua de causa nemo post mortem magis vexatus est quam ille.

4 **Ergänze die fehlenden Adverbien.**
Übertrage hierzu die Formen in dein Heft.

Positiv	Komparativ	Superlativ
?	?	acerrime
?	?	optime
?	plus	?
paulum	?	?
?	?	prudentissime
?	diutius	?
?	peius	?
clementer	?	?
?	?	fortissime

5 **KNG oder nicht?**

leges - duri	principis - duri
legati - acriori	iudicio - acri
plurimi - urbi	nuntius - celerius
iuris - novis	navis - tardae
pessimus - scelus	ille - mare
poena - graviora	maiorum - sacrificium

6 **Irrläufer**
dux – lux – rex – mox – nex
ardere – severe – volvere – carpere – flectere
missus – vulnus – oculus – gratus – mundus
primum – ceterum – aurum – tum – interdum
propter – vester – inter – sub – super

7 Tantalus hatte sehr viele Beschlüsse, von denen ihm Jupiter erzählt hatte, den Menschen verraten. Sein schändlichstes Verbrechen aber wurde grausam bestraft. Nach seinem Tod muss° er, wie die Dichter erzählen, schlimmsten Hunger und heftigsten Durst leiden.

1 Alpha beta . . .

Das griechische Alphabet war die Grundlage für das lateinische und das kyrillische Alphabet.

a) Griechische Buchstaben sind dir bestimmt schon begegnet, z. B.: $U = 2r \cdot \pi$ oder das Flussdelta: Δ
Nenne weitere Beispiele.

b) Versuche folgende Namen und Wörter zu lesen:

ΟΛΥΜΠΟΣ – ΖΕΥΣ – ΧΡΙΣΤΟΣ – ΙΔΕΑ – ΘΕΑΤΡΟΝ – ΦΙΛΟΣΟΦΟΣ – ΑΤΛΑΣ – ΚΡΙΣΙΣ – ΨΥΧΗ

δρᾶμα – βάρβαρος – πρῖσμα – γραμματική – σχολή – πατήρ – βιογραφία – λεξικόν – χάος – μουσική

Zeichen		Aussprache	Namen
Α	α	a	Alpha
Β	β	b	Bēta
Γ	γ	g	Gamma
Δ	δ	d	Delta
Ε	ε	ĕ	Epsilon
Ζ	ζ	z	Zēta
Η	η	ē	Eta
Θ	θ	th	Thēta
Ι	ι	i	Iōta
Κ	κ	k	Kappa
Λ	λ	l	Lambda
Μ	μ	m	Mȳ
Ν	ν	n	Nȳ
Ξ	ξ	x	Xī
Ο	ο	ŏ	Omikron
Π	π	p	Pī
Ρ	ρ	r	Rhō
Σ	σ, ς	s	Sīgma
Τ	τ	t	Tau
Υ	υ	y, ü	Ypsilon
Φ	φ	ph	Phi
Χ	χ	ch	Chī
Ψ	ψ	ps	Psī
Ω	ω	ō	Omega

2 Sagenhaft!

Wählt aus den abgebildeten Gestalten eine aus, erzählt deren Geschichte euren Mitschülerinnen und Mitschülern oder schlagt in einem Buch mit antiken Sagen nach und lest sie vor.

21 – 24 Repetitio Generalis

Übersetzen mit System (VI)

‚Kästchenmethode': Regeln

Mit der sogenannten ‚Kästchenmethode' kannst du dir – ebenso wie beim Einrückverfahren – das Übersetzen von langen Satzgefügen (Perioden) durch Veranschaulichung des Satzbaus erleichtern. Dabei gehst du in folgenden Schritten vor:

1. Haupt- und Gliedsätze und einzelne Periodenteile werden in Kästchen gesetzt. Durch die Satzzeichen kannst du dich beim Öffnen und Schließen der Kästchen leiten lassen.
2. Der Hauptsatz (HS) steht in einem Kästchen auf der obersten Linie (‚Hauptsatzlinie').
3. Gliedsätze 1. Grades (GS1) werden eine Zeile tiefer gesetzt, Gliedsätze 2. Grades (GS2) zwei Zeilen tiefer usw.
4. Dabei erscheinen die Kästchen für Hauptsatz, Gliedsätze und einzelne Periodenteile in der Reihenfolge ihres Auftretens im Satzgefüge.
5. In den Kästchen werden Anfangs- und Schlusswort des Satzes oder des Periodenteils wörtlich oder abgekürzt aufgeführt.
6. Satzwertige Konstruktionen wie AcI oder Participium coniunctum werden innerhalb des Kästchens jeweils durch Symbole gekennzeichnet, z. B. ▱ für AcI und Δ für Participium coniunctum.
7. Wenn Hauptsatz oder Gliedsätze unterbrochen werden, werden die zusammengehörigen Teile durch eine gestrichelte Linie (------) verbunden.

Beispiel: *Tantalus siti atrocissima vexatus bibere non potest, quod, cum aquam captare cupit, eam statim effugere videt.*

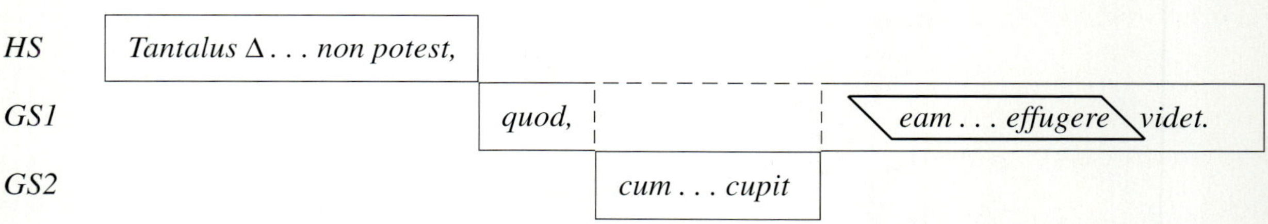

Wörtliche Wiedergabe:
Tantalus | von schrecklichstem Durst gequält | kann nicht trinken | ,
weil | , wenn er nach dem Wasser schnappen will | , er es sofort zurückweichen sieht.

Übersetzung:
Tantalus kann, obwohl er von schrecklichstem Durst gequält wird, nicht trinken, weil er sieht, dass das Wasser sofort zurückweicht, wenn er danach schnappen möchte.

Übersetzen mit System D → L (VI)

Regeln

Passiv des Präsens-Stamms

Lateinische Passiv-Formen, die mit Hilfe des Präsens-Stamms gebildet sind, sind leicht zu bestimmen, da sie mit den bekannten Tempus-Zeichen und eigenen, unverwechselbaren Person-Zeichen *(-or/r, -ris, -tur, -mur, -mini, -ntur)* gebildet werden.
Bei deutschen Formen, die man ins Lateinische übersetzen will, muss man sich vor Verwechslungen hüten:

wir werden vertreiben (werden + Infinitiv Präsens = Futur Aktiv): *pellemus*
wir werden vertrieben (werden + Partizip Passiv = Präsens Passiv): *pellimur*

Ü: Ordne die folgenden Formen nach Aktiv und Passiv und übersetze sie. E i n e der Formen ist doppeldeutig – welche?

du wirst besiegen – sie werden besiegt – es wird gezeigt – er wird schonen – ihr werdet gegrüßt – du wirst verraten – ich werde gehört

Übungen

1 Analysiere nach der ‚Kästchenmethode' folgende Sätze und übersetze sie.

1. Iuppiter Tantalum, quem meliorem putavit quam ceteros mortales, in Olympum invitavit, quod eum magnis honoribus afficere studuit.
2. Tantalus, postquam ab Iove in Olympum invitatus est, quod ab eo magnis honoribus dignus[1] putabatur, se superbissimum praestitit.
3. Postquam Tantalus maxima superbia deos violavit[2], Iuppiter eum in Tartarum deiecit, ubi gravissimam poenam toleravit[3].

1) **dīgnus, -a, -um:** würdig 2) **violāre:** beleidigen
3) **tolerāre:** ertragen

2 Nomina nomine . . .

▶ duas bestias: leo, lupus

sex aedificia - quinque propinquos – tres virtutes – tres partes corporis – quattuor mala – unum bonum – tria scelera – decem pronomina[1] – satis est!

3 Übersetze die folgenden Texte.
Der „Hund" Diogenes

Athenienses Diogenem philosophum[1], quod eum irridere solebant, ‚canem' appellaverunt. Qui quamquam hanc vocem audiens bene sciebat illos esse homines pessimos, tamen ira non est motus. „Iure", inquit, „canis nominor, quod more canum eos, qui mihi dona dant, vehementer saluto, eis autem, qui nihil dant, oblatro[1] peioresque etiam laedo."

1) **oblātrō** (m. Dat.): ich kläffe an

Jung und frech!

Themistocles puer e ludo venit. Quem ubi servus, qui comes eius erat, iussit Pisistrato tyranno[1], qui tum a multis timebatur, obviam[1] venienti de via discedere, ille liberius acriusque respondit: „Nonne haec via satis lata est et illi et nobis?" Sic Themistocles demonstravit[2] a se non timeri eos homines, qui summum in civitate tenent locum.

1) **óbviam** (Adv): entgegen 2) **dēmōnstrāre:** beweisen

4 Kombiniere!

1. In bello ? pugnatum est.	A. periculose
2. Puer laesus ? clamavit.	B. pulchre
3. Tibi librum ? mittam.	C. prudenter
4. Gaius Gracchus ? apud plebem dixit.	D. celeriter
5. In nonnullis regionibus ? navigatur.	E. acriter
6. Philosophus[1] ? respondit.	F. misere

5 Zurück in die Gegenwart

Führe die folgenden Verbformen auf die 1. Person Singular Präsens Aktiv zurück und gib alle Stammformen an.

cultum est – si disposueritis – defendetur – conficiemus – fefellisti – flexero – detegebatur – si rapuerint – ardentem – pependit – deicietur

6 Grundformen

Von welchen Grundformen können die folgenden Steigerungsformen gebildet sein?

acrior – meliores – pessimi – plus – peiorum – maioribus – dulcissimas – humanissime – longiores – ferocissime – maximarum – ferocissimae

7 Ein Boxer als Gesetzgeber

Nicodorus, pugil[1] asperrimus et firmissimus, postquam pugilationem[2] finivit, civibus suis leges dedit longe utiliorem se patriae praestans quam eo tempore, quo publice in stadiis[1] victor laudabatur. Nam pugilum[1] virtus, vires, victoriae a prudentioribus saluti publicae utilia non putantur. Ceterum proditum est Nicodorum illas leges non con-scripsisse ipsum, sed Diagoram Melium, amicum Nicodori, id fecisse.

1) **pugil, -lis** m: Boxer 2) **pugilātiō, -iōnis** f: Boxkampf, Karriere als Boxer

8 Römisches Lob

Romani virum bonum cum laudabant, hoc modo laudabant: „Agricola[1] bonus est." Qui hoc modo laudabatur, pulchre se laudari putabat. Ex agricolis[1] enim et cives graves et viri fortes et milites optimi gignuntur.

1) **agrícola, -ae** m: Bauer

9 Wie heißt die Lernform?

a) Schreibe alle Wörter heraus, die in der Lernform stehen, und nenne ihre Bedeutung.
b) Bestimme die übrigen Formen, führe sie auf ihre Lernform zurück und gib ihre Bedeutung an.

crinis – tristis – itineris – ignis – sitim – cibis – caedis – fortis – pedis – noctis – vulneris – generis – gravis – melioris – similis

10 Irrläufer

a) Welches Wort passt nicht zu den anderen?
b) Bei welchen Wörtern handelt es sich um Verben? Bestimme die Formen genau.
c) Bei welchen Wörtern ist *per-* Präfix?

perterrere – periculose – perde – perfice – perspicite

11 *colere . . .*

Übersetze die Wendungen.

12 Am falschen Ort

Orpheus in mundo sub terra sito vidit: Tantalum, Sisyphum, Icarum, Proserpinam, Tityum, Europam, Furias.

Für welche Gestalten trifft das nicht zu?

13 „Warum nicht gleich?“

Beachte beim Übersetzen besonders die Formen des Futur II.

1. Cineas, amicus regis Pyrrhi, audiverat regem vehementer cupere in Italiam contendere ibique Tarentinos adiuvare et bellum facere Romanis.
2. Cineas bellum timens Pyrrho haec fere dixit:
3. „Nonne dubitas cum eo populo pugnare, a quo fortissime et acerrime pugnatur? Tamen me iuvat te esse tam fortem. 4. Sed dic mihi: Quid facies, cum dei nobis victoriam de Romanis dederint?“ 5. Tum Pyrrhus: „Si nobis pulcherrima de Romanis victoria data erit, celeriter etiam ex Carthagine, Numidia, Africa victores redibimus[1]. 6. Iam, ut ita dicam[2], in orbe terrarum perficientur ea, quae ego iussero.“
7. Cineas autem: „Si omnia oppida, si omnes vici capti erunt, si orbem terrarum rapueris, quid faciemus?“ 8. Pyrrhus: „Tum omnibus vitae gaudiis delectabimur.“ 9. Cineas: „Quin[3] iam nunc omnibus vitae gaudiis delectamur, parcentes et viribus nostris et vitae plurimorum civium multis in terris orbis terrarum?“

1) **redīre:** heimkehren 2) **ut ita dīcam:** sozusagen
3) **quīn?:** warum (eigentlich) nicht?

14 Ein altes Zauberwort

In dem berühmten Märchen vom Kalifen Storch lautet das Zauberwort, mit dem eine Verwandlung in jede beliebige Person oder in jeden Gegenstand möglich wird: MUTABOR. Was heißt das eigentlich?

Begleitgrammatik

1. Hinweise zur Benutzung **2. Verwendete grammatische Bezeichnungen**

1 Hinweise zur Benutzung

Der Grammatikteil begleitet das Stoffangebot in den Lektionen. Die in jeder Lektion in zwei Partien angebotenen Grammatikerscheinungen werden jeweils getrennt an Beispielen verdeutlicht und in ihrer Besonderheit erklärt. Achtungssignale, farbliche Hervorhebung und tabellarische Übersichten unterstützen das Verstehen und Lernen ebenso wie Merkhilfen und Hinweise für das Übersetzen ins Deutsche [L → D].

Einige wenige sprachwissenschaftliche Erklärungen sind im Kleindruck beigefügt. Auf bereits Bekanntes und Erklärtes wird durch ↗ verwiesen.

GE kennzeichnet die **G**rammatik-**E**inführung, G1, G2 etc. die Grammatikkapitel zu den einzelnen Lektionen.

2 Verwendete grammatische Bezeichnungen

Im Grammatikteil werden die wichtigsten grammatischen Begriffe in ihrer lateinischen Bezeichnung verwendet. In der nachfolgenden Übersicht sind ihre deutschen Entsprechungen angegeben:

Adjektiv	Eigenschaftswort; Wie-Wort
Adverb	Umstandswort
Adverbiale	Umstandsbestimmung
Aktiv	Tätigkeitsform
Artikel	Geschlechtswort
Attribut	Beifügung
Copula	Hilfszeitwort
Deklination	Beugung des Nennworts
Genus	Geschlecht
Maskulinum	männlich
Femininum	weiblich
Neutrum	sächlich
Imperativ	Befehlsform
Indikativ	Wirklichkeitsform
Infinitiv	Grundform des Zeitworts
Interjektion	Ausrufewort
Kasus	Fall
Nominativ	1. Fall (Wer-Fall)
Genitiv	2. Fall (Wes-Fall)
Dativ	3. Fall (Wem-Fall)
Akkusativ	4. Fall (Wen-Fall)
Ablativ	5. Fall
Komparation	Steigerung
Positiv	Grundstufe
Komparativ	Höherstufe
Superlativ	Höchststufe
Elativ	Hervorhebungsstufe
Kongruenz	Übereinstimmung
Konjugation	Beugung des Zeitworts
Konjunktion	beiordnendes Bindewort
Modus	Aussageweise
Negation	Verneinung
Nomen (Pl. Nomina)	Nennwort (Hauptwort, Eigenschaftswort, Fürwort, Zahlwort)
Numerale	Zahlwort
Numerus	Zahl
Singular	Einzahl
Plural	Mehrzahl
Objekt	Satzergänzung
Partikel	unveränderliches Wort
Partizip	Mittelwort
Passiv	Leideform
Prädikat	Satzaussage
Präposition	Verhältniswort
Pronomen	Fürwort
Demonstrativ-	hinweisendes Fürwort
Indefinit-	unbestimmtes Fürwort
Interrogativ-	Frage-Fürwort
Personal-	persönliches Fürwort
Possessiv-	besitzanzeigendes Fürwort
Reflexiv-	rückbezügliches Fürwort
Relativ-	bezügliches Fürwort
Semantik	Bedeutungslehre
Subjekt	Satzgegenstand
Subjunktion	unterordnendes Bindewort
Substantiv	Hauptwort; Namenwort
Syntax	Satzlehre
Tempus	Zeit
Präsens	Gegenwart
Perfekt	vollendete Gegenwart
Imperfekt	Vergangenheit
Plusquamperfekt	vollendete Vergangenheit
Futur I	Zukunft
Futur II	vollendete Zukunft
Verb	Zeitwort; Tätigkeitswort

1. **Wortarten**
2. **Satz – Satzglieder**
3. **Wörter und Wortgruppen als Bedeutungsträger**

1 Wortarten

In der lateinischen Sprache gibt es veränderliche und unveränderliche Wörter.
Veränderlich sind Nomina und Verben.
Das Verändern von Nomina nennt man **deklinieren,**
das Verändern von Verben **konjugieren.**
Im Einzelnen unterscheidet man folgende **Wortarten:**

Veränderliche Wörter

	Beispiele	
Deklinierbare Wörter	*Latein*	*Deutsch*
Substantiv	pater	Vater
Adjektiv	longus	lang
Artikel	–	der, die, das ein, eine, ein
Pronomen	eum	ihn
Numerale	duo	zwei
Konjugierbare Wörter		
Verb	salūtāre	begrüßen

Unveränderliche Wörter

	Beispiele	
	Latein	*Deutsch*
Präposition	ex	aus
Adverb	hodiē	heute
Konjunktion	et	und
Subjunktion	sī	wenn
Interjektion	ā!	ach! ah!
Negation	nōn	nicht

2 Satz – Satzglieder

2.1 Ein **Satz** besteht in seiner einfachsten Form aus den Satzgliedern **Subjekt** (Satzgegenstand) und **Prädikat** (Satzaussage), z. B. *Marcus wartet.*
Zumeist tritt ein **Objekt** oder **Adverbiale** als weiteres Satzglied hinzu, z. B.

Marcus erwartet → Cornelia. – Marcus sitzt ↷ im Theater.
Oft treten beide Satzglieder hinzu, z. B.
Marcus erwartet → Cornelia ↷ im Theater.

Zu den Satzgliedern können Erweiterungen treten, die ihnen als **Satzgliedteile** ‚beigefügt' sind: die **Attribute,** z. B.
*Der **verliebte** Marcus sieht **seine Freundin** Cornelia im Theater **der Stadt**.*

2.2 Das Zusammenwirken der Satzglieder und Satzgliedteile in einem Satz lässt sich in einem grafischen Schema, dem *Satzmodell,* veranschaulichen; darin haben sie jeweils eine bestimmte **Stelle (Position)**, an der sie ihre besondere **Aufgabe** im Aufbau des Satzes erfüllen. Man nennt diese Aufgabe die **syntaktische Funktion.**

Im Satzmodell:

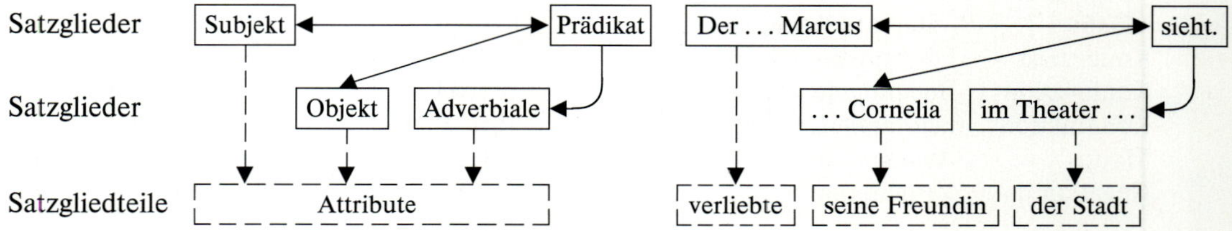

3 Wörter und Wortgruppen als Bedeutungsträger

Wörter und Wortgruppen, die im Satz die Funktion eines Satzgliedes übernehmen, geben dem Satz jeweils einen bestimmten **Sinn.** So kann etwa an der Position des Adverbiales eine Bestimmung des Ortes, der Zeit, der Art und Weise oder des Grundes stehen.
Man nennt diese Aufgabe eines Wortes oder einer Wortgruppe, die Sinnrichtung anzugeben, die **semantische Funktion.**

1. Prädikat – Subjekt **2. Zur Erscheinungsweise des Subjekts** **3. Adverbiale**

1 Prädikat – Subjekt

① Populus clāmat.	Das Volk schreit.
② Cornēlia gaudet.	Cornelia freut sich.
③ Ibī est imperātor.	Dort ist der Kaiser.

1.1 Prädikat: 3. Person Singular

Das **Prädikat** wird durch ein **Verb** ausgedrückt.
Wenn nur über e i n e Person oder Sache etwas ausgesagt ist, steht das Verb, das die **syntaktische Funktion des Prädikats** erfüllt (↗ GE 2), im Singular.

Das Person-Zeichen für die 3. Person Singular lautet **-t**.

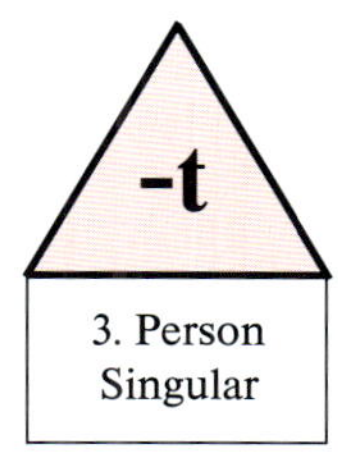

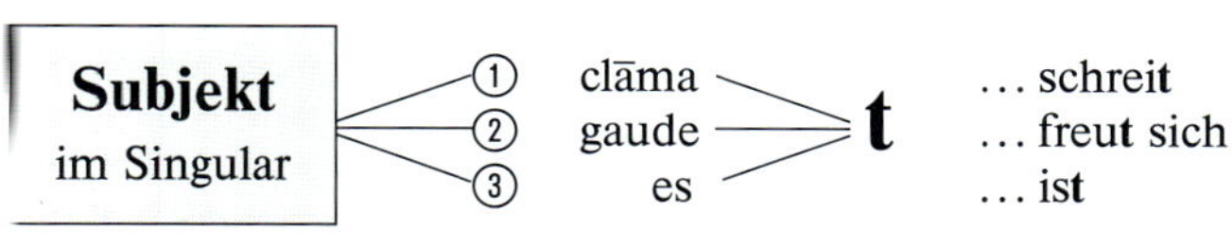

Das Prädikat sagt aus, was das Subjekt **TUT, IST** oder **ERLEIDET,**
was **IST** oder **GESCHIEHT.**

1.2 Subjekt: Nominativ Singular

Die Position des Subjekts nimmt meist ein Substantiv ein.
Ein Substantiv, das die **syntaktische Funktion des Subjekts** erfüllt (↗ GE 2), steht im Nominativ.

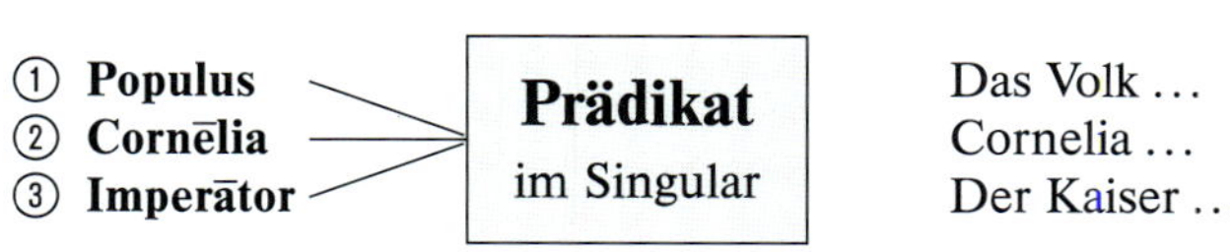

Das Subjekt gibt an, **WER** handelt, **WER** etwas ist oder erleidet,
WAS ist oder **WAS** geschieht.

Die Wortform des Subjekts und die des Prädikats sind aufeinander bezogen und voneinander abhängig.

Im Satzmodell:

Subjekt — *Prädikat*

Populus ◄——► clamat.

2 Zur Erscheinungsweise des Subjekts

2.1 Wenn nur über e i n e Person oder Sache eine Aussage gemacht wird, so steht das Subjekt im **Nominativ Singular.**

► Die Substantive enden im Nominativ Singular jeweils verschieden:

-a	-us	-um	-or
turba	populus	spectāculum	imperātor
(die) Menge *(eine)*	*(das)* Volk *(ein)*	*(das)* Schauspiel *(ein)*	*(der)* Kaiser *(ein)*
Femininum	Maskulinum	Neutrum	Maskulinum

► Das **Wortende** eines Substantivs weist oft auf dessen **Genus** (Geschlecht) hin. Das Genus eines lateinischen Wortes stimmt mit dem Genus seiner deutschen Entsprechung nicht immer überein.

L → D

Im Lateinischen gibt es keinen Artikel. Ob z. B. *imperātor* als *der Kaiser, ein Kaiser* oder *Kaiser* übersetzt wird, ergibt sich allein aus dem Sinn eines Satzes oder dem größeren Textzusammenhang (Kontext).

► Zu den **Substantiven** gehören auch die **Eigennamen**; auch sie enden verschieden: Mārcus, Cornēlia, Iūppiter, Apollō, Iūnō, Diāna, Mārs, Venus.

2.2

① Cornēlia gaudet;	Cornelia freut sich;
② rīdet	sie lacht.

Das **Subjekt** kann im Lateinischen **allein** am **Person-Zeichen** (z. B. *-t*) erkennbar sein; die Position des Subjekts bleibt dann leer.

Im Satzmodell:

① *Subjekt* — *Prädikat*: Cornelia ◄——► gaudet.

② *(Subjekt)/Prädikat*: ▨ ◄——► ridet.

Im Deutschen wird das Subjekt hier durch ein Fürwort ausgedrückt, das die Person angibt: Personal-Pronomen.

clāmat, rīdet, est → **er/sie/es** ← schreit, lacht, ist

G1

3 Adverbiale

① Imperātor **ibī** intrat. — Der Kaiser kommt **dort** herein.
② **Nunc** populus clāmat. — **Nun** schreit das Volk.
③ Cornēlia **valdē** gaudet. — Cornelia freut sich **sehr**.

Die **syntaktische Funktion** des **Adverbiales** (↗ GE 2) wird häufig durch **Adverbien** erfüllt. Diese geben einen Umstand des **Ortes** (z. B. *ibī:* dort ①), der **Zeit** (z. B. *nunc*: jetzt ②), der **Art und Weise** (z. B. *valdē*: sehr ③) oder des **Grundes** an.

Das Adverbiale gibt Antwort auf die Fragen:
WO? WANN? WIE? WARUM?

Im Satzmodell:

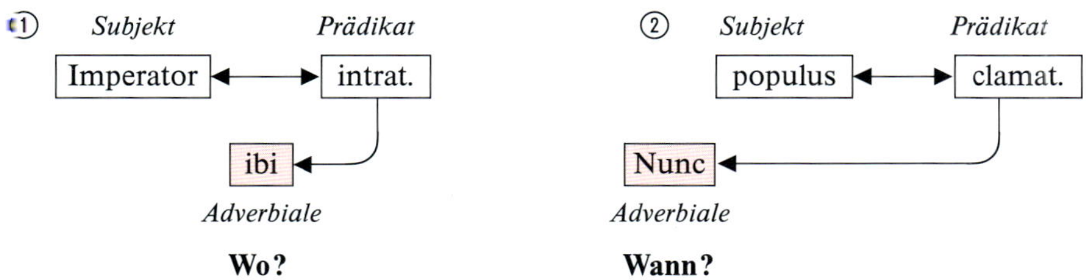

G2

1. Adjektiv als Attribut
2. Adjektiv als Prädikatsnomen

3. Subjekt: Nominativ Plural
4. Prädikat: 3. Person Plural

1 Adjektiv als Attribut

① Popul**us** laet**us** clāmat. — Das fröhliche Volk schreit.
② Sed serv**a** nov**a** tacet. — Doch die neue Sklavin schweigt.
③ Ecce spectācul**um** bon**um**! — Seht, ein gutes Schauspiel!

1.1 Das **Adjektiv** erfüllt im Satz häufig die **syntaktische Funktion** des **Attributs** (↗ GE 2). Dieses ist als **Satzgliedteil** vor allem dem Subjekt, Objekt oder Adverbiale ‚beigefügt'.

Im Satzmodell:

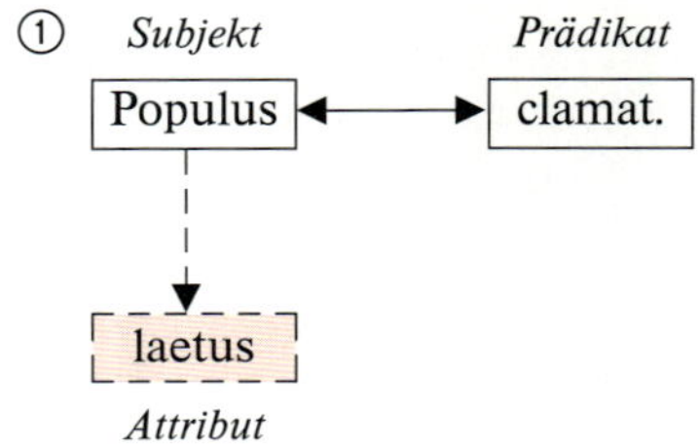

1.2 Erscheinungsform

Nominativ Singular			Genus
①	②	③	
laet**us**	nov**us**	bon**us**	Maskulinum
laet**a**	nov**a**	bon**a**	Femininum
laet**um**	nov**um**	bon**um**	Neutrum

1.3 Kongruenz

Das Adjektiv stimmt mit dem Substantiv, auf das es sich bezieht (seinem Bezugswort), in **Kasus, Numerus** und **Genus** überein. Diese Übereinstimmung nennt man **Kongruenz.**

① popul**us** laet**us**	das fröhliche Volk
② serv**a** nov**a**	die neue Sklavin
③ spectācul**um** bon**um**	das gute Schauspiel

2 Adjektiv als Prädikatsnomen

① Domitill**a** **bona** est.	Domitilla ist tüchtig.
② Domitill**a** **magistra** est.	Domitilla ist eine Lehrerin.
③ Domitill**a** **magistra bona** est.	Domitilla ist eine tüchtige Lehrerin.

Das **Adjektiv** erfüllt als **Prädikatsnomen** in Verbindung mit der Copula *est* die **syntaktische Funktion** des **Prädikats** (zusammengesetztes Prädikat) ①.
Prädikatsnomen ist häufig auch ein **Substantiv** ②; dieses kann durch ein **adjektivisches Attribut** erweitert sein ③.

Im Satzmodell:

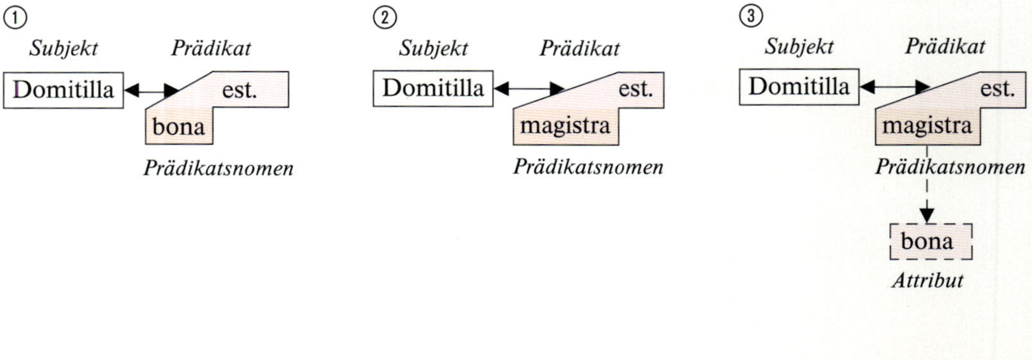

3 Subjekt: Nominativ Plural

① Servī clā**mant**.	Die Sklaven schreien.
② Amī**cae** laet**ae** rī**dent**.	Die lustigen Freundinnen lachen.
③ Mult**a**[1] templ**a** alt**a** sunt.	Viele Tempel sind hoch.

1) Adjektive, die eine Menge oder Größe bezeichnen, stehen meist **vor** dem Wort, zu dem sie gehören.

3.1 Das **Subjekt** wird nun im **Plural** gebraucht. Diejenigen Substantive, die die **syntaktische Funktion des Subjekts** erfüllen, sehen auch im Nominativ Plural an ihrem Wortende unterschiedlich aus.

	Substantiv		
	-a	**-us**	**-um**
N. Sg.	amī**ca** *(die)* Freundin *(eine)*	serv**us** *(der)* Sklave *(ein)*	templ**um** *(der)* Tempel *(ein)*
	-ae	**-ī**	**-a**
N. Pl.	amī**cae** *(die)* Freundinnen	serv**ī** *(die)* Sklaven	templ**a** *(die)* Tempel
	Femininum	Maskulinum	Neutrum

Substantiv und Adjektiv		
-a	**-us**	**-um**
amī**ca** laet**a** *(die/eine)* lustige Freundin	serv**us** bon**us** *(der/ein)* tüchtige(r) Sklave	templ**um** alt**um** *(der/ein)* hohe(r) Tempel
-ae	**-ī**	**-a**
amī**cae** laet**ae** *(die)* lustige(n) Freundinnen	serv**ī** bon**ī** *(die)* tüchtige(n) Sklaven	templ**a** alt**a** *(die)* hohe(n) Tempel
Femininum	Maskulinum	Neutrum

3.2 Kongruenz

- Die Form eines Substantivs ist durch den **Kasus,** in dem es steht, durch den **Numerus** und durch sein **Genus** bestimmt.
- Das Adjektiv stimmt auch im Plural sowohl als Attribut *(amīcae laetae*②) wie auch als Prädikatsnomen *(templa alta sunt*③) mit seinem Bezugswort, hier dem Subjekt, überein, und zwar in Kasus, Numerus und Genus (Kongruenz: Übereinstimmung).

KASUS
NUMERUS
GENUS

KöNiGs-Regel der Kongruenz

4 Prädikat: 3. Person Plural

4.1 Das **Person-Zeichen** für die **3. Person Plural** lautet **-nt.**

Subjekt im Plural — ① clāma / ② rīde / ③ su — **nt** — … schreien / … lachen / … sind

-nt
3. Person Plural

4.2 Bestandteile des Verbs und Konjugationsklassen

- Das Verb besteht aus
  - einem **unveränderlichen Bestandteil,** der die Bedeutung trägt (sog. Bedeutungsteil); er wird **Präsens-Stamm** genannt.
  - einem **veränderlichen Bestandteil**, der Aufschluss über die Person, den Numerus u. a. gibt (sog. Signalteil); er wird **Endung** genannt.

G2

Bei den bisher bekannten Verbformen besteht die **Endung** aus dem **Person-Zeichen** und gegebenenfalls einem **Bindevokal** (↗ L 10.1).

Konjugationsklasse	Präsens-Stamm	Kennvokal	Endung: *Bindevokal*	Endung: Person-Zeichen
ā-Konjugation	clām	**a**		**nt**
ē-Konjugation	gaud	**e**		**nt**
Copula	**s**		*u*	**nt**
	Bedeutungsteil		*Signalteil*	

▶ Die Veränderung des Verbs, z. B. nach Person und Numerus, nennt man **Konjugation**; je nach dem Kennvokal unterscheidet man verschiedene **Konjugationsklassen.**

4.3 Das Konjugationsschema

In das **Konjugationsschema**, das als ordnende Übersicht dient, können wir bereits die 3. Person Singular und die 3. Person Plural eintragen:

		Lateinisch			Deutsch			
		ā-Konj.	ē-Konj.	Copula				
Sg.	1. Pers.							
	2. Pers.							
	3. Pers.	clāma**t**	tace**t**	es**t**	er/sie/es	ruft	schweigt	ist
Pl.	1. Pers.							
	2. Pers.							
	3. Pers.	clāma**nt**	tace**nt**	su**nt**	sie	rufen	schweigen	sind

G3

1. Prädikat: 1. und 2. Person Singular
2. Infinitiv

3. Prädikat: 1. und 2. Person Plural
4. Konjunktionen und Subjunktionen

1 Prädikat: 1. und 2. Person Singular

① Cūr ibī sedēs, Tite?
② Cūr nōn respondēs,
nōn intrās,
nōn laetus es, amīce?
③ Taceō, dubitō,
sed laetus sum.

Warum sitzt du da, Titus?
Warum antwortest du nicht,
warum kommst du nicht herein,
warum bist du nicht fröhlich, mein Freund?
Ich schweige, ich zögere,
aber ich bin fröhlich.

G3

1.1 Die **sprechende Person** ist die **1. Person.**
Das Person-Zeichen lautet für die **1. Person** im **Singular -ō** oder **-m**:

intr / sede — **ō** — **ich** — trete ein / sitze / bin
s — u — **m**

-o/-m
1. Person Singular

intrō < intra-o: Kontraktion (↗ L 9: Zusammenziehung der Vokale).

1.2 Die **angesprochene Person** ist die **2. Person.**
Das Person-Zeichen lautet für die **2. Person** im **Singular -s:**

intrā / sedē / e — **s** — **du** — trittst ein / sitzt / bist

-s
2. Person Singular

Beachte:
Der Kasus für die angesprochene Person ist der **Vokativ** (‚Anrede'-Kasus).
Mit Ausnahme der Substantive auf *-us* im Singular (z. B. *Tite, amīce*) lauten die Formen des Vokativs genauso wie die des Nominativs.

2 Infinitiv

① Cūr dubitās intrā**re**? — Warum zögerst du einzutreten?
② Cūr nōn licet gaudē**re**? — Warum darf man sich nicht freuen?
③ Cūr nōn studēs in palaestrā **esse**? — Warum willst du nicht auf dem Sportplatz sein?

Der **Infinitiv** endet auf **-re** (Ausnahme: es-**se**).

Konjugationsklasse	Präsens-Stamm (Kennvokal)	Endung	
ā-Konjugation	clām — ā́	**re**	rufen
ē-Konjugation	tac — ḗ	**re**	schweigen
Copula	es[1]	**se**	sein

Im Gegensatz zu den auch durch Person und Numerus bestimmten (finiten) Verbformen ist der Infinitiv eine in dieser Hinsicht unbestimmte (infinite) Form.

1) Der Präsens-Stamm von *esse* lautet *es-* bzw. *s-*; demnach ***es-t; s-u-nt*** (↗ L 16).

3 Prädikat: 1. und 2. Person Plural

① Cūr ibī sedē**tis**, amīcī? — Warum sitzt ihr da, Freunde?
② Cūr nōn respondē**tis**, nōn intrā**tis**, nōn laetī es**tis**? — Warum antwortet ihr nicht, warum kommt ihr nicht herein, warum seid ihr nicht fröhlich?
③ Tacē**mus**, dubitā**mus**, sed laetī su**mus**. — Wir schweigen, wir zögern, aber wir sind fröhlich.

3.1 Das Person-Zeichen lautet für die **1. Person** im **Plural -mus:**

intrā / sedē / s – u → **mus** | **wir** ← treten ein / sitzen / sind

3.2 Das Person-Zeichen lautet für die **2. Person** im **Plural -tis:**

intrā / sedē / es → **tis** | **ihr** ← tretet ein / sitzt / seid

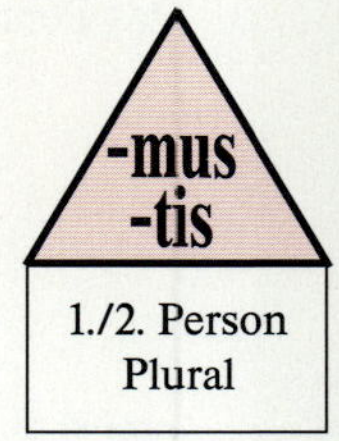

3.3 **Übersicht über die Person-Zeichen,**
die im Indikativ an den Präsens-Stamm treten können:

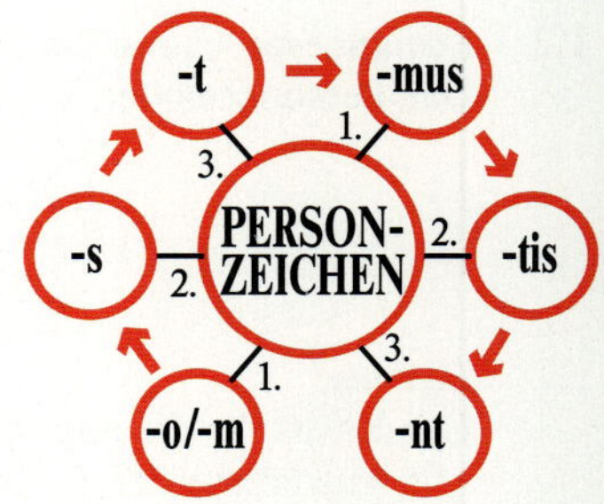

3.4 In das **Konjugationsschema,** das als ordnende Übersicht dient, können wir jetzt alle Personen im Singular und Plural eintragen:

	Lateinisch			Deutsch			
	ā-Konj.	ē-Konj.	esse				
Sg. 1. Pers.	clā́mō	táceō	sum	ich	rufe	schweige	bin
2. Pers.	clā́mās	tácēs	es	du	rufst	schweigst	bist
3. Pers.	clā́mat	tácet	est	er/sie/es	ruft	schweigt	ist
Pl. 1. Pers.	clāmā́mus	tacḗmus	súmus	wir	rufen	schweigen	sind
2. Pers.	clāmā́tis	tacḗtis	éstis	ihr	ruft	schweigt	seid
3. Pers.	clā́mant	tácent	sunt	sie	rufen	schweigen	sind
Infinitiv	clāmā́re	tacḗre	ésse		(zu) rufen	(zu) schweigen	(zu) sein

4 Konjunktionen und Subjunktionen

Studeō docēre, < **nam** docēre iuvat. / **quod** docēre iuvat.

Ich will unterrichten < ; **denn** Unterrichten macht Spaß. / , **weil** Unterrichten Spaß macht.

Sätze können als Hauptsätze unabhängig nebeneinander stehen; sie sind dann ‚beigeordnet' und zumeist durch eine **Konjunktion** miteinander verbunden. Sätze können aber auch voneinander abhängig sein; der eine Satz ist dann als Hauptsatz ‚übergeordnet', der andere ‚untergeordnet'. Der untergeordnete Satz ist mit dem übergeordneten in der Regel durch eine **Subjunktion** verbunden.
Konjunktionen und Subjunktionen kennzeichnen zumeist ein **zeitliches** oder **kausallogisches**[1] **Verhältnis** zwischen den Sätzen, die sie miteinander verbinden.

1) d. h., dass z. B. ein mit der Subjunktion *quod* eingeleiteter Gliedsatz die Begründung für das im Hauptsatz Ausgesagte liefert.

G3

4.1 **Konjunktionen** sind z. B.

et	und	**quoque** *(nachgestellt)*	auch
sed	aber	**autem** *(nachgestellt)*	aber
tamen	dennoch	**itaque**	deshalb
nam	denn, nämlich	**enim** *(nachgestellt)*	nämlich, denn

4.2 **Subjunktionen** sind z. B.

quod	weil	**ut**	wie
ubī	sobald		

G4

1. **ī-Konjugation – Konsonantische Konjugation: Präsens Singular und Infinitiv**
2. **ī-Konjugation – Konsonantische Konjugation: Präsens Plural**
3. **Konsonantische Deklination: Nominativ Plural – Deklinationsklassen**

1 ī-Konjugation – Konsonantische Konjugation: Präsens Singular und Infinitiv

Dominus:	*Der Herr:*
① „Audiō et tremō.	„Ich höre und bebe.
② Cūr nōn ven**īs**, furcifer?	Warum kommst du nicht, Galgenstrick?
Cūr dēsin*is* oboed**īre**?	Warum hörst du auf zu gehorchen?
Cūr nōn dēsin*is* trem*e***re?**“	Warum hörst du nicht auf zu zittern?“
③ Dominus reprehend*it*,	Ein Herr tadelt,
neque pūn**it** neque caed*it*.	aber er straft nicht und schlägt nicht.

1.1

Konjugationsklasse	Präsens-Stamm	Kennvokal	Endung: *Bindevokal*	Endung: Personen-Zeichen
ī-Konjugation	ven	**i**		**t**
Konsonantische Konjugation	dēsin		*i*	**t**
	Bedeutungsteil		*Signalteil*	

Verben **mit Kennvokal** *(-ā-, -ē-, -ī-)* gehören zu den **Vokalischen Konjugationen,** Verben **ohne Kennvokal** gehören zur **Konsonantischen Konjugation.**

G4

1.2 Der **Infinitiv** endet in allen Konjugationsklassen auf **-re.**

Konjugationsklasse	Präsens-Stamm	Kenn-vokal	Endung *Binde-vokal*		
ī-Konjugation	ven —	**ī** —	—	**re**	kommen
Konsonantische Konjugation	dēsin —	—	*e* —	**re**	aufhören

2 ī-Konjugation – Konsonantische Konjugation: Präsens Plural

Servī:	*Die Sklaven:*
① „Venī**mus** neque trem*i***mus.**	„Wir kommen, aber wir zittern nicht.
② Quid sentī**tis**, hominēs?	Was meint ihr, Leute?
Cūr nōn quiēsc*i***tis**?	Warum beruhigt ihr euch nicht?
③ Dominī bonī nōn pūni*u***nt**,	Gute Herren strafen nicht,
nōn caed*u***nt**."	sie schlagen nicht."

2.1

Konjugationsklasse	Präsens-Stamm	Kenn-vokal	Endung *Binde-vokal*	Person-Zeichen
ī-Konjugation	ven —	**i** —	*u* —	**nt**
Konsonantische Konjugation	dēsin —	—	*u* —	**nt**
	Bedeutungsteil		*Signalteil*	

2.2 Die **Person-Zeichen** sind die gleichen wie in der *ā-/ē*-Konjugation (↗ G 3.3.3). In das **Konjugationsschema** können wir demnach alle Personen eintragen:

		Lateinisch		Deutsch		
		ī-Konj.	Kons. Konj.			
Sg.	1. Pers.	véniō	dḗsinō	ich	komme	höre auf
	2. Pers.	vénīs	dḗsinis	du	kommst	hörst auf
	3. Pers.	vénit	dḗsinit	er/sie/es	kommt	hört auf
Pl.	1. Pers.	venī́mus	dēsínimus	wir	kommen	hören auf
	2. Pers.	venī́tis	dēsínitis	ihr	kommt	hört auf
	3. Pers.	véniunt	dḗsinunt	sie	kommen	hören auf
	Infinitiv	venī́re	dēsínere		(zu) kommen	auf(zu)hören

3 Konsonantische Deklination: Nominativ Plural – Deklinationsklassen

3.1 **Substantive** gehören im Lateinischen **verschiedenen Deklinationsklassen** an. Diese Einteilung orientiert sich am auslautenden Buchstaben des Wortbestandteils, an den das Kasus-Zeichen tritt.
Am Beispiel des **Nominativs** sei dies verdeutlicht:

Singular			Plural			Deklinationsklasse
Wortstamm		Kasus-Zeichen	Wortstamm		Kasus-Zeichen	
Wortstock	Ausgang		Wortstock	Ausgang		
	Kenn-vokal			Kenn-vokal		
amīc	**a**	*ohne Kasus-Zeichen*	**amīc**	**a** (*a	**e** i)	ā-Deklination
serv	**u** (*o)	**s**	**serv**	**ī** (*o	i)	o-Deklination

Singular			Plural			Deklinationsklasse
imperātor **homō** **pater**		*ohne Kasus-Zeichen*	**imperātōr** **homin** **patr**	*ē* *ē* *ē*	**s** **s** **s**	Konsonantische Deklination
				Binde-vokal		
Wortstock		Ausgang	Wortstock	Ausgang		
Wortstamm		Kasus-Zeichen	Wortstamm		Kasus-Zeichen	

▶ Die **Neutra auf *-um*** gehören zur **o- Deklination** (*-um* < *o-m*);
ihr Nominativ Plural geht auf *-a* aus: *templum – templa*

▶ In der **Konsonantischen Deklination** ist bei Substantiven auf *-or, -ul* der **Wortstock** bereits im **Nominativ Singular** zu erkennen; bei anderen Substantiven dieser Deklination ist er erst im **Nominativ Plural** zu erkennen *(homin-, patr-)*.

3.2 Der Kasus eines Substantivs lässt sich in der Regel an seinem Ausgang erkennen. Die Ausgänge des Nominativs sind:

	ā-Dekl.	o-Dekl.		Kons. Dekl.
	Femininum	Maskulinum	Neutrum	Maskulinum
Sg.	**-a**	**-us**	**-um**	**-**
Pl.	**-ae**	**-ī**	**-a**	**-ēs**

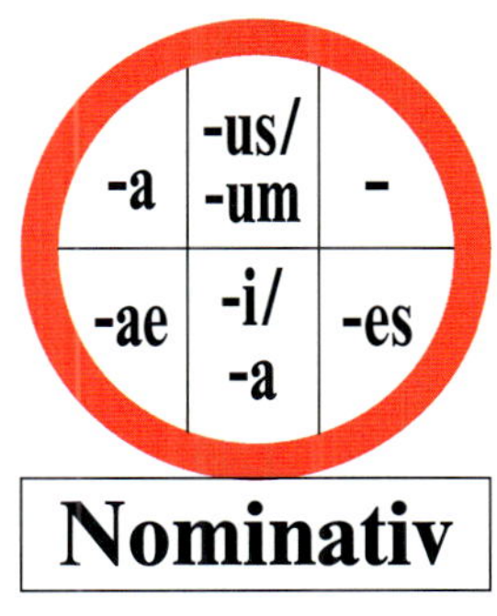

G4

3.3 Deklinationsschema

In das **Deklinationsschema**, das als ordnende Übersicht dient, können wir nun den **Nominativ** eintragen.

	ā-Deklination		o-Deklination				Konsonantische Deklination			
	Femininum		Maskulinum		Neutrum		Maskulinum			
	Sg.	Pl.	Sg.	Pl.	Sg.	Pl.	Sg.	Pl.	Sg.	Pl.
Nominativ	amīca	amīcae	servus	servī	templum	templa	imperātor	imperātōrēs	homō	hominēs
Genitiv										
Dativ										
Akkusativ										
Ablativ										

G5

1. Akkusativ als Objekt
2. Akkusativ: Bildung bei Substantiven der ā-/o-Deklination

3. Akkusativ: Bildung bei Substantiven der Konsonantischen Deklination
4. Adverbiale: Akkusativ zur Angabe der Zeit und der Richtung
5. Infinitiv als Subjekt oder Objekt

1 Akkusativ als Objekt

① Mārcus **populum** amat. — Marcus liebt das Volk.
② Mārcus **vītam laetam** amat. — Marcus liebt ein fröhliches Leben.
③ Mārcus **templa alta** amat. — Marcus liebt hohe Tempel.

1.1 Die in den Sätzen ① – ③ hervorgehobenen Nomina stehen im **Akkusativ.**

Der **Akkusativ** erfüllt die **syntaktische Funktion** des **Objekts: Akkusativobjekt** (① ② ③).
Das Akkusativobjekt kann durch ein adjektivisches Attribut erweitert sein (z. B. *vītam* **laetam** ②; *templa* **alta** ③).

Im Satzmodell:

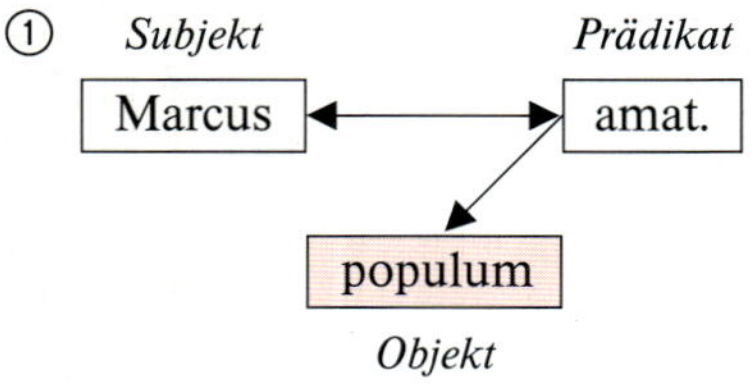

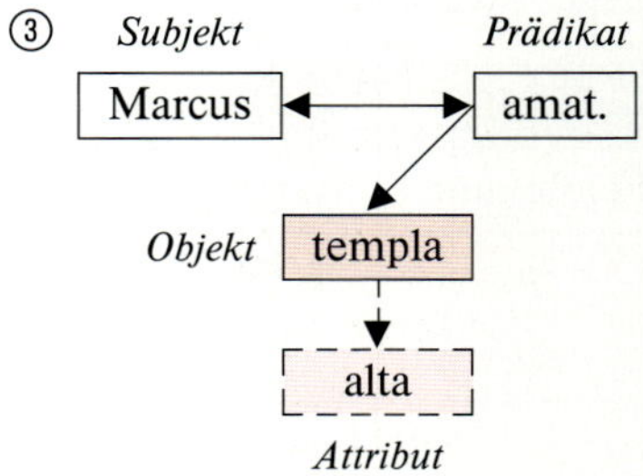

Wen / Was liebt Marcus?

1.2 Der Akkusativ gibt an,
WEN oder **WAS** die Tätigkeit des Subjekts betrifft.

2 Akkusativ: Bildung bei Substantiven der ā-/o-Deklination

2.1 Das **Kasus-Zeichen** für den **Akkusativ** lautet beim Femininum und Maskulinum der *ā-/o-* Deklination **im Singular -m, im Plural -s.**

- Dieses **Kasus-Zeichen** tritt in der *ā-* und *o-*Deklination an den **Wortstamm.**
- Der **Akkusativ** Singular und Plural lautet bei den **Neutra** wie der Nominativ *(templum – templa* ③).

2.2 Der Akkusativ wird bei Substantiven der *ā-/ o-*Deklination folgendermaßen gebildet:

Singular			**Plural**			Deklinationsklasse
Wortstamm		Kasus-Zeichen	Wortstamm		Kasus-Zeichen	
Wortstock	Ausgang		Wortstock	Ausgang		
	Kenn-vokal			Kenn-vokal		
amīc	**a**	**m**	**amīc**	**ā**	**s**	ā-Deklination
serv	**u** (*o)	**m**	**serv**	**ō**	**s**	o-Deklination Maskulinum
templ	**u** (*o)	**m**	**templ**		**a** (*o a)	Neutrum

2.3 Der **Akkusativ** ist demnach bei Substantiven der *ā-/o-*Deklination an folgenden **Ausgängen** zu erkennen:

	ā-Dekl.	o-Dekl.	
	Femininum	Maskulinum	Neutrum
Sg.	**-am**	**-um**	**-um**
Pl.	**-ās**	**-ōs**	**-a**

-am/-um
-as/-os/-a
Akkusativ

2.4 Adjektive im Akkusativ

Adjektive auf **-us, -a, -um** werden wie die Substantive auf **-us,** auf **-a,** auf **-um** dekliniert.

Ein Adjektiv, das als Attribut zu einem Substantiv im Akkusativ tritt, stimmt **in Kasus, Numerus** und **Genus** mit diesem überein (Kongruenz ↗ G2 1.3).

Videō	vi**am** lāt**am**	… vi**ās** lāt**ās**.
	amīc**um** laet**um**	… amīc**ōs** laet**ōs**.
	templ**um** nov**um**	… templ**a** nov**a**.

KASUS
NUMERUS
GENUS

KöNiGs-Regel der Kongruenz

2.5 Substantivierte Adjektive

Bona magistra < ① **multa** / ② **multōs** > docet.   Eine gute Lehrerin unterrichtet < vieles. / viele.

Das Adjektiv *bona* ist als Attribut (↗ G 2.1.1) dem Substantiv *magistra* beigefügt. Adjektive sind zuweilen im Satz auch verwendet ohne einem Substantiv ‚beigefügt' zu sein (*multa* ①, *multōs* ②); sie sind dann **substantiviert.** Substantivierte Adjektive können im Singular und Plural stehen, z. B.

Singular	*Begriffe*	**Plural**	*Personen*		*Dinge*
novum	Neues, Neuigkeit	multī	viele	multa	vieles
malum	Übel, Leid	paucī	wenige	pauca	weniges
bonum	Gutes, Gut	bonī	Gute	bona	Güter

Ein substantiviertes Adjektiv kann die syntaktische Funktion des Subjekts oder Objekts erfüllen.

3 Akkusativ: Bildung bei Substantiven der Konsonantischen Deklination

3.1 Das **Kasus-Zeichen** des Akkusativs **-m/-s** tritt in der Konsonantischen Deklination mit **Bindevokal** *-e-* an den Wortstock, der gleich dem Wortstamm ist.

Singular			**Plural**			Deklinationsklasse
Wortstamm		Kasus-Zeichen	Wortstamm		Kasus-Zeichen	
Wortstock	Ausgang		Wortstock	Ausgang		
	Bindevokal			*Bindevokal*		
imperātōr	*e*	**m**	**imperātōr**	*ē*	**s**	Konsonantische Deklination
homin	*e*	**m**	**homin**	*ē*	**s**	
patr	*e*	**m**	**patr**	*ē*	**s**	

3.2 Der **Akkusativ** ist demnach bei Substantiven der Konsonantischen Deklination an folgenden **Ausgängen** zu erkennen:

	Kons. Deklination
Sg.	**-em**
Pl.	**-ēs**

-em

-es

Akkusativ

3.3 In das **Deklinationsschema**, das als ordnende Übersicht dient, können wir nun den **Akkusativ** aller bekannten Deklinationsklassen eintragen:

	ā-Deklination		o-Deklination				Konsonantische Deklination			
	Femininum		Maskulinum		Neutrum		Maskulinum			
	Sg.	Pl.	Sg.	Pl.	Sg.	Pl.	Sg.	Pl.	Sg.	Pl.
Nominativ	amīca	amīcae	servus	servī	templum	templa	imperātor	imperātōrēs	homō	hominēs
Genitiv										
Dativ										
Akkusativ	amīcam	amīcās	servum	servōs	templum	templa	imperātōrem	imperātōrēs	hominem	hominēs
Ablativ										

3.4 **Adjektive** auf **-us, -a, -um**, die als Attribut zu einem Substantiv der Konsonantischen Deklination hinzutreten, stimmen mit diesem in **Kasus**, **Numerus** und **Genus** überein (Kongruenz), ihre Ausgänge sind aber nie gleich.

Amō < imperātō**rem** clā**rum**. / multō**s** hominē**s**. / pat**rem** bon**um**.

4 Adverbiale: Akkusativ zur Angabe der Zeit und der Richtung

① Cornēlia **multās hōrās** ambulat.	Cornelia geht **viele Stunden (lang)** spazieren.
② Tum **in forum** currit.	Dann läuft sie **zum Forum.**
③ Nam hodiē multī mercātōrēs **Rōmam** veniunt.	Denn heute kommen viele Kaufleute **nach Rom**.

4.1 Der bloße Akkusativ (d. h. der Akkusativ ohne Präposition) kann wie im Deutschen eine **Zeitangabe der Dauer** (z. B. *multās hōrās* ①) ausdrücken (Frage: WIE LANGE?).

4.2 Der **Akkusativ** kann auch eine **Richtung** angeben (Frage: WOHIN?):

- in **präpositionaler Verbindung** (z. B. *in forum* ②),
- als **bloßer Akkusativ** bei Ortsnamen (z. B. *Rōmam* ③).

Der **Akkusativ** erfüllt hier im Satz die **syntaktische Funktion** des **Adverbiales** (der Zeit ①, des Ortes ② ③).

Im Satzmodell:

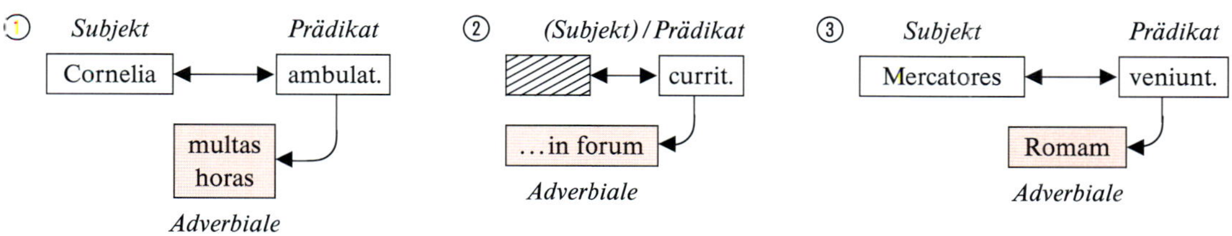

Wie lange geht Cornelia spazieren?	**Wohin** läuft sie?	**Wohin** kommen die Kaufleute?

5 Infinitiv als Subjekt oder Objekt

① **Ambulāre** iuvat.	Spazieren gehen macht Spaß.
② Mārcus **ambulāre** solet.	Marcus pflegt spazieren zu gehen.

5.1 Der **Infinitiv** kann im Satz die **syntaktische Funktion** des **Subjekts** erfüllen (① *Was macht Spaß?*): **Subjektsinfinitiv.**

G5

5.2 Der **Infinitiv** kann im Satz die **syntaktische Funktion** des **Objekts** erfüllen (② *Was pflegt Marcus zu tun?*): **Objektsinfinitiv.**

Im Satzmodell:

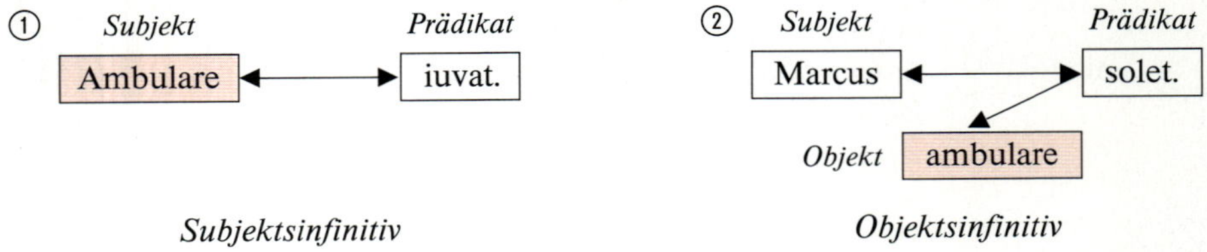

G6

1. Ablativ in präpositionaler Verbindung
2. Ablativ: Bildung bei Substantiven der ā-/o-Deklination

3. Ablativ: Bildung bei Substantiven der Konsonantischen Deklination
4. Die semantischen Funktionen des Ablativs
5. Präposition *in* beim Ablativ und beim Akkusativ

1 Ablativ in präpositionaler Verbindung

① Mārcus **in Capitōliō** stat.	Marcus steht **auf dem Kapitol**.
② Mārcus **māgnā cum cūrā** dēlīberat.	Marcus denkt **mit großer Sorge** nach.
③ **Sine amīcā** maestus est.	**Ohne Freundin** ist er traurig.

Die in den Sätzen ① – ③ hervorgehobenen Nomina stehen im **Ablativ.**
Der Ablativ – ein Kasus, den das Deutsche nicht kennt – kann in Verbindung mit einer **Präposition** verwendet sein.

Der Ablativ in präpositionaler Verbindung erfüllt zumeist die **syntaktische Funktion** des **Adverbiales** ① ② ③.
Das Substantiv im Ablativ kann – wie im Akkusativ (↗ G 5.1.1) – durch ein adjektivisches Attribut erweitert sein, z. B. ***māgnā*** *cum cūrā* ②.

Im Satzmodell:

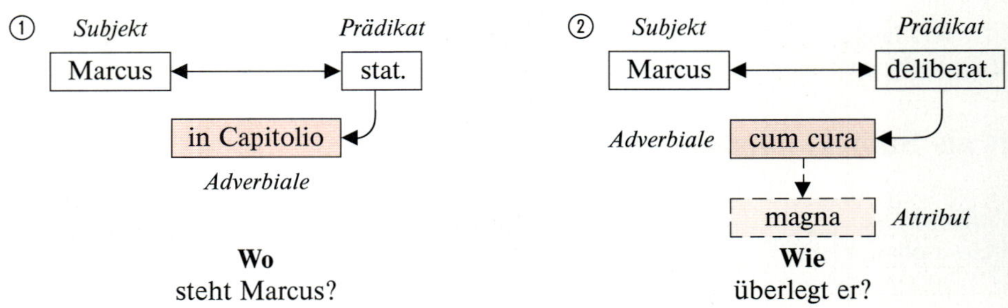

2 Ablativ: Bildung bei Substantiven der ā-/o-Deklination

2.1 Der Ablativ Singular hat in der *ā-/o*-Deklination **kein eigenes Kasus-Zeichen**, es wird lediglich der Kennvokal des Wortstammes (↗ G 4.3.1) gelängt: ***-ā* / *-ō***. Im Ablativ Plural wird das **Kasus-Zeichen -is** mit dem Kennvokal *-a* / *-o* zusammengezogen (↗ L 9: Kontraktion): **-īs**.

2.2 Der Ablativ wird bei Substantiven der *ā-/o*-Deklination folgendermaßen gebildet:

Singular			**Plural**			Deklinationsklasse
Wortstamm		Kasus-Zeichen	Wortstamm		Kasus-Zeichen	
Wortstock	Ausgang		Wortstock	Ausgang		
	Kenn-vokal			Kenn-vokal		
amīc	**ā**	*ohne Kasus-Zeichen*	**amīc**	**īs** (*a is)		ā-Deklination
serv **templ**	**ō**		**serv** **templ**	**īs** (*o is)		o-Deklination Maskulinum Neutrum

2.3 Der **Ablativ** ist demnach bei Substantiven der *ā-/o*-Deklination an folgenden **Ausgängen** zu erkennen:

	ā-Dekl.	o-Dekl.	
	Femininum	Maskulinum	Neutrum
Sg.	**-ā**	**-ō**	
Pl.	**-īs**	**-īs**	

-a / -o

-is

Ablativ

3 Ablativ: Bildung bei Substantiven der Konsonantischen Deklination

3.1 In der Konsonantischen Deklination hat der Ablativ für Singular und Plural ein **eigenes Kasus-Zeichen**: **-e / -bus.**
Dieses tritt im Singular unmittelbar an den Wortstock, der gleich dem Wortstamm ist, im Plural ist der Bindevokal *-i-* eingeschoben (↗ L 10: Vokalentfaltung).

Singular			**Plural**			Deklinationsklasse
Wortstamm		Kasus-Zeichen	Wortstamm		Kasus-Zeichen	
Wortstock	Ausgang		Wortstock	Ausgang		
				Binde-vokal		
imperātōr **homin** **patr**		**e**	**imperātōr** **homin** **patr**	*i* *i* *i*	**bus**	Konsonantische Deklination

G6

3.2 Der **Ablativ** ist demnach bei Substantiven der Konsonantischen Deklination an folgenden **Ausgängen** zu erkennen:

	Kons. Deklination
Sg.	**-e**
Pl.	**-ibus**

-e

-ibus

Ablativ

3.3 In das **Deklinationsschema,** das als ordnende Übersicht dient, können wir nun den **Ablativ** aller bekannten Deklinationsklassen eintragen:

	ā-Deklination		o-Deklination				Konsonantische Deklination			
	Femininum		Maskulinum		Neutrum		Maskulinum			
	Sg.	Pl.	Sg.	Pl.	Sg.	Pl.	Sg.	Pl.	Sg.	Pl.
Nominativ	amīca	amīcae	servus	servī	templum	templa	imperātor	imperātōrēs	homō	hominēs
Genitiv										
Dativ										
Akkusativ	amīcam	amīcās	servum	servōs	templum	templa	imperātōrem	imperātōrēs	hominem	hominēs
Ablativ	(cum) amīcā	(cum) amīcīs	(cum) servō	(cum) servīs	(in) templō	(in) templīs	(cum) imperātōre	(cum) imperātōribus	(cum) homine	(cum) hominibus

4 Die semantischen Funktionen des Ablativs

① Mārcus prō templō stat.	Marcus steht vor dem Tempel.
② Dēlīberat: Cūr Cornēlia cum amīcīs nōn venit?	Er überlegt: Warum kommt Cornelia mit ihren Freundinnen nicht?
③ Sed ecce! Ibī Cornēlia sine muliere malā dē Capitōliō dēscendit.	Aber schau! Dort steigt Cornelia ohne das böse Weib vom Kapitol herab.

Der Ablativ mit Präposition umfasst drei semantische Funktionen, die sich in verschiedene Sinnrichtungen gliedern:

Latein	SEMANTISCHE FUNKTIONEN	Sinnrichtung	Deutsch
	PUNCTUALIS ①		
prō templō stāre	**wo?**	*Ort*	vor dem Tempel stehen
in vītā meā	**wann?**	*Zeit*	in meinem Leben
	INSTRUMENTALIS ②		
cum muliere venīre	**mit wem?**	*Begleitung*	zusammen mit einer Frau kommen
māgnā **cum** cūrā dēlīberāre	**womit? / wie?**	*Art und Weise*	mit großer Sorge überlegen
	SEPARATIVUS ③		
sine amīcīs esse	**wovon** (getrennt)?	*Trennung*	ohne Freunde / Freundinnen sein
dē Capitōliō dēscendere	**von wo? / woher?**	*Ausgangspunkt*	vom Kapitol herabsteigen

L → D

Der Ablativ in präpositionaler Verbindung drückt Verhältnisse aus, die auch im Deutschen mit Präpositionen wiedergegeben werden. In der präpositionalen Verbindung steht statt des Ablativs der Kasus, den die jeweilige Präposition im Deutschen erfordert, zumeist der Dativ (z. B. vor, in, mit ① ②) oder der Akkusativ (z. B. ohne ③).

5 Präposition *in* beim Ablativ und beim Akkusativ

① Mārcus **in forō** stat.	Marcus steht **auf dem Forum.**
② Cornēlia **in forum** venit.	Cornelia kommt **auf das Forum.**

In Verbindung mit der Präposition *in* kann im Lateinischen der **Ablativ** oder der **Akkusativ** auftreten;
in mit Ablativ bezeichnet den Ort, wo etwas geschieht ①,
in mit Akkusativ bezeichnet den Ort, (auf den) worauf eine Handlung gerichtet ist (↗ G 5.4.2) ②.

wo? Ablativ	IN	wohin? Akkusativ

1. **Modus: Imperativ**
2. **Ablativ ohne Präposition – Funktionen**

3. **Satzreihe – Satzgefüge**

1 Modus: Imperativ

Populus clāmat:	*Das Volk schreit:*
① Properā, Syre!	Beeile dich, Syrus!
Studē! Venī!	Streng' dich an! Komm!
Pete Barbātum!	Greife Barbatus an!
Es bonus!	Sei tüchtig!
② Pūgnā**te**, gladiātōrēs!	Kämpft, Gladiatoren!
Sustinē**te**!	Haltet durch!
Audī**te** hominēs!	Hört auf die Leute!
Agi**te** tandem!	Handelt endlich!
Este bonī!	Seid tüchtig!

1.1 Der **Modus** des Verbs zeigt die Art und Weise an, wie ein Geschehen oder Sein vom Sprechenden aufgefasst ist, z. B. als Tatsache (↗ G 3.3.3: Indikativ).
Der **Imperativ** ist der Modus, mit dem ein **Befehl** ausgedrückt wird; er richtet sich in der Regel an die **2. Person** Singular oder Plural.

1.2 Die Formen des **Imperativs an die 2. Person** lauten folgendermaßen:

	Vokalische Konjugationen	Konsonantische Konjugation
Singular 2. Pers.	① próper**ā**! beeile dich stúd**ē**! streng' dich an! vén**ī**! komm!	pét-*ĕ*! greife an!
	Präsens-Stamm	Präsens-Stamm und -*ĕ*
Plural 2. Pers.	② properā́-**te**! beeilt euch! studḗ-**te**! strengt euch an! venī́-**te**! kommt!	pét-*i*-**te**! greift an!
	Präsens-Stamm und **-te**	Präsens-Stamm und -*i***te**

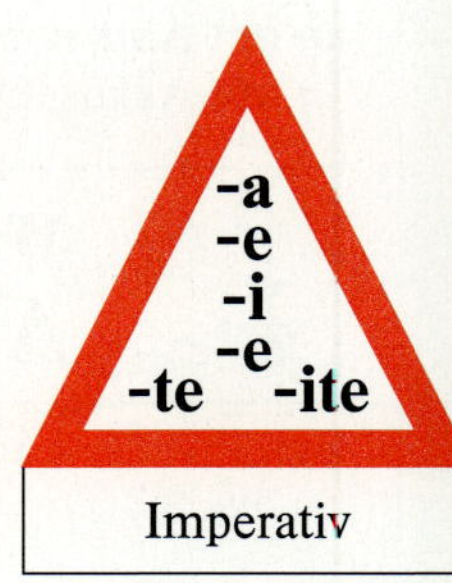

▸ Die **Imperativformen** von *esse* lauten:

Singular 2. Pers.	① es! sei!
Plural 2. Pers.	② éste! seid!

2 Ablativ ohne Präposition – Funktionen

① Gladiātōrēs **multīs locīs** pūgnant.	Die Gladiatoren kämpfen **an vielen Stellen.**
Turba nē **lūdīs** quidem tacet.	Die Menge schweigt nicht einmal **während der Spiele.**
② Syrus **gladiō** pūgnat.	Syrus kämpft **mit dem Schwert.**
Hominēs pūgnam **māgnō clāmōre** poscunt.	Die Leute fordern **unter großem Geschrei** den Kampf.
Mārcus **pūgnā** nōn gaudet.	Marcus hat **am Kampf** keine Freude.
③ Itaque **Colossēō** cēdit.	Deshalb geht er **vom Kolosseum** weg.

2.1 Syntaktische Funktionen

Der Ablativ kann auch **ohne Präposition** verwendet sein.
Angaben im bloßen Ablativ erfüllen im Satz fast immer die **syntaktische Funktion** des **Adverbiales.**

Im Satzmodell:

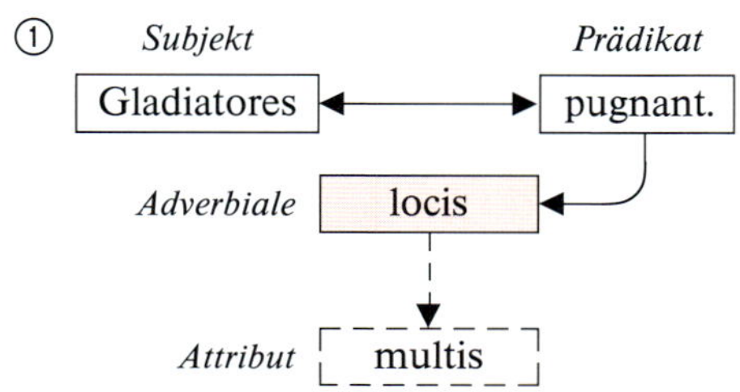

2.2 Semantische Funktionen

Der Ablativ umfasst **ohne Präposition** dieselben semantischen Funktionen wie in Verbindung mit einer Präposition (↗ G 6.4).

Latein	SEMANTISCHE FUNKTIONEN	Sinnrichtung	Deutsch
multīs locīs pūgnāre	PUNCTUALIS ① **wo?**	*Ort*	an vielen Orten kämpfen
nē lūdīs quidem tacēre	**wann?**	*Zeit*	nicht einmal während der Spiele schweigen
gladiō pūgnāre	INSTRUMENTALIS ② **womit?**	*Mittel*	mit dem Schwert kämpfen
māgnō clāmōre pūgnam poscere	**wie?**	*Art und Weise*	unter großem Geschrei den Kampf fordern
pūgnā gaudēre	**worüber? warum?**	*Grund*	sich am Kampf erfreuen
cūrīs vacāre	SEPARATIVUS ③ **wovon?**	*Trennung*	von Sorgen frei sein (ohne Sorgen sein)
Colossēō cēdere	**von wo? / woher?**	*Ausgangspunkt*	vom Kolosseum weggehen

L → D

Der bloße Ablativ (d. h. der Ablativ ohne Präposition) drückt Umstände aus, die im Deutschen mit Präpositionen (z. B. an, während, mit, durch, unter, über, von) wiedergegeben werden.

3 Satzreihe – Satzgefüge

① Populus gladiātōrēs vocat;	Das Volk ruft nach den Gladiatoren;
nam pūgnās spectāre studet,	**denn** es will Kämpfe sehen,
sed frūstrā pūgnam exspectat.	**aber** es wartet vergebens auf einen Kampf.
② Iam hominēs clāmant,	Schon schreien die Leute,
quod gladiātōrēs nōn veniunt.	**weil** die Gladiatoren nicht kommen.
③ **Dum** intrant,	**Während** sie einziehen,
turba rīdet et gaudet.	lacht die Menge und freut sich.

3.1 Die mit den **Konjunktionen** *nam/sed* eingeleiteten Sätze sind dem Hauptsatz **beigeordnet** (↗ G 3.4.1) ①. Die so verbundenen Hauptsätze bilden eine **Satzreihe.**

(Beiordnende) Satzreihe:

① *Hauptsatz* | **nam** … *Hauptsatz* | **sed** … *Hauptsatz*

3.2 Die mit den **Subjunktionen** *quod/dum* eingeleiteten Sätze sind dem Hauptsatz **untergeordnet** (↗ G 3.4.2) ② ③.
Solche Sätze geben einen näheren Umstand zu dem Geschehen an, über das im Hauptsatz eine Aussage gemacht wird. Sie erfüllen demnach die **syntaktische Funktion** des **Adverbiales.**

Im Satzmodell:

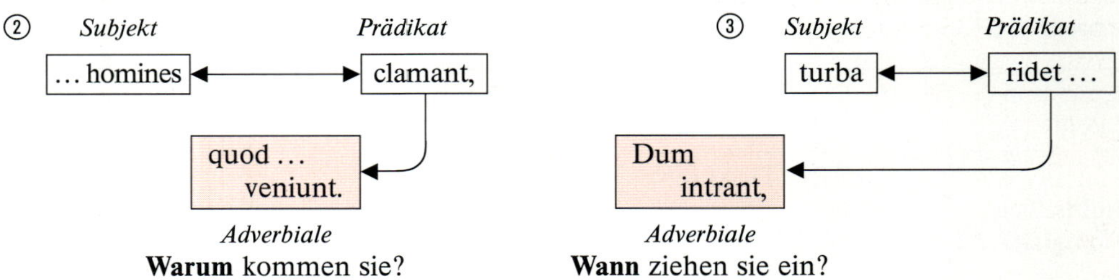

Da solche Sätze die Funktion eines Satzgliedes – hier: des Adverbiales – erfüllen, nennt man sie **‚Gliedsätze'**.
Die Verbindung von Haupt- und Gliedsatz ② oder Glied- und Hauptsatz ③ stellt ein **Satzgefüge** dar.

(Unterordnendes) Satzgefüge:

② *Hauptsatz* – **quod** … *Gliedsatz*

③ **Dum** … *Gliedsatz* – *Hauptsatz*

1. **Verb: posse** 2. **Adjektiv: Praedicativum – Funktionen des Adjektivs: Zusammenfassung**
3. **Satz: Formen der Frage**

G8

1 Verb: posse

Cornēlia:	*Cornelia:*
① Maesta sum.	Ich bin traurig.
Nōn saepe scrībere **possum**.	Ich kann nicht oft schreiben.
Mārcus dēlīberat:	*Marcus überlegt:*
② Cornēlia maesta est.	Cornelia ist traurig.
Neque saepe scrībere	Sie kann weder oft schreiben
neque sōla ambulāre **potest**.	noch (kann sie) allein spazieren gehen.
③ Tamen nōn sine auxiliō sumus.	Trotzdem sind wir nicht ohne Hilfe.
Deōs enim ōrāre **possumus**.	Denn wir können zu den Göttern beten.
Itaque Mārcus ōrat:	*Deshalb betet Marcus:*
④ Dī bonī, māgnī estis.	Gute Götter, ihr seid erhaben.
Cūncta dare **potestis**.	Ihr habt die Macht alles zu geben.

Die Formen von *posse* (können) sind gebildet durch das Zusammenfügen der Wortwurzel *pot-* (mächtig, vgl. Potenz) mit den Formen von *esse* (↗ G 3.3.4).

esse	pos-se	können	
sum	pos-sum	ich kann,	bin in der Lage
es	pot-es	du kannst,	bist in der Lage
est	pot-est	er/sie/es kann,	ist in der Lage
sumus	pos-sumus	wir können,	sind in der Lage
estis	pot-estis	ihr könnt,	seid in der Lage
sunt	pos-sunt	sie können,	sind in der Lage

**pot-sum / pot-sumus / pot-sunt* > *possum / possumus / possunt* (↗ L 13: Assimilation)

2 Adjektiv: Praedicativum

① Mārcus laetus est.	Marcus ist fröhlich.
② Mārcus ibī venit.	Marcus kommt dort.
③ Mārcus laetus venit.	Marcus kommt fröhlich.

In ① erfüllt das Adjektiv *laetus* als **Prädikatsnomen** in Verbindung mit der Copula *est* die **syntaktische Funktion** des **Prädikats.**
In ② macht das Adverb *ibī* eine nähere Angabe zum Prädikatsvorgang (*venit*); es erfüllt die **syntaktische Funktion** des **Adverbiales.**
In ③ bestimmt das Adjektiv *laetus* den Zustand näher, in dem das Subjekt *(Mārcus)* den Prädikatsvorgang (*venit*) vollzieht; es erfüllt also einerseits die **syntaktische Funktion** des **Adverbiales** ②, andererseits hat es eine enge Beziehung zum Subjekt des Satzes. Diese zeigt sich in der Übereinstimmung des Adjektivs *laetus* mit dem Subjekt in **K**asus, **N**umerus und **G**enus: Diese besondere Verwendung des Adjektivs nennt man **Praedicativum.**

G8

Im Satzmodell:

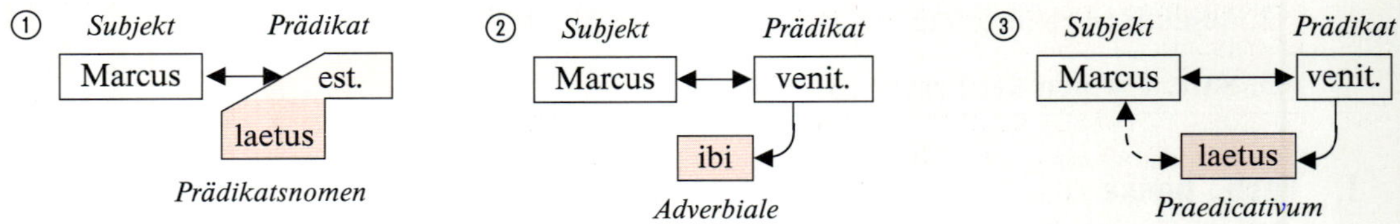

Beachte:

①	Domin**um** clār**um**	videmus.	Wir sehen	einen berühmten Herrn.
aber:	Senātōr**em** clār**um**			einen berühmten Senator.
②	Serv**ī** bon**ī**	sunt.	Die Sklaven	sind tüchtig.
aber:	Cōnsulēs bon**ī**		Die Konsuln	
③	Amīc**ae** laet**ae**	veniunt.	Die Freundinnen	kommen froh gelaunt.
aber:	Mulierēs laet**ae**		Die Frauen	

Ein Adjektiv, das als Attribut ①, Prädikatsnomen ② oder Praedicativum ③ in **Kasus**, **Numerus** und **Genus** mit seinem Bezugswort kongruiert (übereinstimmt), hat mit diesem nur dann den gleichen Ausgang, wenn beide Wörter zu derselben Deklinationsklasse gehören (↗ G 5.3.4).

3 Satz: Formen der Frage

①	**Cūr** tantum clāmōrem audiō?	**Warum** höre ich so lautes Geschrei?
②	**Quis** clāmat?	**Wer** schreit?
	Quid petis?	**Was** verlangst du?
	Quem exspectās?	**Wen** erwartest du?
	Ā quō auxilium spērās?	**Von wem** erhoffst du Hilfe?
③	**Num** maestus es?	Bist du **etwa** traurig?
④	**Nōnne** amīcī tē prōtegunt?	Schützen dich **denn** die Freunde **nicht**?
⑤	Es**ne** vītā contentus?	Bist du mit deinem Leben zufrieden?

Fragesätze sind durch folgende Fragewörter eingeleitet:
ein **Interrogativ-Adverb** ①, z. B. *cūr*?
ein **Interrogativ-Pronomen** ②, z. B. *quis, quid, quem, ā quō*?
ein **Interrogativ-Signal** ③ – ⑤, z. B. *num, nōnne, -ne*?

3.1 Interrogativ-Pronomen

Deklinationsschema

	m/f		n	
N.	quis?	wer?	quid?	was?
G.				
D.				
Akk.	quem?	wen?	quid?	was?
Abl.	a quō?	von wem?		

G8

3.2 Interrogativ-Signale

An den Interrogativ-Signalen erkennt man, welche **Erwartung** der **Fragende** jeweils hat.

③ *num* („etwa“) zielt auf die Antwort NEIN.
④ *nōnne* („nicht“, „denn nicht“) zielt auf die Antwort JA.
⑤ *-ne* (unübersetzt) lässt die Antwort JA oder NEIN offen.
Das Wort, an das *-ne* angehängt ist, ist in der Frage betont.
Es steht deshalb meist am Satzanfang.

L → D

Bei den lateinischen Fragen, die durch die Interrogativ-Signale *num, nōnne* gekennzeichnet sind, steht das Prädikat in der Regel am Satzende.
Im Deutschen dagegen ändert sich die Wortstellung: Das Prädikat oder ein Teil des Prädikats steht am Satzanfang.

G9

1. Genitiv als Attribut
2. Genitiv: Bildung in den Deklinationsklassen
3. Substantive und Adjektive auf -(e)r

---

4. Attribut: Possessiv-Pronomen
5. Genitiv als Objekt

1 Genitiv als Attribut

① Mārcus audit		Marcus hört	
clāmōrem	**turbae,**	das Geschrei	**der Menge,**
	populī,		**des Volkes,**
	puerōrum et **puellārum.**		**der Jungen** und **Mädchen.**
② Cūnctī enim gaudent		Alle nämlich freuen sich	
dōnīs	**imperātōris** et	über die Geschenke	**des Kaisers** und
	cōnsulum.		**der Konsuln.**

1.1 Die in den Sätzen ① und ② hervorgehobenen Substantive stehen im **Genitiv.** Der **Genitiv** erfüllt im Satz hauptsächlich die **syntaktische Funktion** des **Attributs.**

Im Satzmodell:

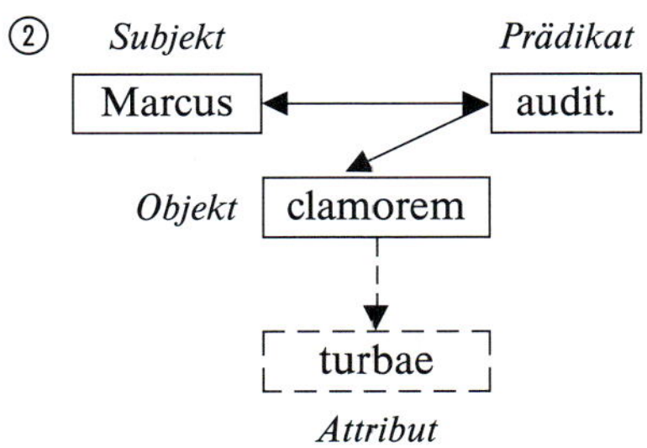

Wessen / was für ein Geschrei hört Marcus?

1.2 Der Genitiv als Attribut gibt an,
WOZU / ZU WEM eine Sache oder Person gehört, die in dem Satz genannt wird.

G9

2 Genitiv: Bildung in den Deklinationsklassen

Der Genitiv ist in den einzelnen Deklinationsklassen folgendermaßen gebildet:

Singular			**Plural**			Deklinationsklasse
Wortstamm		Kasus-Zeichen	Wortstamm		Kasus-Zeichen	
Wortstock	Ausgang		Wortstock	Ausgang		
	Kenn-vokal			Kenn-vokal		
amīc	**a**	**e**	**amīc**	**ā – r –**	**um**	ā-Deklination
	(*a	i)				
serv / **templ**	**ī**		**serv** / **templ**	**ō – r –**	**um**	o-Deklination
	(*o	i)				

imperātōr / **homin** / **patr**		**is**	**imperātōr** / **homin** / **patr**		**um**	Konsonantische Deklination
Wortstock		Ausgang	Wortstock		Ausgang	
Wortstamm		Kasus-Zeichen	Wortstamm		Kasus-Zeichen	

Nur bei den Vokalischen Deklinationsklassen (*ā-/o*-Deklination) tritt im Genitiv Plural *-r-* zwischen den Wortstamm und das Kasus-Zeichen **-um**.

-ae/-i/-is

-arum/-orum/-um

Genitiv

2.1 Der Genitiv ist demnach an folgenden Ausgängen zu erkennen:

	ā-Dekl.	o-Dekl.		Konsonantische Dekl.
	Femininum	Maskulinum	Neutrum	
Sg.	**-ae**	**-ī**		**-is**
Pl.	**-ārum**	**-ōrum**		**-um**

2.2 In das **Deklinationsschema**, das als ordnende Übersicht dient, können wir nun auch den **Genitiv** aller bekannten Deklinationsklassen eintragen:

	ā-Deklination		o-Deklination				Konsonantische Deklination			
	Femininum		Maskulinum		Neutrum		Maskulinum			
	Sg.	Pl.	Sg.	Pl.	Sg.	Pl.	Sg.	Pl.	Sg.	Pl.
Nominativ	amīca	amīcae	servus	servī	templum	templa	imperātor	imperātōrēs	homō	hominēs
Genitiv	amīcae	amīcārum	servī	servōrum	templī	templō-rum	imperātōris	imperātōrum	hominis	hominum
Dativ										
Akkusativ	amīcam	amīcās	servum	servōs	templum	templa	imperātōrem	imperātōrēs	hominem	hominēs
Ablativ	(cum) amīcā	(cum) amīcīs	(cum) servō	(cum) servīs	(in) templō	(in) templīs	(cum) imperātōre	(cum) imperātōribus	(cum) homine	(cum) hominibus

3 Substantive und Adjektive auf -(e)r

3.1 **Substantive auf -(e)r** gehören zur *o*-Deklination oder zur Konsonantischen Deklination.

▶ Die zur **o-Deklination** gehörenden Substantive auf *-(e)r* unterscheiden sich nur im **Nom. Sg.** von den Substantiven auf *-us.*

Sg. N. G.	**puer** **puer-**ī	der Junge des Jungen	**ag**er **agr-**ī	der Acker des Ackers
Pl. N. G.	**puer-**ī **puer-**ōrum	die Jungen der Jungen	**agr-**ī **agr-**ōrum	die Äcker der Äcker

▶ Die zur **Konsonantischen Deklination** gehörenden Substantive auf *-(e)r* unterscheiden sich nur im **Nom. Sg.** von anderen Substantiven dieser Deklinationsklasse.

Sg. N. G.	**mulier** **mulier-**is	die Frau der Frau	**pat**er **patr-**is	der Vater des Vaters
Pl. N. G.	**mulier-**ēs **mulier-**um	die Frauen der Frauen	**patr-**ēs **patr-**um	die Väter der Väter

Wir unterscheiden bei allen Substantiven auf **-(e)r zwei Gruppen:**

a) eine Gruppe, bei der das *-e-* zum Wortstock gehört *(puer, puerī; mulier, mulieris),*

b) eine Gruppe, bei der der Wortstock ohne *-e-* gebildet wird *(agr-; patr-)* und das *-e-* nur zur Erleichterung der Aussprache im Nominativ Singular eingefügt ist (↗ L 10.1: Vokalentfaltung).

-(e)r

Maskulinum

Die Substantive auf **-(e)r** sind **Maskulina.**
Beachte aber das ‚natürliche' Geschlecht von *mulier* (Femininum).

3.2 Adjektive auf -(e)r

Es gibt auch einige Adjektive, deren Formen auf *-(e)r, -(e)ra, -(e)rum* statt auf *-us, -a, -um* lauten. Sie gehören zur Gruppe der Adjektive auf *-us, -a, -um* und werden wie diese dekliniert. Sie lassen sich – wie die Substantive – in **zwei Gruppen** einteilen:

a) in solche, bei denen das *-e-* zum Wortstock gehört, also in **allen Kasus** und **Genera** erhalten bleibt: z. B. *miser, misera, miserum*;

b) in solche, bei denen das *-e-* nur **im Nominativ Singular** des **Maskulinums** eingefügt ist: z. B. *pulcher, pulchra, pulchrum.*

4 Attribut: Possessiv-Pronomen

① Fortūna dea **mea** est.	Fortuna ist **meine** Göttin.
② Templa **nostra** cūrāmus.	Wir pflegen **unsere** Tempel.
③ Simulācra deōrum **vestrōrum** pulchra sunt.	Die Bilder **eurer** Götter sind schön.
④ Rōmānī deōs **suōs** amant.	Die Römer lieben **ihre** Götter.

4.1 Die Possessiv-Pronomina der 1., 2., 3. Person (Singular: *mein, dein, sein / ihr;* Plural: *unser, euer, ihr*) geben ein Besitz- oder Zugehörigkeitsverhältnis an.

► *suus* gibt ein **Besitzverhältnis der 3. Person** Singular und Plural an, welches ausschließlich das Subjekt des Satzes betrifft; es ist **reflexiv**.
Im Satz erfüllt das Possessiv-Pronomen in der Regel die **syntaktische Funktion** des (adjektivischen) **Attributs** (↗ G 2.1).

Im Satzmodell:

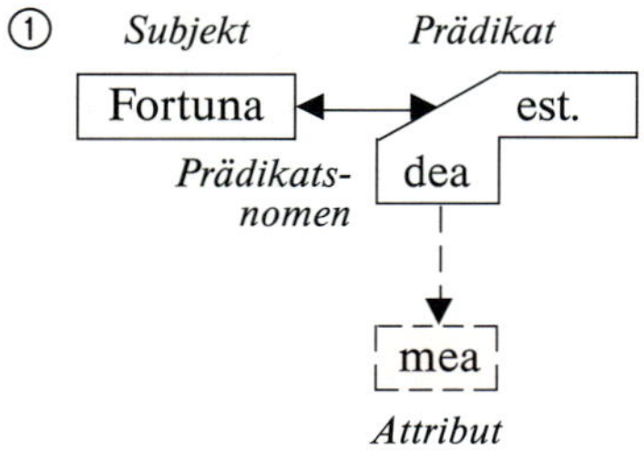

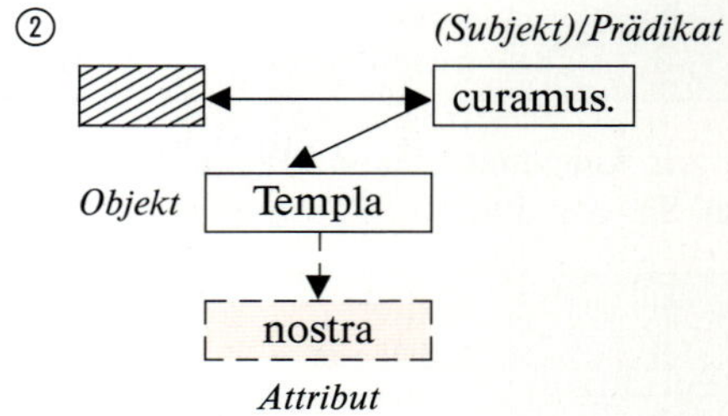

4.2 Deklination

Singular			dekliniert wie
1. Person 2. Person 3. Person	meus, -a, -um tuus, -a, -um suus, -a, -um *(reflexiv)*	*(mein)* *(dein)* *(sein / ihr)*	} *laetus, -a, -um* (↗ G 2.1.2)
Plural			
1. Person 2. Person 3. Person	noster, -tra, -trum vester, -tra, -trum suus, -a, -um *(reflexiv)*	*(unser)* *(euer)* *(ihr)*	} *pulcher, pulchra, pulchrum* (↗ G 9.3.2)

4.3 Die Beziehung zwischen dem Possessiv-Pronomen und dem Substantiv, dem es als Attribut beigefügt ist, erkennt man an der Übereinstimmung in **Kasus**, **Numerus** und **Genus** (↗ G 2.1.3: KNG-Kongruenz).

Beispiele:

amīc**us** me**us**	mein Freund	amīc**ae** tu**ae**	deine Freundinnen
magistr**ī** nostr**ī**	unsere Lehrer	verb**a** nostr**a**	unsere Worte
rēg**ēs** vestr**ī**	eure Könige	mulier**ēs** vestr**ae**	eure Frauen
patr**em** su**um** *(exspectat)*	seinen / ihren Vater *(erwartet er / sie)*	patr**em** su**um** *(vident)*	ihren Vater *(sehen sie)*

5 Genitiv als Objekt

Quis nōn glōri**ae**, dōn**ī**, spectācul**ōrum** cupidus est?	Wer ist nicht **auf Ruhm,** **auf ein Geschenk,** **auf Schauspiele** scharf (begierig)?

Das zusammengesetzte Prädikat *cupidus est* besagt, dass jemand **etwas** haben möchte; der Genitiv erfüllt hier demnach die **syntaktische Funktion** des **Objekts.**

Im Satzmodell:

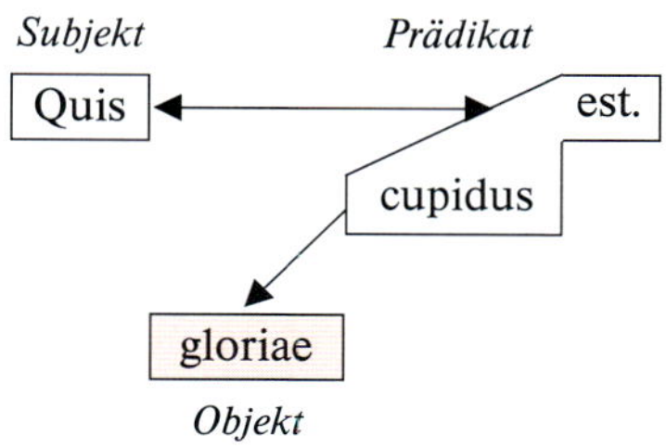

Was begehrt er?

1. Verb: Indikativ Imperfekt und Indikativ Perfekt
2. Imperfekt: Bildung mit -ba-
3. Perfekt: Bildung mit -v- (1. Person Singular)
4. Perfekt: Indikativ-Endungen
5. Perfekt: Bildung mit -u-, -s-

1 Verb: Indikativ Imperfekt und Indikativ Perfekt

① Per Subūram ambulā**bam**.	Ich **ging** durch die Subura (spazieren).
② Subitō vōcem amīcī meī audī**vī**.	Plötzlich **hörte** ich die Stimme meines Freundes.
③ a) Iterum atque iterum clāmā**bat**,	Er **schrie** immer wieder,
b) nam homō firmus amīcum caedē**bat**.	denn ein kräftiger Kerl **versuchte** meinen Freund **niederzuschlagen.**
④ Tē diū exspectā**vī**.	Ich **habe** lange auf dich **gewartet.**

Imperfekt und Perfekt sind **Tempora** der **Vergangenheit**, die im Indikativ (↗ G 3.3.3) unterschiedliche Aufgaben erfüllen.

1.1 Imperfekt und Perfekt: semantische Funktionen

- Im Indikativ **Imperfekt** werden begleitende Umstände **beschrieben** und länger **andauernde** Vorgänge geschildert.
  Dazu zählen auch solche Vorgänge, die **sich wiederholen** ③a), oder solche Handlungen, die man **versucht,** aber nicht vollendet ③b).
  Das Imperfekt stellt den **Geschehenshintergrund** dar ①.
- Im Indikativ **Perfekt** werden Hauptereignisse erzählt, die aufeinander folgen und die Handlung vorantreiben: **narratives** Perfekt (erzählendes Perfekt).
  Das Perfekt zielt also auf die Darstellung des **Geschehensvordergrundes** ②.

L → D

Da im Deutschen das Erzähltempus das Präteritum ist, werden in **erzählenden** Texten das lateinische **Imperfekt** und das lateinische **Perfekt** in der Regel mit dem **Präteritum** wiedergegeben.

G10

▸ Vom narrativen Perfekt ist das **konstatierende** (feststellende) **Perfekt** zu unterscheiden ④.
Im konstatierenden Perfekt stehen Handlungen und Vorgänge, die – im Rückblick – als **abgeschlossen** oder als **Ergebnis festgestellt** werden.

L → D Das **konstatierende Perfekt** wird im Deutschen mit **Perfekt** wiedergegeben.

1.2 Übersicht über die Verwendung der Tempora

Art der Aussage	Zusammenhängende Darstellung (Erzählung): als Geschehenshintergrund	Zusammenhängende Darstellung (Erzählung): als Geschehensvordergrund	Feststellung von Einzelereignissen und Ergebnissen
Latein	**Imperfekt**	**Perfekt erzählend (narrativ)**	**Perfekt feststellend (konstatierend)**
Deutsch	Präteritum		Perfekt

2 Imperfekt: Bildung mit -ba-

Präsens-Stamm	Endung			
	Erweiterungsvokal	Tempus-Zeichen	Person-Zeichen	
vocā		ba	t	er/sie/es rief
vidē		ba	t	er/sie/es sah
veni	*ē*	ba	t	er/sie/es kam
vād	*ē*	ba	t	er/sie/es ging
Bedeutungsteil	Signalteil			

-ba-
-eba-
Imperfekt

Das Tempus-Zeichen des Indikativs Imperfekt ist **-ba-;** es tritt zwischen Präsens-Stamm und Person-Zeichen.
In der ī-Konjugation und in der Konsonantischen Konjugation tritt zwischen Präsens-Stamm und Tempus-Zeichen ein Erweiterungsvokal **-ē-**: *veniēbat*; *vādēbat.*

▸ **Konjugationsschema**

		ā-Konj.	
Sg.	1. P.	vocā́**bam**	ich rief
	2. P.	vocā́**bās**	du riefst
	3. P.	vocā́**bat**	er/sie/es rief
Pl.	1. P.	vocā**bā́mus**	wir riefen
	2. P.	vocā**bā́tis**	ihr rieft
	3. P.	vocā́**bant**	sie riefen

Entsprechend:

ē-Konj.:	vidḗ**bam**	ich sah
	vidḗ**bās** *usw.*	
ī-Konj.:	veniḗ**bam**	ich kam
	veniḗ**bās** *usw.*	
kons. Konj.:	vādḗ**bam**	ich ging
	vādḗ**bās** *usw.*	

Beachte: vocābātis, aber: *vocābant* (↗ L 8.1: Vokalkürzung)

Die **Person-Zeichen des Imperfekts** sind die **gleichen** wie die des **Präsens** (↗ G 3.3.3). In der 1. Person Singular erscheint das Person-Zeichen **-m** (vgl. *su-m*).

▸ **esse – posse**

Die Formen des Indikativ Imperfekt von *esse* und *posse* werden vom Präsens-Stamm **er-** bzw. **pot-er-** gebildet. Das Tempus-Zeichen lautet hier **-a-**.

Sg. 1. P.	é**ram**	ich war	póte**ram**	ich konnte, war in der Lage
2. P.	é**rās**	du warst	póte**rās**	du konntest, warst in der Lage
3. P.	é**rat**	er/sie/es war	póte**rat**	er/sie/es konnte, …
Pl. 1. P.	e**rā́mus**	wir waren	pote**rā́mus**	wir konnten, …
2. P.	e**rā́tis**	ihr wart	pote**rā́tis**	ihr konntet, …
3. P.	é**rant**	sie waren	póte**rant**	sie konnten, …

Der Präsens-Stamm *er-* hat sich durch Rhotazismus aus *es-* entwickelt (↗ L 12).

3 Perfekt: Bildung mit -v- (1. Person Singular)

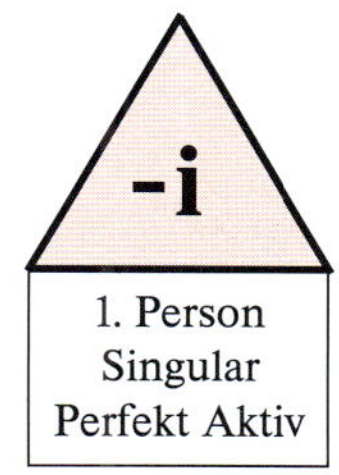

Der **Perfekt-Aktiv-Stamm** kann auf verschiedene Weise gebildet sein. Zumeist erfolgt dies durch eine **Veränderung** des **Präsens-Stammes** (↗ G 2.4.2).
Der Perfekt-Aktiv-Stamm ist u. a. durch Anhängen des Bildungselements **-v-** an den Präsens-Stamm gebildet, z. B. *vocā-v-; explē-v-; audī-v-*.
An den Perfekt-Aktiv-Stamm tritt für die 1. Person Singular die Endung **-ī-**.

4 Perfekt: Indikativ-Endungen

4.1 Die **Endungen**, die im Indikativ an den Perfekt-Aktiv-Stamm treten:

	Singular	Plural
1. P.	**-ī**	**-imus**
2. P.	**-istī**	**-istis**
3. P.	**-it**	**-ērunt**

Im Indikativ Perfekt gibt es eigene Person-Zeichen. Diese ‚verschmelzen' mit einer Erweiterungssilbe *-is* zu Endungen.

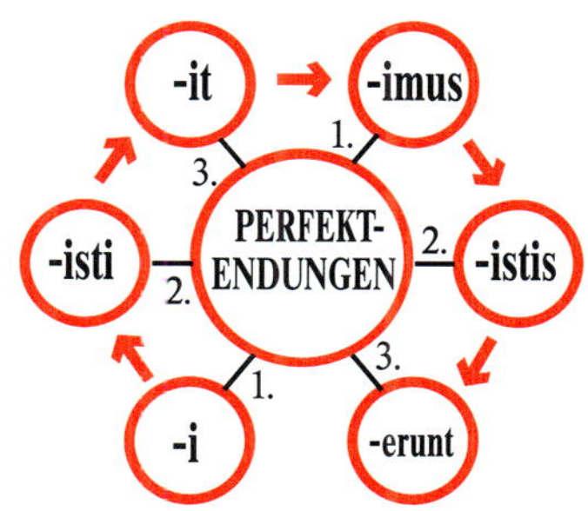

4.2 Vollständiges Konjugationsschema

	ā-Konj.	
Sg. 1. P.	vocā́v**ī**	ich habe gerufen / rief
2. P.	vocāví**stī**	du hast gerufen / riefst
3. P.	vocā́v**it**	er/sie/es hat gerufen / rief
Pl. 1. P.	vocā́v**imus**	wir haben gerufen / riefen
2. P.	vocāví**stis**	ihr habt gerufen / rieft
3. P.	vocāv**ḗrunt**	sie haben gerufen / riefen

Entsprechend:

explḗvī		ich habe erfüllt / erfüllte
explēvístī	*usw.*	
audī́vī		ich habe gehört / hörte
audīvístī	*usw.*	
petī́vī		ich habe verlangt / verlangte
petīvístī	*usw.*	

5 Perfekt: Bildung mit -u-, -s-

Der Perfekt-Aktiv-Stamm kann auf sechs verschiedene Arten gebildet sein. Jedes Verb bildet sein Perfekt auf eine dieser Arten. Außer mit **-v-** kann der Perfekt-Aktiv-Stamm auch mit den **Bildungselementen -u-** oder **-s-** gebildet sein.

1. P. Sg. Präsens	Perfekt-Aktiv-Stamm	Endung		
timeō	① tim-**u**	ī	ich	habe gefürchtet / fürchtete
dēserō	dēser-**u**	ī	ich	habe verlassen / verließ
abdūcō	② abdū **x**	ī	ich	habe weggeführt / führte weg
discēdō	disces **s**	ī	ich	bin weggegangen / ging weg
rīdeō	rī **s**	ī	ich	habe gelacht / lachte
sentiō	sēn **s**	ī	ich	habe gefühlt / fühlte
sum	**fu**	ī	ich	bin gewesen / war
possum	pot-**u**	ī	ich	habe gekonnt / konnte

Vor dem Bildungselement **-u-** bzw. **-s-** entfällt in den vokalischen Konjugationen der Kennvokal (*-ā-,-ē-,-ī-*), z. B. *time-ō*, aber *tim-u-ī* ①.
Das Bildungselement **-s-** geht mit dem vorausgehenden Konsonanten oft eine enge Verbindung ein:
c-s > *x,* z. B. *abdūxī* < *abdūc-s-ī;*
d-s > *ss* oder > *s,* z. B. *discessī* < *discēd-s-ī; rīsī* < *rīd-s-ī* ② (↗ L 16).

Konjugationsschema

	u-Perfekt		s-Perfekt	
Sg. 1. P.	tímuī	ich habe gefürchtet /	abdū́xī	ich habe weggeführt /
2. P.	timuístī	fürchtete *usw.*	abdūxístī	führte weg *usw.*
3. P.	tímuit		abdū́xit	
Pl. 1. P.	timúimus		abdū́ximus	
2. P.	timuístis		abdūxístis	
3. P.	timuḗrunt		abdūxḗrunt	

Entsprechend: fuī, fuístī *usw.* ich bin gewesen / war
potuī, potuístī *usw.* ich habe … können; ich habe gekonnt / konnte

1. Perfekt: Bildung durch Dehnung
2. Perfekt: Bildung durch Reduplikation – Bildung ohne Stammveränderung

1 Perfekt: Bildung durch Dehnung

1. P. Sg. Präsens	Perfekt-Aktiv-Stamm	Endung			
adiuvō	① adiūv	ī	ich	habe	geholfen / half
videō	vīd	ī	ich	habe	gesehen / sah
veniō	vēn	ī	ich	bin	gekommen / kam
legō	lēg	ī	ich	habe	gelesen / las
agō	② ēg	ī	ich	habe	gehandelt / handelte
relinquō	③ relīqu	ī	ich	habe	verlassen / verließ

Der Perfekt-Aktiv-Stamm kann in allen Konjugationen auch durch **Dehnung** des kurzen Stammvokals gebildet sein. Als Stammvokal wird der Vokal derjenigen Silbe bezeichnet, die sowohl im Präsens-Stamm als auch im Perfekt-Aktiv-Stamm als Bedeutungsteil erscheint, z. B. *adi**u**vō* – *adi**ū**vī* ① (↗ L 6: Quantitativer Ablaut).

Dabei kann der Perfekt-Aktiv-Stamm zusätzlich verändert sein

- durch qualitativen Ablaut, z. B. ***a**gō* – *ēgī* ②,
- durch Wegfall des Präsens-Infixes (-Einschubs) **-n-**, z. B. *reli**n**quō* – *relīquī* ③, vi***n**cō* – *vīcī*.

2 Perfekt: Bildung durch Reduplikation – Bildung ohne Stammveränderung

1. P. Sg. Präsens	Perfekt-Aktiv-Stamm	Endung			
dō	① ded	ī	ich	habe	gegeben / gab
prōdō	prōdid	ī	ich	habe	verraten / verriet
currō	② cucúrr	ī	ich	bin	gelaufen / lief
pellō	③ pépul	ī	ich	habe	vertrieben / vertrieb
discō	dídic	ī	ich	habe	gelernt / lernte
comprehendō	④ comprehénd	ī	ich	habe	ergriffen / ergriff
dēscendō	dēscénd	ī	ich	bin	herabgestiegen / stieg herab

2.1 Der Perfekt-Aktiv-Stamm kann in allen Konjugationen auch durch **Reduplikation** (Verdoppelung) des Wortanfangs gebildet sein.

G11

Dabei tritt in der Regel der anlautende Konsonant des Verbstamms zusammen mit dem Vokal *-e-* als Silbe an den Wortanfang, z. B. *dō* – ***dedī*** ①.
Die Reduplikationssilbe kann auch mit Stammvokal gebildet sein, z. B. *currō* – ***cucurrī*** ②.
Der Perfekt-Aktiv-Stamm kann gegenüber dem Präsens-Stamm zusätzlich verändert sein, z. B. *pellō* – ***pepulī*** ③.

2.2 Der Perfekt-Aktiv-Stamm kann auch **keine erkennbare Veränderung** gegenüber dem Präsens-Stamm aufweisen, z. B. *comprehendō – comprehendī; dēscendō – dēscendī* ④.
Diese Bildungsweise des Perfekt-Aktiv-Stamms wird auch als ‚Stamm-Perfekt' bezeichnet.

G12

1. Dativ als Objekt
2. Dativ – Bildung in den Deklinationsklassen
3. Reflexiv-Pronomen der 3. Person

---

4. Personal-Pronomen
5. Interrogativ-Pronomen: quis? quid?

1 Dativ als Objekt

① Imperātor Augustus **populō** multa dōna dedit.	Kaiser Augustus machte **dem Volk** viele Geschenke.
② Dōna imperātōris **cūnctīs** ferē **hominibus** placuērunt.	Die Geschenke des Kaisers gefielen fast **allen Menschen.**

1.1 Die in den Sätzen ① und ② hervorgehobenen Nomina stehen im **Dativ**.
Der Dativ erfüllt in der Regel die **syntaktische Funktion** des **Objekts: Dativobjekt**.
Das Dativobjekt kann auch durch ein Attribut erweitert sein, z. B. ***cūnctīs*** … *hominibus* ②.

Im Satzmodell:

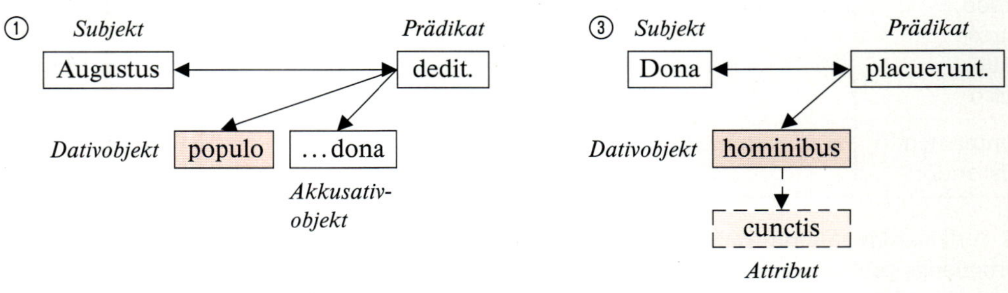

Wem machte Augustus Geschenke?

Wem gefielen die Geschenke?

1.2 Der Dativ als Objekt gibt an,
WEM / WELCHER SACHE eine Handlung oder ein Vorgang gilt.

2 Dativ - Bildung in den Deklinationsklassen

2.1 Der Dativ ist in den einzelnen Deklinationsklassen folgendermaßen gebildet:

Singular			**Plural**			Deklinationsklasse
Wortstamm		Kasus-Zeichen	Wortstamm		Kasus-Zeichen	
Wortstock	Ausgang		Wortstock	Ausgang		
	Kenn-vokal			Kenn-vokal		
amīc	**a**	**e**	**amīc**	**īs**		ā-Deklination
	(*a	i)		(*a	is)	
serv **templ**	**ō**		**serv** **templ**	**īs**		o-Deklination
	(*o	i)				

imperātōr **homin** **patr**		**ī**	**imperātōr** **homin** **patr**	*i*	**bus**	Konsonantische Deklination
				Binde-vokal		
Wortstock		Ausgang	Wortstock	Ausgang		
Wortstamm		Kasus-Zeichen	Wortstamm		Kasus-Zeichen	

Zwischen Wortstock, der gleich dem Wortstamm ist, und Kasus-Zeichen **-bus** tritt in der Konsonantischen Deklination wie im Ablativ Plural der Bindevokal *-i-* (↗ G 6.3.1).

2.2 Der **Dativ** ist demnach an folgenden **Ausgängen** zu erkennen:

	ā-Dekl.	o-Dekl.		Konsonantische Dekl.
	Femininum	Maskulinum	Neutrum	
Sg.	**-ae**	**-ō**		**-ī**
Pl.	**-īs**	**-īs**		**-ibus**

-ae/-o/-i

-is/-ibus

Dativ

2.3 Deklinationsschema – Gesamtübersicht

Durch den **Dativ** wird das Deklinationsschema vervollständigt:

	ā-Deklination		o-Deklination				Konsonantische Deklination			
	Femininum		Maskulinum		Neutrum		Maskulinum			
	Sg.	Pl.	Sg.	Pl.	Sg.	Pl.	Sg.	Pl.	Sg.	Pl.
Nominativ	amīca	amīcae	servus	servī	templum	templa	imperātor	imperātōrēs	homō	hominēs
Genitiv	amīcae	amīcārum	servī	servōrum	templī	templō-rum	imperātōris	imperātōrum	hominis	hominum
Dativ	amīcae	amīcīs	servō	servīs	templō	templīs	imperātōrī	imperātōribus	hominī	hominibus
Akkusativ	amīcam	amīcās	servum	servōs	templum	templa	imperātōrem	imperātōrēs	hominem	hominēs
Ablativ	(cum) amīcā	(cum) amīcīs	(cum) servō	(cum) servīs	(in) templō	(in) templīs	(cum) imperātōre	(cum) imperātōribus	(cum) homine	(cum) hominibus

3 Reflexiv-Pronomen der 3. Person

① **Octāviānus sibī** Antōnium conciliat. — Oktavian gewinnt den Antonius **für sich.**

② Tum **Octāviānus** et **Antōnius** inter **sē** pācem conciliant. — Darauf bringen Oktavian und Antonius **untereinander** einen Frieden zustande.

③ Mox autem **Antōnius sēcum** dē bellō dēlīberat. — Bald aber denkt Antonius im Stillen **(bei sich)** über einen Krieg nach.

Das **reflexive Personal-Pronomen** drückt aus, dass sich das im Prädikat genannte Geschehen auf die als **Subjekt** genannte Person zurückbezieht.
Im Lateinischen gibt es wie im Deutschen **nur für die 3. Person** ein eigenes **Reflexiv-Pronomen** (↗ G 9.4.2: reflexives Possessiv-Pronomen).
Die am häufigsten begegnenden Kasus sind der Dativ ①, der Akkusativ ② und der Ablativ ③. Dabei besteht kein Unterschied zwischen den Formen des Singulars und des Plurals.

Deklinationsschema

	Sg. / Pl.	
N.	–	–
G.	–	–
D.	sibī	sich
Akk.	sē	sich
Abl.	(dē) sē	(über) sich

Beachte: sēcum – mit sich

4 Personal-Pronomen

① *Diodotus:* Nunc disputā**mus** dē Octāviānō.	*Diodotus:* Jetzt sprechen **wir** über Oktavian.
② *Titus:* **Ego** audiō, **tū** autem nārrās.	*Titus:* **Ich** höre zu, **du** aber erzählst.
③ *Amīcī:* **Vōs** disputātis, **nōs** audīmus.	*Die Freunde:* **Ihr** diskutiert, **wir** aber hören nur zu.

Das **Personal-Pronomen** spielt im **Gespräch zwischen Personen** über Personen (oder Dinge) eine wichtige Rolle:

1. Person: *ich* steht für die Person, die von sich spricht – Plural: *wir*
2. Person: *du* steht für die Person, die angesprochen wird – Plural: *ihr*
3. Person: *er/sie/es* steht für die Person oder Sache, über die gesprochen wird – Plural: *sie*

4.1 Personal-Pronomen im Nominativ

Wenn die **handelnde Person** nur durch das **Person-Zeichen** des Prädikats bezeichnet ist (↗ G 1.2.2; G 3.1), ist sie **nicht betont** ①.
Wenn die **handelnde Person** durch das **Personal-Pronomen im Nominativ** bezeichnet ist, ist sie **stark betont.** Dies ist besonders bei **Gegensätzen** der Fall ② ③.

4.2 Personal-Pronomen der 1. und 2. Person

① **Mihī / Nōbīs** multa nārrās.	Du erzählst **mir / uns** viel.
Tibī / Vōbīs multa nārrāre placet.	**Dir / Euch** gefällt es, viel zu erzählen.
② **Mē / Nōs** / **Tē / Vōs** > iuvat audīre.	**Mich / Uns** / **Dich / Euch** > freut es zuzuhören.
③ **Dē mē / Dē nōbīs** / **Dē tē / Dē vōbīs** > multa nārrās.	**Über mich / uns** / **Über dich / euch** > erzählst du viel.

Deklinationsschema

	Singular		Plural		Singular		Plural	
	1. Pers.	2. Pers.	1. Pers.	2. Pers.	1. Pers.	2. Pers.	1. Pers.	2. Pers.
N.	ego	tū	nōs	vōs	ich	du	wir	ihr
G.								
D.	mihī	tibī	nōbīs	vōbīs	mir	dir	uns	euch
Akk.	mē	tē	nōs	vōs	mich	dich	uns	euch
Abl.	(dē) mē	(dē) tē	(dē) nōbīs	(dē) vōbīs	über mich	über dich	über uns	über euch

Beachte: mēcum mit mir – *tēcum* mit dir – *nōbīscum* mit uns – *vōbīscum* mit euch

5 Interrogativ-Pronomen: quis? quid?

① **Quis** amīcōs Mārcī docuit?	**Wer** hat die Freunde des Marcus unterrichtet?
② **Quid** disputāvērunt?	**Was** haben sie erörtert?
③ **Cui** respondērunt?	**Wem** haben sie Rede und Antwort gestanden?

Wie die Interrogativ-Adverbien (*cūr, ubī*) kann auch das **Interrogativ-Pronomen** *quis/quid* einen Fragesatz einleiten (↗ G 8.3).

G12

Deklinationsschema

	m/f		n	
N.	quis?	wer	quid?	was?
G.	**cuius**?	wessen?		
D.	**cui**?	wem?		
Akk.	quem?	wen?	quid?	was?
Abl.	(dē) quō?	über wen?		

Beachte: quōcum? mit wem?

G13

1. Relativ-Pronomen: quī, quae, quod; Relativsatz – Relativischer Satzanschluss

2. Personal-Pronomen der 3. Person und Demonstrativ-Pronomen: is, ea, id

1 Relativ-Pronomen: quī, quae, quod

Imperātōrī Augustō, ① **quī** nōbīs cūnctīs nōtus est, ② **cuius** dē vītā Suētōnius nārrat, Fortūna nōn semper favēbat.	Dem Kaiser Augustus, – **der** uns allen bekannt ist, – über **dessen** Leben Sueton erzählt, war Fortuna nicht immer gewogen.
Augustus autem Rōmānīs, ③ **quibus** multa perīcula imminēbant, ④ **quōs** māgna bella perturbābant, pācem dedit.	Augustus aber gab den Römern, – **denen** viele Gefahren drohten, – **welche** große Kriege beunruhigten, Frieden.
⑤ Augustus Rōmānīs pācem dedit. a) **Quam** cūnctī laudābant. b) **Quae** quod diū manēbat, cūnctīs placēbat.	Augustus gab den Römern Frieden. **Diesen / Den** erkannten alle an. Weil **dieser** lange dauerte, gefiel er allen.

1.1 Das **Relativ-Pronomen** *quī, quae, quod* wird in zweifacher Weise verwendet:
- zur Einleitung eines Relativsatzes (①, ②, ③, ④),
- als relativischer Satzanschluss (⑤ a/b).

1.2 Deklinationsschema

	quī, quae, quod *welcher, welche, welches; der, die, das*					
	Singular m	Singular f	Singular n	Plural m	Plural f	Plural n
N.	quī	quae	quo**d**	quī	quae	quae
G.		**cuius**		quōrum	quārum	quōrum
D.		**cui**			qui**bus**	
Akk.	que**m**	quam	quo**d**	quōs	quās	quae
Abl.	(ā) quō	(ā) quā	(ā) quō		(ā) qui**bus**	

cuius, cui: In **beiden Kasus** besteht **kein Unterschied** zwischen Maskulinum, Femininum und Neutrum.
cuius, cui: ↗ G 12.5: Interrogativ-Pronomen
quibus: ↗ G 6.3; G 12.2: Konsonantische Deklination
Beachte: quōcum, quibuscum: ↗ G 12.4.2; G 12.5: Personal-Pronomen; Interrogativ-Pronomen

1.3 Verwendung im Relativsatz

a) **Konstruktion**

Der **Relativsatz** ist ein **Gliedsatz**, der durch ein Relativ-Pronomen eingeleitet ist. Dieses stellt eine enge Beziehung (‚Relation‘) zu einem **Nomen** des übergeordneten Satzes, einem Bezugswort, her.

- ▶ Dabei erscheint das Relativ-Pronomen im **gleichen Numerus** und im **gleichen Genus** wie das Bezugswort im übergeordneten Satz.
- ▶ Der **Kasus** des Relativ-Pronomens ist durch die syntaktische Funktion bestimmt, die es innerhalb des Relativsatzes erfüllt:

Übergeordneter Satz	Relativsatz			
Bezugswort	Relativ-Pronomen	Numerus	Genus	syntaktische Funktion / Kasus
① ② Imperātōrī Augustō,	*quī …* *cuius …*	Singular	Mask.	Subjekt im Nominativ Attribut im Genitiv
③ ④ Rōmānīs,	*quibus …* *quōs …*	Plural	Mask.	Objekt im Dativ Objekt im Akkusativ

③ ④

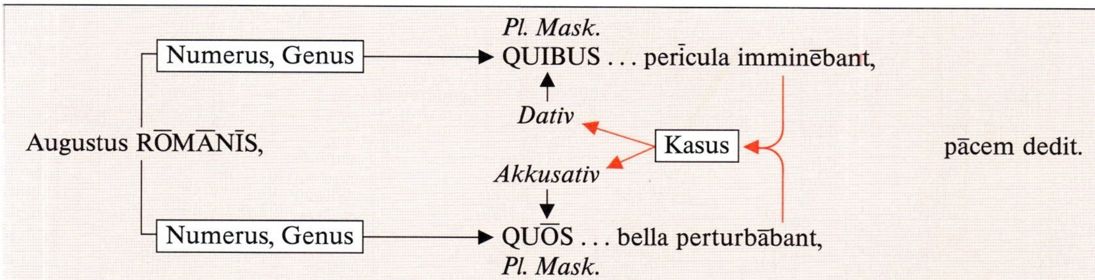

b) **Syntaktische Funktion**

Der Relativsatz kann – ebenso wie ein Adjektiv – die syntaktische Funktion des **Attributs** erfüllen:
pāx diūturna – pāx, quae diū manet

1.4 Verwendung als relativischer Satzanschluss

Durch das Relativ-Pronomen kann auch ein Satz / Satzgefüge eng an einen vorausgehenden Satz angeschlossen sein.
Für die Form des Relativ-Pronomens gelten dabei die gleichen Regeln wie im relativischen Gliedsatz ⑤ a) / b).

Vorausgehender Satz	Satz mit relativischem Satzanschluss			
Bezugswort	Relativ-Pronomen	Numerus	Genus	syntaktische Funktion / Kasus
⑤ a) b) … **pācem** dedit.	*Quam* *Quae*	Sing.	Femin.	Objekt im Akkusativ Subjekt im Nominativ

L → D

Im Deutschen wird der relativische Satzanschluss mit einem **Demonstrativ-Pronomen** (dieser …; *betont*: der …) oder einem **Personal-Pronomen** (er …) wiedergegeben. Zur Verdeutlichung der logischen Verbindung tritt nach Möglichkeit eine entsprechende Konjunktion (z. B. nämlich, denn, aber) hinzu.

G13

2 Personal-Pronomen der 3. Person und Demonstrativ-Pronomen: is, ea, id

Tiberius Iūliam nōn amāvit.	Tiberius hat Julia nicht geliebt.
① Nam mōrēs uxōris **eī** nōn placuērunt.	Denn der Charakter seiner Frau gefiel **ihm** nicht.
② Itaque **eam** mulierem mox relīquit.	Deshalb verließ er **diese** Frau bald.
③ In **eō** librō, *quem* Suētōnius dē Tiberiō scrīpsit, multa dē vītā Iūliae invenīmus.	In **dem** Buch, *das* Sueton über Tiberius geschrieben hat, finden wir viel über Julias Leben.

2.1 *is, ea, id* kann in dreifacher Bedeutung stehen:

- als **Personal-Pronomen** der 3. Person: *er, sie, es* – Pl. *sie* ① (↗ G 12.4),
- als **Demonstrativ-Pronomen**, das auf eine Person oder Sache hinweist: *dieser, diese, dieses* – Pl. *diese* ②,
- als **Demonstrativ-Pronomen**, das in einem übergeordneten Satz auf einen untergeordneten Relativsatz hinweist: *der(jenige), die(jenige), das(jenige)* – Pl. *die(jenigen)* ③.

2.2 Deklinationsschema

is, ea, id — *1. er, sie, es* / *2. dieser, diese, dieses* / *3. der(jenige), die(jenige), das(jenige)*

	Singular			Plural		
	m	f	n	m	f	n
N.	is	ea	id	eī/iī	eae	ea
G.		**eius**		eōrum	eārum	eōrum
D.		**eī**			eīs/iīs	
Akk.	eum	eam	id	eōs	eās	ea
Abl.	(dē) eō	(dē) eā	(dē) eō		(dē) eīs/iīs	

eius, eī: ↗ G 13.1.2: *cuius, cui*

2.3 Verwendung von *is, ea, id* zur Besitzangabe

① Iūlia mōribus **suīs** nōn doluit.	Julia litt unter **ihrem** (*eigenen*) Charakter nicht.
② Tiberiō autem mōrēs **eius** nōn placuērunt.	Dem Tiberius aber gefiel **ihr** (*deren*) Charakter nicht.

Der **Genitiv** des **Personal-Pronomens** der 3. Person (Sg.: *eius* – Pl.: *eōrum/eārum*) drückt zumeist ein Besitzverhältnis aus. Sg.: *sein(e)/ihr(e)* – Pl.: *ihr(e)*.
Er weist dann zumeist auf ein Nomen eines **anderen** Satzes hin. ② → ①
Im Gegensatz dazu bezieht sich das **reflexive Possessiv-Pronomen** *suus, sua, suum* (↗ G 9.4.2) auf das Subjekt des **gleichen** Satzes. ①

G14

1. **Partizip Perfekt Passiv (PPP): Bildung**
2. **PPP als Attribut – PPP als Adverbiale**

---

3. **Verb: Indikativ Perfekt Passiv**
4. **Substantiv: Konsonantische Deklination – Neutra**

1 Partizip Perfekt Passiv (PPP): Bildung

Das **Partizip**[1] wird einerseits von einem Verb abgeleitet, andererseits wie ein Adjektiv dekliniert. Man bezeichnet daher das Partizip auch als **Verbaladjektiv.**
Im Lateinischen gibt es u. a.

- ein Partizip Präsens Aktiv (vgl. **im Deutschen** „Partizip I", z. B. rufe-nd),
- ein Partizip Perfekt Passiv (vgl. **im Deutschen** „Partizip II", z. B. ge-frag-t).

	Präsens-Stamm	Bildungselement	Ausgänge der o-/ā-Deklination	
vocāre	vocā	t	-us, -a, -um	gerufen
explēre	explē	t	-us, -a, -um	erfüllt
audīre	audī	t	-us, -a, -um	gehört
dēserere	dēser	t	-us, -a, -um	verlassen

▸ Der **Präsens-Stamm** kann aber auch **verkürzt** oder **erweitert** und dabei lautlich **verändert** sein:

	Präsens-Stamm		Partizip Perfekt Passiv	
adiuvāre	adiuvā-	> adiuv-	adiūtus, -a, -um	unterstützt
removēre	removē-	> remov-	remōtus, -a, -um	entfernt
relinquere	relinqu-	> relīqu-	relictus, -a, -um	zurückgelassen
cognōscere	cognōsc-	> cognō-	cógnitus, -a, -um	erkannt
petere	pet-		petītus, -a, -um	erstrebt

Das **Bildungselement -t-** kann dabei zu **-s-** verändert sein:

vidēre	vidē-	> vid-	vīsus, -a, -um	gesehen
occīdere	occīd-		occīsus, -a, -um	getötet
pellere	pell-	> pel-	pulsus, -a, -um	getrieben

Das Partizip Perfekt Passiv (PPP) wird wie die Adjektive der *ā-/o-*Deklination (↗ G 5.2.4) dekliniert.

2 Partizip Perfekt Passiv als Attribut und als Adverbiale

2.1 Partizip Perfekt Passiv als Attribut

① Ecce! Ibī est **āra** Pācis ab Augustō **exstrūcta!**	Schau! Dort steht der von Augustus erbaute Altar des Friedens / der Altar, der von Augustus erbaut worden ist / wurde!
② Lupa **puerōs expositōs** invēnit.	Eine Wölfin fand die ausgesetzten Jungen / die Jungen, die ausgesetzt worden waren.

1) *particeps, -cipis*: teilhabend (nämlich an Merkmalen von Verb und Adjektiv).

a) Syntaktische Funktion

Das **Partizip Perfekt Passiv** (PPP) kann wie ein Adjektiv die **syntaktische Funktion** des **Attributs** erfüllen (↗ G 2.1).

Das PPP ist dann dem Subjekt ①, dem Objekt ② oder auch dem Adverbiale als **Satzgliedteil** beigefügt; dabei stimmt es mit diesen Satzgliedern in **K**asus, **N**umerus und **G**enus überein (KNG-Kongruenz).

Im Satzmodell:

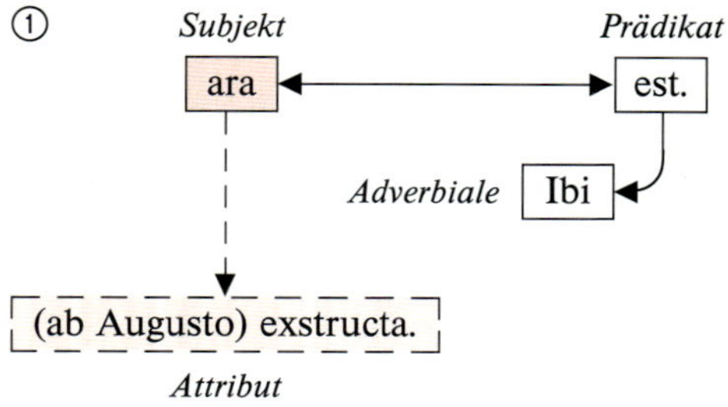

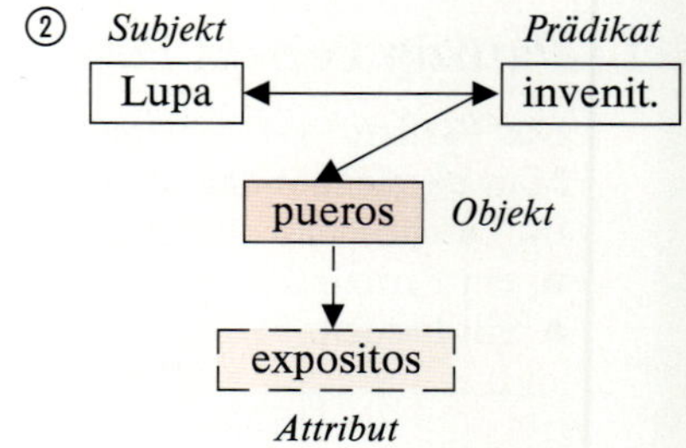

b) Übersetzung

L → D

Das als Attribut gebrauchte PPP kann übersetzt werden
- durch ein **Partizip** ②,
- durch einen **Relativsatz** (↗ G 13.1.3) ① ②.

Die Übersetzung mit einem Relativsatz empfiehlt sich besonders, wenn das PPP durch zusätzliche Angaben (z. B. *ab Augustō*) näher bestimmt ist. ①

2.2 Partizip Perfekt Passiv als Adverbiale: Participium coniunctum

① Iūlia ex Italiā **remōta** maesta erat.	Julia war traurig, nachdem / als / weil } sie aus Italien verbannt worden war. nach / wegen } ihrer Verbannung aus Italien.
② Amīcī Iūli**am** ex Italiā **remōtam** nōn dēseruērunt.	Die Freunde ließen Julia, nachdem / als / obwohl } sie aus Italien verbannt worden war, nach / trotz } ihrer Verbannung aus Italien nicht im Stich. Julia war aus Italien verbannt worden; dennoch ließen ihre Freunde sie nicht im Stich.

a) Syntaktische Funktion

Die in den Sätzen ① und ② vorkommenden Partizipien *(remōta, remōtam)* beziehen sich **der Form nach** auf ein **bestimmtes Satzglied** (Subjekt bzw. Objekt). Dabei stimmen sie in **K**asus, **N**umerus und **G**enus mit diesen Satzgliedern überein (KNG-Kongruenz). Sie sind diesen Satzgliedern aber nicht als Attribut (↗ G 14.2.1) beigefügt, sondern geben **zusätzliche** Informationen über **Umstände**, unter denen sich der im Prädikat ausgedrückte Vorgang vollzieht.

Sie erfüllen demnach die **syntaktische Funktion** des **Adverbiales**.

Ein Partizip, das einerseits die syntaktische Funktion des Adverbiales erfüllt, andererseits mit einem anderen Satzglied in KNG-Kongruenz ‚verbunden' ist, nennt man

Participium coniunctum[1] (PC)

PC

Im Satzmodell:

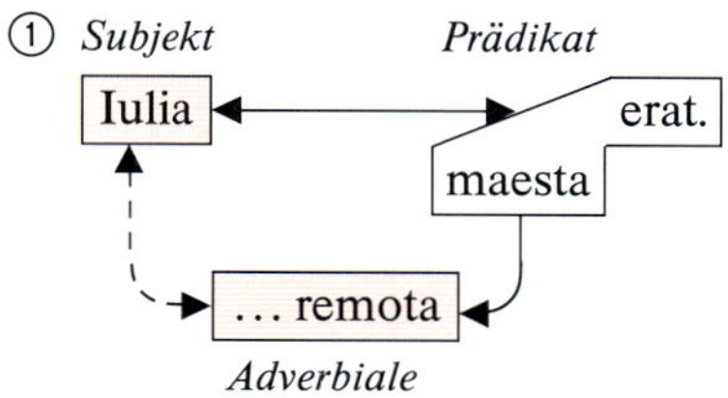

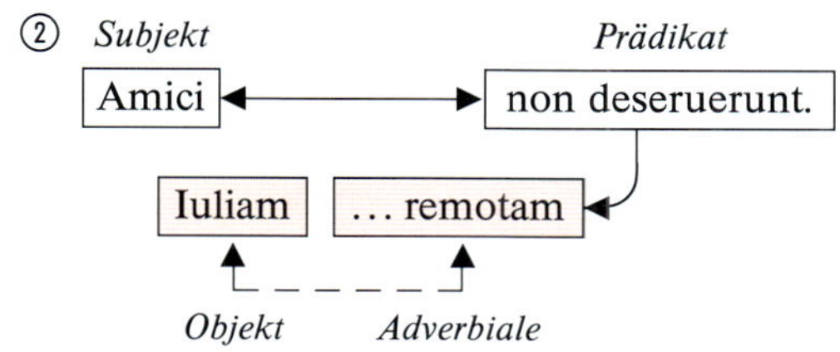

b) Zeitverhältnis

Das **Partizip Perfekt Passiv** in der syntaktischen Funktion des Adverbiales drückt eine **Vorzeitigkeit** aus, d. h. die durch das Partizip Perfekt Passiv ausgedrückte Handlung liegt **zeitlich vor** der Handlung, über die das Prädikat eine Aussage macht:

Partizip der Vorzeitigkeit

c) Sinnrichtung

Das **Participium coniunctum** kann im Textzusammenhang verschiedene **Sinnrichtungen** ausdrücken, z. B. eine *temporale*[2], *kausale*[3] oder *konzessive*[4].

d) Übersetzung

L → D

Das Participium coniunctum kann wiedergegeben werden
- durch **Unterordnung**, d. h. durch Bildung eines Satzgefüges (↗ G 7.3.2),
- durch **Beiordnung**, d. h. durch Bildung einer Satzreihe (↗ 7.3.1),
- durch **präpositionale Verbindung**.

Sinnrichtung (semantische Funktion)	Übersetzungsmöglichkeiten des Participium coniunctum (Partizip der Vorzeitigkeit)		
	Unterordnung/Gliedsatz	Beiordnung/Satzreihe	präpositionale Verbindung
temporal/ zeitlich	nachdem, als	(und) danach	nach
kausal/ begründend	da, weil	(und) deshalb (und) daher	wegen, auf Grund, infolge
konzessiv/ einräumend	obwohl, obgleich	(und) trotzdem (und) dennoch	trotz, bei

1) *coniungere*: verbinden 2) *tempus*: Zeit 3) *causa*: Grund 4) *concēdere*: zugestehen, einräumen

G14

2.3 Partizip der Vorzeitigkeit: Adverbiale oder Attribut

- Wie das als **Adverbiale** gebrauchte **Partizip Perfekt Passiv** (↗ G 14.2.2: *Participium coniunctum*) drückt auch das als **Attribut** gebrauchte **Partizip Perfekt Passiv** (↗ G 14.2.1) eine **Vorzeitigkeit** aus.
  Beide Partizipien können durch zusätzliche Angaben näher bestimmt sein.
- Im Lateinischen sind solche zusätzlichen Angaben zwischen Bezugswort und Partizip gestellt. Diese Stellung nennt man

geschlossene Wortstellung

Die Entscheidung darüber, ob das Partizip der Vorzeitigkeit (PPP) als Adverbiale oder als Attribut aufzufassen ist, kann nur aus dem Textzusammenhang getroffen werden.

3 Verb: Indikativ Perfekt Passiv

① Puer **vocātus est.**	Der Junge **ist gerufen worden / wurde gerufen.**
② Puell**ae** **vocātae sunt.**	Die Mädchen **sind gerufen worden / wurden gerufen.**

a) Bildung
Das **Perfekt Passiv** besteht aus zwei Wörtern:
- dem Partizip Perfekt Passiv (PPP) und
- den Präsensformen von *esse: sum, es* usw.

b) Syntaktische Funktion
In der Verbindung mit der Copula *esse* erfüllt das **Partizip Perfekt Passiv** (PPP) als **Prädikatsnomen** die **syntaktische Funktion** des **Prädikats** (↗ G 2.2). Das Partizip Perfekt Passiv (PPP) stimmt mit dem **Subjekt** des Satzes in **Kasus, Numerus** und **Genus** überein.

Im Satzmodell:

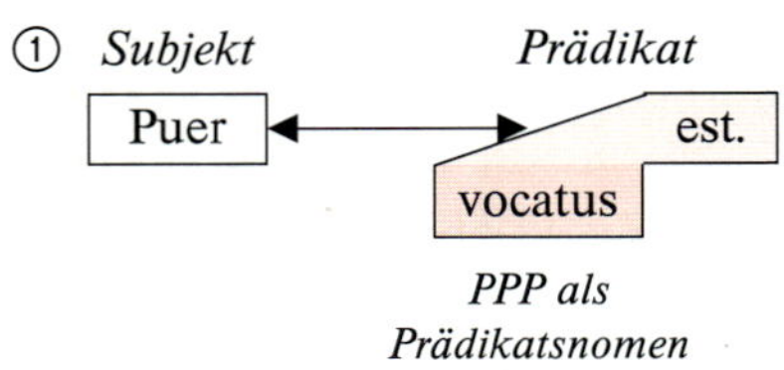

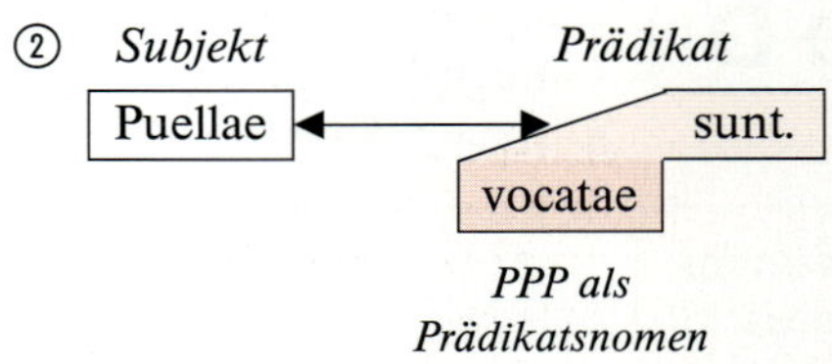

c) Konjugationsschema

Sg.	vocātus, -a, (-um)	**sum**	ich bin gerufen worden / wurde gerufen
		es	du bist gerufen worden / wurdest gerufen
		est	er / sie / es ist gerufen worden / wurde gerufen
Pl.	vocātī, -ae, (-a)	**sumus**	wir sind gerufen worden / wurden gerufen
		estis	ihr seid gerufen worden / wurdet gerufen
		sunt	sie sind gerufen worden / wurden gerufen

L → D

Das **Perfekt Passiv** wird, wenn es als **narratives Perfekt** verwendet ist, in der Regel mit dem **Präteritum** wiedergegeben, wenn es als **konstatierendes Perfekt** verwendet ist, jedoch mit dem **Perfekt** (↗ G 10.1.1).

4 Substantiv: Konsonantische Deklination – Neutra

Wie zur *o*-Deklination (↗ G 4.3.1: *templum, -ī*) gehören auch zur Konsonantischen Deklination Substantive mit **sächlichem** Geschlecht: **Neutra**.

Deklinationsschema

	Mensch	*Mutter*	*Name*	*Körper*	*Verbrechen*
	Maskulinum	Femininum	Neutra		
Sg. N.	homō	múlier	nōm*en*	corp*us*	scel*us*
G.	hóminis	mulíeris	nṓminis	córporis	scéleris
D.	hóminī	mulíerī	nṓminī	córporī	scélerī
Akk.	hóminem	mulíerem	nōm*en*	corp*us*	scel*us*
Abl.	hómine	mulíere	nṓmine	córpore	scélere
Pl. N.	hóminēs	mulíerēs	nṓmin**a**	córpor**a**	scéler**a**
G.	hóminum	mulíerum	nṓminum	córporum	scélerum
D.	homínibus	muliéribus	nōmínibus	corpóribus	sceléribus
Akk.	hóminēs	mulíerēs	nṓmin**a**	córpor**a**	scéler**a**
Abl.	homínibus	muliéribus	nōmínibus	corpóribus	sceléribus

Erläuterungen:
Im Nominativ und Akkusativ Singular ist immer der reine Wortstamm zu erkennen: *nōmen, corpus, scelus.* In allen anderen Kasus des Singular und Plural treten die Ausgänge an einen Wortstock, der einem *veränderten* Wortstamm entspricht, z. B. im Genitiv Singular:

	Wortstock	Ausgang	
N. Sg.	nōmen	–	
G. Sg.	nōm*in*	is	< nōmen-is (↗ L 7: Vokalschwächung)
N. Sg.	corpus	–	< corpos (↗ L 11.1: Vokaländerung)
G. Sg.	corp*or*	is	< corpos-is (↗ L 12: Rhotazismus)
N. Sg.	scelus	–	< scelos (↗ L 11.1: Vokaländerung)
G. Sg.	scel*er*	is	< scelos-is (↗ L 7: Vokalschwächung und Rhotazismus)

Beachte:
Wie bei den Neutra der *o*-Deklination haben auch bei den **Neutra** der **Konsonantischen Deklination Nominativ** und **Akkusativ** dieselbe Form.
Dabei haben Nominativ und Akkusativ **Plural** immer den Ausgang **-a**.

G15

1. **Verb: Indikativ Plusquamperfekt Aktiv**
2. **Substantiv: ĭ-Deklination**

---

3. **Verb: Indikativ Plusquamperfekt Passiv**
4. **Demonstrativ-Pronomen: ipse, ipsa, ipsum**

1 Verb: Indikativ Plusquamperfekt Aktiv

1.1 Das **Plusquamperfekt Aktiv** ist vom **Perfekt-Aktiv-Stamm** (↗ G 10.3; G 10.5; G 11.2.1/2) gebildet.

Perfekt-Aktiv-Stamm	Endung: Tempus-Zeichen	Endung: Person-Zeichen		
vocāv	era	t	er, sie, es	hatte gerufen
explēv	era	t	er, sie, es	hatte erfüllt
vēn	era	t	er, sie, es	war gekommen
fu	era	t	er, sie, es	war gewesen

Das Plusquamperfekt Aktiv ist am Tempus-Zeichen **-era-** zu erkennen; dieses tritt zwischen Perfekt-Aktiv-Stamm und Person-Zeichen.

1.2 Konjugationsschema

Sg. 1. P.	vocā́v**eram**	ich	hatte	gerufen
2. P.	vocā́v**erās**	du	hattest	gerufen
3. P.	vocā́v**erat**	er/sie/es	hatte	gerufen
Pl. 1. P.	vocāv**erā́mus**	wir	hatten	gerufen
2. P.	vocāv**erā́tis**	ihr	hattet	gerufen
3. P.	vocā́v**erant**	sie	hatten	gerufen

Entsprechend:

v-Perfekt:
audīv- eram / petīv- eram *usw.* ich hatte { gehört / verlangt

u- Perfekt:
timu- eram / genu- eram / potu- eram *usw.* ich hatte { gefürchtet / erzeugt / gekonnt/können

s- Perfekt:
māns- eram / dūx- eram *usw.* ich { war geblieben / hatte geführt

Dehnungsperfekt:
vēn-eram / lēg-eram *usw.* ich { war gekommen / hatte gelesen

Reduplikationsperfekt:
ded-eram / didic-eram *usw.* ich hatte { gegeben / gelernt

Perfekt ohne Veränderung:
comprehend-eram *usw.* ich hatte erfasst

1.3 Verwendung des Plusquamperfekts

① Menelāus valdē dolē**bat**, quod Paris Hélenam ē Graeciā **abdūxerat**.	Menelaus war sehr betrübt, weil/dass Paris Helena aus Griechenland **entführt hatte**.
② Itaque ducibus Graecōrum Trōiam expūgnāre plac**uit**.	Daher beschlossen die Heerführer der Griechen Troja zu erobern.

Das **Plusquamperfekt** bezeichnet **Vorgänge** auf der Zeitstufe der **Vergangenheit.**
Insbesondere bezeichnet es für eine beschriebene Situation (*dolēbat* ①) oder ein erzähltes Geschehen (*placuit* ②) **die Vorgeschichte**, deren Kenntnis Voraussetzung für das Verständnis der Situation bzw. des Geschehens ist.

2 Substantiv: ĭ-Deklination

Zur *ĭ*-Deklination gehören einige Substantive auf *-is,* die **Feminina** sind (z. B. *turris*: Turm), sowie einige **Neutra** (z. B. *mare*: Meer).

2.1 Bildung

Der Wortstamm solcher Substantive lautet auf **-ĭ-** aus: **-ĭ-** ist demnach der **Kennvokal.**

	Wortstamm		Kasus-Zeichen
	Wortstock	Ausgang	
		Kennvokal	
N. Sg.	turr	ĭ	s
G. Pl.	turr	ĭ	um

Der Kennvokal **-ĭ-** ist in den meisten Ausgängen erhalten:

	Singular		Plural	
	Femininum	Neutrum	Femininum	Neutrum
N.	-is	-e	-ēs	-ia
G.	-is		-ium	
D.	-ī		-ibus	
Akk.	-im	-e	-ēs / -īs	-ia
Abl.	-ī		-ibus	

2.2 Deklinationsschema

Ein Vergleich der **ĭ-Deklination** mit der **Konsonantischen Deklination** zeigt die wenigen Unterschiede in den Kasusausgängen:

Feminina

	Konsonant. Deklination	ĭ-Deklination	
	Frau	*Turm*	
Sg. N.	mulier	turris	
G.	mulíeris	turris	
D.	mulíerī	turrī	
Akk.	mulíerem	turrim	-im
Abl.	mulíere	turrī	-ī
Pl. N.	mulíerēs	turrēs	
G.	mulíerum	túrrium	-ium
D.	muliéribus	túrribus	
Akk.	mulíerēs	turrēs(-īs)	
Abl.	muliéribus	túrribus	

Neutra

Konsonant. Deklination	ĭ-Deklination	
Name	*Meer*	
nṓmen	mare	
nṓminis	maris	
nṓminī	marī	
nṓmen	mare	
nṓmine	marī	-ī
nṓmina	mária	-ia
nṓminum	márium	-ium
nōmínibus	máribus	
nṓmina	mária	-ia
nōmínibus	máribus	

2.3 Die Deklination von *vīs* ist im Singular unvollständig, von *moenia* gibt es keine Formen im Singular.

	Singular	Plural	Plural
	Kraft	*(Streit-)Kräfte*	*Mauern*
N.	vīs	vīrēs	moenia
G.	–	vīrium	moenium
D.	–	vīribus	moenibus
Akk.	vim	vīrēs	moenia
Abl.	vī	vīribus	moenibus

3 Plusquamperfekt Passiv – Bildung

Das **Plusquamperfekt Passiv** besteht aus zwei Wörtern:
- aus dem Partizip Perfekt Passiv (PPP) (↗ G 14.1.1) und
- aus den Imperfektformen von *esse: eram, erās* usw. (↗ G 10.2).

Konjugationsschema

Sg.	vocātus, -a, (-um)	**eram** **erās** **erat**	ich war du warst er/sie/es war	gerufen worden
Pl.	vocātī, -ae, (-a)	**erāmus** **erātis** **erant**	wir waren ihr wart sie waren	gerufen worden

4 Demonstrativ-Pronomen: ipse, ipsa, ipsum

Sychaeus, Dīdōnis coniūnx, ā frātre occīsus erat.	Sychaeus, Didos Ehemann, war von seinem Bruder ermordet worden.
① Dīdō **ipsa** fugam capessīverat.	Dido **selbst** hatte die Flucht ergriffen.
② Posteā rēgīna Dīdō Aenēam amāvit; Aenēās et **ipse** eam amāvit.	Später liebte Königin Dido Äneas; Äneas **seinerseits** liebte sie auch.
③ Sed ab **ipsō** patre deōrum dē officiō admonitus est.	Aber er wurde vom Göttervater **persönlich** an seine Pflicht erinnert.
④ Id **ipsum** apud Vergilium legimus.	**Gerade / Eben** dies lesen wir bei Vergil.

L → D

ipse, ipsa, ipsum hebt einen Begriff besonders stark hervor.
Im Deutschen lässt sich *ipse (selbst* ①) je nach Textzusammenhang verschieden wiedergeben, z.B. durch *seinerseits* ②, *persönlich* ③ oder *gerade/eben* ④.

Deklinationsschema

	ipse, ipsa, ipsum *selbst*					
	Singular			Plural		
	m	f	n	m	f	n
N.	ipse	ipsa	ipsum	ipsī	ipsae	ipsa
G.		ips**īus**		ipsōrum	ipsārum	ipsōrum
D.		ips**ī**			ipsīs	
Akk.	ipsum	ipsam	ipsum	ipsōs	ipsās	ipsa
Abl.	ipsō	ipsā	ipsō		ipsīs	

ipsīus, ipsī: ↗ G 13.1.2: *cuius, cui;* G 13.2.2: *eius, eī*

G16

1. Akkusativ mit Infinitiv (AcI)
2. Pronomina der 3. Person im AcI

3. AcI: Zeitverhältnis der Gleichzeitigkeit und der Vorzeitigkeit
4. Kongruenz im AcI

1 Akkusativ mit Infinitiv (AcI)

① Lāocoōn **Trōiānōs** in perīculō **esse** *putat.*	Laokoon *glaubt,* **dass** die Trojaner in Gefahr sind.
② Itaque **Graecōs** Trōiānīs īnsidiās **parāre** *dīcit.*	Daher *sagt* er, **dass** die Griechen den Trojanern eine Falle stellen.
③ Iam valdē *dolet* **turbam** dōnum Graecōrum **stupēre.**	Schon *ist* er sehr (darüber) *betrübt,* **dass** die Menge das Geschenk der Griechen bestaunt.
④ **Lāocoontem** Trōiānīs prūdentiā **praestāre** *appāret.*	**Dass** Laokoon die Trojaner an Weitsicht übertrifft, *ist offensichtlich.*

1.1 Konstruktion des AcI

Das Bauelement AcI in ① Trōiānōs in perīculō esse ist so aufgebaut, dass es einen vollständigen Satz mit einem ‚Subjekt' (im Akkusativ) und einem ‚Prädikat' (im Infinitiv) enthält.
Dieser Satz macht eine Aussage über einen Sachverhalt, der als tatsächlich aufgefasst wird:

Trōiānī in perīculō sunt.

Der AcI stellt also eine **satzwertige** Konstruktion dar.

<Trōiānī in perīculō sunt.>
Lāocoōn Trōiānōs in perīculō esse putat.

AcI

1.2 Syntaktische Funktion des AcI

In ① – ③ erfüllt der AcI die **syntaktische Funktion** des **Objekts** (Frage: *Was glaubt Laokoon*? ①).
In ④ erfüllt der AcI die **syntaktische Funktion** des **Subjekts** (Frage: *Was ist offensichtlich*?).

Im Satzmodell:

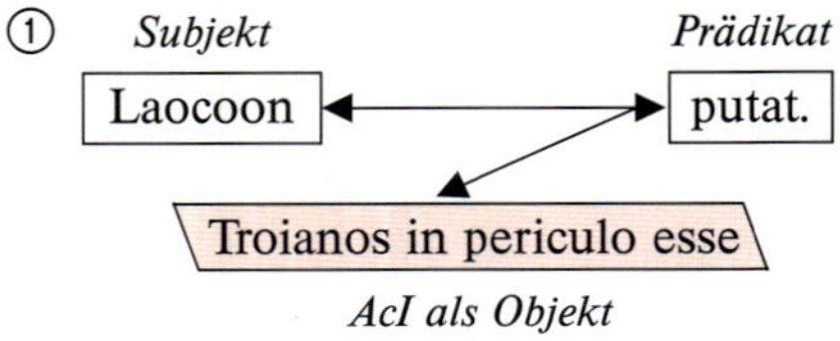

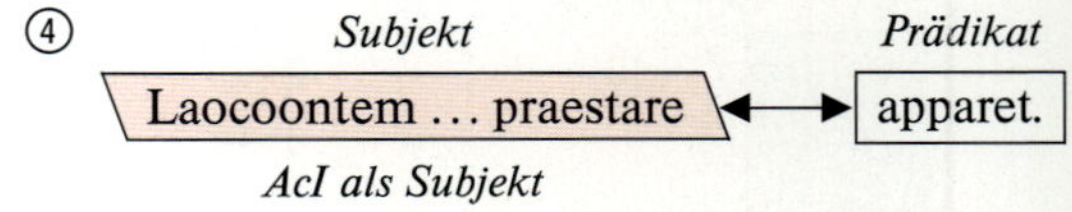

1.3 Verben mit AcI

Der AcI in der syntaktischen Funktion des **Objekts** findet sich nach Verben
① des **Glaubens,** der **Wahrnehmung** und des **Wissens**, z. B.
putāre, sentīre; vidēre, audīre; intellegere, (ne-)scīre,
② des **Sagens**, z. B.
dīcere, negāre, nārrāre, clāmāre,
③ der **Gemütsbewegung**, z. B.
gaudēre, dolēre.
Der AcI in der syntaktischen Funktion des **Subjekts** findet sich nach
④ **unpersönlichen Verben**, z. B.
cōnstat, appāret.

1.4 Übersetzung des AcI

Lāocoōn **Trōiānōs** in perīculō **esse** *putat.*	① Laokoon *glaubt,* **dass** die Trojaner in Gefahr sind/seien. ② Laokoon glaubt, die Trojaner sind/seien in Gefahr.

Die Übersetzung des AcI erfordert in der Regel einen **Umbau der Satzstruktur** in einen **Gliedsatz** mit **dass**-Anschluss. ①
Manchmal lässt sich der AcI auch in einer **verkürzten** Struktur wiedergeben. ②
Es gilt folgende Umbauregel:

L → D

Lateinisch: AcI		Deutsch: Gliedsatz	
… Trōiānōs in perīculō esse …		… dass die Trojaner in Gefahr sind.	
(Subjekts-) AKKUSATIV	(Prädikats-) INFINITIV	… dass … SUBJEKT	PRÄDIKAT

2 Pronomina der 3. Person im AcI

Lāocoōn sōlus inter Trōiānōs prūdentiam Ulixis timet.	Unter den Trojanern fürchtet allein Laokoon die Gerissenheit des Odysseus.
① Lāocoōn **eum** cum dolō **eīs** īnsidiās parāre scit.	Laokoon weiß, dass **er ihnen** listig eine Falle stellt.
② Itaque Lāocoōn **sē**/vītam **suam** in perīculō esse putat.	Deshalb glaubt Laokoon, **er/sein** Leben sei in Gefahr.
③ Sed multī Trōiānī **sibi**/vītae **suae** perīculum imminēre negant.	Aber viele Trojaner sagen, dass **ihnen/ihrem** Leben keine Gefahr drohe.

2.1 Personal-Pronomen

Das **nicht-reflexive Personal-Pronomen** der 3. Person *is, ea, id* ① weist auf ein Nomen im **vorausgehenden** Satz hin: *eum* → *Ulixes; eīs* → *Trōiānōs.*

2.2 Reflexiv-Pronomen in Beziehung auf das Subjekt des Satzes

Reflexives Personal-Pronomen (↗ G 12.3) und **reflexives Possessiv-Pronomen** (↗ G 9.4.2) beziehen sich in der Regel auf das **Subjekt des Satzes** ‚zurück'. ② ③

2.3 Reflexiv-Pronomen in Beziehung auf das ‚Subjekt' des AcI

Trōiānī nesciunt **sē** Graecīs **sē**/vītam **suam** prōdere.	Die Trojaner wissen nicht, dass **sie sich/ihr** Leben den Griechen preisgeben.

Das **reflexive Personal-Pronomen** und das **reflexive Possessiv-Pronomen** können selbstverständlich auch in **Rückbeziehung** auf das **‚Subjekt' des AcI** stehen.

3 AcI: Zeitverhältnis der Gleichzeitigkeit und der Vorzeitigkeit

① Lāocoōn Trōiānōs in perīculō **esse** putat/putābat.	Laokoon glaubt/glaubte, dass die Trojaner in Gefahr **sind/seien.**
② Itaque dīcit/dīxit Ulixem iam saepe Trōiānīs īnsidiās **parāvisse.**	Daher sagt/sagte er, dass Odysseus den Trojanern schon oft eine Falle **gestellt habe.**
③ Eōs autem ā sacerdōte bene **monitōs esse** appāret/appāruit.	Dass diese aber von dem Priester zu Recht **gewarnt wurden/waren,** ist/war offensichtlich.

- Der **Infinitiv Präsens** Aktiv drückt aus,
dass der Vorgang des AcI **gleichzeitig** mit dem Prädikatsvorgang abläuft. ①

Infinitiv Präsens Aktiv	Infinitiv der Gleichzeitigkeit
es-*se* vocā-re monē-re audī-re pell-*e*-re comprehend-*e*-re	Der Vorgang des AcI läuft auf der gleichen Zeitstufe ab wie der Prädikatsvorgang.

- Der **Infinitiv Perfekt** Aktiv/Passiv drückt aus,
dass der Vorgang des AcI **vor** dem Prädikatsvorgang **abgeschlossen** ist. ② ③

Infinitiv Perfekt Aktiv	Infinitiv Perfekt Passiv	Infinitiv der Vorzeitigkeit
fu-isse vocāv-isse monu-isse lēg-isse pepul-isse comprehend-isse	vocā / moni / lēc → tum / -am / -ōs / -ās / -a esse pul / comprehēn → sum / -am / -ōs / -ās / -a esse	Der Vorgang des AcI ist vor dem Prädikatsvorgang abgelaufen.

4 Kongruenz im AcI

4.1 Attribut und Prädikatsnomen

① Lāocoōn ab Ulixe īnsidi**ās** **malās** parāt**ās** esse putat.	Laokoon glaubt, dass von Odysseus eine **üble** Falle **gestellt worden ist/sei.**
② Is enim prūdenti**am** eius **māgnam** esse scit.	Er weiß nämlich, dass dessen/seine Gerissenheit **groß** ist.

Sowohl das **Attribut** (*malās* ①) als auch das **‚Prädikatsnomen'** (*parātās* ①, *māgnam* ②) im AcI richten sich entsprechend den Regeln der KNG-Kongruenz (↗ G 2.1.3) nach dem **‚Subjekt' im AcI**; wie das ‚Subjekt' stehen also auch **Attribut** und **‚Prädikatsnomen'** im **Akkusativ.**

Im Satzmodell:

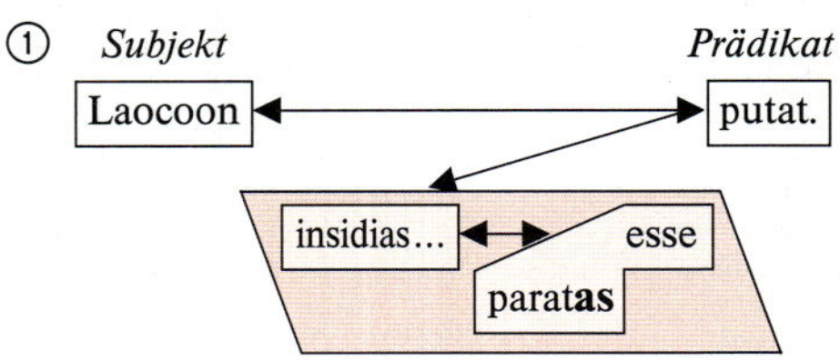

AcI als Objekt

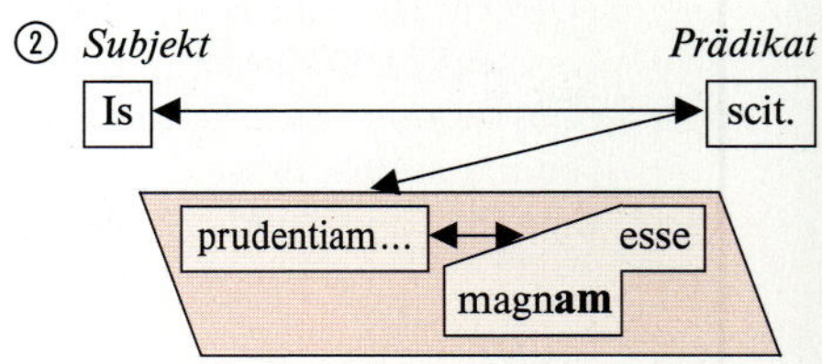

AcI als Objekt

4.2 Prädikatsnomen und Reflexiv-Pronomen *sē*

①	Amī**cus** / Amī**ca** dīcit sē laet**um** / laet**am** esse.	Der Freund / Die Freundin, sagt, dass er / dass sie froh ist.
②	Amī**cī** / Amī**cae** dīcunt sē laet**ōs** / laet**ās** esse.	Die Freunde / Die Freundinnen sagen, dass sie froh sind.

Als ‚Subjekt' eines AcI kann das reflexive Personal-Pronomen sich auf ein Subjekt des Satzes zurückbeziehen, das als Maskulinum oder Femininum im Singular ① oder im Plural ② steht; an der **Kongruenz** des **‚Prädikatsnomens'** ist die Bedeutung von *sē* zusätzlich zu erkennen.

1. Verb: Futur I Aktiv der ā-/ē-Konjugation; esse – posse
2. Substantiv: Konsonantische Deklination – Mischdeklination

---

3. Verb: Futur I Aktiv der ī-Konjugation / Konsonantischen Konjugation
4. Demonstrativ-Pronomen: ille, illa, illud

1 Verb: Futur I Aktiv der ā-/ē-Konjugation; esse – posse

1.1

Pater Aeneae:	*Der Vater zu Äneas:*
① Nunc tē tua fāta docē**bō**.	Jetzt **werde** ich dich über dein Schicksal **aufklären / kläre ich … auf.**
② Tū novam urbem aedificā**bis**.	Du **wirst** eine neue Stadt **bauen.**
③ Quā in urbe multōs annōs rēgēs rēgnā**bunt**.	In dieser Stadt **werden** viele Jahre Könige **herrschen.**

Das **Futur I** ist ein Tempus der **Zukunft.**
Es bezeichnet demnach Handlungen und Geschehnisse, die in der Zukunft **eintreten** werden ① ② bzw. die in der Zukunft **andauern** werden ③.

L → D

Das **Futur** kann im Deutschen mit dem **Präsens** wiedergegeben werden, wenn ein Zeitadverb (z. B. *nunc* ①) oder der Zusammenhang klar stellen, dass der Prädikatsvorgang in der Zukunft abläuft.

1.2 Bildung: ā-/ē-Konjugation

Das Futur I ist vom Präsens-Stamm gebildet.

Präsens-Stamm	Endung				
	Tempus-Zeichen	*Bindevokal*	Person-Zeichen		
vocā	b		ō	ich werde	rufen
vidē	b		ō	ich werde	sehen
vocā	b	*i*	mus	wir werden	rufen
vidē	b	*u*	nt	sie werden	sehen

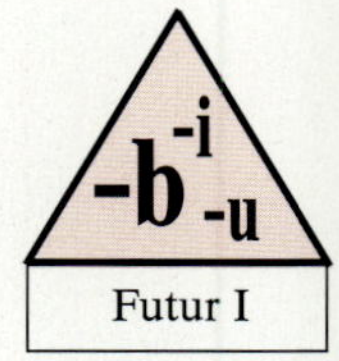

Die Formen des Futur I sind in der *ā-/ē*-Konjugation an dem Tempus-Zeichen **-b-** zu erkennen; es tritt zwischen Präsens-Stamm und Person-Zeichen. Dabei steht vor einem konsonantisch anlautenden Person-Zeichen ein Bindevokal *-i-* oder *-u-* (↗ L 10: Vokalentfaltung).

1.3 Konjugationsschema

	ā-Konj.			ē-Konj.		
Sg. 1. P.	vocā́**bō**	ich werde	rufen	vidḗ**bō**	ich werde	sehen
2. P.	vocā́**b***is*	du wirst		vidḗ**b***is*	du wirst	
3. P.	vocā́**b***it*	er/sie/es wird		vidḗ**b***it*	er/sie/es wird	
Pl. 1. P.	vocā́**b***i*mus	wir werden		vidḗ**b***i*mus	wir werden	
2. P.	vocā́**b***i*tis	ihr werdet		vidḗ**b***i*tis	ihr werdet	
3. P.	vocā́**b***u*nt	sie werden		vidḗ**b***u*nt	sie werden	

▶ **esse – posse**

Die Formen des Futur I von *esse* und *posse* werden vom Präsens-Stamm ***er-*** bzw. ***pot-er-*** gebildet. Ein gesondertes Tempus-Zeichen gibt es nicht.

Sg. 1. P.	érō	ich werde	sein	póterō	ich werde	können/in der Lage sein
2. P.	ér*is*	du wirst		póter*is*	du wirst	
3. P.	ér*it*	er/sie/es wird		póter*it*	er/sie/es wird	
Pl. 1. P.	ér*i*mus	wir werden		potér*i*mus	wir werden	
2. P.	ér*i*tis	ihr werdet		potér*i*tis	ihr werdet	
3. P.	ér*u*nt	sie werden		póter*u*nt	sie werden	

Der Präsens-Stamm *er-* hat sich durch Rhotazismus (↗ L 12) aus *es-* entwickelt (↗ G 10.2).
Vor einem konsonantisch anlautenden Person-Zeichen steht ein Bindevokal *-i-* oder *-u-* (↗ G 17.1.2).

2 Substantiv: Konsonantische Deklination – Mischdeklination

Als **Mischdeklination** wird eine Gruppe von Substantiven bezeichnet, deren Deklination mit einer Ausnahme in allen Kasus der **Konsonantischen Deklination** (↗ G 12.2.3) gleicht: nur der **Genitiv Plural** entspricht dem der **ĭ-Deklination** (↗ G 15.2.1/2).

Deklinationsschema

	Konsonant. Deklination	Misch-deklination		ī-Deklination
	Sieger	*Stadt*	*Schiff*	*Turm*
Sg. N.	victor	urbs	nāvis	turris
G.	victōris	urb**is**	nāv**is**	turris
D.	victōrī	urb**ī**	nāv**ī**	turrī
Akk.	victōrem	urb**em**	nāv**em**	turrim
Abl.	victōre	urb**e**	nāv**e**	turrī
Pl. N.	victōrēs	urb**ēs**	nāv**ēs**	turrēs
G.	victōrum	úrb**ium**	nā́v**ium**	túrrium
D.	victōribus	úrb**ibus**	nā́v**ibus**	túrribus
Akk.	victōrēs	urb**ēs**	nāv**ēs**	turrēs (-īs)
Abl.	victōribus	úrb**ibus**	nā́v**ibus**	túrribus

-ium

Die **Nominativ-Singular-Formen** der Substantive der Mischdeklination sind in der Regel

- entweder **einsilbig**: *urbs,* Gen. Sg. *urbis; mōns (< mont-s),* Gen. Sg. *montis*
- oder **zweisilbig**: *nāvis,* Gen. Sg. *nāvis; vātēs,* Gen. Sg. *vātis.*

3 Verb: Futur I Aktiv der ī-/Konsonantischen Konjugation

3.1 Bildung

Präsens-Stamm	Endung: Tempus-Zeichen	Endung: Person-Zeichen		
veni / dīc	a	m	ich werde	kommen / sagen
veni	ē	mus	wir werden	kommen
dīc	e	nt	sie werden	sagen

-a-
-e-
Futur I

In der *ī*-/Konsonantischen Konjugation sind die Formen des Futur I zu erkennen am Tempus-Zeichen **-a-** (1. Person Singular) bzw. am Tempus-Zeichen **-ē/e-** (in allen anderen Personen des Singulars und Plurals).

3.2 Konjugationsschema

	ī-Konj.			Kons. Konj.		
Sg. 1. P.	véniam	ich werde	kommen	dī́cam	ich werde	sagen
2. P.	véniēs	du wirst		dī́cēs	du wirst	
3. P.	véniet	er/sie/es wird		dī́cet	er/sie/es wird	
Pl. 1. P.	veniḗmus	wir werden		dīcḗmus	wir werden	
2. P.	veniḗtis	ihr werdet		dīcḗtis	ihr werdet	
3. P.	vénient	sie werden		dī́cent	sie werden	

G17

4 Demonstrativ-Pronomen: ille, illa, illud

Magister:
① **Illīs** temporibus,
quibus Rōma condita est,
vīta hominum aspera erat.
② Tum Rōmulus et Remus,
illī frātrēs ā lupā servātī,
hominēs adiūvērunt.

Der Lehrer:
In jenen (*alten*) Zeiten,
in denen Rom gegründet wurde,
war das Leben der Menschen hart.
Damals haben Romulus und Remus,
jenes (*berühmte*) Brüderpaar, das von
einer Wölfin gerettet worden war, den
Menschen geholfen.

4.1 *ille, illa, illud* weist hin auf

L → D

- das, was **zeitlich** und **räumlich entfernt** vom Sprechenden liegt ①,
- geschichtlich **berühmte** Personen und Dinge ②.

4.2 Deklinationsschema

	ille, illa, illud *jener, jene, jenes*					
	Singular			Plural		
	m	f	n	m	f	n
N.	ille	illa	illu*d*	illī	illae	illa
G.		illī**us**		illōrum	illārum	illōrum
D.		illī			illīs	
Akk.	illum	illam	illu*d*	illōs	illās	illa
Abl.	illō	illā	illō		illīs	

illīus, illī: ↗ G 13.1.2: *cuius, cui;* G 13.2.2: *eius, eī;* G 15.4: *ipsīus, ipsī*

G18

1. Verb: ĭ-Konjugation – Präsens-Stamm
2. Zur Kasuslehre: Dativ des Besitzers
3. Verb: ĭ-Konjugation – Perfekt-Aktiv-Stamm und PPP

1 Verb: ĭ-Konjugation – Präsens-Stamm

Neben den langvokalischen Konjugationen (*ā-, ē-, ī-*Konjugation) kennt das Lateinische auch eine Konjugation, deren Präsens-Stamm auf den kurzen Vokal **-ĭ-** auslautet: **ĭ-Konjugation.**

1.1 Indikativ Präsens

Konjugationsschema

	Langvokalische ī-Konjugation	Kurzvokalische ĭ-Konjugation	Konsonantische Konjugation
Präsens-Stamm	venī-	capĭ-	cēd-
Präsens	véniō vénīs vénĭt venī́mus venī́tis vénĭ*u*nt	cápĭō cápĭs cápĭt cápĭmus cápĭtis cápĭ*u*nt	cḗdō cḗd*i*s cḗd*i*t cḗd*i*mus cḗd*i*tis cḗd*u*nt
Imperativ	vénī! venī́te!	cápe! cápĭte!	cḗde! cḗd*i*te!
Infinitiv Präsens Aktiv	venī́re	cápere	cḗd*e*re

-ĭ- wird vor **-r-** zu **-ĕ-**: capĕ-re (↗ L 7: Vokalschwächung). Die **3. Person Plural Präsens** ist durch den Bindevokal -*ŭ*- erweitert, vgl. véni-***ŭ***-nt und *cēd-**ŭ**-nt.*

Beachte die **Betonungsunterschiede** gegenüber der **lang**vokalischen ī-Konjugation:

ī-Konjugation	**ĭ-Konjugation**
venī́mus venī́te!	cápĭmus cápĭte!

1.2 Indikativ Imperfekt – Futur I

	ī-Konjugation	ĭ-Konjugation	Konsonantische Konjugation
Präsens-Stamm	venī-	capĭ-	cēd-
Imperfekt	veni**ḗbam** veni**ḗbās** *usw.*	capi**ḗbam** capi**ḗbās** *usw.*	cēd**ḗbam** cēd**ḗbās** *usw.*
Futur I	véni**am** véni**ēs** *usw.*	cápi**am** cápi**ēs** *usw.*	cē**dam** cē**dēs** *usw.*

2 Zur Kasuslehre: Dativ des Besitzers

① Quis hortum habet?	Wer hat / besitzt einen Garten?
Tarquinius hortum pulchrum habet.	Tarquinius hat / besitzt einen schönen Garten.
② **Cui** hortus pulcher **est**?	**Wer hat / besitzt** einen schönen Garten?
Tarquiniō hortus pulcher **est.**	**Tarquinius hat / besitzt** einen schönen Garten.

2.1 Der **Dativ** gibt in Verbindung mit der Copula *esse* die **Person** an, die etwas **‚hat / besitzt'**: **Dativ des Besitzers (Dativus possessoris).**

G18

2.2 Der **Dativ des Besitzers** erfüllt als **Prädikatsnomen** in Verbindung mit der Copula *esse* die **syntaktische Funktion** des **Prädikats** (↗ G 2.2).

Im Satzmodell:

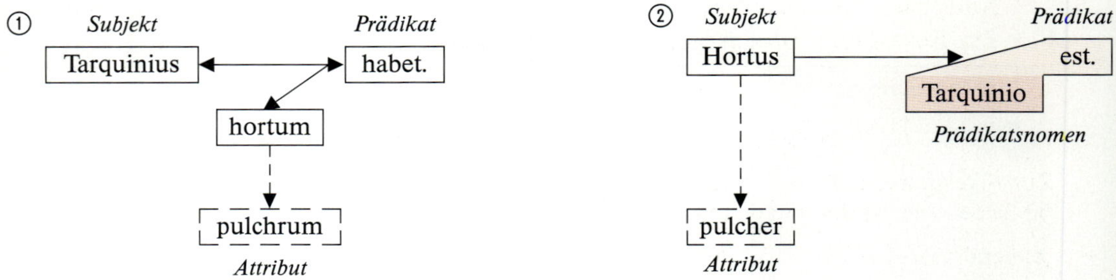

2.3 Umformung

L → D

Lateinisch			Deutsch		
Tarquiniō	hortus	est.	Tarquinius	hat	einen Garten.
Prädikatsnomen	SUBJEKT	Form von *esse*	SUBJEKT	Form von haben / besitzen	OBJEKT

3 Verb: ĭ-Konjugation – Perfekt-Aktiv-Stamm und PPP

Perfekt / Plusquamperfekt Aktiv und **Partizip Perfekt Passiv** der kurzvokalischen ĭ-Konjugation folgen den Bildungsweisen der **langvokalischen** Konjugationen und der **Konsonantischen** Konjugation (↗ G 10.3; G 10.5; G 11.2.1/2; G 14.1).

Präsens-Stamm	Perfekt-Aktiv-Stamm	Endung
cupĭ-	cupī**v**	**it / erat**
dīripĭ-	dīrip**u**	**it / erat**
suspicĭ-	suspe**x**	**it / erat**
facĭ-	f**ē**c	**it / erat**
parĭ-	**pé**per	**it / erat**

Partizip Perfekt Passiv

Präsens-Stamm	Bildungs-element	Ausgang
cupī	**t**	**us, -a, -um**
dīrep	**t**	**us, -a, -um**
suspec	**t**	**us, -a, -um**
fac	**t**	**us, -a, -um**
par	**t**	**us, -a, -um**

dīrep < *dīrip; suspec* < *suspic* (↗ L 7: Vokalschwächung)

1. **Adjektiv: ĭ-Deklination – drei- / zwei- / einendige Adjektive**
2. **Numerale: Grundzahlen 1 – 3**

3. **Numerale: Grundzahlen 4 – 12**
4. **Zur Kasuslehre: Ablativ der Zeit – Ablativ des Unterschieds**

1 Adjektiv: ĭ-Deklination – drei- / zwei- / einendige Adjektive

Zur *ĭ*-Deklination (↗ G 15.2) gehören auch Adjektive.
Sie lassen sich nach den **Formen des Nominativ Singular** in **drei Gruppen** einteilen:

- ‚dreiendige' Adjektive: Für jedes der drei Genera gibt es eine eigene Form.
- ‚zweiendige' Adjektive: Für Maskulinum und Femininum gibt es eine gemeinsame, für das Neutrum eine eigene Form.
- ‚einendige' Adjektive: Für alle drei Genera gibt es eine gemeinsame Form.

Deklinationsschema

	equus celer *ein schnelles Pferd* nāvis celeris *ein schnelles Schiff* auxilium celere *(eine) schnelle Hilfe*			amīcus ūtilis *ein nützlicher Freund* amīca ūtilis *eine nützliche Freundin* dōnum ūtile *ein nützliches Geschenk*			numerus ingēns *eine ungeheure Zahl* terra ingēns *ein riesiges Land* mōnstrum ingēns *ein riesiges Ungeheuer*			
	m/f		n	m/f		n	m/f		n	
Sg. N.	celer	celeris	celere	ūtilis		ūtile		ingēns		
G.		celeris			ūtilis			ingentis		
D.		celerī			ūtilī			ingentī		
Akk.	celerem		celere	ūtilem		ūtile	ingentem		ingēns	
Abl.		celer**ī**			util**ī**			ingent**ī**		-i
Pl. N.	celerēs		celer**ia**	ūtilēs		ūtil**ia**	ingentēs		ingent**ia**	-ia
G.		celer**ium**			ūtil**ium**			ingent**ium**		-ium
D.		celeribus			ūtilibus			ingentibus		
Akk.	celerēs		celer**ia**	ūtilēs		ūtil**ia**	ingentēs		ingent**ia**	-ia
Abl.		celeribus			ūtilibus			ingentibus		
		‚dreiendig'			‚zweiendig'			‚einendig'		

- Mit Ausnahme von Nominativ und Akkusativ gibt es in allen drei Genera für jeden Kasus nur eine Form.
- Abgesehen von den Besonderheiten des Nominativ Singular gleicht die Deklination der Adjektive der *ĭ*-Deklination mit einer Ausnahme in allen Kasus der der Substantive der *ĭ*-Deklination (↗ G 15.2.2): im Ablativ Singular: **-ī**,
im Nominativ und Akkusativ Plural des Neutrums: **-ia**,
im Genitiv Plural: **-ium**.
Der Akkusativ Singular des Maskulinum und Femininum entspricht dem der Konsonantischen Deklination.
- ‚Dreiendige' Adjektive:
celer, celeris, celere: Das **-e-** gehört zum Stamm (vgl. *miser, miser-a, miser-um* ↗ G 9.3.2).
ācer, ācris, ācre: Das **-e-** im Nominativ Singular des Maskulinum ist eingefügt (vgl. *pulcher, pulchr-a, pulchr-um* ↗ G 9.3.2).

Beachte:

- **Akkusativ Singular, Nominativ Plural und Akkusativ Plural:**
  In allen drei Gruppen haben Maskulinum und Femininum eine gemeinsame Form, das Neutrum eine eigene.
- **In allen übrigen Kasus** des Singular und Plural gibt es je Kasus für alle drei Genera nur eine Form.

2 Numerale: Grundzahlen 1–3

Grundzahlen *(Cardinalia)*
bezeichnen Mengen von Lebewesen, Gegenständen oder Begriffen, z. B. drei Legionen, sechs Häuser, zehn Jahre.

Die Grundzahlen **ūnus, duo, trēs** sind **deklinierbar.**

ūnus homō *ein Mensch*	du**o** hominēs *zwei Menschen*	trēs hominēs *drei Menschen*
ūna fābula *eine Geschichte*	duae fābulae *zwei Geschichten*	trēs fābulae *drei Geschichten*
ūnum templum *ein Tempel*	du**o** templa *zwei Tempel*	tria templa *drei Tempel*

	m	f	n	m	f	n	m	f	n
N.	ūnus	ūna	ūnum	du**o**	duae	du**o**	trēs	trēs	tria
G.		ūn**īus**		duōrum	duārum	duōrum		trium	
D.		ūn**ī**		duō**bus**	duā**bus**	duō**bus**		tri**bus**	
Akk.	ūnum	ūnam	ūnum	duōs	duās	duo	trēs	trēs	tria
Abl.	ūnō	ūnā	ūnō	duō**bus**	duā**bus**	duō**bus**		tri**bus**	

3 Numerale: Grundzahlen 4–12

Die Grundzahlen **quattuor** bis **duodecim** sind nicht **deklinierbar.**

4	quattuor	6	sex	8	octō	10	decem	12	duo-decim
5	quīnque	7	septem	9	novem	11	ūn-decim		

4 Zur Kasuslehre: Ablativ der Zeit – Ablativ des Unterschieds

4.1 Ablativ der Zeit

① Iam **antīquīs temporibus** multae urbēs vī expūgnātae sunt.	Schon **in alten Zeiten** wurden viele Städte gewaltsam erobert.
② Etiam urbs Rōma saepe **in summō perīculō** fuit.	Auch die Stadt Rom war häufig **in höchster Gefahr**.

Der **Ablativ** gibt in der Grundfunktion des **Punctualis** (↗ G 6.4) neben dem Ort auch einen **bestimmten Zeitpunkt** oder **Zeitraum** an: **Ablativus temporis** ①.

Der **Ablativ der Zeit** gibt Antwort auf die Frage **WANN**?

Besondere Zeitumstände (z. B. Krieg, Frieden) bezeichnet der Ablativ der Zeit in Verbindung mit der **Präposition** *in.* ②

G19

① bellō Trōiānō	im Trojanischen Krieg
illō annō	in jenem Jahr
paucīs hōrīs	in wenigen Stunden
② *aber:*	
in pāce	im Frieden
in summīs perīculīs	in Zeiten höchster Gefahr

4.2 Ablativ des Unterschieds

Trēs lēgātī in Graeciam missī sunt; **paulō post** cum Graecīs lēgibus in urbem Rōmam revertērunt.	Drei Gesandte wurden nach Griechenland geschickt; **bald darauf / wenig später** kamen sie mit den griechischen Gesetzen in die Stadt Rom zurück.

Der **Ablativ** des **Unterschieds** bezeichnet das **Maß**, um das sich beim Vergleichen Personen, Sachen oder Daten voneinander **unterscheiden: Ablativus discriminis.**

Der **Ablativ des Unterschieds** gibt Antwort auf die Frage **UM WIE VIEL?**

G20

1. Interrogativ-Pronomen: quī, quae, quod
2. Demonstrativ-Pronomen: hic, haec, hoc

3. Demonstrativ-Pronomen: iste, ista, istud

1 Interrogativ-Pronomen: quī, quae, quod

① **Quis** ex auctōribus tibī placet?	**Wer** von den Schriftstellern gefällt dir?
Quem ex auctōribus lēgistī?	**Wen** von den Schriftstellern hast du gelesen?
② **Quī** auctor tibī placet?	**Welcher** Schriftsteller gefällt dir?
Quae imāgō pulchra est?	**Welches** Bild ist schön?
Quod carmen tibī placet?	**Welches** Lied macht dir Freude?
Quōs auctōrēs lēgistī?	**Welche** Schriftsteller hast du gelesen?
Quās imāginēs spectāvistī?	**Welche** Bilder hast du betrachtet?
Quae carmina audīvistī?	**Welche** Lieder hast du gehört?

Interrogativ-Pronomina können wie ein Substantiv für sich allein stehen: **substantivischer Gebrauch** ① (↗ G 8.3.1; G 12.5).
Interrogativ-Pronomina können auch wie ein adjektivisches Attribut zu einem Substantiv hinzutreten. Sie stimmen dann mit diesem Substantiv in **Kasus, Numerus** und **Genus** (KNG-Kongruenz) überein: **adjektivischer Gebrauch** ②.

▸ Das adjektivische Interrogativ-Pronomen wird wie das Relativ-Pronomen dekliniert (↗ G 13.1.2).

2 Demonstrativ-Pronomen: hic, haec, hoc

① Hominēs **haec** ferē vocant:	Die Menschen rufen etwa **Folgendes:**
② **Hanc** victōriam diū exspectāvimus!	Auf **diesen** *(unseren)* Sieg haben wir lange gewartet!
③ Ecce, **hic** vir est Scīpiō, *ille* lēgātus eius!	Schau, **dieser** Mann ist Scipio, *jener dort* sein Legat!

2.1 *hic, haec, hoc* kann sowohl substantivisch (*haec* ①) als auch adjektivisch (*hanc victōriam* ②, *hic vir* ③) gebraucht sein.

L → D

hic, haec, hoc weist auf das hin, was dem Sprechenden unmittelbar vor Augen steht:

- ▶ das, was in seiner Rede unmittelbar folgt ①,
- ▶ das, was er eng auf sich bezieht ②,
- ▶ das näher Liegende, das einem Entfernteren gegenübergestellt ist ③.

ille	**hic**
jener dort Ersterer	dieser hier Letzterer

← Ferne ille
hic Nähe ↓

2.2 Deklinationsschema

	hic, haec, hoc *dieser, diese, dieses*					
	Singular			Plural		
	m	f	n	m	f	n
N.	hi*c*	hae*c*	ho*c*	hī	hae	hae*c*
G.		hu**ius**		hōrum	hārum	hōrum
D.		hui*c*			hīs	
Akk.	hu*nc*	ha*nc*	ho*c*	hōs	hās	hae*c*
Abl.	hō*c*	hā*c*	hō*c*		hīs	

huius, huic ↗ G 13.1.2: *cuius, cui*

3 Demonstrativ-Pronomen: iste, ista, istud

Scipio Hannibali:	*Scipio zu Hannibal:*
① Ego nōn timeō **istam** superbiam!	Ich habe keine Angst vor **diesem** *(deinem)* Hochmut!
② Rōmānī **istum** Carthāginiēnsium populum dēlēbunt.	Die Römer werden **dieses** Volk der Karthager **da** vernichten.
③ Nōn miseret mē **istōrum** hominum.	Ich habe kein Mitleid mit **diesen** *erbärmlichen* Menschen.

3.1 Verwendung

L → D

iste, ista, istud

- ▶ weist nachdrücklich auf eine angesprochene (zweite) Person hin ①,
- ▶ drückt ein stark abwertendes Urteil aus ② ③.

3.2 Deklinationsschema

iste, ista istud	*dieser dein, diese deine, dieses dein – dieser da, diese da, dieses da*					
	Singular			Plural		
	m	f	n	m	f	n
N.	iste	ista	istu*d*	istī	istae	ista
G.		isti**us**		istōrum	istārum	istōrum
D.		istī			istīs	
Akk.	istum	istam	istu*d*	istōs	istās	ista
Abl.	istō	istā	istō		istīs	

istīus, istī ↗ G 13.1.2: *cuius, cui;* G 13.2.2: *eius, eī;* G 15.4: *ipsīus, ipsī;* G 17.4: *illīus, illī; istud* ↗ G 13.2.2: *id*

1. Verb: Passiv – Präsens-Stamm
2. Verb: Passiv – Indikativ Imperfekt und Futur I

3. Adverb: Bildung und Verwendung im Satz

1 Verb: Passiv – Präsens-Stamm

1.1 Indikativ Präsens Passiv

Die **Person-Zeichen des Passivs** lauten im Präsens-Stamm:

	Singular	Plural
1. P.	-or/-r	-mur
2. P.	-ris	-minī
3. P.	-tur	-ntur

Beachte:
Außer der 2. Person Plural weisen alle Person-Zeichen ein *-r-* auf, das uns als Merkmal des Passivs dienen kann.

-r-
Passiv

	ā-Konjugation	ē-Konjugation	ī-Konjugation	ĭ-Konjugation	Konsonant. Konjugation
	ich werde gerufen usw.	*ich werde ermahnt usw.*	*ich werde gehört usw.*	*ich werde gefangen usw.*	*ich werde geführt usw.*
Sg. 1. P.	vóc**or**	móne**or**	aúdi**or**	cápi**or**	dūc**or**
2. P.	vocā́**ris**	monḗ**ris**	audī́**ris**	cápe**ris**	dūc*e***ris**
3. P.	vocā́**tur**	monḗ**tur**	audī́**tur**	cápi**tur**	dūc*i***tur**
Pl. 1. P.	vocā́**mur**	monḗ**mur**	audī́**mur**	cápi**mur**	dūc*i***mur**
2. P.	vocā́**minī**	monḗ**minī**	audī́**minī**	capí**minī**	dūc*í***minī**
3. P.	vocá**ntur**	moné**ntur**	audi*ú***ntur**	capi*ú***ntur**	dūc*ú***ntur**

vocor < **voca-or* (↗ L 9: Kontraktion)

▸ Die Person-Zeichen des Präsens Passiv treten bei der ***ā-, ē-, ī-* und *ĭ*-Konjugation** unmittelbar an den Präsens-Stamm *vocā-, vidē-, audī-, capĭ-*. Bei der **Konsonantischen Konjugation** treten (außer in der 1. Person Singular) zwischen den Präsens-Stamm und die Person-Zeichen die Bindevokale *-e-/-i-/-u-*: *dūce-/dūci-/dūcu-*.

Beachte:
Bindevokal *-u-* auch in *audiuntur, capiuntur;*
Vokalschwächung von *i > e* in *cáperis* (↗ L 7).

1.2 Infinitiv Präsens Passiv

-ri / -i
Infinitiv Präsens Passiv

▶ Der Infinitiv Präsens Passiv endet in der ***ā-, ē-, ī*-Konjugation** auf **-rī**, in der ***ĭ*-Konjugation** und in der **Konsonantischen Konjugation** auf **-ī**.

	Präsens-Stamm	Endung	
ā-Konjug.	vocā	**rī**	gerufen (zu) werden
ē-Konjug.	monē	**rī**	ermahnt (zu) werden
ī-Konjug.	audī	**rī**	gehört (zu) werden
ĭ-Konjug.	cap	**ī**	gefangen (zu) werden
Kons. Konj.	dūc	**ī**	geführt (zu) werden

*capī < *capi -i*

Quis gaudet	Wer freut sich darüber,
servōs ā dominīs	dass die Sklaven von den Herren
vituperā**rī**,	getadelt,
coërcē**rī**,	gezüchtigt,
pūnī**rī**,	bestraft,
dīrip**ī**,	ausgebeutet,
caed**ī**?	geschlagen werden?

Der Infinitiv Präsens Passiv begegnet am häufigsten im AcI (↗ G 16).

2 Verb: Passiv – Indikativ Imperfekt und Futur I

2.1 Indikativ Imperfekt Passiv

-ba-
-ēba-
Imperfekt Passiv

Im Indikativ Imperfekt Passiv tritt – ebenso wie im Indikativ Imperfekt Aktiv (↗ G 10.2.1) – das **Tempus-Zeichen -ba- / -ēba-** zwischen Präsens-Stamm und Person-Zeichen (↗ G 21.1.1: Person-Zeichen des Passivs).

▶ **Konjugationsschema**

	ā-Konj.
	ich wurde gerufen usw.
Sg. 1. P.	vocá**bar**
2. P.	vocā**bā́**ris
3. P.	vocā**bā́**tur
Pl. 1. P.	vocā**bā́**mur
2. P.	vocā**bā́**minī
3. P.	vocā**bá**ntur

Entsprechend:

ē-Konj.:	monḗ**bar**		ich wurde ermahnt
	monē**bā́**ris	*usw.*	
ī-Konj.:	audiḗ**bar**		ich wurde gehört
	audiē**bā́**ris	*usw.*	
ĭ-Konj.:	capiḗbar		ich wurde gefangen
	capiē**bā́**ris	*usw.*	
Kons.	dūcḗ**bar**		ich wurde geführt
Konj.:	dūcē**bā́**ris	*usw.*	

Beachte: vocā-ba-r, (↗ L 8.1: Vokalkürzung) aber: *vocā-bā-ris*

2.2 Futur I Passiv

-b- -e / -i / -u
Futur Passiv

▶ Das **Tempus-Zeichen** des **Futur I Passiv** ist in der **ā-** und **ē-Konjugation** wie im Futur I Aktiv **-b-** (↗ G 17.1.2).
Der Bindevokal zwischen dem Tempus-Zeichen *-b-* und den konsonantisch anlautenden Person-Zeichen ist *-e-*, *-i-* oder *-u-* (↗ L 7: Vokalschwächung).

► **Konjugationsschema**

		ā-Konj.
		ich werde gerufen werden usw.
Sg.	1. P.	vocā́**b**or
	2. P.	vocā́**b**eris
	3. P.	vocā́**b***i*tur
Pl.	1. P.	vocā́**b***í*mur
	2. P.	vocā**b***í*minī
	3. P.	vocā**b***ú*ntur

Entsprechend:
ē-Konj.: monḗ**b**or — ich werde ermahnt werden
monḗ**b**eris *usw.*

► Das **Tempus-Zeichen** des **Futur I Passiv** ist in der ***ī*-, *ĭ*-** und in der **Konsonantischen Konjugation** wie im Futur I Aktiv **-a-/ -e-** (↗ G 17.3.1; 18.1.2).

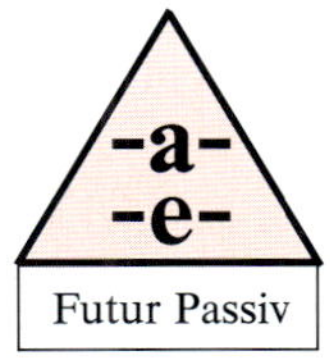

		Kons. Konj.
		ich werde geführt werden usw.
Sg.	1. P.	dū́c**ar**
	2. P.	dūc**ḗ**ris
	3. P.	dūc**ē**tur
Pl.	1. P.	dūc**ḗ**mur
	2. P.	dūc**ḗ**minī
	3. P.	dūc**é**ntur

Entsprechend:
ī-Konj.: aúdi**ar** — ich werde gehört werden
audi**ḗ**ris *usw.*
ĭ-Konj.: cápi**ar** — ich werde gefangen werden
capi**ḗ**ris *usw.*

3 Adverb: Bildung und Verwendung im Satz (Funktion)

Das **Adverb** ist im Lateinischen wie im Deutschen **unveränderlich.** Adverbien sind vielfach **erstarrte Kasusformen** von Adjektiven (z. B. *sērō*: zu spät) oder von Substantiven (z. B. *modo*: eben, nur; *hodiē*: heute); sie können auch **feste präpositionale Verbindungen** sein (z. B. *posteā*: später) oder auf andere Weise (z. B. *ibī*: dort; *iterum*: wiederum; *nunc*: jetzt) gebildet sein. Die meisten **Adverbien** sind jedoch nach bestimmten Regeln gebildet.

3.1 Bildung

	Nominativ	Wortstock	Adverb	
①	doctus	doct-	doct-**ē**	gebildet
	miser	miser-	miser-**ē**	jämmerlich
	pulch*er*	pulchr-	pulchr-**ē**	schön
②	celer	celer-	celer-**iter**	schnell
	ācer	ācr-	ācr-**iter**	heftig
	fortis	fort-	fort-**iter**	tapfer
③	prūdēns	prūdent-	prūdent-**er**	klug

Beachte: Das Adverb zu *bonus* lautet **bene**.

Adjektive der	Bildungselement (an den Wortstock angefügt)
① **ā-/o-Dekl.**	**-ē**
② **ĭ-Dekl.**	**-iter**
③ **ĭ-Dekl.** (Wortstock auf **-nt-**)	**-er**

3.2 Verwendung im Satz

Puer — miser / celer / prūdēns — est.
Der Junge ist — unglücklich. / schnell. / klug.

Puer — ① miserē clāmat. / ② celeri**ter** venit. / ③ prūdente**r** respondet.
Der Junge — schreit **jämmerlich**. / kommt **schnell**. / antwortet **klug**.

- Die Adjektive *miser/celer/prūdēns* sind – als **Prädikatsnomina** – die sinn-notwendige Ergänzung der Copula *est*, mit der sie jeweils ein zusammengesetztes Prädikat bilden (↗ G 2.2).
- Die Adverbien *miser-ē/celer-iter/prūdent-er* erfüllen – als nähere Angaben zum Prädikat – im Satz die **syntaktische Funktion** des **Adverbiales** (↗ G 1.3), und zwar eines Adverbiales der **Art und Weise**.

Im Satzmodell:

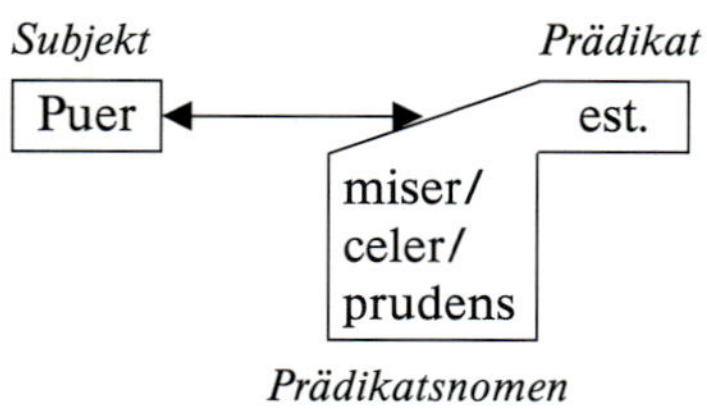

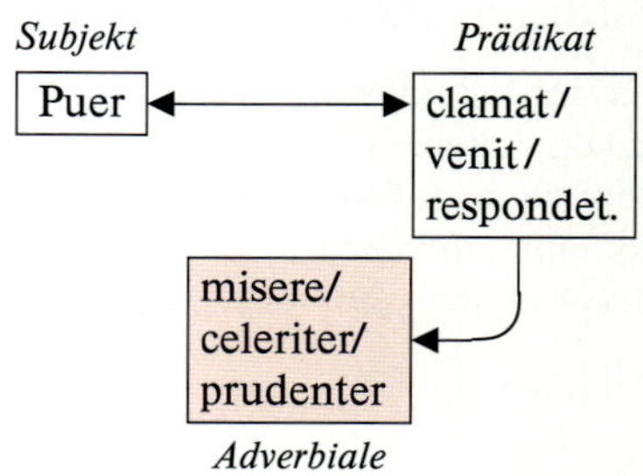

1. Komparation des Adjektivs und Adverbs: Komparativ
2. Komparation des Adjektivs und Adverbs: Superlativ

1 Komparation des Adjektivs und Adverbs: Komparativ

① Herculēs firm**ior**, fort**ior**, celer**ior** erat *quam* cēterī.	Herkules war **stärker**, **tapferer** und **schneller** *als* alle Übrigen.
② Herculēs multa perīcula ingent**iōra** superāvit.	Herkules bestand viele **recht gewaltige** Gefahren.
③ Herculēs interdum fer**ōcius** agēbat *quam* adversāriī.	Herkules ging zuweilen **wilder** vor *als* seine Gegner.

1.1 Bildung

a) Adjektiv

▶ Der Komparativ im Nominativ Singular ist gebildet, indem das Bildungselement *-ior-/-ius* an den Wortstock der Adjektive getreten ist ① ②.

Positiv	Wortstock	Bildungselement
longus	long-	-ior-/-ius
asper	asper-	-ior-/-ius
pulcher	pulchr-	-ior-/-ius
celer	celer-	-ior-/-ius
ācer	ācr-	-ior-/-ius
fortis	fort-	-ior-/-ius
prūdēns	prūdent-	-ior-/-ius

-ior-
-ius

Komparativ

Deklinationsschema

	longior, longius *länger*			
	Singular		Plural	
	m/f	n	m/f	n
N.	longior	longius	longiōrēs	longiōr**a**
G.	longiōris	longiōris	longiōr**um**	longiōr**um**
D.	longiōrī	longiōrī	longiōribus	longiōribus
Akk.	longiōrem	longius	longiōrēs	longiōr**a**
Abl.	longiōr**e**	longiōr**e**	longiōribus	longiōribus

An den Komparativ-Stamm (z.B. *longior-*) sind die **Ausgänge der Konsonantischen Deklination** (↗ G 12.2.3) getreten.

b) Adverb

Der **Komparativ des Adverbs** hat die Endung **-ius** *(ferōcius* ③); er gleicht dem Neutrum Singular (Nominativ/Akkusativ) des Komparativs der Adjektive.

Latein	longē	asperē	celeri**ter**	prūden**ter**
	long**ius**	asper**ius**	celer**ius**	prūdent**ius**
Deutsch	länger	strenger	schneller	klüger

-ius

Komparativ

1.2 Verwendung

a) Im **Komparativ**[1] werden zwei Personen, Gegenstände oder Begriffe verglichen. Dabei wird das Verglichene in der Regel mit *quam (als)* angeschlossen ① ③.

b) Der **Komparativ** dient bisweilen zur Verstärkung oder Abmilderung einer Eigenschaft ②.

L → D

vir prūdent**ior**	ein ziemlich kluger Mann
iūdicium ācr**ius**	ein recht scharfes Urteil
celer**ius** currere	allzu / ziemlich schnell laufen

2 Komparation des Adjektivs und Adverbs: Superlativ

① Herculēs cum atrōc**issimō** et celer**rimō** omnium mōnstrōrum pūgnāvit.	Herkules kämpfte mit dem **schrecklichsten** und **schnellsten** aller Ungeheuer.
② Vīta Herculis perīculōs**issima** erat.	Das Leben des Herkules war **sehr gefährlich.**
③ Herculēs miser**rimē** vītā cessit.	Herkules kam **auf ganz elende Weise** ums Leben.

2.1 Bildung

a) Adjektiv

Beim **Superlativ** ist an den Wortstock des Adjektivs das Bildungselement **-sim-** getreten; dieses ist in der Regel zu **-issim-** erweitert ① ②.
Nur bei den Adjektiven auf *-er* (Nom. Sing.) ist die Erweiterungssilbe **-is-** entfallen; das Bildungselement **-sim-** wurde zu **-rim-** (↗ L 13: Assimilation) und tritt an die Form des Nominativ Singular des Maskulinums ① ③.

Positiv	Komparativ	Superlativ
longus	long-*ior, -ius*	long-**issimus, -a, -um**
fortis	fort-*ior, -ius*	fort-**issimus, -a, -um**
prūdēns	prūdent-*ior, -ius*	prūdent-**issimus, -a, -um**
asper	asper-*ior, -ius*	asper-**rimus, -a, -um**
pulch*er*	pulchr-*ior, -ius*	pulch*er*-**rimus, -a, -um**
celer	celer-*ior, -ius*	celer-**rimus, -a, -um**
āc*er*	ācr-*ior, -ius*	āc*er*-**rimus, -a, -um**

-issim-
-rim-

Superlativ

Die Deklination des Superlativs richtet sich nach der ***ā-/o*-Deklination.** An den Wortstock des Superlativs *(longissim-, celerrim-)* treten demnach die **Ausgänge -us, -a, -um**.

1) *comparāre:* vergleichen

b) Adverb
Der **Superlativ des Adverbs** endet auf **-ē**, das an den Wortstock des Superlativs *(miserrim-)* angefügt ist ③.

Latein	longē	asperē	celeri**ter**	prūden**ter**
	long**issimē**	asper**rimē**	celer**rimē**	prudent**issimē**
Deutsch	am längsten	am strengsten	am schnellsten	am klügsten

-issime
-rime
Superlativ

2.2 Verwendung

a) Im **Superlativ** werden **mehrere** Personen, Gegenstände oder Begriffe verglichen ①.

b) Der **Superlativ** dient häufig zum Ausdruck des sehr hohen Grades einer Eigenschaft: **Elativ**[1] ② ③.

L → D

nāvēs celer**rim**ae	**sehr / überaus / äußerst** schnelle Schiffe
mōns alt**issim**us	ein **sehr** hoher / **himmel**hoher Berg
celer**rimē** currere	**sehr** schnell laufen

Beachte:

moenia *quam* firm**issim**a	**möglichst** starke Mauern
quam celer**rimē** currere	**möglichst** schnell laufen

G22

---

1. Verb: Futur II

2. Partizip Präsens Aktiv (PPrA)

G23

1 Verb: Futur II

1.1 Bildung

▶ **Aktiv**
Das **Futur II Aktiv** ist gebildet, indem zwischen den Perfekt-Aktiv-Stamm und das Person-Zeichen die Silbe **-er- / -eri-** als Tempus-Zeichen tritt.

Perfekt-Aktiv-Stamm	Endung	
	Tempus-Zeichen	Person-Zeichen
vocāv- monu- dūx- cēp- pepul- dēfend- fu-	**eri**	**t**

-er-
-eri-
Futur II

---

1) *ē-lātus, -a, -um:* heraus-gehoben

G23

▸ **Konjugationsschema**

	Perfekt-Aktiv-Stamm auf -v
Sg. 1. P.	vocā́verō
2. P.	vocā́veris
3. P.	vocā́verit
Pl. 1. P.	vocāvérimus
2. P.	vocāvéritis
3. P.	vocā́verint

Entsprechend vom Perfekt-Aktiv-Stamm:

auf **-u**:	monúer**ō**, monú**eris**	*usw.*
auf **-s**:	dū́x**erō**, dū́x**eris**	*usw.*
mit **Dehnung**:	cḗp**erō**, cḗp**eris**	*usw.*
mit **Reduplikation**:	pepúl**erō**, pepúl**eris**	*usw.*
ohne **Veränderung**:	dēfénd**erō**, dēfénd**eris**	*usw.*
fu- (zu *esse*):	fú**erō**, fú**eris**	*usw.*

▸ **Passiv**

Das **Futur II Passiv** besteht aus zwei Wörtern:
- dem Partizip Perfekt Passiv (↗ G 14.1) und
- den Futurformen von *esse* (↗ G 17.1.3): *erō, eris* usw.

vocāre:	vocā**tus erit**	monēre:	moni**tus erit**	capere:	cap**tus erit**
pellere:	pul**sus erit**	dūcere:	duc**tus erit**	dēfendere:	dēfēn**sus erit**

1.2 Übersetzung

Prōserpina Orpheō:	*Proserpina zu Orpheus:*
Sī oculōs flex**eris**,	Wenn du dich (auf dem Rückweg) **umsiehst**,
uxōrem statim āmittēs.	verlierst du deine Frau sofort (wirst du … verlieren).

Die im Gliedsatz ausgedrückte Handlung (*Sī … flexeris*) ist **vor** der Handlung des Hauptsatzes (*… āmittēs*) **abgeschlossen**: Sie stellt die Voraussetzung/Bedingung für das Eintreten der Haupthandlung dar.
Die im **Futur II** ausgedrückte Handlung des Gliedsatzes steht also zur im **Futur I** erfassten Handlung des Hauptsatzes im Zeitverhältnis der **Vorzeitigkeit**.
Auf dem ‚Zeitstrahl' erscheint deshalb das Futur II **vor** dem Futur I:

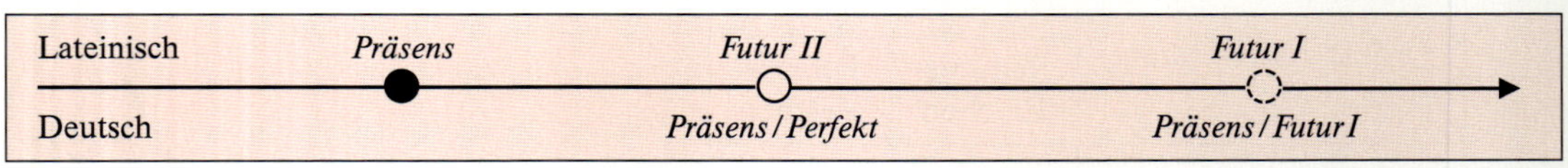

L → D

Das Futur II wird in der Regel mit **Präsens** oder **Perfekt** wiedergegeben.

1.3 Verwendung in Gliedsätzen

Orpheus:	*Orpheus:*
① **Sī** precēs meās, deī, audī**veritis**, grātiās vōbīs agam māximās.	**Wenn** ihr, Götter, meine Bitten **erhört (erhört habt)**, werde / will ich euch größten Dank sagen.
② **Cum** Eurȳdica mihī reddit**a erit**, omnium beātissimus erō.	**Wenn** Eurydike mir **zurückgegeben wird (worden ist)**, (dann) bin ich / werde ich der Allerglücklichste sein.

In den Sätzen ① und ② steht jeweils im **Hauptsatz Futur I**, im **Gliedsatz Futur II**; dadurch wird ausgedrückt, dass die Handlung des Gliedsatzes als **vor** der Handlung des Hauptsatzes vollendet zu betrachten ist.
Das **Futur II** begegnet vor allem in **kondizionalen** ① und **temporalen** ② **Gliedsätzen**.

2 Partizip Präsens Aktiv (PPrA)

2.1 Bildung

Wie im Deutschen gibt es auch im Lateinischen neben dem Partizip Perfekt Passiv (PPP) ein **Partizip Präsens Aktiv** (PPrA).
Das **Partizip Präsens Aktiv** ist gebildet aus dem **Präsens-Stamm**, dem **Partizip-Präsens-Aktiv-Zeichen -nt-** und den **Ausgängen** der *ĭ*-Deklination (Ausnahme: Abl. Sg.).

Partizip Präsens Aktiv	Bedeutung
vocāns, voca**nt**is	rufend
explēns, exple**nt**is	erfüllend
audiēns, audie**nt**is	hörend
petēns, pete**nt**is	erstrebend
capiēns, capie**nt**is	fangend

-nt-
Partizip Präsens

Nominativ Singular: *vocāns* < **vocant-s* (↗ L 16.2)
ī-Konj., Konson. Konj., *ĭ*-Konj.: Zwischen Präsens-Stamm und Partizip-Präsens-Aktiv-Zeichen **-nt-** ist der **Erweiterungsvokal** *-e-* getreten.

Deklinationsschema

<table>
<tr><td></td><td colspan="4">vocāns, -ntis rufend</td></tr>
<tr><td></td><td colspan="2">Singular</td><td colspan="2">Plural</td></tr>
<tr><td></td><td>m/f</td><td>n</td><td>m/f</td><td>n</td></tr>
<tr><td>N.</td><td colspan="2">vocāns</td><td>vocantēs</td><td>vocantia</td></tr>
<tr><td>G.</td><td colspan="2">vocantis</td><td colspan="2">vocantium</td></tr>
<tr><td>D.</td><td colspan="2">vocantī</td><td colspan="2">vocantibus</td></tr>
<tr><td>Akk.</td><td>vocantem</td><td>vocāns</td><td>vocantēs</td><td>vocantia</td></tr>
<tr><td>Abl.</td><td colspan="2">vocante</td><td colspan="2">vocantibus</td></tr>
</table>

Die Deklination des Partizip Präsens Aktiv gleicht mit einer Ausnahme der der ‚**einendigen**' Adjektive der *ĭ*-Deklination (↗ G 19.1: *ingēns, ingentis*). Ausnahme: **Ablativ Singular -e**.

G23

2.2 Partizip Präsens Aktiv (PPrA) als Adverbiale: Participium coniunctum

① Orpheus vōce dulcī **cantāns** Prōserpinae animum movet.	**Als / Während / Weil** Orpheus mit lieblicher Stimme **singt**, rührt er Proserpinas Herz. Orpheus **singt** mit lieblicher Stimme; **da / dadurch / deshalb** rührt er Proserpinas Herz.
② Charōn Orpheum **ōrantem** arcet.	Charon weist Orpheus, **obwohl** er **bittet,** ab. Charon weist Orpheus **trotz** seiner **Bitten** ab.

a) **Syntaktische Funktion**
Wie das Partizip Perfekt Passiv (PPP) (↗ G 14.2.2) kann auch das **Partizip Präsens Aktiv (PPrA) die syntaktische Funktion** des **Adverbiales** übernehmen.

Im Satzmodell:

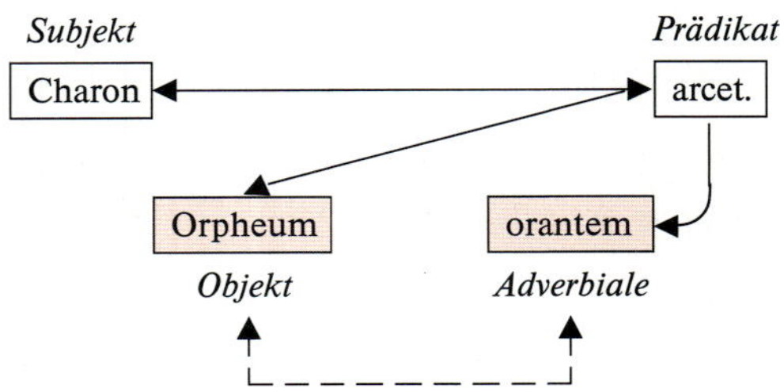

PC

b) **Zeitverhältnis**
Das **Partizip Präsens Aktiv** drückt eine **Gleichzeitigkeit** aus, d. h. die durch das PPrA ausgedrückte Handlung verläuft **gleichzeitig** mit der Handlung, über die das Prädikat eine Aussage macht:

Partizip der Gleichzeitigkeit

c) **Sinnrichtung**
Das **Partizip Präsens Aktiv** in der syntaktischen Funktion des Adverbiales kann alle **Sinnrichtungen** ausdrücken, die auch das Partizip der Vorzeitigkeit ausdrücken kann (↗ G 14.2.2), z. B. *temporal* ①, *modal* ①, *kausal* ① oder *konzessiv* ②.
Die zutreffende Sinnrichtung muss aus dem jeweiligen **Textzusammenhang** erschlossen werden.

d) **Übersetzung**

L → D

Das Participium coniunctum kann wiedergegeben werden
- durch **Unterordnung** ① ②,
- durch **Beiordnung** ①,
- durch **präpositionale Verbindung** ②.

Sinnrichtung (semantische Funktion)	Übersetzungsmöglichkeiten des Participium coniunctum (Partizip der Gleichzeitigkeit)		
	Unterordnung/ Gliedsatz	Beiordnung/ Satzreihe	präpositionale Verbindung
temporal/ zeitlich	als während	währenddessen	während
modal[1]	indem dadurch, dass	(und) dabei (und) dadurch	durch
kausal/ begründend	da weil	(und) daher (und) deshalb	wegen infolge
konzessiv/ einräumend	obwohl/obgleich auch wenn	(und) trotzdem (und) dennoch	trotz bei

2.3 Partizip Präsens Aktiv (PPrA) als Attribut

Deī animās mortuōrum **regentēs** Plūtō et Prōserpina sunt.

(Die über die Seelen der Toten **herrschenden** Götter/)
Die Götter, **die** über die Seelen der Toten **herrschen**, sind Pluto und Proserpina.

a) **Syntaktische Funktion**
Wie das PPP kann auch das **Partizip Präsens Aktiv** (PPrA) die **syntaktische Funktion** des **Attributs** übernehmen (↗ G 14.2.1).

Im Satzmodell:

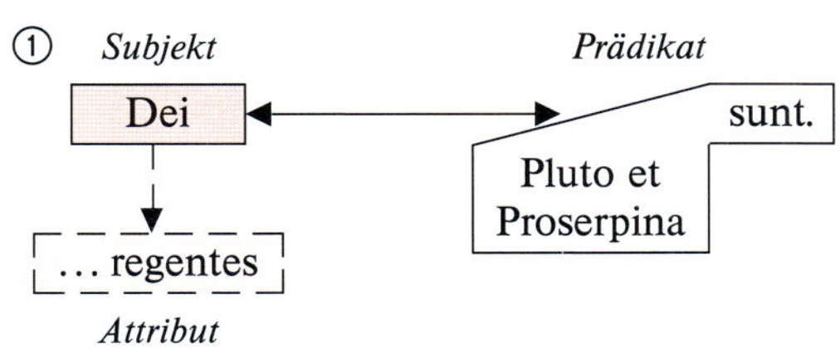

b) **Übersetzung**

L → D

Wenn das Partizip Präsens Aktiv (*regentēs*) durch zusätzliche Angaben (*animās mortuōrum*) näher bestimmt ist, ist die Übersetzung des Partizips mit **Relativsatz** der wörtlichen Wiedergabe meist vorzuziehen (↗ G 14.2.1).

2.4 Partizip der Gleichzeitigkeit: Adverbiale oder Attribut

▶ Wie das als **Adverbiale** gebrauchte **Partizip Präsens Aktiv** *(Participium coniunctum)* drückt auch das als **Attribut** gebrauchte **Partizip Präsens Aktiv** eine **Gleichzeitigkeit** aus.
Beide Partizipien können durch zusätzliche Angaben näher bestimmt sein.

1) *modus*: Art und Weise

G23

▶ Im Lateinischen sind solche zusätzlichen Angaben oft zwischen Bezugswort und Partizip gestellt. Diese Stellung nennt man

geschlossene Wortstellung

Die Entscheidung darüber, ob das Partizip der Gleichzeitigkeit (PPrA) als Adverbiale oder als Attribut aufzufassen ist, kann nur aus dem Textzusammenhang getroffen werden.

G24

1. Unregelmäßige Komparation des Adjektivs

2. Unregelmäßige Komparation des Adverbs

1 Unregelmäßige Komparation des Adjektivs

① Quis deus erat **melior** et **māior** quam Iūppiter?	Welcher Gott war **besser** und **größer** als Jupiter?
② Rōmānī Iovem **optimum** et **māximum** deōrum putābant.	Die Römer hielten Jupiter für den **besten** und **größten** der Götter.
③ **Plūrimī** tum Iovem **Optimum Māximum** colēbant.	**Die meisten** verehrten damals Jupiter **Optimus Maximus.**
④ Sed nōn omnibus Rōmānīs **māxima** cūra in deōs erat: **minōra** sacrificia faciēbant.	Doch nicht alle Römer hatten den Göttern gegenüber einen **besonders großen** Respekt: Sie brachten **ziemlich geringe** Opfer dar.

1.1 Wie im Deutschen (vgl. *viel – mehr – am meisten)* gibt es auch im Lateinischen einige Adjektive, die den Komparativ und den Superlativ **von verschiedenen Stämmen** bilden.

	Positiv	Komparativ	Superlativ
groß	māgnus, -a, -um	māior, māius	māximus, -a, -um
klein	parvus, -a, -um	minor, minus	minimus, -a, -um
gut	bonus, -a, -um	melior, melius	optimus, -a, -um
schlecht	malus, -a, -um	pēior, pēius	pessimus, a-, -um
viel	multum	plūs	plūrimum
viele	multī, -ae, -a	plūrēs, plūra	plūrimī, -ae, -a

1.2 Auch bei unregelmäßiger Komparation des Adjektivs dient bisweilen

▶ der **Komparativ** der Verstärkung oder Abmilderung einer Eigenschaft (↗ G 22.1.2 b),

▶ der **Superlativ** zum Ausdruck des sehr hohen Grades einer Eigenschaft (↗ G 22.2.2 b).

L → D

vīs **māior**	eine **ziemlich** große Macht
hominēs **pessimī**	**sehr** schlechte Menschen
plūra scrībere	**recht** viel schreiben

2 Unregelmäßige Komparation des Adverbs

Nerō salūtī cīvium **minus** cōnsuluit.	Nero sorgte **recht wenig** für das Wohl der Bürger.

2.1

	Positiv	Komparativ	Superlativ
sehr	valdē	magis	māximē
wenig	paulum	minus	minimē
gut	bene	melius	optimē
schlecht	male	pēius	pessimē
viel	multum	plūs	plūrimum

2.2 Auch bei unregelmäßiger Komparation des Adverbs dient bisweilen

- der **Komparativ** der Verstärkung oder Abmilderung einer Eigenschaft (↗ G 22.1.2 b),
- der **Superlativ** zum Ausdruck des sehr hohen Grades einer Aussage (↗ G 22.2.2 b).

L → D

minus	ziemlich wenig; recht wenig
optimē	am besten; sehr gut
māximē	am meisten, überaus; ganz und gar
minimē	ganz und gar nicht; sehr wenig

Anhang zur Begleitgrammatik

Lautlehre, Tabellenteil und Stammformen

REGELN

Betonung der Laute

DREI SILBEN-GESETZ

BETONUNG

Betonung

L 1 Die Betonung eines lateinischen Wortes hängt ab von der **Anzahl** und der **Beschaffenheit seiner Silben**. Silben sind entweder **kurz** oder **lang**.

L 2 **Wörter** mit **zwei Silben** werden auf der ersten Silbe betont.

L 3 **Wörter** mit **mehr als zwei Silben** werden betont auf der
– vorletzten Silbe, wenn diese lang ist (z. B. mūtáre).
– drittletzten Silbe, wenn die vorletzte kurz ist (z. B. homínĭbus).

L 4 Als **lang** gilt eine Silbe, wenn
– sie einen **langen Vokal** oder einen **Doppellaut** enthält, *(Naturlänge,* z. B. mū - tā - re, au - rum).
– auf einen an sich kurzen Vokal *-ns-* oder *-nf-* folgt, *(Naturlänge,* z. B. cōnsul, cōnfugere).
– auf einen an sich kurzen Vokal **zwei oder mehr Konsonanten** folgen *(Positionslänge*[1], z. B. **ur-bem**).

Bei Verbindungen von Muta mit Liquida wird der vorausgehende Vokal in der Regel nicht gelängt (z. B. ím-pe-**tr**at).

L 5 Wenn die Konjunktion **-que** oder die Fragepartikel **-ne** an ein Wort treten, wird in der Regel die **vorhergehende Silbe betont** (z. B.: pater mātérque; vēnistīne?).

Lautregeln der Vokale

L 6 **Ablaut**
Wie in anderen Sprachen können auch im Lateinischen durch Abwandeln von Lauten **einzelner Wörter** neue **Ausdrucksformen** gewonnen werden: **Ablaut** (vgl. im Deutschen: werden – geworden; gut - Güte)
Der Ablaut erfasst den **Vokal des Wortstocks**. Dieser Wechsel ist bei der Bildung des Perfekt-Aktiv-Stamms besonders deutlich.

Quantität *(Sprechdauer):*	**Qualität** *(Klangfarbe):*
Dehnung iŭvō – iūvī	Vokaländerung agō – ēgī
Schwund **es**-te – **s**-unt	c**au**sa – ac-c**ū**sare

L 7 **Vokalschwächung in Binnensilben**
Unter dem Einfluss einer ursprünglichen Anfangsbetonung wurden kurze Vokale abgeschwächt:

a > i	am**ī**cus > in**i**mīcus	i > e	appellābitur > appellāberis
	f**a**cere > aff**i**cere	u > i	cap**u**t > cap**i**tis
e > i	nom**e**n > nom**i**nis	u > e	gen**u**s > gen**e**ris
		u > o	corp**u**s > corp**o**ris

1) *positiō, -ōnis:* „Setzung", Vereinbarung

L 8 **Vokalkürzung – Vokaldehnung**

1. **Vokale in Endsilben** werden (außer vor **-s**) **gekürzt:**

vocāb**ăm** (*aber:* vocāb**ās**), vid**ĕt** (*aber:* vid**ēs**)

2. **Langer Vokal** wird vor unmittelbar folgendem Vokal **gekürzt:**

plac**ĕā́**mus (*aber:* placēmus), gaudĕō (*aber:* gaudēs)

3. **Kurze Vokale** werden im **Partizip Perfekt Passiv (PPP) gedehnt**, wenn der Präsens-Stamm auf **-g-** oder **-d-** auslautet:

rēctum <* *reg-tum, aber:* rĕgere

4. **Kurze Vokale** werden **gelängt**, wenn der **auslautende Konsonant** des Wortstocks **ausfällt** (Ersatzdehnung):

m**ō**tus < * *movtus*, adi**ū**tus < * *adiuvtus*

L 9 **Kontraktion**

Zwei innerhalb eines Wortes **zusammenstoßende Vokale** werden häufig in einen langen Vokal **„zusammengezogen"** *(kontrahiert):*

vocō < * *vocaō;* cōgitō < * *cŏăgitō;* dīs < * *deīs*

a-o > O

KONTRAKTION

L 10 **Vokalentfaltung –Vokalschwund**

1. Zur Erleichterung der Aussprache werden zwischen Konsonanten kurze Bindevokale (Hilfsvokale) **eingeschoben**:

ager < * *agr;* vocābis < * *vocāb-s;* patribus < * *patr-bus*

2. Im Wortinnern **„schwindet"** in einigen Fällen der Vokal *(Synkope):*

valdē < * *validē*

Am Wortende **entfällt auslautendes -e** bei manchen Wörtern:

neque < * *neq* > nec

L 11 **Vokaländerung in der Endsilbe**

1. Kurzes **-o-** wird vor -s, -m, -nt zu **u**-:

dominus < * *dominos;* templum < * *templom*

Kurzes -**i** wird zu -**e**:

mare < * *mari*

2. Im Auslaut wird -**oi** zu **ī:**

dominī < * *dominoi*, dominīs < * *dominois*

-**ai** wird zu -**ae** oder -**ī**:

cū**rae** < * *cūrāi*, cūrīs < * *curais*

*) Das Sternchen * weist darauf hin, dass das Wort, vor dem es steht, eine ursprüngliche, nicht mehr vorhandene Erscheinungsform darstellt.

Lautregeln der Konsonanten

Konsonanten werden im Lateinischen nur verändert, wenn dadurch eine Vereinfachung der Aussprache oder Schreibung erreicht wird.

L 12 **Rhotazismus**

-**s**- zwischen Vokalen wird zu -**r**-:

honōs – honō**r**is < * *honosis*	est-e**r**at, e**r**it	corpus – corpo**r**is

L 13 **Assimilation**

Ein Konsonant wird an den folgenden oder vorausgehenden **angeglichen**. Diese Erscheinung findet sich hauptsächlich in zusammengesetzten Wörtern:

a**pp**ellō < * *ad-pellō*	co**rr**igere < * *con-rigere*	aspe**rr**imus < * *asper-simus*
a**ff**irmāre < * *ad-firmāre*	po**ss**um < * *pot-sum*	

L 14 **Annäherung von Konsonanten**

Manchmal erfolgt zur leichteren Ausspache nur eine **„Annäherung"** der Konsonanten:

co**m**parāre < * *con-parāre*	scrībō: * *scrib-sī* > scrī**p**sī
	augeō: * *augtum* > au**c**tum

L 15 **Verbindung von -s- mit K-Lauten und T-Lauten**

1. In Verbindung mit folgendem -**s**- werden die **K-Laute** *(c, g)* zu -**x**:

c - s > -x: * *dūc-s-ī* > dū**x**ī	g - s > -x: * *rēg-s* > rē**x**

2. In Verbindung mit folgendem -**s**- werden die **T-Laute** *(t, d)* zu **einem** -s:

t - s > -s: * *sēnt-s-ī* > * *sēns-s-ī* > sēnsī	d - s > -s: * *pēd-s* > * *pēss* > pē**s**

L 16 **Konsonantenschwund – Konsonanteneinschub**

1. **Auslautende** Konsonantengruppen werden **verkürzt**:

es < * *es-s*	* *pēd-s* > * *pēs-s* > pēs

2. Bei **Konsonantenhäufung** wird oft der **mittlere Konsonant ausgestoßen:**

sēnsī < * *sēnt-sī*

3. Zwischen -**m**- und **folgendem** -**s**- bzw. -**t**- wird manchmal ein **Konsonant** zur Erleichterung der Aussprache **eingeschoben**:

sū**mp**sī < * *sūm-sī*	ē**mp**tum < * *em-tum*

*) Das Sternchen * weist darauf hin, dass das Wort, vor dem es steht, eine ursprüngliche, nicht mehr vorhandene Erscheinungsform darstellt.

NOMEN

DEKLINATIONEN

Substantive

I₁

	ā-Deklination	o-Deklination			Konsonantische Deklination		
	Freundin	*Freund*	*Feld*	*Geschenk*	*Sieger*	*Legion*	*Geschlecht*
	f	m	m	n	m	f	n
Sg.							
N.	amīc**a**	amīc**us**	ag*e*r	dōn**um**	victor	legiō	genus
G.	amīc**ae**	amīc**ī**	agr**ī**	dōn**ī**	victōr**is**	legiōn**is**	gener**is**
D.	amīc**ae**	amīc**ō**	agr**ō**	dōn**ō**	victōr**ī**	legiōn**ī**	gener**ī**
Akk.	amīc**am**	amīc**um**	agr**um**	dōn**um**	victōr**em**	legiōn**em**	genus
Abl.	ab amīc**ā**	ab amīc**ō**	agr**ō**	dōn**ō**	ā victōr**e**	legiōn**e**	gener**e**
Pl.							
N.	amīc**ae**	amīc**ī**	agr**ī**	dōn**a**	victōr**ēs**	legiōn**ēs**	gener**a**
G.	amīc**ārum**	amīc**ōrum**	agr**ōrum**	dōn**ōrum**	victōr**um**	legiōn**um**	gener**um**
D.	amīc**īs**	amīc**īs**	agr**īs**	dōn**īs**	victōr**ibus**	legiōn**ibus**	gener**ibus**
Akk.	amīc**ās**	amīc**ōs**	agr**ōs**	dōn**a**	victōr**ēs**	legiōn**ēs**	gener**a**
Abl.	ab amīc**īs**	ab amīc**īs**	agr**īs**	dōn**īs**	ā victōr**ibus**	legiōn**ibus**	gener**ibus**

Adjektive

I₂

	ā- und o-Deklination					
	froh			*rau*		
	m	f	n	m	f	n
Sg.						
N.	laet**us**	laet**a**	laet**um**	asper	asper**a**	asper**um**
G.	laet**ī**	laet**ae**	laet**ī**	asper**ī**	asper**ae**	asper**ī**
D.	laet**ō**	laet**ae**	laet**ō**	asper**ō**	asper**ae**	asper**ō**
Akk.	laet**um**	laet**am**	laet**um**	asper**um**	asper**am**	asper**um**
Abl.	laet**ō**	laet**ā**	laet**ō**	asper**ō**	asper**ā**	asper**ō**
Pl.						
N.	laet**ī**	laet**ae**	laet**a**	asper**ī**	asper**ae**	asper**a**
G.	laet**ōrum**	laet**ārum**	laet**ōrum**	asper**ōrum**	asper**ārum**	asper**ōrum**
D.	laet**īs**	laet**īs**	laet**īs**	asper**īs**	asper**īs**	asper**īs**
Akk.	laet**ōs**	laet**ās**	laet**a**	asper**ōs**	asper**ās**	asper**a**
Abl.	laet**īs**	laet**īs**	laet**īs**	asper**īs**	asper**īs**	asper**īs**

Beachte:
Substantive und Adjektive auf **-us** haben im Singular eine eigene **Anredeform** *(Vokativ)*: amīc**e** (mein) Freund bzw. laet**e** (amīc**e**).
In allen anderen Fällen ist der Vokativ gleich dem Nominativ.

DEKLINATIONEN

Substantive

I₁

	ĭ-Deklination			
	reine ĭ-Stämme		Mischdeklination	
	Turm	*Meer*	*Schiff*	*Stadt*
	f	n	f	f
Sg.				
N.	turr**is**	mare	nāv**is**	urbs
G.	turr**is**	mar**is**	nāv**is**	urb**is**
D.	turrī	marī	nāvī	urbī
Akk.	turr**im**	mare	nāv**em**	urb**em**
Abl.	turrī	marī	nāve	urbe
Pl.				
N.	turrēs	mar**ia**	nāvēs	urbēs
G.	turr**ium**	mar**ium**	nāv**ium**	urb**ium**
D.	turr**ibus**	mar**ibus**	nāv**ibus**	urb**ibus**
Akk.	turrēs(**-īs**)	mar**ia**	nāvēs	urbēs
Abl.	turr**ibus**	mar**ibus**	nāv**ibus**	urb**ibus**

Adjektive

I₂

	ĭ-Deklination				
	scharf			*gewaltig*	
	m	f	n	m/f	n
Sg.					
N.	ācer	ācr**is**	ācre	ingēns	
G.		ācr**is**		ingent**is**	
D.		ācrī		ingentī	
Akk.	ācr**em**		ācre	ingent**em**	ingēns
Abl		ācrī		ingentī	
Pl.					
N.	ācrēs		ācr**ia**	ingentēs	ingent**ia**
G.		ācr**ium**		ingent**ium**	
D.		ācr**ibus**		ingent**ibus**	
Akk.	ācrēs		ācr**ia**	ingentēs	ingent**ia**
Abl.		ācr**ibus**		ingent**ibus**	

Beachte:
Die **Komparative** aller Adjektive werden wie die Substantive der Konsonantischen Deklination gebeugt. Das **Partizip Präsens Aktiv** wird wie *ingēns* dekliniert.
Ausnahme: Abl. Sg. **-e**: z. B. vocante (aber adjektivisch: **-ī**, z. B. ardentī studiō).

PRONOMINA

Personal-Pronomina

II₁

	nicht reflexiv		reflexiv	nicht reflexiv		reflexiv
1. P.	ego	*ich*		nōs	*wir*	
2. P.	tū	*du*		vōs	*ihr*	
3. P.	is, ea, id	*er/sie/es*	sibī, sē *sich*	iī (eī), eae, ea	*sie*	sibī, sē *sich*

Deklinationsschema *ego, tū, nōs, vōs* → G 12. 4.2; *is* ↗ Tab. II3

Possessiv-Pronomina

II₂

1. P.	meus, -a, -um	*mein*	noster, -tra, -trum	*unser*
2. P.	tuus, -a, -um	*dein*	vester, -tra, -trum	*euer*
3. P.	eius *(nicht refl.)* / suus, -a, -um *(refl.)*	*sein(e)/ihr(e)*	eōrum/eārum/eōrum *(nicht refl.)* / suus, -a, -um *(refl.)*	*ihr(e)*

Demonstrativ-Pronomina

II₃

	is, ea, id *dieser, derjenige*			**hic, haec, hoc** *dieser (mein)*			**ille, illa, illud** *jener (sein/ihr)*		
	m	f	n	m	f	n	m	f	n
Sg.									
N.	is	ea	**id**	hi*c*	hae*c*	ho*c*	ille	illa	illu**d**
G.		eius			huius			illīus	
D.		eī			hui*c*			illī	
Akk.	eum	eam	**id**	hun*c*	han*c*	ho*c*	illum	illam	illu**d**
Abl.	eō	eā	eō	hō*c*	hā*c*	hō*c*	illō	illā	illō
Pl.									
N.	iī (eī)	eae	ea	hī	hae	hae*c*	illī	illae	illa
G.	eōrum	eārum	eōrum	hōrum	hārum	hōrum	illōrum	illārum	illōrum
D.		iīs (eīs)			hīs			illīs	
Akk.	eōs	eās	ea	hōs	hās	hae*c*	illōs	illās	illa
Abl.		iīs (eīs)			hīs			illīs	

	ipse, ipsa, ipsum *selbst, selber*			**iste, ista, istud** *dieser (dein)/dieser (da)*		
	m	f	n	m	f	n
Sg.						
N.	ipse	ipsa	ipsum	iste	ista	istu**d**
G.		ipsīus			istīus	
D.		ipsī			istī	
Akk.	ipsum	ipsam	ipsum	istum	istam	istu**d**
Abl.	ipsō	ipsā	ipsō	istō	istā	istō
Pl.						
N.	ipsī	ipsae	ipsa	istī	istae	ista
G.	ipsōrum	ipsārum	ipsōrum	istōrum	istārum	istōrum
D.		ipsīs			istīs	
Akk.	ipsōs	ipsās	ipsa	istōs	istās	ista
Abl.		ipsīs			istīs	

Interrogativ-Pronomen II4

	quis? *wer?*	**quid?** *was?*	**quī, quae, quod?** *welcher/welche(s)?*		
	substantivisch		adjektivisch		
	m/f	n	m	f	n
N.	quis	qui**d**	quī	quae	quo**d**
G.	cuius			cuius	
D.	cui			cui	
Akk.	quem	qui**d**		*usw.*	
Abl.	ā quō/ quōcum		*wie Relativ-Pron.* ↗ *Tab. II5*		

Relativ-Pronomen II5

	quī, quae, quod *welcher; der*		
	m	f	n
Sg.			
N.	quī	quae	quod
G.		cuius	
D.		cui	
Akk.	quem	quam	quod
Abl.	quō	quā	quō
Pl.			
N.	quī	quae	quae
G.	quōrum	quārum	quōrum
D.		quibus	
Akk.	quōs	quās	quae
Abl.		quibus	

NUMERALE III

Grundzahlen 1–3 – deklinierbar

	m	f	n	m	f	n	m	f	n
N.	ūnus	ūna	ūnum	duo	duae	duo	trēs	trēs	tria
G.		ūn**īus**		duōrum	duārum	duōrum		trium	
D.		ūn**ī**		duō**bus**	duā**bus**	duō**bus**		tri**bus**	
Akk.	ūnum	ūnam	ūnum	duōs	duās	duo	trēs	trēs	tria
Abl.	ūno	ūnā	ūnō	duō**bus**	duā**bus**	duō**bus**		tri**bus**	

Grundzahlen 4–12 – nicht deklinierbar

4 quattuor	6 sex	8 octō	10 decem	12 duo-decim
5 quīnque	7 septem	9 novem	11 ūn-decim	

KOMPARATION DER ADJEKTIVE IV

Regelmäßige Komparation

Positiv	Komparativ		Superlativ	
longus, -a, -um	long**ior**	long**ius**	long**issimus**, -a, -um	*lang*
fortis, -e	fort**ior**	fort**ius**	fort**issimus**, -a, -um	*tapfer*
prūdēns (prūdent-is)	prūdent**ior**	prūdent**ius**	prūdent**issimus**, -a, -um	*klug*
asper	asper**ior**		asper**rimus**	*rau*
aspera	asper**ior**		asper**rima**	
asperum		asper**ius**	asper**rimum**	
pulcher	pulchr**ior**		pulcher**rimus**	*schön*
pulchra	pulchr**ior**		pulcher**rima**	
pulchrum		pulchr**ius**	pulcher**rimum**	
ācer	ācr**ior**		ācer**rimus**	*scharf*
ācris	ācr**ior**		ācer**rima**	
ācre		ācr**ius**	ācer**rimum**	

ADVERB

Bildung und Komparation

V

Adjektiv	Positiv	Komparativ	Superlativ	
longus, -a, -um fortis, -e prūdēns (prūdent-is) asper, aspera, asperum pulch*e*r, -chra, -chrum celer, celeris, celere āc*e*r, ācris, ācre	long**ē** fort**iter** prūdent**er** asper**ē** pulchr**ē** celer**iter** ācr**iter**	long**ius** fort**ius** prūdent**ius** asper**ius** pulchr**ius** celer**ius** ācr**ius**	long*issimē* fort*issimē* prūdent*issimē* asper*rimē* pulcher*rimē* celer*rimē* ācer*rimē*	*lang, weit* *tapfer* *klug* *rau* *schön* *schnell* *scharf*

VERB

KONJUGATIONEN

Präsens-Stamm Aktiv

VI₁

	AKTIV	ā-Konjugation	ē-Konjugation	ī-Konjugation (langvokalisch)	ĭ-Konjugation (kurzvokalisch)	Konsonant. Konjugation
	Infinitiv	*rufen* vocā́-**re**	*mahnen* monḗ-**re**	*fesseln* vincī́-**re**	*fangen* cápĕ-**re**	*treiben* péll-*ĕ*-**re**
	Indikativ					
Präsens	*ich rufe,* *du …* *usw.*	vócō vócā-s vóca-t vocā́-mus vocā́-tis vóca-nt	mónē-o mónē-s móne-t monḗ-mus monḗ-tis móne-nt	vínci-ō víncī-s vínci-t vincī́-mus vincī́-tis vínci-*u*nt	cápĭ-ō cápĭ-s cápĭ-t cápĭ-mus cápĭ-tis cápĭ-*u*nt	péll-ō péll-*i*s péll-*i*t péll-*i*mus péll-*i*tis péll-*u*nt
Imperfekt	*ich rief,* *du …* *usw.*	vocā́-**bam** vocā́-**bās** vocā́-**bat** vocā-**bā́**mus vocā-**bā́**tis vocā́-**bant**	monḗ-**bam** monḗ-**bās** monḗ-**bat** monē-**bā́**mus monē-**bā́**tis monḗ-**bant**	vinci-ḗ**bam** vinci-ḗ**bās** vinci-ḗ**bat** vinci-ē**bā́**mus vinci-ē**bā́**tis vinci-ḗ**bant**	capĭ-ḗ**bam** capĭ-ḗ**bās** capĭ-ḗ**bat** capĭ-ē**bā́**mus capĭ-ē**bā́**tis capĭ-ḗ**bant**	pell-ḗ**bam** pell-ḗ**bās** pell-ḗ**bat** pell-ē**bā́**mus pell-ē**bā́**tis pell-ḗ**bant**
Futur I	*ich* *werde* *rufen,* *du …* *usw.*	vocā́-**bō** vocā́-**b***i*s vocā́-**b***i*t vocā́-**b***i*mus vocā́-**b***i*tis vocā́-**b***u*nt	monḗ-**bō** monḗ-**b***i*s monḗ-**b***i*t monḗ-**b***i*mus monḗ-**b***i*tis monḗ-**b***u*nt	vínci-am vínci-ēs vínci-et vinci-ḗmus vinci-ḗtis vínci-ent	cápĭ-am cápĭ-ēs cápĭ-et capĭ-ḗmus capĭ-ḗtis cápĭ-ent	péll-am péll-ēs péll-et pell-ḗmus pell-ḗtis péll-ent
	Imperativ					
	rufe! *ruft!*	vócā! vocā́-te!	mónē! monḗ-te!	víncī! vincī́-te	cápĕ! cápĭ-te!	péll-*ĕ*! péll-*i*te!

Präsens-Stamm Passiv

	PASSIV	ā-Konjugation	ē-Konjugation	ī-Konjugation (langvokalisch)	ĭ-Konjugation (kurzvokalisch)	Konsonantische Konjugation
	Infinitiv	*gerufen werden* vocā́-**rī**	*gemahnt werden* monḗ-**rī**	*gefesselt werden* vincī́-**rī**	*gefangen werden* cápi**ī**	*getrieben werden* péll-**ī**
	Indikativ					
Präsens	*ich*	vócor	móne-or	vínci-or	cápĭ-or	péll-or
	werde	vocā́-ris	monḗ-ris	vincī́-ris	cápĕ-ris	péll-*e*ris
	gerufen	vocā́-tur	monḗ-tur	vincī́-tur	cápĭ-tur	péll-*i*tur
	usw.	vocā́-mur	monḗ-mur	vincī́-mur	cápĭ-mur	péll-*i*mur
		vocā́-minī	monḗ-minī	vincī́-minī	capĭ́-minī	pell-*í*minī
		vocá-ntur	moné-ntur	vinci-*ú*ntur	capĭ-*ú*ntur	pell-*ú*ntur
Imperfekt	*ich*	vocā́-**bar**	monḗ-**bar**	vinci-ḗ**ba**r	capĭ-ḗ**ba**r	pell-ḗ**ba**r
	wurde	vocā-**bā́**ris	monē-**bā́**ris	vinci-ē**bā́**ris	capĭ-ē**bā́**ris	pell-ē**bā́**ris
	gerufen	vocā-**bā́**tur	monē-**bā́**tur	vinci-ē**bā́**tur	capĭ-ē**bā́**tur	pell-ē**bā́**tur
	usw.	vocā-**bā́**mur	monē-**bā́**mur	vinci-ē**bā́**mur	capĭ-ē**bā́**mur	pell-ē**bā́**mur
		vocā-**bā́**minī	monē-**bā́**minī	vinci-ē**bā́**minī	capĭ-ē**bā́**minī	pell-ē**bā́**minī
		vocā-**bá**ntur	monē-**bá**ntur	vinci-ē**bá**ntur	capĭ-ē**bá**ntur	pell-ē**bá**ntur
Futur I	*ich*	vocā́-**bo**r	monḗ-**bo**r	vínci-**a**r	cápĭ-**a**r	péll-**a**r
	werde	vocā́-**be**ris	monḗ-**be**ris	vinci-**ḗ**ris	capĭ-**ḗ**ris	pell-**ḗ**ris
	gerufen	vocā́-**b***i*tur	monḗ-**b***i*tur	vinci-**ḗ**tur	capĭ-**ḗ**tur	pell-**ḗ**tur
	werden	vocā́-**b***i*mur	monḗ-**b***i*mur	vinci-**ḗ**mur	capĭ-**ḗ**mur	pell-**ḗ**mur
	usw.	vocā-**b***í*minī	monē-**b***í*minī	vinci-**ḗ**minī	capĭ-**ḗ**minī	pell-**ḗ**minī
		vocā-**b***ú*ntur	monē-**b***ú*ntur	vinci-**é**ntur	capĭ-**é**ntur	pell-**é**ntur

KONJUGATIONEN VI$_2$

Perfekt-Stamm Aktiv

	AKTIV	v-Perfekt	u-Perfekt	s-Perfekt	Dehnung	Reduplikation
	Infinitiv	*gerufen zu haben* vocāv-ísse	*gemahnt zu haben* mon**u**-ísse	*gefesselt zu haben* vīnx-ísse	*gefangen zu haben* cēp-ísse	*getrieben zu haben* **pepul**-ísse
	Indikativ					
Perfekt	*ich habe*	vocā́v-ī	món**u**-ī	vī́nx-ī	cḗp-ī	**pépul**-ī
	gerufen	vocāv-ístī	mon**u**-ístī	vīnx-ístī	cēp-ístī	**pepul**-ístī
	usw.	vocā́v-it	món**u**-it	vī́nx-it	cḗp-it	**pépul**-it
		vocā́v-imus	mon**ú**-imus	vī́nx-imus	cḗp-imus	**pepúl**-imus
		vocāv-ístis	mon**u**-ístis	vīnx-ístis	cēp-ístis	**pepul**-ístis
		vocāv-ḗrunt	mon**u**-ḗrunt	vīnx-ḗrunt	cēp-ḗrunt	**pepul**-ḗrunt
Plusquamperfekt	*ich hatte*	vocā́v-eram	mon**ú**-eram	vī́nx-eram	cḗp-eram	**pepúl**-eram
	gerufen	vocā́v-erās	mon**ú**-erās	vī́nx-erās	cḗp-erās	**pepúl**-erās
	usw.	vocā́v-erat	mon**ú**-erat	vī́nx-erat	cḗp-erat	**pepúl**-erat
		vocāv-erā́mus	mon**u**-erā́mus	vīnx-erā́mus	cēp-erā́mus	**pepul**-erā́mus
		vocāv-erā́tis	mon**u**-erā́tis	vīnx-erā́tis	cēp-erā́tis	**pepul**-erā́tis
		vocā́v-erant	mon**ú**-erant	vī́nx-erant	cḗp-erant	**pepúl**-erant
Futur II		vocā́v-erō	mon**ú**-erō	vī́nx-erō	cḗp-erō	**pepúl**-erō
		vocā́v-eris	mon**ú**-eris	vī́nx-eris	cḗp-eris	**pepúl**-eris
		vocā́v-erit	mon**ú**-erit	vī́nx-erit	cḗp-erit	**pepúl**-erit
		vocāv-érimus	mon**u**-érimus	vīnx-érimus	cēp-érimus	**pepul**-érimus
		vocāv-éritis	mon**u**-éritis	vīnx-éritis	cēp-éritis	**pepul**-éritis
		vocā́v-erint	mon**ú**-erint	vī́nx-erint	cḗp-erint	**pepúl**-erint

PPP-Stamm

		Perfekt		Plusquamperfekt	Futur II
Sg.	*ich bin gerufen / getrieben worden – wurde gerufen / getrieben usw.*	vocā**tus**, -a, (-um) pul**sus**, -a, (-um)	sum es est	eram erās erat	erō eris erit
Pl.		vocā**tī**, -ae, (-a) pul**sī**, -ae, (-a)	sumus estis sunt	erāmus erātis erant	erimus eritis erunt

Nominalformen des Verbs – Infinitive

VI₃

Infinitiv	ā-Konjugation	ē-Konjugation	ī-Konjugation	ĭ-Konjugation	Konsonant. Konjugation
AKTIV Präsens	vocā́-**re**	monḗ-**re**	vincī́-**re**	cápĕ-**re**	péll-ĕ-**re**
AKTIV Perfekt	vocāv-**isse**	monu-**isse**	vīnx-**isse**	cēp-**isse**	pepul-**isse**
PASSIV Präsens	vocā́-**rī**	monḗ-**rī**	vincī́-**rī**	cápī	péll-**ī**
PASSIV Perfekt	vocā́**tum**, -am, -um **esse**	móni**tum**, -am, -um **esse**	vī́nc**tum**, -am, -um **esse**	cáp**tum**, -am, -um **esse**	púl**sum**, -am, -um **esse**

Nominalformen des Verbs – Partizipien

Partizip	ā-Konjugation	ē-Konjugation	ī-Konjugation	ĭ-Konjugation	Konsonant. Konjugation
AKTIV Präsens	vocā-**ns**, **-ntis**	monē-**ns**, **-ntis**	vinci-*ē*-**ns**, **-ntis**	**capi-*ē*-ns, -ntis**	pell-*ē*-**ns**, **-ntis**
PASSIV Perfekt	vocā́-**tus**, -ta, -tum	móni-**tus**, -ta, -tum	vīnc-**tus**, -ta, -tum	cap-**tus**, -ta, -tum	pul-**sus**, -sa, -sum

VI₄

esse – posse

	esse			posse		
	Präsens	**Imperfekt**	**Futur I**	**Präsens**	**Imperfekt**	**Futur I**
Indikativ	s-*u*m	ér-am	ér-ō	pós-sum	pót-eram	pót-erō
	es	ér-ās	ér-*i*s	pót-es	pót-erās	pót-eris
	es-t	ér-at	ér-*i*t	pót-est	pót-erat	pót-erit
	s-*u*mus	er-ā́mus	ér-*i*mus	pós-sumus	pot-erā́mus	pot-érimus
	es-tis	er-ā́tis	ér-*i*tis	pot-éstis	pot-erā́tis	pot-éritis
	s-*u*nt	ér-ant	ér-*u*nt	pós-sunt	pót-erant	pót-erunt

Imperativ
es!
es-**te**!

Perfekt

fu-ī
fu-istī
usw.

Perfekt

potu-ī
potu-istī
usw.

VERB
Stammformen – Perfektbildung

VII

1 Perfekt-Bildung mit -v-

ā-Konjugation

vocō	vocāvī	vocātum	vocāre	rufen, nennen

Ebenso bilden die meisten Verben der ā-Konjugation die Perfektformen.

ē-Konjugation

dēleō	dēlēvī	dēlētum	dēlēre	zerstören, vernichten
fleō	flēvī	flētum	flēre	weinen, beklagen
ex|pleō	explēvī	explētum	explēre	ausfüllen, erfüllen

ī-Konjugation

audiō	audīvī	audītum	audīre	hören

Ebenso bilden die meisten Verben der ī-Konjugation die Perfektformen.

Konsonantische Konjugation

capessō	capessīvī	capessītum	capessere	ergreifen, packen
dē|cernō	dēcrēvī	dēcrētum	dēcernere	beschließen
crēscō	crēvī	–	crēscere	wachsen, zunehmen
co|gnōscō	cognōvī	cógnitum	cognōscere	erkennen, bemerken, kennen lernen
lacessō	lacessīvī	lacessītum	lacessere	reizen, herausfordern
petō	petīvī	petītum	petere	zu erreichen suchen, aufsuchen; angreifen; verlangen, bitten
quaerō	quaesīvī	quaesītum	quaerere	suchen, erwerben;
			ex/ab (m. Abl.):	*(jmdn.)* fragen
quiēscō	quiēvī	–	quiēscere	sich beruhigen, ruhen
dē|sinō	dēsiī	dēsitum	dēsinere	ablassen, aufhören
cōn|suēscō	cōnsuēvī	–	cōnsuēscere	sich gewöhnen

ĭ-Konjugation

cupiō	cupīvī	cupītum	cupere	begehren, verlangen, wünschen

2 Perfekt-Bildung mit -u-

ā-Konjugation

sonō	sonuī	–	sonāre	ertönen, erklingen, klingen

ē-Konjugation

arceō	arcuī	–	arcēre	abhalten, fern halten, abwehren
co|ërceō	coërcuī	coërcitum	coërcēre	einschränken, zügeln; strafen
careō	caruī	–	carēre *(m. Abl.)*	*(etw.)* nicht haben, *(eine Sache)* entbehren
doceō	docuī	doctum	docēre	lehren, unterrichten
doleō	doluī	–	dolēre *(m. Akk.)*	Schmerz empfinden, bedauern

habeō	habuī	habitum	habēre	haben, halten, besitzen
ad|hibeō	adhibuī	adhibitum	adhibēre	anwenden, heranziehen, dazunehmen
dēbeō	dēbuī	dēbitum	dēbēre	müssen; schulden, verdanken
			nōn dēbēre	nicht dürfen
iaceō	iacuī	–	iacēre	liegen, daliegen
lateō	latuī	–	latēre	verborgen sein
moneō	monuī	monitum	monēre	mahnen, auffordern; erinnern; warnen
ad|moneō	admonuī	admonitum	admonēre	erinnern, ermahnen
pāreō	pāruī	–	pārēre	gehorchen
ap|pāreō	appāruī	–	appārēre	erscheinen, sich zeigen
appāret	appāruit	–	appārēre	es ist offensichtlich, klar
pateō	patuī	–	patēre	offen stehen; offenbar sein
placeō	placuī	placitum	placēre	gefallen
studeō	studuī	–	studēre *(m. Dat.)*	sich bemühen *(um),* wollen;
				sich bilden
stupeō	stupuī	–	stupēre *(m. Akk.)*	staunen *(über)*, stutzen, verblüfft sein
taceō	tacuī	–	tacēre	schweigen
teneō	tenuī	–	tenēre	halten, festhalten
sus|tineō	sustinuī	–	sustinēre	aushalten, ertragen
terreō	terruī	territum	terrēre	*(jmdn.)* erschrecken
per|terreō	perterruī	perterritum	perterrēre	gewaltig erschrecken, einschüchtern
timeō	timuī	–	timēre	fürchten, besorgt sein
valeō	valuī	–	valēre	gesund sein; Einfluss haben

Impersonale

licet	licuit	–	licēre	*es* ist erlaubt, *man* darf; *es* ist möglich

Konsonantische Konjugation

colō	coluī	cultum	colere	bebauen, pflegen, verehren
cōn|sulō	cōnsuluī	cōnsultum	cōnsulere	beratschlagen;
			(m. Akk.)	um Rat fragen;
			(m. Dat.)	sorgen *(für)*
fremō	fremuī	–	fremere	lärmen, toben, murren
gignō	genuī	genitum	gignere	erzeugen, hervorbringen, gebären
dis|pōnō	disposuī	dispositum	dispōnere	verteilen, ordnen
ex|pōnō	exposuī	expositum	expōnere	ausstellen, aussetzen; darlegen
dē|serō	dēseruī	dēsertum	dēserere	verlassen, im Stich lassen
tremō	tremuī	–	tremere	zittern, beben

ĭ-Konjugation

rapiō	rapuī	raptum	rapere	rauben, fortreißen
dī|ripiō	dīripuī	dīreptum	dīripere	plündern, zerstören

3 Perfekt-Bildung mit -s-

ē-Konjugation

ārdeō	ārsī	–	ārdēre	brennen, glühen
iubeō	iussī	iussum	iubēre *(m. Akk.)*	beauftragen, *(jmdm.)* befehlen;
				(m. Inf.:) lassen
maneō	mānsī	–	manēre	bleiben, warten, erwarten

rīdeō	rīsī	rīsum	rīdēre	lachen, auslachen
ir|rīdeō	irrīsī	irrīsum	irrīdēre	auslachen, verspotten

ī-Konjugation

hauriō	hausī	haustum	haurīre	schöpfen; trinken
sentiō	sēnsī	sēnsum	sentīre	fühlen, empfinden; merken; meinen
vinciō	vīnxī	vīnctum	vincīre	binden, fesseln

Konsonantische Konjugation

carpō	carpsī	carptum	carpere	abreißen, pflücken
cēdō	cessī	–	cēdere	gehen, weichen; nachgeben
ac|cēdō	accessī	accessum	accēdere	heranrücken, herantreten; dazukommen
con|cēdō	concessī	concessum	concēdere	zugestehen, einräumen; erlauben
dis|cēdō	discessī	discessum	discēdere	auseinander gehen, weggehen
in|cēdō	incessī	incessum	incēdere	einhergehen; befallen
claudō	clausī	clausum	claudere	schließen, absperren
dīcō	dīxī	dictum	dīcere	sagen, sprechen, nennen
dūcō	dūxī	ductum	dūcere	führen, ziehen; halten für; *(uxōrem:)* heiraten
ab|dūcō	abdūxī	abductum	abdūcere	wegführen, abbringen
fingō	fīnxī	fictum	fingere	formen, bilden; sich ausdenken, erdichten
flectō	flexī	flexum	flectere	biegen, beugen, wenden
cōn|flīgō	cōnflīxī	cōnflīctum	cōnflīgere	zusammenstoßen, kämpfen
laedō	laesī	laesum	laedere	verletzen, stoßen
intel|legō	intellēxī	intellēctum	intellegere	erkennen, einsehen, verstehen
mittō	mīsī	missum	mittere	schicken; gehen lassen; werfen
ā|mittō	āmīsī	āmissum	āmittere	aufgeben; verlieren
com|mittō	commīsī	commissum	committere	zustande bringen; anvertrauen
op|primō	oppressī	oppressum	opprimere	unterdrücken; überfallen, überwältigen
cor|rigō	corrēxī	corrēctum	corrigere	berichtigen, verbessern
scrībō	scrīpsī	scrīptum	scrībere	schreiben, verfassen
dē|scrībō	dēscrīpsī	dēscrīptum	dēscrībere	abschreiben; beschreiben, bestimmen
struō	strūxī	strūctum	struere	schichten, bauen, errichten
ex|struō	exstrūxī	exstrūctum	exstruere	aufschichten, errichten
sūmō	sūmpsī	sūmptum	sūmere	nehmen
tegō	tēxī	tēctum	tegere	decken, bedecken
dē|tegō	dētēxī	dētēctum	dētegere	aufdecken, entdecken
prō|tegō	prōtēxī	prōtēctum	prōtegere	schützen, beschützen
trahō	trāxī	tractum	trahere	ziehen, schleppen
vādō	–	–	vādere	gehen, schreiten
ē|vādō	ēvāsī	–	ēvādere	herausgehen; entrinnen
vīvō	vīxī	–	vīvere	leben

ĭ-Konjugation

dē|spiciō	dēspexī	dēspectum	dēspicere	herabblicken, verachten
per|spiciō	perspexī	perspectum	perspicere	durchsehen; genau betrachten; durchschauen
su|spiciō	suspexī	suspectum	suspicere	beargwöhnen, verdächtigen

4 Perfekt-Bildung durch Dehnung

ā-Konjugation

iuvat	iūvit	–	iuvāre	*es* freut, macht Spaß
ád|iuvō	adiūvī	adiūtum	adiuvāre *(m. Akk.)*	unterstützen, *(jmdm.)* helfen

ē-Konjugation

caveō	cāvī	cautum	cavēre *(m. Akk.)*	sich in Acht nehmen, sich hüten *(vor)*
faveō	fāvī	fautum	favēre *(m. Dat.)*	gewogen sein, *(jmdn.)* begünstigen
moveō	mōvī	mōtum	movēre	bewegen, beeinflussen; hervorrufen
re|moveō	remōvī	remōtum	removēre	entfernen, wegschaffen
sedeō	sēdī	sessum	sedēre	sitzen
videō	vīdī	vīsum	vidēre	sehen
voveō	vōvī	vōtum	vovēre	geloben, (feierlich) versprechen

ī-Konjugation

veniō	vēnī	ventum	venīre	kommen
con|veniō	convēnī	conventum	convenīre	zusammenkommen, -passen; zustande kommen; sich ereignen
			(m. Akk.)	*(jmdn.)* treffen
cón|venit	convēnit	–	convenīre	*es* ziemt sich, *es* passt; *man* einigt sich
in|veniō	invēnī	inventum	invenīre	finden, erfinden

Konsonantische Konjugation

agō	ēgī	āctum	agere	treiben, betreiben; handeln, verhandeln
edō	ēdī	ēsum	edere	essen, verzehren
emō	ēmī	ēmptum	emere	nehmen, kaufen
ád|imō	adēmī	adēmptum	adimere	an sich nehmen, wegnehmen
legō	lēgī	lēctum	legere	lesen; sammeln
re|linquō	relīquī	relictum	relinquere	zurücklassen, hinterlassen, verlassen
vincō	vīcī	victum	vincere	siegen, besiegen

ĭ-Konjugation

capiō	cēpī	captum	capere	fassen, ergreifen; erobern
ex|cipiō	excēpī	exceptum	excipere	herausnehmen, ausnehmen; aufnehmen
re|cipiō	recēpī	receptum	recipere	zurücknehmen, aufnehmen;
			sē	sich zurückziehen
faciō	fēcī	factum	facere	tun, machen, herstellen
af|ficiō	affēcī	affectum	afficere *(m. Abl.)*	versehen *(mit)*, ausstatten *(mit)*
cōn|ficiō	cōnfēcī	cōnfectum	cōnficere	vollenden, erledigen
inter|ficiō	interfēcī	interfectum	interficere	töten
per|ficiō	perfēcī	perfectum	perficere	durchsetzen, vollenden
fugiō	fūgī	–	fugere	fliehen, meiden
cōnfugiō	cōnfūgī	–	cōnfugere	sich flüchten
ef|fugiō	effūgī	–	effugere	entfliehen, entkommen
iaciō	iēcī	iactum	iacere	werfen, schleudern
dē|iciō	dēiēcī	dēiectum	dēicere	herabwerfen; vertreiben
ē|iciō	ēiēcī	ēiectum	ēicere	hinauswerfen; vertreiben

5 Perfekt-Bildung mit Reduplikation

ā-Konjugation

dō	dedī	dătum	dăre	geben
circúm|dō	circúmdedī	circúmdătum	circúmdăre	umgeben, umzingeln
stō	stetī	–	stāre	stehen
cōn|stō	cōnstitī	–	cōnstāre	feststehen; bestehen *(aus)*; kosten
cōn|stat	cōnstitit	–	cōnstāre	*es* ist bekannt, *es* steht fest
prae|stō	praestitī	–	praestāre	*(m. Dat.:)* voranstehen, übertreffen; *(m. Akk.:)* leisten, erweisen

ē-Konjugation

pendeō	pependī	–	pendēre	(herab)hängen
re|spondeō	respondī	respōnsum	respondēre	antworten, erwidern

Konsonantische Konjugation

cadō	cécidī	–	cadere	fallen
ác|cidit	áccidit	–	accidere	*es* ereignet sich, *es* stößt zu
caedō	cecīdī	caesum	caedere	fällen, niederhauen; schlagen
oc|cīdō	occīdī	occīsum	occīdere	niederschlagen, töten
currō	cucurrī	cursum	currere	laufen, rennen
ac|currō	accurrī	accursum	accurrere	herbeieilen
(**dō**	dedī	dătum	dăre	geben)
con|dō	condidī	conditum	condere	gründen; aufbewahren; bestatten
per|dō	perdidī	perditum	perdere	vernichten; verlieren
prō|dō	prōdidī	prōditum	prōdere	preisgeben, verraten; überliefern
red|dō	reddidī	redditum	reddere	zurückgeben; machen *(zu)*
trā|dō	trādidī	trāditum	trādere	übergeben, überliefern
crēdō	crēdidī	crēditum	crēdere	glauben; anvertrauen
discō	dídicī	–	discere	lernen
fallō	fefellī	–	fallere	täuschen
parcō	pepercī	–	parcere *(m. Dat.)*	*(jmdn.)* schonen; *(an/mit etw.)* sparen
pellō	pepulī	pulsum	pellere	treiben, schlagen; vertreiben
poscō	poposcī	–	poscere	fordern, verlangen
con|tendō	contendī	contentum	contendere	sich anstrengen, eilen; kämpfen; behaupten

ĭ-Konjugation

pariō	peperī	partum	parere	hervorbringen, gebären; erwerben

6 Perfekt-Bildung ohne Veränderung des Präsens-Stammes

Konsonantische Konjugation

bibō	bibī	–	bibere	trinken
in|cendō	incendī	incēnsum	incendere	anzünden, entflammen
dē|fendō	dēfendī	dēfēnsum	dēfendere	verteidigen, abwehren
com|prehendō	comprehendī	comprehēnsum	comprehendere	ergreifen, fassen, erfassen; begreifen
re|prehendō	reprehendī	reprehēnsum	reprehendere	tadeln
dē|scendō	dēscendī	dēscēnsum	dēscendere	herabsteigen, herabkommen
statuō	statuī	statūtum	statuere	aufstellen; festsetzen, beschließen
tribuō	tribuī	tribūtum	tribuere	zuteilen, zuweisen
volvō	volvī	volūtum	volvere	wälzen, rollen

SYNTAKTISCHE FUNKTIONEN UND FÜLLUNGSARTEN VIII

Die einzelnen syntaktischen Erscheinungen erfüllen im Satz verschiedene **Funktionen;** sie können also im Baugerüst des Satzes verschiedene Positionen einnehmen. Umgekehrt lässt sich sagen: Die einzelnen Positionen des Satzes können von verschiedenartigen syntaktischen Erscheinungen „aus**gefüllt**“ sein (**Füllungs**arten).
Nachfolgend werden alle wichtigen syntaktischen Erscheinungen der lateinischen Sprache, soweit sie bisher behandelt worden sind, im Schema des **Satzmodells** übersichtlich zusammengestellt:

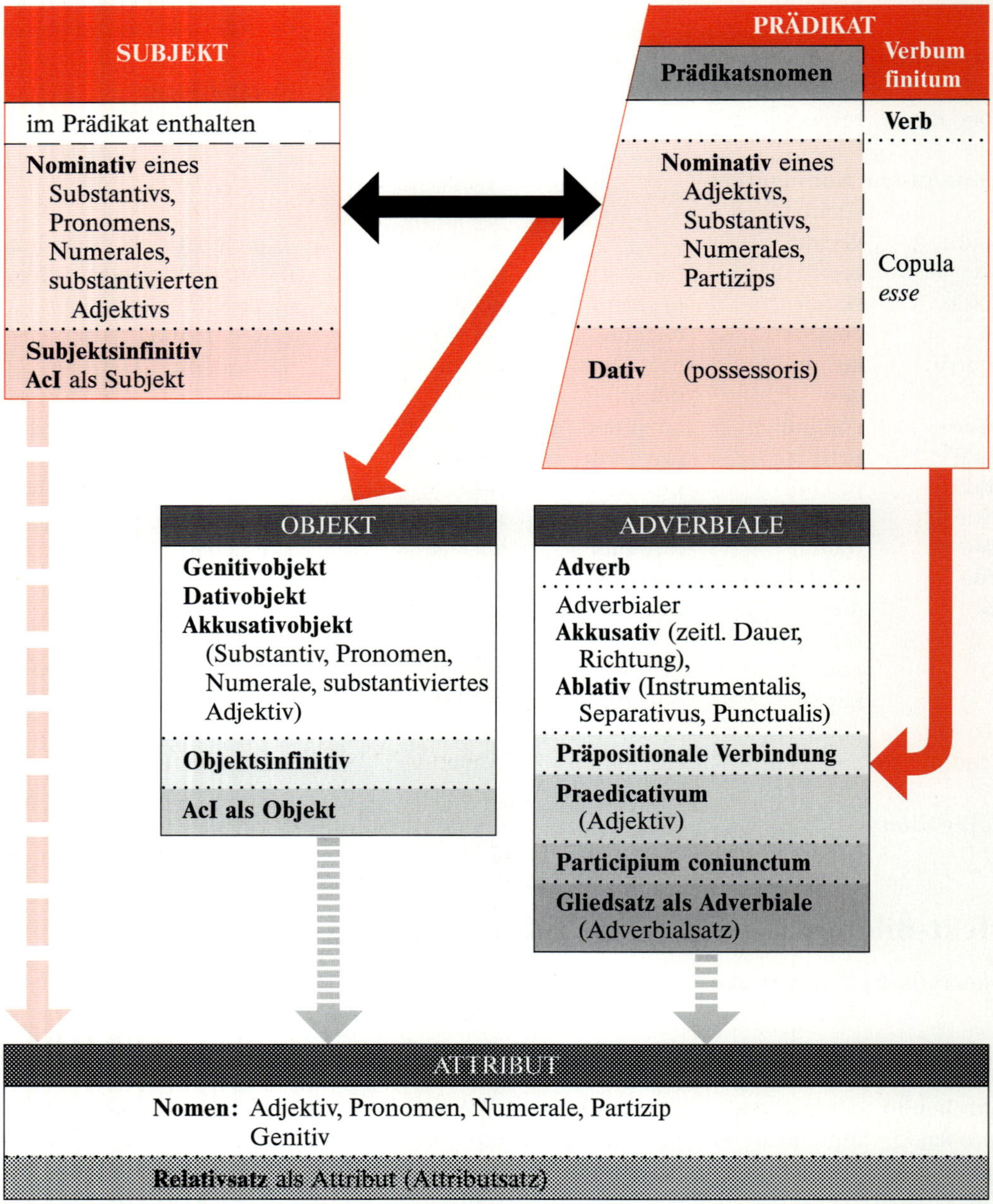

Sachverzeichnis

Wortschatz

J steht für Junktur. ˇ kennzeichnet einen kurzen, ¯ einen langen Vokal.

1

avē	sei gegrüßt!	Ave Maria
populus	Volk; Publikum	populär, Pop|musik
clāmat	er/sie/es ruft, schreit	Re|klame
et	und; auch	
valdē	sehr	
gaudet	er/sie/es freut sich	Gaudi
nam	denn, nämlich	
modo	eben (erst), gerade; bald; nur	
imperātor	Feldherr; Herrscher, Kaiser	e: emperor
intrat	er/sie/es tritt ein, kommt herein, betritt	e: to enter
nunc	jetzt, nun	
appellat	er/sie/es redet an, nennt, benennt	appellieren, Appell
turba	Verwirrung, Durcheinander; *(Menschen-)*Menge	turbulent
nōn	nicht	
sed	aber; sondern	
tacet	er/sie/es schweigt	
tum	da, dann, darauf; damals	
iterum	wieder, zum zweiten Mal	
ap|pāret	er/sie/es erscheint, zeigt sich	e: to appear
ecce	sieh da!, schau!, seht!	
ubī	sobald	
simulācrum	Abbild, Götterbild	
amat	er/sie/es liebt, ist verliebt	Amateur
enim *(nachgestellt)*	denn, nämlich	
ibī	da, dort	
est	er/sie/es ist	
sedet	er/sie/es sitzt	Sessel
etiam	auch, sogar	
rīdet	er/sie/es lacht, lacht aus	
spectāculum	Schau, Schauspiel	Spektakel
placet	er/sie/es gefällt	Plazet

2

(1)

forum	Forum, Marktplatz	
amīca	Freundin	
amīcus	Freund	
via	Weg, Straße	
lātus, -a, -um	breit, weit	
cūr	warum	
respondet	er/sie/es antwortet, erwidert	Kor|respondenz
rogat	er/sie/es fragt, bittet	
novus, -a, -um	neu, neuartig	Novum
serva	Sklavin	servieren, Service
servus	Sklave	
nēmō	niemand	
docet	er/sie/es lehrt, unterrichtet, erklärt	Dozent
dubitat	er/sie/es zögert, zweifelt	dubios
laetus, -a, -um	froh, fröhlich	
magistra	Lehrerin	Meister(in)
bonus, -a, -um	gut, tüchtig	Bonus, Bonbon

(2)

templum	Tempel	
altus, -a, -um	hoch; tief	Alt-Stimme (mus.)
autem *(nachgestellt)*	aber, jedoch	
māgnus, -a, -um	groß, bedeutend	
semper	immer	
sunt	sie sind	
nōn iam	nicht mehr	
firmus, -a, -um	stark, fest; zuverlässig	Firmung, Konfirmation
stat	er/sie/es steht (da)	Station, Stativ
multus, -a, -um	viel, zahlreich	multi|plizieren
tribūnus	Tribun	
paucī, -ae, -a	wenige	
patricius, -a, -um	patrizisch, adelig	
patricius *(Subst.)*	Patrizier	
cōnsul	Konsul	
clārus, -a, -um	klar, hell; berühmt	
quoque *(nachgestellt)*	auch	
iam	schon, bereits; gleich	

3

(1)

salvē/salvēte	sei/seid gegrüßt!	Salve, Salut
hīc	hier	
quid	was	
studēre	sich bemühen *(um),* wollen; sich bilden	studieren, Student
ut	wie	
vidēre	sehen	Video, Vision
ego	ich	Ego|ismus
interdum	manchmal	
recitāre	vorlesen, vortragen	rezitieren
neque, nec	und nicht, auch nicht, aber nicht	
tamen	dennoch, doch, trotzdem	
iuvat	es freut, macht Spaß	
itaque	deshalb	
tū	du	
tē	dich	
iactāre	werfen, schleudern	
pārēre	gehorchen	parieren

J

et – et	sowohl – als auch	

(2)

licet	es ist erlaubt, man darf; es ist möglich	Lizenz
quod	weil	
hodiē	heute	
cūnctus, -a, -um	all(es), gesamt, ganz	
vix	kaum	
properāre	eilen, sich beeilen	
certē *(Adv.)*	sicherlich, gewiss	e: certainly
num?	etwa?	
timēre	(sich) fürchten, besorgt sein	
timidus, -a, -um	ängstlich, feige	

cavēre	sich in Acht nehmen, sich hüten	Kaution
nihil	nichts	Nihilist
ubī	wo	
laudāre	loben, rühmen	Laudatio

4

(1)

audīre	hören, zuhören, anhören	Auditorium, Audienz
homō m (*Stamm:* homin-)	Mensch; *Pl. auch:* Leute	
unde	woher	
venīre	kommen	
lībertus	Freigelassener	
mercātor	Kaufmann	
ob|oedīre	gehorchen	↗ audīre
dēbēre	müssen; schulden, verdanken	
nōn dēbēre	nicht dürfen	
dē|sinere	ablassen, aufhören	
tremere	zittern, beben	Tremolo
mē	mich	
tenēre	halten, festhalten	
re|prehendere	tadeln	
pūnīre	bestrafen, rächen	e: to punish
caedere	fällen, niederhauen; schlagen, zusammenhauen	

(2)

crēscere	wachsen, zunehmen	Crescendo (mus.)
audācia	Kühnheit, Verwegenheit, Frechheit	
cōn|suēscere	sich gewöhnen	
dominus	Herr	dominant
sentīre	fühlen, empfinden; merken; meinen	e: sense
intel|legere	erkennen, einsehen, verstehen	intelligent
deus (*Pl. auch:* dī)	Gott	
dea	Göttin	
dē|scendere	herabsteigen, herabkommen	
pater m (*Stamm:* patr-)	Vater	
patrēs m	Senatoren, Patrizier; Vorfahren	
tantopere	so sehr	
quiēscere	sich beruhigen, (aus)ruhen	e: quiet
tantus, -a, -um	so groß, so viel	
clāmor	Geschrei	↗ 1: clāmāre
immō	ja sogar, vielmehr, im Gegenteil	
profectō	in der Tat, auf alle Fälle	
fremere	lärmen, toben, murren	

5

(1)

vīta	Leben	vital
aedificium	Bauwerk, Gebäude	
pūblicus, -a, -um	öffentlich, staatlich	publik, Publicity
circus	Rennbahn, Zirkus	
saepe	oft	
dum *(m. Ind. Präs.)*	während	

dēlīberāre	überlegen, erwägen; *m. Inf.:* sich entscheiden, beschließen	e: to deliberate
quantus, -a, -um	wie groß, wie viel	Quantum, Quantität
quot	wie viele	Quotient
vīcus	Dorf; Gasse, Stadtviertel	
vocāre	rufen, nennen	Vokal
vīnum	Wein	
imprīmīs	besonders, vor allem	
dōnum	Geschenk, Gabe	
pōscere	fordern, verlangen	

(2)

sus|tinēre	aushalten, ertragen	
tot	so viele	
inter *(m. Akk.)*	zwischen, unter; während	inter|national
hōra	Stunde	e: hour
per *(m. Akk.)*	durch (... hindurch); über (... hin)	‚per Eilboten'
ambulāre	spazieren gehen	Ambulanz
solēre	gewohnt sein, pflegen	
ad *(m. Akk.)*	zu, zu ... hin; an, bei	
ac|cēdere	heranrücken, herantreten, dazukommen	Accessoire
petere	aufsuchen; haben wollen, angreifen; verlangen, bitten	Petition, Ap|petit
negāre	leugnen, bestreiten; verweigern	negativ, negieren
habēre	haben, halten, besitzen	
ūnus, -a, -um	ein, eine(r/s), ein(e) einzelne(r/s)	Unikat
dōnāre	schenken, beschenken	↗ dōnum
in *(m. Akk.)*	in (... hinein), nach, auf; gegen	
currere	laufen, rennen	Kurs, Cursus
sententia	Meinung, Ansicht; Satz; Sinn	Sentenz; e: sentence

6

(1)

in *(m. Abl.)*	in, an, auf	
prō *(m. Abl.)*	vor; für, anstelle *(von)*	pro und contra
ex|spectāre	Ausschau halten, warten (auf), erwarten	e: to expect
subitō	plötzlich	
sine *(m. Abl.)*	ohne	
agere	treiben, betreiben; handeln, verhandeln	agieren, Aktion, aktiv
cum *(m. Abl.)*	(zusammen) mit	
nōn|nūllī, -ae, -a	einige, manche	
ē, ex *(m. Abl.)*	aus, von ... aus; von ... an	Ex|port
mulier f	Frau, Ehefrau; Weib	
malus, -a, -um	schlecht, schlimm, böse	Mal|heur
summus, -a, -um	der/die/das oberste, höchste	Summe
cūra	Sorge, Sorgfalt	Kur
ob|servāre	beobachten; einhalten	Ob|servatorium
ad|monēre	erinnern, ermahnen	Monitor

(2)

locus	Ort, Platz, Stelle; Rang	lokal, Lokal
Pl. loca *(Neutrum)*	Orte, Gegend	
animus	Geist, Gesinnung, Sinn; Verstand; Mut	animieren
dē *(m. Abl.)*	von, von ... herab; von, über	

diū *(Adv.)*	lange, lange Zeit	
manēre	bleiben; warten (auf), erwarten	per|manent
spectāre	schauen, anschauen, betrachten	↗ 1: spectāculum
cōgitāre	denken, nachdenken; beabsichtigen	
fortāsse	vielleicht	
frūstrā *(Adv.)*	vergeblich	frustriert
spērāre	hoffen, erhoffen, erwarten	
ā, ab *(m. Abl.)*	von, von ... her; seit; von *(jmdm.)*	
maestus, -a, -um	traurig, betrübt	
per|dere	vernichten; verlieren	
terra	Land, Erde	Terrarium, terrestrisch
prō|tegere	schützen, beschützen	Protektion

J

ex animō	aufrichtig, von ganzem Herzen	

7

(1)

gladiātor m	Gladiator	
salūtāre	grüßen	salutieren, Salut
alius, -a, -ud	ein anderer	e: alien
igitur	also, folglich, daher	
victōria	Sieg	e: victory
pūgnāre	kämpfen	
labōrāre	arbeiten, sich anstrengen; leiden	Labor, laborieren
tandem	endlich, schließlich; *(in Fragen:)* denn eigentlich	
gladius	Schwert	Gladiole
perīculum	Gefahr	
dolus	List, Betrug	
pūgna	Kampf	↗ pūgnāre
vacāre *(m. Abl.)*	frei sein *(von)*, *(etw.)* nicht haben	vakant, Vakuum
alter, altera, alterum	der/die/das eine *(von zweien)*, der/die/das andere	Alternative
vulnerāre	verwunden	
tam	so	
in|iūstus, -a, -um	ungerecht	

J

aliī – aliī	die einen – die anderen	
neque – neque	weder – noch	

(2)

pecūnia	Geld	
abundāre *(m. Abl.)*	Überfluss haben *(an)*, reich sein *(an)*	
dīvitiae *(Pluralwort)*	Reichtum	
carēre *(m. Abl.)*	*(etw.)* nicht haben, *(auf etw.)* verzichten müssen	Karenztage
amor m	Liebe	↗ 1: amāre
nē ... quidem	nicht einmal, auch nicht	
lūdus	Spiel; Schule	
iacēre	liegen, daliegen	
victor m	Sieger	↗ victōria
cēdere	gehen, weichen; nachgeben	↗ 5: ac|cēdere
nex (*Stamm:* nec-) f	*(gewaltsamer)* Tod, Mord	

dolēre	Schmerz empfinden, bedauern; wehtun	
ac|currere	herbeieilen	↗ 5: currere
littera	Buchstabe; *Pl. auch:* Brief; Wissenschaft(en)	Literatur

8

(1)

legere	lesen; sammeln	Lektion, Lektüre
scrībere	schreiben, verfassen	Manu|skript
posse	können	
puella	Mädchen	
inquit	sagt(e) er/sie/es	
nusquam	nirgends	
sōlus, -a, -um	allein, bloß	Solo, Solist
ac|cidere	sich ereignen, zustoßen	e: accident
contentus, -a, -um *(m. Abl.)*	zufrieden *(mit etw.)*	e: content
con|venīre	zusammenkommen, -passen; zustande kommen; sich ereignen; *(m. Akk.:) (jmdn.)* treffen	Konvent, konventionell
sīc	so, auf diese Weise	
ōrāre	beten, bitten	Oratorium
dăre	geben	Datum
līberāre	befreien	
fīnīre	begrenzen; beenden	Finale; e: to finish
valēre	gesund sein, Einfluss haben	
valē/valēte	leb/lebt wohl!	

(2)

-que *(gleichbedeutend mit vorangestelltem* et)	und	
dolor m	Schmerz	↗ 7: dolēre
ubīque	überall	
sī	wenn	
quis	wer	
conciliāre	*(jmdn.)* für sich gewinnen; (sich) zum Freund machen; *(etw.)* zustande bringen, erwerben	konziliant
nisī	wenn nicht; außer	
auxilium	Hilfe	
nōnne?	etwa nicht?	
sacrificium	Opfer	
dēlectāre	erfreuen, Freude machen	
-ne	*(Fragepartikel)*	
vovēre	geloben, *(feierlich)* versprechen	Votivgabe
verbum	Wort	Verb, verbal

9

(1)

sērō	spät, zu spät	
īra, -ae	Zorn, Wut	
fīlius, -ī	Sohn	Filiale
magister, magistrī	Lehrer	↗ 2: magistra
liber, librī	Buch	e: library
cūrāre *(m. Akk.)*	besorgen, sorgen *(für),* sich kümmern *(um)*	↗ 6: cūra
dis|putāre	erörtern, diskutieren	Disput

nārrāre	erzählen, berichten	
cōnsilium, -ī	Rat, Beratung, Plan; Beschluss	e: counsel
rēx, rēgis m	König	regieren
vel	oder	
pulcher, pulchra, pulchrum	schön, hübsch	
miser, misera, miserum	elend, unglücklich, armselig	miserabel
plēnus, -a, -um	voll	Plenum
invidia, -ae	Neid; Abneigung, Hass	
puer, puerī	Junge, Kind	↗ 8: puella

(2)

meus, -a, -um	mein	
tuus, -a, um	dein	
suus, -a, -um	sein/ihr	
noster, nostra, nostrum	unser	Paternoster
vester, vestra, vestrum	euer	
mīles, mīlitis m	Soldat	Militär
nāvigāre	*(zur See)* fahren, segeln; befahren	Navigation
glōria, -ae	Ruhm	e: glory
cupidus, -a, -um *(m. Gen.)*	begierig *(nach)*, habsüchtig	
vir, virī	Mann	
mōnstrum, -ī	Ungeheuer; Götterzeichen, Wunderzeichen	Monster, monströs
doctus, -a, -um	gelehrt, gebildet	↗ 2: docēre; Doktor
situs, -a, -um	gelegen, befindlich	Situation
oppidum, -ī	*(befestigte)* Stadt	
ager, agrī	Acker, Feld; Gebiet	Agrar-
in|venīre	finden, erfinden	↗ 4: venīre
grātus, -a, -um	dankbar; angenehm, willkommen	e: grateful

10

(1)

quaerere (quaerō, quaesīvī)	suchen; erwerben	
quaerere ex/ab *(m. Abl.)*	*(jmdn.)* fragen	e: question
varius, -a, -um	verschieden, verschiedenartig	Variation
apud *(m. Akk.)*	bei, in der Nähe *(von)*	
faber, fabrī	Handwerker, Schmied	Fabrik
ante *(m. Akk.)*	vor	
pretium, -ī	Preis, Wert	Preziosen
scīre	wissen, verstehen	e: science
vōx, vōcis f	Stimme, Laut; Ausspruch	↗ 2: vocāre; e: voice
atque/ac	und, und auch	
gaudium, -ī	Freude, Vergnügen	↗ 1: gaudēre; Gaudi
vādere (vādō)	gehen, schreiten	In|vasion
citō	schnell, rasch	
officium, -ī	Dienstleistung, Dienst; Pflicht; Pflichtgefühl	offiziell, Offizier
bene	gut	
ex|plēre (expleō, explēvī)	ausfüllen, erfüllen	↗ 9: plēnus
statim	auf der Stelle, sofort	

J

iterum atque iterum	immer wieder	

(2)

adeō	so sehr	
festīnāre	eilen, sich beeilen	
dē|serere (dēserō, dēseruī)	verlassen, im Stich lassen	Deserteur; e: desert
dūrus, -a, -um	hart, unempfindlich	Dur (mus.)
sevērus, -a, -um	ernst, streng	
cum *(Subjunktion)*	als, als plötzlich	
quō	wohin	
ab|dūcere (abdūcō, abdūxī)	wegführen, entführen; abbringen	
ē|vādere (ēvādō, ēvāsī)	herausgehen, entwischen	↗ vādere
vōtum, -ī	Gelübde, Wunsch; Opfergabe	↗ 8: vovēre; Votum
carcer, carceris m	Gefängnis	Kerker
claudere (claudō, clausī)	schließen, absperren	Klausur, ex|klusiv
post *(m. Akk.)*	nach; hinter	
dis|cēdere (discēdō, discessī)	auseinander gehen, weggehen	↗ 7: cēdere

Bisher gelernte Verben mit **v-Perfekt:**
die meisten Verben der ā-Konjugation (außer: iuvat, adiuvāre, dăre, stāre)
ex|plēre (explēvī)
audīre, ob|oedīre, fīnīre, pūnīre, scīre
crēscere (crēvī), petere (petīvī), quaerere (quaesīvī), quiēscere (quiēvī), dē|sinere (dēsiī [< dēsīvī]), cōn|suēscere (cōnsuēvī)

Bisher gelernte Verben mit **u-Perfekt:**
die meisten Verben der ē-Konjugation (außer: explēre, rīdēre, manēre)
fremere (fremuī), dē|serere (dēseruī), tremere (tremuī)

Bisher gelernte Verben mit **s-Perfekt:**
manēre (mānsī), rīdēre (rīsī)
sentīre (sēnsī)
cēdere (cessī), ac|cēdere (accessī), dis|cēdere (discessī), claudere (clausī) ab|dūcere (abdūxī), intel|legere (intellēxī), scrībere (scrīpsī), prō|tegere (prōtēxī), ē|vādere (ēvāsī)

11

(1)

māter, mātris f	Mutter	
tragoedia, -ae	Tragödie, Trauerspiel	
sūmere (sūmō, sūmpsī)	nehmen	Kon|sum
māteria, -ae	Grundstoff, Bauholz; Stoff	↗ māter; Material
superbia, -ae	Hochmut, Stolz	
postquam	nachdem, als	↗ 10: post
cōpia, -ae	Vorrat; Menge; *Pl. auch:* Truppen, Streitkräfte	
vincere (vincō, vīcī)	siegen, besiegen	↗ 7: victor, victōria
triumphus, -ī	Triumph, Triumphzug	
plēbs, plēbis f	Volk, einfache Leute	Plebi|szit
odium, -ī	Hass	

movēre (moveō, mōvī)	bewegen, beeinflussen; erregen	Motor, Motiv; e: to move
patria, -ae	Vaterland, Heimat	↗ 4: pater, Patriot
re|linquere (relinquō, relīquī)	zurücklassen, hinterlassen, verlassen	Relikt, Reliquie
ad|iuvāre *(m. Akk.)* (ádiuvō, adiūvī)	unterstützen, helfen	
bellum, -ī	Krieg	Re|bell
parāre	bereiten, vorbereiten	parat

J

triumphum agere	einen Triumph feiern	

(2)

satis	genug	e: to satis|fy
māgn|opere	sehr	
accūsāre	anklagen, beschuldigen	Akkusativ
prō|dere (prōdō, prōdidī)	verraten, preisgeben; überliefern	↗ 8: dăre
circúm|dăre (circúmdō, circúmdedī)	umgeben, umzingeln	↗ 8: dăre
fingere (fingō, fīnxī)	formen, bilden; sich ausdenken, erdichten	Fiktion, e: fiction
dīcere (dīcō, dīxī)	sagen, reden, nennen	diktieren
legiō, -ōnis f	Legion	
pellere (pellō, pepulī)	treiben, schlagen; vertreiben	Pro|peller, Puls
discere (discō, didicī)	lernen	
com|prehendere (comprehendō, comprehendī)	ergreifen, fassen, erfassen; begreifen	
quamquam	obwohl, obgleich	
mūtāre	ändern, verändern, wechseln, vertauschen	Mutation
vituperāre	tadeln	

Bisher gelernte Verben mit **Dehnungsperfekt:**
iuvat (iūvit), ad|iuvāre (adiūvī)
cavēre (cāvī), movēre (mōvī), sedēre (sēdī), vidēre (vīdī), vovēre (vōvī)
venīre (vēnī), con|venīre (convēnī), in|venīre (invēnī)
agere (ēgī), legere (lēgī), re|linquere (relīquī), vincere (vīcī)

Bisher gelernte Verben mit **Reduplikationsperfekt:**
dăre (dedī), circúm|dăre (circúmdedī), stāre (stetī)
respondēre (respondī [< spondēre, spopondī])
ac|cidere (accidit [< cadere, cecidī]), caedere (cecīdī), currere (cucurrī), ac|currere (accurrī),
discere (didicī), pellere (pepulī), per|dere (perdidī), prō|dere (prōdidī), poscere (poposcī)

Bisher gelernte Verben **ohne Veränderung im Perfektstamm:**
com|prehendere (comprehendī), re|prehendere (reprehendī), dē|scendere (dēscendī)

12

(1)

prīvātus, -a, -um	privat, persönlich	e: private
com|parāre	beschaffen, bereiten, erwerben	
aeternus, -a, -um	ewig	e: eternity
im|minēre	drohen, bedrohen, bevorstehen	
paulum	(ein) wenig	
dictātor, -ōris m	Diktator	↗ 11: dīcere
īnsidiae, -ārum *(Pluralwort)*	Hinterhalt, Anschlag	↗ 1: sedēre
oc|cīdere (occīdō, occīdī)	niederschlagen, töten	↗ 4: caedere
ferē *(Adv.)*	ungefähr, fast	
sē *(Akk., Abl.)*/ sibī *(Dat.)*	sich	
hērēs, -ēdis m	(der) Erbe	
inimīcus, -a, -um	feindlich, verfeindet *(mit)*	
inimīcus, -ī	Feind	↗ 2: amīcus
sēditiō, -ōnis f	Aufstand; Zwist	
dōnec	solange, *(solange)* bis	
posteā *(Adv.)*	nachher, später	↗ 10: post

J

Rōmae	in Rom
dīc!	sag!, sprich!
īnsidiās parāre	eine Falle stellen, einen Anschlag planen

(2)

nōtus, -a, -um	bekannt	
vōs *(Nom./Akk.)*	ihr/euch	
cēterī, -ae, -a	die übrigen	et cetera
rēgīna, -ae	Königin	↗ 9: rēx
prōvincia, -ae	Provinz, Amtsbereich	Provence
imperium, -ī	Befehl; Herrschaft; Reich	Imperialismus
con|cēdere (concēdō, concessī)	zugestehen, einräumen; erlauben	Konzession
vīvere (vīvō, vīxī)	leben	↗ 5: vīta
timor, -ōris m	Furcht	↗ 3: timēre
pāx, pācis f	Friede	Pazifismus
diūturnus, -a, -um	lang dauernd, dauerhaft	↗ 6: diū
senātor, -ōris m	Senator	
honōs, -ōris m	Ehre, Ehrenamt	Honorar
tribuere (tribuō, tribuī)	zuteilen, zuweisen; erweisen	Tribut
nōmināre	nennen, benennen	↗ nōtus; Nominativ
āra, -ae	Altar	
nōs *(Nom./Akk.)*	wir/uns	
per|turbāre	(völlig) verwirren, beunruhigen	↗ 1: turba

13

(1)

quī, quae, quod	der, die, das; welcher, welche, welches; wer, was	
favēre *(m. Dat.)* (faveō, fāvī)	gewogen sein, *(jmdn.)* begünstigen	Favorit

uxor, -ōris f	Ehefrau, Gattin	
dūcere (dūcō, dūxī)	führen, ziehen; halten *(für) (m. doppeltem Akk.)*	↗ 10: abdūcere
(uxōrem dūcere)	heiraten	
fīlia, -ae	Tochter	Filiale
magis	mehr, in höherem Grad	↗ 9: magister
optāre	wünschen	Option
nepōs, -ōtis m	Enkel; Neffe	Nepotismus
ā|mittere (āmittō, āmīsī)	aufgeben; verlieren	
ingenium, -ī	Anlage, Talent, Begabung	Genie, genial
mōs, mōris m	Sitte, Brauch, Art; *Pl. auch:* Charakter, Verhalten	Moral
asper, aspera, asperum	rau, hart, streng	
parvus, -a, -um	klein, gering	
īnsula, -ae	Insel; Wohnblock	
trāns|portāre	hinüberbringen, hinüberschaffen	Transport

(2)

ē|ducāre	erziehen, aufziehen	↗ dūcere; e: education
is, ea, id	er, sie, es; dieser, diese, dieses; der(jenige), die(jenige), das(jenige)	
prīmō	zuerst, zunächst; anfangs	
soror, -ōris f	Schwester	
deïnde	von da an; darauf; dann	
annus, -ī	Jahr	Annalen
gignere (gignō, genuī)	erzeugen, hervorbringen, gebären	Genitiv
mox	bald	
propter *(m. Akk.)*	wegen	
līber, lībera, līberum	frei, unabhängig	liberal
exilium, -ī	Verbannung, Exil	
etiamsī	wenn auch, selbst wenn	
venia, -ae	Verzeihung, Nachsicht	
cum *(Subjunktion)*	(immer) wenn; als	

J

vītā cēdere	aus dem Leben scheiden, sterben	
vītam agere	ein Leben führen, sein Leben verbringen	

14

(1)

ex|struere (exstruō, exstrūxī, exstrūctum)	aufschichten, errichten	
fortūna, -ae	Schicksal, Glück	e: un|fortunately
quam	wie	
laedere (laedō, laesī, laesum)	verletzen, stoßen	lädieren, Kol|lision
re|movēre (removeō, remōvī, remōtum)	entfernen, wegschaffen	e: to remove
remōtus, -a, -um	entfernt, entlegen	
numerus, -ī	Zahl, Menge	Nummer; e: number
bonum, -ī	Gut	↗ 2: bonus

ex|pōnere (expōnō, exposuī, expositum)	ausstellen, aussetzen; darlegen	Exponat, Exposé
frāter, frātris m	Bruder	fraternisieren
lupus, -ī	Wolf	
lupa, -ae	Wölfin	
tempus, temporis n	Zeit, Zeitpunkt	Tempo, temporär
servāre	retten, bewahren	↗ 6: ob|servāre
ap|propinquāre	sich nähern, herankommen	e: to approach

J

ad tempus	eine Zeit lang; rechtzeitig	

(2)

pāstor, -ōris m	Hirt	Pastor
nōmen, nōminis n	Name; Begriff	↗ 12: nōmināre
forte *(Adv.)*	zufällig; vielleicht	↗ 6: fortāsse
avus, -ī	Großvater	
rēgnum, -ī	Königreich; *(Königs-)*Herrschaft	↗ 9: rēx
scelus, sceleris n	Verbrechen, Frevel	
iniūria, -ae	Unrecht, Ungerechtigkeit	↗ 7: iniūstus
agmen, agminis n	Heereszug, Zug; Schar	↗ 6: agere
propinquus, -a, -um	nahe, benachbart; verwandt	↗ ap|propinquāre
red|dere (reddō, réddidī, rédditum)	zurückgeben; machen *(zu) (m. doppeltem Akk.)*	↗ 8: dăre; Rendite, Rente
con|dere (condō, cóndidī, cónditum)	gründen; aufbewahren; bestatten	
dē|cernere (dēcernō, dēcrēvī, dēcrētum)	entscheiden; beschließen	Dekret
trā|dere (trādō, trādidī, trāditum)	übergeben, überliefern	Tradition
ir|rīdēre (irrīdeō, irrīsī, irrīsum)	auslachen, verspotten	↗ 1: rīdēre
lacessere (lacessō, lacessīvī, lacessītum)	reizen, herausfordern	

Stammformen bisher gelernter Verben

ā-Konjugation

v-Perfekt

amō	amāvī	amātum	amāre	lieben, verliebt sein

In gleicher Weise sind die Perfektformen der meisten Verben der ā-Konjugation gebildet.

Dehnungsperfekt

iuvat	iūvit			es freut, macht Spaß
ád|iuvō	adiūvī	adiūtum	adiuvāre	unterstützen, helfen

Reduplikationsperfekt

dō	dedī	dătum	dăre	geben
circúm|dō	circúmdedī	circúmdatum	circúmdăre	umgeben, umzingeln
stō	stetī	–	stāre	stehen

ē-Konjugation

v-Perfekt

éx|pleō	explēvī	explētum	explēre	ausfüllen, erfüllen

u-Perfekt

ad|moneō	admonuī	admonitum	admonēre	erinnern, ermahnen

In gleicher Weise sind die Perfektformen der meisten Verben der ē-Konjugation gebildet.

s-Perfekt

maneō	mānsī	–	manēre	bleiben; (er)warten
rīdeō	rīsī	rīsum	rīdēre	lachen, auslachen
ir|rīdeō	irrīsī	irrīsum	irrīdēre	auslachen, verspotten

Dehnungsperfekt

caveō	cāvī	cautum	cavēre	sich in Acht nehmen, sich hüten
faveō	fāvī	fautum	favēre	gewogen sein, begünstigen
moveō	mōvī	mōtum	movēre	bewegen, beeinflussen, erregen
re|moveō	remōvī	remōtum	removēre	entfernen, wegschaffen
sedeō	sēdī	sessum	sedēre	sitzen
videō	vīdī	vīsum	vidēre	sehen
voveō	vōvī	vōtum	vovēre	geloben, versprechen

Reduplikationsperfekt

(spondeō	spopondī	spōnsum	spondēre)	
re|spondeō	respondī	respōnsum	respondēre	antworten, erwidern

ī-Konjugation

v-Perfekt

audiō	audīvī	audītum	audīre	hören, zuhören

In gleicher Weise sind die Perfektformen der meisten Verben der ī-Konjugation gebildet.

s-Perfekt

sentiō	sēnsī	sēnsum	sentīre	fühlen, empfinden; merken; meinen

Dehnungsperfekt

veniō	vēnī	ventum	venīre	kommen
con|veniō	convēnī	conventum	convenīre	zusammenkommen, -passen; zustande kommen; sich ereignen; (*jmdn.*) treffen
in|veniō	invēnī	inventum	invenīre	finden, erfinden

Konsonantische Konjugation

v-Perfekt

dē|cernō	dēcrēvī	dēcrētum	dēcernere	beschließen
crēscō	crēvī	(crētum)	crēscere	wachsen, zunehmen
lacessō	lacessīvī	lacessītum	lacessere	reizen, herausfordern
petō	petīvī	petītum	petere	aufsuchen; angreifen; verlangen, bitten
quaerō	quaesīvī	quaesītum	quaerere	suchen, erwerben; fragen
quiēscō	quiēvī	–	quiēscere	sich beruhigen, ruhen
dē|sinō	dēsiī (< dēsīvī)	dēsitum	dēsinere	ablassen, aufhören
cōn|suēscō	cōnsuēvī	–	cōnsuēscere	sich gewöhnen

u-Perfekt

fremō	fremuī	–	fremere	lärmen, toben, murren
gignō	genuī	genitum	gignere	erzeugen, hervorbringen; gebären
ex|pōnō	exposuī	expositum	expōnere	ausstellen, aussetzen; darlegen
dē|serō	dēseruī	dēsertum	dēserere	verlassen, im Stich lassen
tremō	tremuī	–	tremere	zittern, beben

s-Perfekt

cēdō	cessī	–	cēdere	gehen, weichen; nachgeben
ac|cēdō	accessī	accessum	accēdere	heranrücken, herantreten, dazukommen
con|cēdō	concessī	concessum	concēdere	zugestehen, einräumen; erlauben
dis|cēdō	discessī	discessum	discēdere	auseinander gehen, weggehen
claudō	clausī	clausum	claudere	schließen, absperren
dīcō	dīxī	dictum	dīcere	sagen, reden, nennen
dūcō	dūxī	ductum	dūcere	führen, ziehen; halten *(für)*; heiraten
ab|dūcō	abdūxī	abductum	abdūcere	wegführen, entführen, abbringen
fingō	fīnxī	fictum	fingere	formen, bilden; erdichten
laedō	laesī	laesum	laedere	verletzen, stoßen
intel|legō	intellēxī	intellēctum	intellegere	erkennen, einsehen, verstehen
ā|mittō	āmīsī	āmissum	āmittere	aufgeben; verlieren
scrībō	scrīpsī	scrīptum	scrībere	schreiben, verfassen
sūmō	sūmpsī	sūmptum	sūmere	nehmen
prō|tegō	prōtēxī	prōtēctum	prōtegere	schützen, beschützen
vādō	–	–	vādere	gehen, schreiten
ē|vādō	ēvāsī	–	ēvādere	herausgehen, entwischen
vīvō	vīxī	–	vīvere	leben

Dehnungsperfekt

agō	ēgī	āctum	agere	(be)treiben, (ver)handeln
legō	lēgī	lēctum	legere	lesen, sammeln
re|linquō	relīquī	relictum	relinquere	zurücklassen, hinterlassen, verlassen
vincō	vīcī	victum	vincere	siegen, besiegen

Reduplikationsperfekt

(cadō	cécidī	–	cadere)	
ác|cidit	áccidit	–	accidere	sich ereignen, zustoßen

caedō	cecīdī	caesum	caedere	fällen, niederhauen; schlagen, zusammenhauen
oc|cīdō	occīdī	occīsum	occīdere	niederschlagen, töten
currō	cucurrī	cursum	currere	laufen, rennen
ac|currō	accurrī	–	accurrere	herbeieilen
con|dō	condidī	conditum	condere	gründen; aufbewahren; bestatten
per|dō	perdidī	perditum	perdere	vernichten; verlieren
prō|dō	prōdidī	prōditum	prōdere	preisgeben, verraten; überliefern
red|dō	reddidī	redditum	reddere	zurückgeben; machen *(zu)*
trā|dō	trādidī	trāditum	trādere	übergeben, überliefern
discō	didicī	–	discere	lernen
pellō	pepulī	pulsum	pellere	treiben, schlagen; vertreiben
pōscō	popōscī	–	pōscere	fordern, verlangen

Perfekt-Bildung **ohne Veränderung** des Stammes

com|prehendō	comprehendī	comprehēnsum	comprehendere	ergreifen, (er)fassen; begreifen
re|prehendō	reprehendī	reprehēnsum	reprehendere	tadeln
dē|scendō	dēscendī	dēscēnsum	dēscendere	herabsteigen, herabkommen
tribuō	tribuī	tribūtum	tribuere	zuteilen, zuweisen, erweisen

15

(1)

antīquus, -a, -um	alt, ehrwürdig	antik, Antiquität
vīs f *(Akk. vim, Abl. vī)*	Gewalt, Kraft; Menge	
vīrēs, vīrium f	Kräfte; Streitkräfte	
op|pūgnāre	bestürmen, belagern	↗ 7: pūgnāre
trāns *(m. Akk.)*	über *(...hinüber)*; jenseits	Trans|port
mare, maris n	Meer	Marine
dux, ducis m/f	Führer/in, Anführer/in, Feldherr	↗ 13: dūcere
decem *(undekliniert)*	zehn	Dezember, Dezimale
crūdēlitās, -ātis f	Grausamkeit, Brutalität	e: cruelty
fraus, fraudis f	Täuschung, Betrug	
arma, -ōrum *(Pluralwort)*	Waffen	Al|arm; e: army
ex|pūgnāre	erstürmen, erobern	↗ 7: pūgnāre
moenia, -ium n *(Pluralwort)*	Stadtmauer, Mauer	
turris, -is f	Turm	e: tower
incendium, -ī	Brandstiftung; Brand, Feuer	
dēlēre (dēleō, dēlēvī, dēlētum)	zerstören, vernichten	e: to delete

(2)

ipse, ipsa, ipsum	selbst	
discrīmen, discrīminis n	Unterschied, Entscheidung; gefährliche Lage	diskriminieren
monēre	mahnen, auffordern; erinnern; warnen	monieren
comes, comitis m/f	Begleiter/in, Gefährte/Gefährtin	
voluntās, -ātis f	Wille, Absicht	e: voluntary
ventus, -ī	Wind, Sturm	Ventilator
adversus, -a, -um	entgegengesetzt, ungünstig	
vāstus, -a, -um	wüst, öde; unermesslich, weit	e: vaste
regiō, -ōnis f	Gegend, Gebiet; Richtung	Region

agitāre	treiben, jagen	↗ 6: agere
coniūnx, coniugis m/f	Gatte / Gattin	
fuga, -ae	Flucht; Verbannung	zentri|fugal
capessere (capessō, capessīvī, capessītum)	ergreifen, packen	
probus, -a, -um	tüchtig, gut	

16

(1)

porta, -ae	Tor	Pforte, Portal
patēre	offen stehen; offenbar sein	Patent
castra, -ōrum *(Pluralwort)*	Lager	e: castle
equus, -ī	Pferd	
stupēre *(m. Akk.)*	staunen *(über)*, stutzen, verblüfft sein	stupide
putāre	glauben, meinen; halten *(für) (m. doppeltem Akk.)*	Com|puter
praecipitāre	*(kopfüber)* stürzen, (sich) hinabstürzen	
sacerdōs, -dōtis m/f	Priester/in	↗ 8: sacrificium
procul	fern, weit weg, von weitem	
ne|scīre	nicht wissen, nicht verstehen	↗ 10: scīre
prūdentia, -ae	Klugheit	
prae|stāre (praestō, praestitī)	*(m. Dat.:)* voranstehen, übertreffen; *(m. Akk.:)* leisten, erweisen	
cōn|stāre (cōnstō, cōnstitī)	feststehen; bestehen *(aus)*; kosten	konstant
cōnstat	es ist bekannt, es steht fest	
latēre	verborgen sein	latent
trahere (trahō, trāxī, tractum)	ziehen, schleppen	Traktor, sub|trahieren

(2)

simulāre	vortäuschen, heucheln	simulieren
salūs, -ūtis f	Wohl, Gesundheit, Rettung	↗ 7: salūtāre
silva, -ae	Wald	
con|tendere (contendō, contendī, contentum)	sich anstrengen, eilen; kämpfen; behaupten	
misericordia, -ae	Mitleid, Barmherzigkeit	↗ 9: miser
crēdere (crēdō, crēdidī, crēditum)	glauben; anvertrauen	Credo, Kredit
struere (struō, strūxī, strūctum)	bauen, errichten; bereiten	Struktur
callidus, -a, -um	schlau, verschlagen	
ōrāculum, -ī	Orakel(stätte), Göttersspruch	↗ 8: ōrāre
statuere (statuō, statuī, statūtum)	aufstellen; festsetzen, beschließen	↗ 2: stāre; Statut
af|firmāre	bekräftigen, bestätigen, behaupten	↗ 2: firmus
libenter *(Adv.)*	gern, mit Vergnügen	
serpēns, serpentis m/f	Schlange	Serpentine
mittere (mittō, mīsī, missum)	schicken; gehen lassen, entlassen; werfen	↗ 13: ā|mittere; Mission

op|primere (ópprimō, oppressī, oppressum)	unterdrücken; überfallen, überwältigen	

J

appāret	es ist offensichtlich, klar	

17

(1)

mors, mortis f	Tod	Mord
nāvis, -is f	Schiff	↗ 9: nāvigāre
vātēs, -is m/f	Seher/in, Prophet/in; Sänger	
sēdēs, -is f	Sitz, Wohnsitz	↗ 1: sedēre
beātus, -a, -um	glücklich, selig	Beate
sors, sortis f	Schicksal, Los	sortieren
gēns, gentis f	Geschlecht, Stamm, Volk	↗ 13: gignere
anima, -ae	Atem; Seele; Leben	↗ 6: animus
mōnstrāre	zeigen	Monstranz
lūx, lūcis f	Licht	
fātum, -ī	Schicksal; Götterspruch	fatal, Fatalismus
rēgnāre	König sein, *(als König)* herrschen	↗ 9: rēx, 14 rēgnum
arx, arcis f	Burg	
mōns, montis m	Berg	e: mountain
aedificāre	bauen, errichten	↗ 5: aedificium
urbs, urbis f	Stadt	urban

J

sēdēs beātae	Gefilde der Seligen	
suō tempore	zu seiner Zeit, zur rechten Zeit	

(2)

ille, illa, illud	jener, jene, jenes	
fīnis, -is m	Grenze, Ende, Ziel; Zweck	Finale
prīmus, -a, -um	der/die/das erste	↗ 13: prīmō
discordia, -ae	Uneinigkeit, Zwietracht	
cīvis, -is m	Bürger, Mitbürger	zivil
orbis, -is m	Kreis, Kreislauf	e: orbit
malum, -ī	Übel, Leid	↗ 6: malus
tūtus, -a, -um	geschützt, sicher	Tutor
ōtium, -ī	freie Zeit, Freizeit, Ruhe	
superbus, -a, -um	hochmütig, stolz	↗ 11: superbia
cīvitās, -ātis f	Bürgerrecht; Bürgerschaft, Staat	↗ cīvis; e: city
auctor, -ōris m	Begründer; Urheber, Verfasser	Autor
iūstus, -a, -um	gerecht, rechtmäßig	↗ 7: in|iūstus
hostis, -is m	Feind	
parcere *(m. Dat.)* (parcō, pepercī)	*(jmdn.)* schonen; *(an/mit etw.)* sparen	

18

(1)

capere (capiō, cēpī, captum)	fassen, ergreifen; erobern	↗ 15: capessere

ad|hibēre	anwenden, heranziehen, dazunehmen	↗ 5: habēre
re|cipere (recipiō, recēpī, receptum)	zurücknehmen, aufnehmen	↗ capere; Rezeption
sē recipere	sich zurückziehen	
fundāmentum, -ī	Grund, Grundlage, Fundament	
iacere (iaciō, iēcī, iactum)	werfen, schleudern	
opus, operis n	Werk, Arbeit	Opus
occupāre	besetzen, in Besitz nehmen	okkupieren
occupātus, -a, um	in Anspruch genommen, beschäftigt	
fugere (fugiō, fūgī)	fliehen, meiden	↗ 15: fuga
causa, -ae	Ursache, Grund; Sachverhalt; Prozess	kausal
cōn|fugere (cōnfugiō, cōnfūgī)	sich flüchten	
cupere (cupiō, cupīvī, cupītum)	begehren, verlangen, wünschen	↗ 9: cupidus
nūllus, -a, -um, *Gen.* nūllīus, *Dat.* nūllī	kein	↗ 6: nōnnūllī; Null
tēlum, -ī	*(Wurf-)*Geschoss, *(Angriffs-)*Waffe	
inter|ficere (inter|ficiō, interfēcī, interfectum)	töten	
per|ficere (perficiō, perfēcī, perfectum)	durchsetzen, vollenden	perfekt, Perfekt

J

fundāmenta iacere	den Grund *(zu etw.)* legen, mit dem Bau *(von etw.)* beginnen	

(2)

ex|cipere (excipiō, excēpī, exceptum)	herausnehmen, ausnehmen; aufnehmen	exzeptionell
co|gnōscere (cognōscō, cognōvī, cognitum)	erkennen, bemerken; kennen lernen	kognitiv
su|spicere (suspiciō, suspexī, suspectum)	aufblicken, bewundern; verdächtigen	suspekt
facere (faciō, fēcī, factum)	tun, machen, herstellen	Faktum
parere (pariō, peperī, partum)	hervorbringen, gebären; erwerben; *(einen Sieg)* erringen	
dī|ripere (dīripiō, dīripuī, dīreptum)	plündern, zerstören	
incendere (incendō, incendī, incēnsum)	anzünden, in Brand stecken	↗ 15: incendium
clam	heimlich	‚klammheimlich'
nūntius, -ī	Bote; Nachricht	De|nunziant
hortus, -ī	Garten	Hort
in|cēdere (incēdō, incessī, incessum)	einhergehen; befallen	
nūntiāre	melden, mitteilen	↗ nūntius; An|nonce
prīnceps, -cipis m	erster Mann, Fürst	↗ 13: prīmus; Prinz

ē|icere (ēiciō, ēiēcī, ēiectum)	hinauswerfen, vertreiben	↗ iacere
prīvāre *(m. Abl.)*	befreien *(von etw.);* berauben	↗ 12: prīvātus

J

bellum facere *(m. Dat.)*	Krieg beginnen *(mit)*	

Die Ausgänge des Genitivs und des Dativs Singular in allen drei Genera von *nūllus* entsprechen denen der Pronomina

quis – quī – is – ipse – ille.

Die gleichen Ausgänge weisen jeweils folgende Adjektive auf:

ūnus:	ūn		ūn	
alius:	**alter**	-īus	ali	-ī
alter:	alter		alter	
sōlus	sōl		sōl	

19

(1)

ācer, ācris, ācre	spitz, scharf; heftig, eifrig	
celer, celeris, celere	schnell, rasch	Ac|celerando (mus.)
lēx, lēgis f	Gesetz	legal, Legislative
crūdēlis, -e	grausam, brutal	↗ 15: crūdēlitās
iūdicium, -ī	Gericht, Gerichtshof; Urteil	↗ 17: iūstus, 11 dīcere
īrātus, -a, -um	zornig, wütend	↗ 9: īra
fābula, -ae	Erzählung, Geschichte; Theaterstück	Fabel
labor, -ōris m	Mühe, Anstrengung, Arbeit	Laboratorium
brevis, -e	kurz	Brevier, Brief
eques, equitis m	Reiter; Ritter	↗ 16: equus
pars, partis f	Teil; Richtung	partiell, Partei
omnis, -e	all(es), ganz, jeder	Omnibus
mortālis, -e	sterblich	↗ 17: mors
duo, duae, duo	zwei	Duo, Duett
ingēns, -ntis	ungeheuer, gewaltig	
ūtilis, -e	brauchbar, nützlich	Utensil

J

opus est *(m. Abl.)*	es ist nötig, man braucht *(etw./jmdn.)*	

(2)

commūnis, -e	gemeinsam, allgemein	Kommunismus
cōn|sulere (cōnsulō, cōnsuluī, cōnsultum)	*(m. Akk.:)* um Rat fragen; beratschlagen *(mit); (m. Dat.:)* sorgen *(für)*	↗ 9: cōnsilium
lēgātus, -ī	Abgesandter; Legat	De|legierter
iūs, iūris n	Recht	↗ 17: iūstus
dē|scrībere (dēscrībō, dēscrīpsī, dēscrīptum)	abschreiben; beschreiben, bestimmen	e: to describe
aut	oder	
post *(Adv.)*	später, darauf	↗ 10: post *(Präp.)*
prūdēns, -ntis	klug, umsichtig	↗ 16: prūdentia

cor|rigere (córrigō, corrēxī, corrēctum)	berichtigen, verbessern	korrigieren, korrekt
tabula, -ae	Tafel; Gemälde	Tabelle; e: table

ūnus, -a, -um		ein, eine(r/s)
duo, duae, duo		zwei
trēs, tria		drei
quattuor	(undekliniert)	vier
quīnque	(undekliniert)	fünf
sex	(undekliniert)	sechs
septem	(undekliniert)	sieben
octō	(undekliniert)	acht
novem	(undekliniert)	neun
decem	(undekliniert)	zehn
ūndecim	(undekliniert)	elf
duodecim	(undekliniert)	zwölf

J

cón|venit	es ziemt sich, es passt; man einigt sich
quā dē causā	weshalb; deshalb

20

(1)

tuba, -ae	Trompete, Tuba	
carmen, carminis n	Lied, Gedicht	
sonāre (sonō, sonuī)	ertönen, erklingen, klingen	Kon|sonant; e: sound
portāre	tragen, bringen	Porto
quī, quae, quod *(adj. Interrogativ-Pron.)*	welcher, welche, welches; was für ein/eine	
imāgō, imāginis f	Bild, Abbild	imaginär, Image
flūmen, flūminis n	Fluss, Strom	
hic, haec, hoc	dieser, diese, dieses	
ad|esse (adsum, affuī)	anwesend sein; *(m. Dat.:)* beistehen, helfen	
lībertās, -ātis f	Freiheit	↗ 13: līber; e: liberty
virtūs, -ūtis f	Tapferkeit, Tüchtigkeit; gute Eigenschaft, Tugend	↗ 9: vir
superāre	übertreffen, überwinden, besiegen	
īgnōrāre	nicht wissen, nicht kennen	ignorieren
lūmen, lūminis n	Licht; Glanz	↗ 17: lūx
decus, décoris n	Schmuck, Zierde; Würde, Ehre	Dekoration

J

agmen prīmum	Vorhut

(2)

elephantus, -ī	Elefant	
bestia, -ae	*(wildes)* Tier	Bestie; e: beast
terribilis, -e	schrecklich, Furcht erregend	↗ terrēre
corpus, córporis n	Körper; Leiche	

terrēre	*(jmdn.)* erschrecken	Terror
aurum, -ī	Gold	Eldorado
argentum, -ī	Silber; Geld	Argentinien
praeda, -ae	Beute	
vincīre (vinciō, vīnxī, vīnctum)	binden, fesseln	
captīvus, -ī	Gefangener	↗ 18: capere
nōbilis, -e	berühmt, vornehm, adelig	nobel, Nobilität
at	aber, jedoch	
miseret mē *(m. Gen.)*	*(jmd.)* tut mir Leid, ich bedauere *(jmdn.)*	↗ 9: miser
iste, ista, istud	dieser, diese, dieses; der da, die da, das da	
probāre	prüfen, gutheißen, billigen	↗ 15: probus
quidem	zwar; wenigstens, freilich, allerdings	

21

(1)

trīstis, -e	traurig	trist
flēre (fleō, flēvī, flētum)	weinen, beklagen	‚flennen'
tantum	nur, bloß	↗ 4: tantus
habitāre	wohnen	↗ 5: habēre
colere (colō, coluī, cultum)	bebauen; bewohnen; pflegen, verehren	Kult, Kultur
inde	von da (an), von dort	↗ 13: de|inde
pīrāta, -ae m	Seeräuber, Pirat	
nauta, -ae m	Seemann, Matrose	↗ 17: nāvis; Astro|naut
per|terrēre	*(jmdn.)* gewaltig erschrecken, einschüchtern	
proelium, -ī	Gefecht, Schlacht	
com|mittere (committō, commīsī, commissum)	zustande bringen; anvertrauen	Kommission, Kommissar
necāre	töten	↗ 7: nex
virgō, virginis f	Mädchen, *(junge)* Frau	
emere (emō, ēmī, ēmptum)	nehmen, kaufen	

J

proelium committere	ein Gefecht beginnen	

(2)

domina, -ae	Herrin	↗ 4: dominus
vexāre	quälen, beunruhigen	
co|ërcēre	einschränken, zügeln; strafen	
iubēre (iubeō, iussī, iussum)	beauftragen, befehlen; *(m. Inf.:)* lassen	
crīnis, -is m	Haar	
dis|pōnere (dispōnō, disposuī, dispositum)	verteilen, aufstellen, ordnen	disponieren, Disposition
ef|fugere (effugiō, effūgī)	entfliehen, entkommen	
vehemēns, -ntis	heftig	vehement
clēmēns, -ntis	mild, sanft, nachsichtig	Clemens
umquam	jemals	
cēterum	übrigens, im Übrigen	↗ 12: cēterī

turpis, -e	hässlich, schändlich	
nūper	neulich	
tardus, -a, -um	langsam, träge; spät	re|tardieren
fortis, -e	tapfer, mutig, stark	forte (mus.)
dē|fendere (dēfendō, dēfendī, dēfēnsum)	verteidigen, abwehren	defensiv

J

cōnsulere in *(m. Akk.)*	*(mit jmdm.)* verfahren, *(gegen jmdn.)* vorgehen	

22

(1)

iter, itíneris n	Weg, Reise, Marsch	
tēctum, -ī	Dach, Haus	
longus, -a, -um	lang, weit; lang dauernd	e: long
perīculōsus, -a, -um	gefährlich	↗ 7: perīculum
cōn|ficere (cōnficiō, cōnfēcī, cōnfectum)	vollenden, erledigen	
quam (*beim Komp. und nach* alius)	als	
adversārius, -ī	Gegner, Feind	↗ 15: adversus
immānis, -e	ungeheuer, riesig, schrecklich, grausam	
bōs, bovis m/f	Rind	e: beef
rapere (rapiō, rapuī, raptum)	rauben, fortreißen	↗ 18: diripere; ‚raffen‘
arbor, -oris f	Baum	
caput, capitis n	Kopf; Hauptstadt	Kapitän, Kapital
canis, -is m/f	Hund	
ferōx, -ōcis	wild, trotzig	
leō, -ōnis m	Löwe	

J

orbis terrārum	Erdkreis, Welt	
iter facere	marschieren, reisen	
iter cōnficere	einen Weg zurücklegen	
aut – aut	entweder – oder	

(2)

atrōx, -ōcis	schrecklich, furchtbar, wild	
īgnis, -is m	Feuer, Brand	
caedēs, -is f	Mord, Blutbad	↗ 4: caedere
ubī prīmum	sobald	
custōs, -ōdis m	Wächter, Wärter	Küster
com|plūrēs, -a	mehrere, ziemlich viele	
captāre	zu fangen suchen, jagen, fangen	↗ 18: capere
quam *(beim Superl.)*	möglichst	
modus, -ī	Maß; Art, Weise	Mode, Modus
fallere (fallō, fefellī)	täuschen	
temptāre	angreifen; erproben, versuchen	
saxum, -ī	Fels	
tegere (tegō, tēxī, tēctum)	decken, bedecken	↗ 6: prō|tegere

dē|tegere	aufdecken, entdecken	Detektiv
(dētegō, dētēxī, dētēctum)		
pēs, pedis m	Fuß	Pedal
māximus, -a, -um	der/die/das größte; sehr groß	maximal

23

(1)

nūmen, nūminis n	*(göttliche)* Macht, Gottheit	
mundus, -ī	Welt, Weltall	
sub *(m. Abl.)*	unter	Sub|junktion
supplex, -plicis	demütig, flehend	
invītus, -a, -um	ungern, unfreiwillig	
hūc	hierher	
hūmānus, -a, -um	menschlich; gebildet	↗ 4: homō; human
genus, generis n	Geschlecht, Gattung, Art	↗ 13: gignere
mortuus, -a, -um	tot, gestorben	↗ 17: mors
vīvus, -a, -um	lebend; zu Lebzeiten	↗ 5: vīta
clēmentia, -ae	Milde, Nachsicht	↗ 21: clēmēns
sīn (autem)	wenn aber	
precēs, -um f	Bitten, Gebet	ital.: prego
lacrima, -ae	Träne	
flectere	biegen, beugen, wenden	flexibel, re|flektieren
(flectō, flexī, flexum)		

(2)

dulcis, -e	süß, angenehm	dolce vita
cantāre	singen	Kantate, Chanson
aqua, -ae	Wasser	Aquarium
volvere	wälzen, rollen	Re|volver, Volumen
(volvō, volvī, volūtum)		
avis, -is f	Vogel	‚par avion' (‚mit Luftpost')
carpere	abreißen, pflücken	
(carpō, carpsī, carptum)		
prīmum	zum ersten Mal	↗ 17: prīmus
oculus, -ī	Auge	Okular
condiciō, -ōnis f	Bedingung; Lage	↗ 11: dīcere; Kondition
priusquam	bevor, ehe	
vulnus, vulneris n	Wunde	↗ 7: vulnerāre
ārdēre	brennen, glühen	
(ārdeō, ārsī)		
arcēre	abhalten, fern halten, abwehren	↗ 17: arx, 21: co|ërcēre
nox, noctis f	Nacht	Nocturne
poēta, -ae m	Dichter	Poet, Poesie

J

viam carpere	einen Weg zurücklegen	

24

(1)

invītāre	einladen	e: to invite
melior, melius, -ōris	besser	
māior, māius, -ōris	größer, bedeutender; älter	Major, Meier

af|ficere *(m. Abl.)* (afficiō, affēcī, affectum)	versehen *(mit)*, ausstatten *(mit)*	↗ 18: facere
pēior, pēius, -ōris	schlechter	pejorativ
optimus, -a, -um	der/die/das beste; sehr gut	optimal, Optimist
dē|spicere (dēspiciō, dēspexī, dēspectum)	herabsehen; verachten, gering schätzen	
cibus, -ī	Speise, Nahrung	
ad|imere (adimō, adēmī, adēmptum)	an sich nehmen, wegnehmen, rauben	↗ 21: emere
praetereā	außerdem	
plūrimus, -a, -um	der/die/das meiste; sehr viel	
pessimus, -a, -um	der/die/das schlechteste; sehr schlecht	Pessimist
cēna, -ae	Mahlzeit, Essen	
edere (edō, ēdī, ēsum)	essen, fressen	
plūs, plūris	mehr	Plural, Pluralismus

J

honōribus afficere	ehren
scelus committere	ein Verbrechen begehen

(2)

per|spicere (perspiciō, perspexī, perspectum)	durchsehen; genau betrachten; durchschauen	Perspektive
poena, -ae	Strafe, Buße	↗ 4: pūnīre
gravis, -e	schwer, gewichtig; ernst	gravierend
dē|icere (dēiciō, dēiēcī, dēiectum)	herabwerfen; vertreiben	↗ 18: iacere
famēs, -is f	Hunger	
sitis, -is f	Durst	
medius, -a, -um	der/die/das mittlere; mitten	Medium
bibere (bibō, bibī)	trinken	
minor, minus, -ōris	kleiner	Minorität
minimus, -a, -um	der/die/das kleinste, geringste; sehr klein	minimal
minimē	am wenigsten; keineswegs; nicht	
haurīre (hauriō, hausī, haustum)	schöpfen; trinken	
similis, -e	ähnlich	
super *(m. Akk.)*	über; (oben) auf	Super-
pendēre (pendeō, pependī)	(herab)hängen	Pendel
māximē	am meisten; sehr, überaus	

J

poenā afficere	bestrafen

Eigennamenverzeichnis

Alle Namen sind zunächst in ihrer lateinischen Form angeführt; demzufolge findet man Kleopatra und Zerberus unter C (Cleopatra, Cerberus), Julia unter I; Äneas erscheint als Aeneas, Cäsar als Caesar. Auf Artikel des Registers sowie auf die Informationen des Buchs (i) wird mit einem ↗ verwiesen.

Achillēs, -is (griech. *Achilleús*): Achilles, Achill; größter Held unter den Griechen, die ↗ Troja belagerten. Die Eroberung der Stadt erlebte er allerdings nicht: er fiel einem Pfeil zum Opfer, der ihn an seiner einzigen verwundbaren Stelle traf, an der Ferse („Achillesferse“).

Actium, -ī: Ort an der Westküste Griechenlands; hier besiegte Oktavian (↗ Augustus) 31 v. Chr. die Flotte des ↗ Antonius und der ↗ Kleopatra.

Aegyptus, -ī f: Ägypten; Adj. *Aegyptius, -a, -um.*

Aemilius Paullus, -ī: römischer Feldherr, bei ↗ Cannae gefallen.

Aenēas, -ae (griech. *Aineías*): Äneas, Held aus ↗ Troja, der nach der Eroberung seiner Heimatstadt durch die Griechen mit einem Teil der Trojaner flüchtete und für sie nach langen Irrfahrten in Italien eine neue Heimat fand.

Aesōpus, -ī: Äsop, griechischer Fabeldichter des 6. Jh.s v. Chr., angeblich ein buckliger Sklave, der in Kleinasien und auf der Insel Samos lebte.

Aetna, -ae: Ätna, Vulkan auf Sizilien, mit über 3300 m der höchste Europas.

Afra, -ae: „die Afrikanerin“, Name einer schwarzen Sklavin.

Africa, -ae: Afrika, worunter die Römer in der Regel Nordafrika bis zur Sahara verstanden.

Africānus, -ī: „Sieger in Afrika“, Ehrenname des ↗ Scipio.

Agamemnō(n), -ōnis: Agamemnon, König von Mykene (auf der Peloponnes), Oberbefehlshaber der Griechen vor Troja, die ausgezogen waren um ↗ Helena, die geraubte Frau seines Bruders ↗ Menelaus, zurückzuholen. Da Agamemnon die Göttin Artemis (röm. ↗ Diana) gekränkt hatte, als er eine ihr heilige Hirschkuh erlegte, verhinderte Windstille die Ausfahrt der Flotte, bis Agamemnon bereit war Artemis durch die Opferung seiner Tochter Iphigenie zu versöhnen. Wegen dieser Tat wurde er nach seiner Rückkehr aus dem Krieg von seiner Frau Klytämestra und deren Liebhaber Ägisthus umgebracht.

1. Agrippa, -ae: M. Vipsanius Agrippa, Freund, Kampfgefährte und Schwiegersohn des ↗ Augustus; Mann der ↗ Julia (2).

2. Agrippa, -ae: Agrippa Póstumus, jüngster Sohn der ↗ Julia (2) und des Agrippa (1). Der Beiname weist darauf hin, dass der Junge erst nach dem Tod seines Vaters zur Welt kam. Erst von ↗ Augustus adoptiert, wurde er bald – angeblich wegen seines aufbrausenden Wesens – auf eine kleine Insel bei Korsika verbannt. Dort wurde er nach dem Tod des Kaisers ermordet.

3. Agrippa, -ae: Menenius Agrippa, redegewandter römischer Patrizier, Konsul des Jahres 503 v. Chr.; er schaffte es, die im Streit mit dem Adel aus der Stadt auf den ↗ *Mōns Sacer* ausgezogenen Plebejer wieder zurückzuholen, indem er ihnen eine schlichte Fabel erzählte: Einmal, als die einzelnen Teile des menschlichen Körpers noch mehr Entscheidungsfreiheit und die Gabe der Sprache hatten, seien sie mit dem Magen in Streit geraten, weil dieser offensichtlich nichts anderes tat als ihm Gebotenes zu verdauen. Darum hätten sie vereinbart in den Streik zu treten, aber bald gemerkt, dass sie damit sich selbst schadeten und dass auch der Magen eine wichtige Aufgabe erfüllte.

Alba Longa, -ae: alte Stadt in den Albaner-Bergen bei Rom, angeblich von ↗ Julus, dem Sohn des ↗ Äneas, gegründet.

Alcibiadēs, -is: Alkibiades, ehrgeiziger Politiker aus Athen, Neffe des großen Staatsmanns Perikles und Schüler des ↗ Sokrates, riet während des Kriegs mit Sparta (431 – 404 v. Chr.) seinen Landsleuten die mächtige Stadt Syrakus auf Sizilien anzugreifen und wurde selbst mit dem Oberbefehl über die Flotte betraut, aber bald wegen eines Skandals abgelöst. Er floh nach Sparta und fügte den Athenern durch die Tipps, die er ihren Feinden gab, schweren Schaden zu. Ein neuer Skandal zwang ihn sich nach Persien abzusetzen, wo er für die Interessen Athens arbeitete. Nach einer triumphalen Rückkehr erlebte er bald einen neuen Sturz, floh nach Thrakien und wurde dort auf Betreiben der Spartaner ermordet.

Alexander, -drī: Alexander der Große (356 – 323 v. Chr.), König von Makedonien und Eroberer des Perserreichs, drang mit seinem Heer bis über den Indus vor. Er versuchte Griechen und Perser zu einem Staatsvolk zu verschmelzen, wurde aber durch seinen frühen Tod an der Verwirklichung dieses Plans und anderer Vorhaben gehindert.

Alexandría, -ae: von ↗ Alexander d. Gr. gegründete Hafenstadt in Ägypten.

Alpēs, -ium: die Alpen.

Amulius, -ī: Königssohn aus ↗ Alba Longa, der seinen älteren Bruder ↗ Numitor vertrieb, dessen Sohn tötete und ↗ Rea Silvia, Numitors Tochter, zur Priesterin der ↗ Vesta machte, damit sie kinderlos bleibe. Als Rea Silvia dem ↗ Mars die Zwillinge ↗ Romulus und ↗ Remus gebar, ließ Amulius sie selbst in den Tiber stürzen und die Kinder aussetzen. Später erschlug Romulus seinen Onkel.

Anchīsēs, -is: Vater des ↗ Äneas, von diesem aus dem brennenden ↗ Troja gerettet.

Antōnius, -ī: Marcus Antonius (83 – 30 v. Chr.), bildete zusammen mit Lepidus und Oktavian (↗ Augustus) das so genannte zweite Triumvirat („Dreimännerbündnis“) gegen die Mörder ↗ Cäsars (1). Bei Philippi in Nordgriechenland gelang ihm 42 v. Chr. der entscheidende Sieg über ↗ Brutus (2) und ↗ Cassius. Danach erhielt er den Osten des Reichs, wo er sich mit ↗ Kleopatra verband. Bald überwarf er sich mit Oktavian; es kam zum Bürgerkrieg, Antonius wurde bei ↗ Actium geschlagen und beging wie Kleopatra Selbstmord.

Apollō, -inis: Apollo, griechisch-römischer Gott des Lichts, der Musik und der Weissagung. Seine Orakelstätte in Delphi war weit über Griechenland hinaus berühmt.

Appia via, -ae: die Appische Straße, begonnen 312 v. Chr. als schnelle Verbindung Roms mit Süditalien, endete erst bei Capua, später bei Brundisium (Brindisi).

Ara māxima, -ae: ein mächtiger Altar für ↗ Herkules auf dem *Forum Boarium*, dem Rindermarkt, in Rom.

Ara Pācis: der von ↗ Augustus gestiftete Altar der Friedensgöttin, ↗ 14 i.

Arcadia, -ae: Arkadien, Landschaft im Herzen der Peloponnes.

Arcas, -adis: Arkadier (Bewohner ↗ Arkadiens).

Argīlētum, -ī: Straße nördlich des Forums von Rom in einem Handwerkerviertel.

Argīvus, -a, -um: argivisch (aus der Landschaft Argos auf der Peloponnes).

Arminius, -ī: Cheruskerfürst, Sieger über drei römische Legionen in der Schlacht im Teutoburger Wald (9 n. Chr.); nach dem Urteil des römischen Historikers Tacitus „ohne Zweifel der Befreier Germaniens".

Asia, -ae: Kleinasien, d. h. die heutige Türkei und Teile von Syrien.

Assus, -ī f: Assos, kleine Küstenstadt im Nordwesten der heutigen Türkei, nicht weit von ↗ Troja.

Athēnae, -ārum: Athen, das geistige Zentrum Griechenlands in der Landschaft Attika mit der Akropolis und zahlreichen Tempeln, die Heimat bedeutender Dichter, Künstler, Philosophen und Politiker.

Athēniēnsēs, -ium: die Einwohner von ↗ Athen.

Atia, -ae: Römerin aus der Familie der Atii.

Augustus, -ī: der erste römische Kaiser (63 v. Chr. – 14 n. Chr.), eigentlich C. Octavianus, Neffe ↗ Cäsars, der ihn in seinem Testament adoptierte und zum Erben einsetzte. Seitdem nannte er sich C. Iulius Caesar Octavianus. Nach seinen Siegen im Bürgerkrieg über die Mörder Cäsars, ↗ Brutus (2) und ↗ Cassius, und später über ↗ Antonius und die ägyptische Königin ↗ Kleopatra war er der unumschränkte Herr des Römischen Reichs. Er selbst nannte sich *princeps*, der Senat ehrte ihn mit dem Titel *Augustus* (der Erhabene). Es ist sein Verdienst, das Jahrhundert der Bürgerkriege beendet und Rom einen dauerhaften Frieden beschert zu haben.

Aulus, -ī: männlicher römischer Vorname, abgekürzt A.

Barbātus, -ī: „der Bärtige", Gladiatorenname.

Britannia, -ae: Britannien, das heutige England, das vom 1. bis zum 5. Jahrhundert n. Chr. römische Provinz war. Adj. *Britannicus, -a, -um.*

1. Brūtus, -ī: Decimus Iunius, Neffe des letzten römischen Königs ↗ Tarquinius (1), stellte sich närrisch *(brutus)* um nicht wie andere Verwandte des Tyrannen ermordet zu werden und befreite schließlich Rom von der Monarchie.

2. Brūtus -ī: M. Iunius, Vertrauter ↗ Cäsars und einer der Drahtzieher des Attentats gegen diesen. Von ↗ Antonius besiegt endete er durch Selbstmord.

Cācus, -ī: ein riesenhafter, mörderischer Unhold, der sich als Sohn des ↗ Vulcanus auf das Feuerspeien verstand und das Tor seiner Höhlenwohnung am Abhang des Aventins mit den Schädeln seiner Opfer dekorierte. Als ↗ Herkules mit den Rindern des ↗ Geryon in die Gegend des späteren Rom kam, witterte Cacus leichte Beute und zog acht Rinder an den Schwänzen in seine Höhle, sodass die Spuren von ihr wegzuführen schienen. Das Brüllen einer Kuh verriet den Räuber, der sich vor dem wütenden Herkules in seiner Behausung verschanzte. Ihr Tor war fest, doch das Höhlendach ließ sich abreißen und Herkules erwürgte den Cacus. Zur Erinnerung an diese Befreiungstat soll die ↗ Ara maxima, der Riesenaltar, auf dem Rindermarkt in Rom errichtet worden sein.

1. Caesar, -is: C. Iulius, römischer Heerführer und Diktator (100 – 44 v. Chr.), Eroberer ↗ Galliens, Sieger im Bürgerkrieg über ↗ Pompeius, seinen ehemaligen Partner im so genannten 1. Triumvirat („Dreimännerbündnis"). Angeblich strebte Cäsar, mit dem Amt eines Diktators auf Lebenszeit nicht zufrieden, nach der Königskrone und wurde deshalb ermordet. Sein Adoptivsohn Oktavian, der spätere Kaiser ↗ Augustus, übernahm auch seinen Beinamen; so wurde ‚Cäsar' zum festen Bestandteil der Titulatur römischer Kaiser.

2. Caesar, -is: Gaius und Lucius: Söhne der Julia (2) von ↗ Agrippa (1), von ↗ Augustus zur Thronfolge bestimmt, aber früh verstorben.

Calpurnius, -ī: römischer Familienname.

Cannae, -ārum: kleiner Ort in Süditalien, wo ↗ Hannibal 216 v. Chr. die Römer vernichtend schlug.

Capitōlium, -ī: das Kapitol, einer der sieben Hügel Roms, auf dem sich die wichtigsten Tempel der Stadt befanden; ↗ 6 i.

Capreae, -ārum: die Insel Capri im Golf von Neapel.

Carthāginiēnsēs, -ium: die Bewohner von ↗ Karthago.

Carthāgō, -ginis: Karthago, Handelsstadt an der Küste des heutigen Tunesien (Nordafrika), um 800 v. Chr. von Phönikiern, der Sage nach durch die Königin ↗ Dido, gegründet, in drei Kriegen von Rom besiegt und 146 v. Chr. völlig zerstört.

Cassius, -ī: einer der führenden Verschwörer gegen ↗ Cäsar.

Castor, -oris: Kastor, Zwillingsbruder des ↗ Pollux, mit dem zusammen er viele Heldentaten vollbrachte. Als Kastor bei dem Versuch seinem Vetter die Braut zu rauben getötet und Pollux unter die Himmlischen aufgenommen wurde, gewährte ihm Zeus (↗ Jupiter) die Gnade dieses Glück mit dem Bruder zu teilen. Seitdem liegen die beiden abwechselnd einen Tag im Grab und verbringen den nächsten in Gesellschaft der Götter.

1. Catō, -ōnis: Marcus Porcius Cato der Ältere (234 – 149 v. Chr.), ein ungemein vielseitiger, energischer Mann, dem es gelang, als *homo novus* („newcomer") zu den höchsten Staatsämtern aufzusteigen. Er kämpfte gegen die Überfremdung Roms, gegen den Luxus und vor allem gegen ↗ Karthago, das er vernichtet sehen wollte *(Ceterum censeo Carthaginem esse delendam).*

2. M. Porcius Catō Uticēnsis: Urenkel des älteren Cato (1), entschiedener Gegner ↗ Cäsars, nach dessen Sieg im Bürgerkrieg er sich selbst den Tod gab.

Caucasus, -ī: das Kaukasusgebirge.

Cerberus, -ī: der dreiköpfige Höllenhund Zerberus, der den Eingang zur Unterwelt bewacht.

Charōn, -ontis: ein Fährmann, der die Verstorbenen über die Flüsse der Unterwelt zum Eingang des Totenreichs bringt.

Chloē, Chloës: „die Frische", griechischer Mädchenname.

Cicerō, -ōnis: Marcus Tullius, römischer Politiker, Redner und Philosoph (106 – 43 v. Chr.), hatte sich wie ↗ Cato (1) als *homo novus* durchzusetzen vermocht, den Staat vor den Umtrieben des Revolutionärs Catilina gerettet und wegen seines allzu strengen Vorgehens gegen die Verschwörer in die Verbannung gehen müssen. Nach seiner Rückkehr sah er sich kalt gestellt und begann damit, die Philosophie der Griechen seinen Landsleuten nahe zu bringen. Cäsars Tod und der Bürgerkrieg zwischen Oktavian (↗ Augustus) und ↗ Antonius veranlassten ihn nochmals als Sprecher der Senatspartei aktiv in die Politik einzugreifen. Damals hielt er seine berühmten „Philippischen Reden", in denen er Antonius ebenso erbittert bekämpfte wie einst der griechische Redner Demosthenes den Makedonenkönig Philipp. Als Oktavian und Antonius sich überraschend verständigten, war Ciceros Schicksal besiegelt: Er wurde von Soldaten des Antonius auf der Flucht ermordet.

Cineās, -ae: Kineas, ein Freund des Königs ↗ Pyrrhus von Epirus.

Cleomenēs, -is: Kleomenes, Name mehrerer Könige in ↗ Sparta; Kleomenes I. sicherte 494 v. Chr. durch einen Sieg über das Aufgebot von Argos die Vorherrschaft der Spartaner auf der Peloponnes.

Cleopatra, -ae: Kleopatra, seit 51 v. Chr. Königin von Ägypten, von ↗ Cäsar, der sich in sie verliebte, in ihrer Herrschaft bestätigt. Nach Cäsars Tod zog sie ↗ Antonius in ihren Bann. Als sie zusammen mit diesem in der Seeschlacht von ↗ Actium besiegt wurde, verübte sie Selbstmord.

Colossēum, -ī: das Kolosseum; so nannte man das größte Amphitheater in Rom nach einer Kolossalstatue des Nero, die nahe bei ihm stand und der man nach dem Tod des Kaisers den Kopf des Sonnengottes aufsetzte. Der eigentliche Name des Kolosseums war *amphitheatrum Flavium*, nach seinen Erbauern, den Kaisern Vespasian und Titus aus der Familie der Flavier.

Concordia, -ae: die römische Göttin der Eintracht.

Coriolānus, -ī: Cn. Marcius, römischer Heerführer, der nach der Sage 493 v. Chr. die Volskerstadt (↗ Volscus) *Corioli* eroberte und darum den Ehrennamen Coriolanus erhielt. Als er den wachsenden politischen Einfluss der Unterschicht beschneiden wollte, wurde er verbannt, ging zu den Volskern und führte sie bald siegreich vor die Tore seiner Vaterstadt. Vergeblich versuchten Beamte und Priester aus Rom den rachsüchtigen Coriolan umzustimmen. Erst als seine Mutter mit seiner Frau und vielen anderen Frauen erschien, gab er nach. Er starb in der Verbannung.

Cornēlia, -ae: so hießen alle Frauen aus der weit verzweigten Familie der Cornelier.

Cornēlius, -ī: römischer Familienname.

Crassus, -ī: römischer Beiname, wörtlich „der Dicke". Der bekannteste Träger dieses Namens war M. Licinius Crassus Dives („der Reiche"), ein römischer Politiker und Feldherr. Er schlug 71 v. Chr. den Sklavenaufstand des Spartakus nieder, war Partner des ↗ Cäsar und des ↗ Pompeius im 1. Triumvirat („Dreimännerbund") und fiel 53 v. Chr. im Kampf mit den Parthern.

Crēta, -ae: die Insel Kreta.

Creūsa, -ae: Kreusa, die erste Frau des ↗ Äneas, die er bei seiner Flucht aus ↗ Troja verlor.

Daedalus, -ī: Dädalus, vielseitiger Erfinder aus Athen, der wegen eines Mordes seine Vaterstadt verlassen musste und bei König Minos von Kreta Aufnahme fand. Für dessen stierköpfigen Stiefsohn, den Minotaurus, erbaute er das Labyrinth. Als ihn Minos zwingen wollte immer auf Kreta zu bleiben, verfertigte er sich und seinem Sohn Ikarus Flügel und entkam durch die Luft.

Dēlia, -ae: „das Mädchen von Delos", Sklavinnenname. Auf der Insel ↗ Delos betrieben die Römer den größten Sklavenmarkt des Mittelmeerraums.

Delphī, -ōrum: berühmte Orakelstätte des ↗ Apollo in Mittelgriechenland. Ein heiliger Stein im Tempel bezeichnete den „Nabel" (Mittelpunkt) der Welt. Die delphischen Orakelsprüche waren oft bewusst zweideutig gehalten, z. B.: „Wenn Krösus den Halys (den Grenzfluss) überschreitet, wird er ein großes Reich zerstören."

Dēlus, -ī f: Delos, kleine Insel im Ägäischen Meer, Zentrum des Apollokults, wichtiger Handelsplatz, in der Römerzeit größter Sklavenmarkt.

Diagorās, -ae: griechischer Dichter des 5. Jh.s v. Chr. von der Insel Melos, angegriffen und verspottet, weil er die Existenz der Götter bestritt.

Diāna, -ae (griech. *Artemis*): die Göttin der Jagd und der Tiere des Waldes, oft auch mit der Mondgöttin gleichgesetzt.

Dīdō, -ōnis: Königstochter aus Tyros in Phönikien, gründete der Sage nach ↗ Karthago. Nach römischer Überlieferung wurde von ihr ↗ Äneas nach seiner Flucht aus ↗ Troja gastfreundlich aufgenommen. Beide verliebten sich ineinander und Äneas wäre wohl in Karthago geblieben, hätte ihn der Götterbote ↗ Merkur nicht an seine Aufgabe erinnert. Als Äneas daraufhin Karthago verließ, verfluchte ihn Dido und nahm sich das Leben.

Diódotus, -ī: „Gottesgabe", Name eines Lehrers.

Diogenēs, -is: origineller griechischer Philosoph des 4. Jh.s v. Chr., der in einer Zeit allgemeinen Wohlstands seinen Mitmenschen das Ideal völliger Bedürfnislosigkeit vorlebte. Er hauste in einem ausgedienten Fass und besaß nichts als einen schäbigen Mantel, einen Stock und einen Becher. Auch den warf er weg, als er einen Jungen aus den Händen trinken sah. Wegen seines provozierenden Auftretens und seiner bissigen Reden nannte man Diogenes im Spott einen Hund (griech. *kýon, kynós*). Darum heißen die Anhänger dieses „Aussteiger-Philosophen" Kyniker.

Domitilla, -ae: „die kleine Domitia" (Tochter eines ↗ Domitius).

Domitius, -ī: römischer Familienname.

Drūsilla, -ae: Verkleinerungsform zu dem Männerbeinamen Drusus, also: „die Kleine des Drusus".

Erymanthius, -a, -um: vom Erymanthosgebirge in ↗ Arkadien; der erymanthische Eber, den ↗ Herkules lebendig einfangen musste, war ein Riese seiner Art; trotzdem wurde der Held mit ihm fertig, indem er ihn in tiefen Schnee trieb.

Etrūria, -ae: Etrurien, das Siedlungsgebiet der ↗ Etrusker in Mittel- und Oberitalien.

Etruscī, -ōrum: die Etrusker ↗ 18 i.

Euandrus, -ī: Euander („der gute Mann"), Einwanderer aus ↗ Arkadien, der sich an dem Ort niedergelassen hatte, an dem später Rom gegründet wurde. Er nahm ↗ Herkules und ↗ Äneas gastfreundlich auf und stiftete die ↗ Ara maxima.

Eurýdica, -ae: Eurydíke, die junge Frau des ↗ Orpheus.

Eurystheus, -eī: König von Mykene auf der Peloponnes; in seinem Auftrag musste ↗ Herkules insgesamt zwölf scheinbar unausführbare Taten vollbringen.

Faustulus, -ī: ein Hirt, der die ausgesetzten Zwillinge ↗ Romulus und ↗ Remus fand und aufzog.

Fīdēnae, -ārum: alte Stadt sechs Meilen nördlich von Rom, nach einem Aufstand zerstört.

Fortūna, -ae: die römische Göttin des Glücks.

Furiae, -ārum: die Rachegöttinnen, fürchterliche Frauengestalten mit Schlangenhaaren. Friedrich v. Schiller hat sie in der Ballade „Die Kraniche des Ibykus" eindrucksvoll beschrieben.

Gabiī, -ōrum: Stadt der Latiner östlich von Rom.

Gabīnī, -ōrum: die Einwohner von ↗ Gabii.

Gāius, -ī: männlicher römischer Vorname, abgekürzt C.

Gallus, -ī: Gallier; als *Galli* bezeichneten die Römer eine Gruppe keltischer Stämme, die teilweise im heutigen Frankreich und Belgien, teilweise auch in der Poebene (*Gallia citerior*, Gallien diesseits der Alpen) siedelten und zeitweilig bedrohliche Gegner Roms waren.

Germānus, -ī: germanisch; Subst.: der Germane.

Germānia, -ae: Germanien, das Siedlungsgebiet der Germanen, hauptsächlich östlich des Rheins und nördlich der Donau. Über Leben und Brauchtum der Germanen schrieb der römische Historiker Tacitus in seiner *Germānia*.

Germānicus, -ī: Vater des Kaisers Caligula, von dessen Vorgänger ↗ Tiberius adoptiert und nach Germanien geschickt, wo er große Erfolge feierte. Er wurde daraufhin in den Orient versetzt, wo er plötzlich starb, vielleicht durch Gift.

Gēryōn, -onis: ein dreiköpfiger, dreileibiger Riese, der auf einer Insel weit im Westen herrliche Rinderherden besaß. Über diese wachten der ebenfalls riesige Hirte Eurytion und der gewaltige Hund Orthos. So war es für ↗ Herkules keine leichte Aufgabe, die Herden zu rauben: Er musste erst die drei Monster bezwingen.

Graecia, -ae: Griechenland.

Graecus,-a, -um: griechisch; Subst.: der Grieche.

Gracchus, -ī: Tiberius Sempronius Gracchus (162 – 133 v. Chr.), Volkstribun 133 v. Chr., und sein Bruder Gaius Sempronius Gracchus (153 – 121 v. Chr.), Volkstribun 123 v. Chr., scheiterten beide an ihrem Versuch die Lage der besitzlosen Bürger Roms durch eine Agrarreform zu verbessern.

Grīpus, -ī: griechischer Name eines Freigelassenen, etwa: „die Falle".

Hánnibal, -balis: karthagischer Feldherr, der im 2. Punischen Krieg (218 – 202 v. Chr.) ein Heer über die Alpen nach Italien führte und die Römer in mehreren Schlachten besiegte. Erst nach seiner Rückkehr in die Heimat wurde er von ↗ Scipio bezwungen.

Hector, -oris: Hektor, ältester Sohn des Königs ↗ Priamos und der Hékuba, Beschützer ↗ Trojas während der zehnjährigen Belagerung durch die Griechen. Als ↗ Achilles sich nach einem Streit mit Agamemnon grollend vom Kampf fern hielt, warf Hektor Feuer in die Schiffe der Angreifer, erschlug Achills Freund Patroklos, der dessen Rüstung angelegt hatte, und raubte ihm diese. Daraufhin nahm Achilles wieder an der Schlacht um Troja teil und stellte Hektor, der voll düsterer Ahnungen von seiner Frau Andromache Abschied genommen hatte, zum Zweikampf. Nach seinem Sieg band Achilles den toten Gegner an seinen Streitwagen und schleifte ihn mehrmals um Trojas Mauerring. Erst wollte er ihn den Hunden zum Fraß vorwerfen, doch als der alte Priamos zu ihm ins Lager kam, um den Leichnam bat und reiche Gaben anbot, ließ er sich erweichen. Mit Hektors Bestattung endet ↗ Homers Ilias.

Hélena, -ae: Tochter der Leda von Zeus (↗ Jupiter), Gattin des Königs von Sparta, ↗ Menelaos, nach der Sage die schönste Frau der Welt.

Hercules, -is (griech. *Heraklês*): Herkules, ein Sohn des Zeus (↗ Jupiter) von einer sterblichen Mutter, aber mit übermenschlichen Kräften ausgestattet. So vermochte er nicht nur zwölf scheinbar unmögliche Aufgaben zu lösen, sondern bezwang nebenher eine Unzahl gefährlicher Gegner und befreite die Welt von furchtbaren Ungeheuern. Nach seinem Tod wurde er in den Olymp aufgenommen und von den Menschen als Helfer und Retter in Notlagen angerufen.

Homērus, -ī: Homer, sagenhafter griechischer Dichter des 8. Jh. v. Chr., der unter anderem die *Ilias* – ein Heldenlied vom Kampf um ↗ Troja – und die *Odyssee* verfasst haben soll, in der die Irrfahrten des Odysseus (↗ Ulixes) beschrieben sind.

Iarbās, -ae: König in Nordafrika, der ↗ Dido die Gründung der Stadt ↗ Karthago erlaubte; als Dido seine Heiratsanträge ablehnte, drohte er ihr mit Krieg.

Īcarus, -ī: Ikarus, Sohn des ↗ Dädalus, entfloh mit seinem Vater mit Hilfe von Flügeln, die dieser geschaffen hatte, aus Kreta, kam aber beim Flug der Sonne zu nahe, sodass die Verklebung seines Gefieders schmolz und er ins Meer stürzte.

1. Iūlia, -ae: so hieß jede Frau aus der Familie der Iulii.

2. Iūlia, -ae: so hieß auch die einzige Tochter des C. Iulius Octavianus Caesar ↗ Augustus von seiner ersten Frau Scribonia. Das Mädchen wurde 37 v. Chr. im Alter von zwei Jahren mit dem Sohn des Marcus ↗ Antonius verlobt, 25 v. Chr. mit ihrem Vetter Marcellus und, nach dessen Tod, 21 v. Chr. mit M. ↗ Agrippa (3), dem damals 41-jährigen Kampfgefährten des Augustus, verheiratet. Ihm gebar sie fünf Kinder. Als auch Agrippa starb, musste Julia auf Drängen des Kaisers seinen Stiefsohn ↗ Tiberius zum Mann nehmen, der sie bald vernachlässigte und, nach einem Zerwürfnis mit Augustus, sich auf die Insel Rhodos zurückzog. In der Folge soll Julia ein ziemlich lockeres Leben geführt haben und auch an einer Verschwörung beteiligt gewesen sein, deren Ziel die Beseitigung des Tiberius war. 2 v. Chr. verfügte der Kaiser darum die Scheidung Julias und verbannte sie auf die kleine Insel Pandataria; ihre Mutter begleitete sie. Später wurde beiden gestattet in Rhegium (dem heutigen Reggio di Calabria) zu leben. Nach dem Tod des Augustus gab Tiberius Befehl die Essensrationen seiner geschiedenen Frau drastisch zu verringern. Julia musste verhungern.

3. Iūlia, -ae: Tochter Julias (2) von ↗ Agrippa (1), am Kaiserhof erzogen, im Alter von fünfzehn Jahren mit L. Aemilius Lepidus verheiratet, der einer Verschwörung verdächtigt wurde und ins Exil gehen musste. 8 n. Chr. verbannte Augustus seine Enkelin wegen ihres angeblich sittenlosen Lebenswandels auf ein felsiges, wasserloses Inselchen in der Adria. Ein Kind, das sie dort zur Welt brachte, ließ er töten. Julia selbst starb im zwanzigsten Jahr ihrer Verbannung.

Iūlus, -ī: so wurde angeblich der Sohn des ↗ Äneas, Askanios, in Italien genannt, zur Erinnerung an seine trojanische Heimat; die Stadt ↗ Troja hieß nämlich auch Ilion und aus Ilios, so meinten Angehörige der römischen *gēns Iūlia*, könne doch leicht Ilus oder Iulus werden. Mit diesem Iulus als Ahnherrn nahmen die Julier nicht nur Äneas als prominenten Vorfahren für sich in Anspruch, sondern auch dessen Mutter, die Göttin Aphrodite (↗ Venus).

Iūnō, -ōnis (griech. *Hera*): Juno, die Gattin des ↗ Jupiter.

Iūppiter, Iovis (griech. *Zeus*): Jupiter, der höchste Gott der Römer.

Lacedaemonius, -a, -um: spartanisch, nach der Landschaft Lakonien oder, griechisch, Lakedaimon, in der Sparta liegt.

Lāocoōn, -ontis: Laokoon, Priester in ↗ Troja, der seine Landsleute vergeblich vor dem hölzernen Pferd warnte und durch zwei von Athene (↗ Minerva) gesandte Schlangen zusammen mit seinen beiden Söhnen ein schreckliches Ende fand.

Lepidus, -ī: römischer Beiname, „der Nette/Hübsche".

Līvia, -ae: Livia Drusilla (55 v. Chr. – 29 n. Chr.), die Frau des Tiberius Claudius Nero, von dem sie zwei Söhne hatte, den späteren Kaiser ↗ Tiberius und Drusus. In zweiter Ehe war sie mit ↗ Augustus verheiratet, an dessen Seite sie maßgeblichen politischen Einfluss ausübte.

Līvius, -ī: römischer Historiker (59 v. Chr. – 17 n. Chr.), der in 142 Büchern die Geschichte seines Volkes „ab urbe condita", also von der Gründung der Stadt an, darstellte. Erhalten sind nur die Bücher 1 – 10 und 21 – 45. Mit Beispielen heldenhaften Verhaltens der Vorfahren wollte Livius seine Mitbürger zur Nachahmung begeistern.

Lūcius, -ī: männlicher römischer Vorname, abgekürzt L.

Lȳdia, -ae: Lydien, Landschaft und altes Königreich in Kleinasien.

Lȳdus, -a, -um: lydisch, aus ↗ Lydien; Subst.: der Lyder.

Macedō, -onis: Makedonier (aus Makedonien in Nordgriechenland).

Macer, Macrī: römischer Beiname, „der Magere/Dünne".

Mārcus, -ī: männlicher römischer Vorname, abgekürzt M.

Mārs, Mārtis: römischer Kriegsgott, als Vater des ↗ Romulus gewissermaßen Urahn aller Römer, die ihn auch in ganz anderer Weise verehrten als die Griechen ihren rohen und brutalen Kriegsgott *Ares*.

Massilia, -ae: Stadt an der Südküste des heutigen Frankreich, um 600 v. Chr. von griechischen Kolonisten gegründet, heute Marseille.

Megaera, -ae (griech. *Mégaira*): Name einer der schrecklichen Rachegöttinnen (↗ Furien); Cornelias Bewacherin hat also einen „redenden" Namen.

Melissa, -ae: griechischer Frauenname („Bienchen"); Bienen galten als Muster an Fleiß und lieferten außerdem den süßen Honig.

Mēlius, -ī: Melier (Bewohner der Insel Melos in der Ägäis).

Menelāus, -ī: Menelaos, König von Sparta und Mann der schönen ↗ Helena; deren Entführung durch den trojanischen Königssohn ↗ Paris löste den Krieg um ↗ Troja aus.

Menēnius: ↗ Agrippa (3)

Mercurius, -ī (griech. *Hermês*): Merkur, der Götterbote.

Minerva, -ae (griech. *Athene*): Göttin des Kriegs, aber auch der Künste und Wissenschaften, Beschützerin der ihr heiligen Ölbäume und der Städte, besonders ↗ Athens, wo auf der Akropolis noch heute ihr mächtiger Tempel, der Parthenon, steht. In Rom wurde Minerva zusammen mit ↗ Jupiter und ↗ Juno auf dem Kapitol verehrt.

Mīnōs, -ōis: nach der Sage ein mächtiger König von Kreta, Sohn des Zeus (↗ Jupiter) und der Königstochter Europa, nach seinem Tod einer der Totenrichter in der Unterwelt.

Mōns Sacer, Montis Sacrī: der „Heilige Berg", knapp 5 km nördlich vom Kapitol. Hier ließen sich die Plebejer bei ihrem Auszug aus der Stadt (494 v. Chr.) nieder; ↗ Agrippa (3).

Mycēnae, -ārum: frühgriechische Burganlage auf der Peloponnes, der Sage nach Herrschersitz des ↗ Agamemnon und ↗ Eurystheus.

Nemeaeus, -a, -um: aus Nemea auf der Peloponnes; der nemeïsche Löwe war ein unverwundbares Untier, das ↗ Herkules nach hartem Kampf bezwang, indem er es erstickte. Seitdem trug er stolz den Kopf dieses Löwen als Helm und das Fell als Umhang.

Nicodōrus, -ī: Nikodoros, ein Boxer, der nach dem Ende seiner Sportlerkarriere in die Politik ging und sich als Gesetzgeber bewährte.

Nōmentum, -ī: Kleinstadt nordöstlich von Rom.

Numa (-ae) Pompilius, -ī: nach der Sage der zweite König Roms, der zahlreiche religiöse Bräuche begründet haben soll.

Numidia, -ae: Numidien, ein Land in Nordafrika, das etwa dem heutigen Algerien entspricht.

Numitor, -ōris: König von ↗ Alba Longa, Vater der ↗ Rea Silvia, von seinem Bruder ↗ Amulius gestürzt, von ↗ Romulus und ↗ Remus wieder in seine Herrschaft eingesetzt.

Oceanus, -ī: der Ozean als Weltmeer, das nach griechischer Vorstellung das Festland rings umgibt. Cäsar meint in seinem Werk *De bello Gallico* mit *mare Oceanum* den Atlantik.

Octāvius/Octāviānus: ↗ Augustus.

Olympus, -ī: der Olymp, ein Berg in Nordgriechenland, nach der Sage Wohnsitz der Götter.

Orpheus, -eī: sagenhafter Sänger, der durch seinen Gesang sogar wilde Tiere bezauberte und dem es beinahe gelungen wäre, seine tote Gattin aus der Unterwelt zurückzuholen.

Palātium, -ī: der Palatin, einer der sieben Hügel Roms, auf dem die Kaiser ihre „Paläste" errichteten.

Palladium, -ī: ein angeblich vom Himmel gefallenes Bild der Göttin Pallas Athene (↗ Minerva), das ↗ Troja schützte und das Odysseus (↗ Ulixes) zusammen mit seinem Kampfgenossen Diomedes nachts aus der Stadt entführte.

Páris, -idis: Sohn des Königs ↗ Priamos von ↗ Troja, wuchs in der Wildnis auf, da nach einer Prophezeiung der Stadt von ihm Unheil drohte, entschied den Streit der drei Göttinnen Hera (↗ Juno), Athene (↗ Minerva) und Aphrodite (↗ Venus) um einen goldenen Apfel zugunsten der ↗ Venus und raubte die schöne ↗ Helena aus Sparta, wodurch er den zehnjährigen Krieg um Troja auslöste.

Pátroclus, -ī: Patroklos, der beste Freund des ↗ Achilles, von ↗ Hektor im Zweikampf getötet.

Paullus, -ī: ↗ Aemilius Paullus.

Pāx, Pācis: die Göttin des Friedens; als *Pāx Augusta* wacht sie über den von ↗ Augustus gestifteten Frieden; ihr ist die ↗ Ara Pacis geweiht.

Pīsistratus, -ī: Peisistratos, Alleinherrscher („Tyrann") über Athen von 539 – 527 v. Chr., energischer Förderer der „kleinen Leute", aber auch der Wissenschaft und Kunst.

Poenus, -a, -um: punisch, d. h. karthagisch; Subst.: der Karthager.

Pollūx, -ūcis (griech. *Polydeúkes*): Bruder des ↗ Kastor und der ↗ Helena.

Pompōnius, Mānius, -ī: einer der beiden Prätoren, die nach der Katastrophe von ↗ Cannae in Rom eine Panik verhinderten.

Príamus, -ī: König von ↗ Troja, Vater vieler Töchter und Söhne, u. a. des ↗ Hektor und ↗ Paris, wurde bei der Eroberung der Stadt durch die Griechen vom Sohn des ↗ Achilles am Altar des ↗ Zeus erschlagen.

Promētheus, -eī: ein Halbgott, der die Menschen begünstigte, ihnen das von ↗ Zeus verborgene Feuer verschaffte und deshalb an den Kaukasus geschmiedet wurde, wo ihn ein Adler quälte, indem er die stets nachwachsende Leber fraß, bis ↗ Herkules ihn erlegte und Prometheus befreite.

Prosérpina, -ae (griech. *Perséphone*): Tochter der Erdgöttin Demeter (röm. Ceres), vom Herrn der Unterwelt, Pluto, entführt, an dessen Seite sie nun über die Toten herrscht.

Psecas (griech. *Psekás:* „Stäubchen"), Name einer Sklavin.

Pyrrha, -ae: Insel vor der kleinasiatischen Küste, in der Nähe von Lesbos.

Pyrrhus, -ī: König von Epirus in Nordwestgriechenland, kam der Griechenstadt Tarent gegen Rom zu Hilfe und siegte 280/279 in zwei Schlachten, doch waren seine Verluste so groß („Pyrrhussiege"), dass er den Kampf nicht energisch genug fortsetzen konnte. 275 zwang ihn eine Niederlage bei Benevent zum Abzug aus Italien.

Quirītes, -ium: Bezeichnung der römischen Bürger, vor allem in der feierlichen Anrede.

Rēa Silvia, -ae: Tochter des ↗ Numitor, von dessen Bruder ↗ Amulius zur Priesterschaft der ↗ Vesta und damit zur Ehelosigkeit gezwungen; als sie von ↗ Mars Mutter des ↗ Romulus und Remus wurde, ließ Amulius sie ertränken und die Kinder aussetzen.

Remus, -ī: Zwillingsbruder des ↗ Romulus, der ihn tötete, als er über die noch niedrige Mauer des neu gegründeten Rom sprang.

Rhodiī, -ōrum: die Einwohner der Stadt und Insel ↗ Rhodos.

Rhodus, -ī: Rhodos, „die Roseninsel", vor der Südwestküste Kleinasiens.

Rōma, -ae: Rom.

Rōmānus, -a, -um: römisch; Subst.: der Römer.

Rōmulus, -ī: Sohn des ↗ Mars und der ↗ Rea Silvia, Zwillingsbruder des ↗ Remus, mit dem er im Tiber ausgesetzt, aber auf wunderbare Weise gerettet, von einer Wölfin ernährt und von einem Hirten gefunden wurde. Als junger Mann erfuhr er durch Zufall, dass er der Enkel des vertriebenen Königs ↗ Numitor sei, führte diesen auf seinen Thron zurück, gründete die Stadt Rom und wurde ihr erster König.

Sabīnus: röm. Vorname.

Scīpiō, -ōnis: Publius Cornelius Scipio Africanus der Ältere, ein ungemein fähiger Heerführer und Sieger über ↗ Hannibal.

Seiānus, -ī: Sejan, Kommandant der Leibgarde und Vertrauter des Kaisers ↗ Tiberius, nützte während dessen langen Aufenthalten auf der Insel Capri seine Macht in Rom hemmungslos aus und arbeitete wohl sogar auf den Sturz des alten, misstrauischen Kaisers hin. Als diesem der Plan verraten wurde, ließ er Sejan mit seiner gesamten Familie hinrichten.

1. Seneca, -ae: L. Annaeus Seneca, römischer Philosoph und Schriftsteller, Erzieher und Vertrauter des jungen Kaisers Nero, der ihn zum reichsten Mann seiner Zeit machte, sich aber seinem Einfluss mehr und mehr entzog und ihn schließlich zum Selbstmord zwang, als er in den Verdacht geraten war an einer Verschwörung beteiligt zu sein.

2. Seneca, -ae: Seneca der Ältere, Vater des Philosophen Seneca, Verfasser einer für seine Söhne bestimmten Sammlung rhetorischer Übungsthemen mit Bearbeitungsbeispielen.

Sibylla, -ae: eigentlich kein Name, sondern Bezeichnung einer Prophetin.

Sicilia, -ae: die Insel Sizilien.

Sicinius, -ī: Führer der Plebejer bei ihrem Auszug aus der Stadt Rom im Jahr 494 v. Chr.

Siculus, -a, -um: sizilianisch; Subst.: der Sizilianer.

Sinō, -ōnis: Sinon, ein Grieche, der den Trojanern eine Lügengeschichte über das hölzerne Pferd erzählte.

Sísyphus, -ī: ein gewalttätiger und verschlagener König von Korinth, der sogar die Götter betrog und für kurze Zeit den Tod überlistete. Zur Strafe dafür muss er in der Unterwelt einen Felsblock, der immer wieder herabrollt, auf einen hohen Berg wälzen.

Sōcratēs, -is: Sokrates, Philosoph aus Athen (470 – 399 v. Chr.), von dem der Gott ↗ Apollo erklärt hatte, er sei der Weiseste aller Menschen. Im Bestreben den Irrtum des Gottes nachzuweisen – er selbst glaubte nämlich nicht etwas Besonderes zu wissen – stellte Sokrates die Athener auf die Probe, die als weise galten, und fand dabei viel Einbildung. Seine bohrenden Fragen machten ihm zahlreiche Feinde, die ihn schließlich der Gottlosigkeit und Verführung der Jugend anklagten. Nach seiner Verurteilung verschmähte es Sokrates, aus dem Gefängnis zu fliehen, und ging gefasst in den Tod.

Solō, -ōnis: Solon, athenischer Staatsmann des 6. Jh.s v. Chr., einer der „Sieben Weisen".

Subūra, -ae: Stadtviertel Roms, dicht besiedelt von einfachen Leuten.

Sychaeus, -ī: Mann der ↗ Dido, von ihrem Bruder ermordet.

Syrus, -a, -um: syrisch, aus Syrien; Subst.: der Syrer.

Tántalus, -ī: Sohn des ↗ Zeus, König von ↗ Lydien, den die Götter zu ihren Festen in den Olymp einluden. Tantalus aber stahl Nektar und Ambrosia, die Nahrung der Götter, um seine Freunde damit zu bewirten. Außerdem verriet er die Pläne der Götter, von denen er gehört hatte, den Menschen. Als er gar noch, um die Allwissenheit der Himmlischen zu prüfen, seinen eigenen Sohn Pelops tötete und den eingeladenen Göttern als Fleischgericht vorsetzte, war das Maß voll: Tantalus wurde dazu verdammt, in der Unterwelt auf ewig Hunger und Durst zu leiden, und zwar, obwohl er mitten in einem Teich steht und die schönsten Früchte über ihm hängen.

Tarentum, -ī: Tarent, eine Griechenstadt in Unteritalien.

1. Tarquinius, -ī: Tarquinius Superbus, der letzte König Roms, im Jahre 510 v. Chr. von ↗ Brutus (1) vertrieben.

2. Tarquinius, -ī: Sextus Tarquinius, jüngster Sohn des Tarquinius Superbus, der seinem Vater an Verschlagenheit nicht nachstand.

Tártarus, -ī: die unterste Unterwelt, in der Menschen, die im Leben schwere Frevel begangen haben, dafür in Ewigkeit büßen.

Terentīlius Arsa, -ae: Volkstribun, beantragte als Erster die Einsetzung einer Kommission zur Aufzeichnung von Gesetzen für Rom.

P. Terentius Varrō, -ōnis: einer der Konsuln des Jahres 216 v. Chr., ein impulsiver, draufgängerischer Mann, der bei ↗ Cannae die Legionen in die von Hannibal raffiniert gelegte Falle führte, selbst aber mit wenigen Leuten entkam.

Terra Māter, Terrae Mātris: die als Göttin verehrte Mutter Erde.

Thēbae, -ārum: Theben, alte Stadt in Mittelgriechenland.

Thēbānī, -ōrum: die Thebaner.

Themistoclēs, -is: Themistokles, Politiker aus Athen, der durch Anlage des Hafens Piräus und Bau von 200 Schiffen seiner Vaterstadt die Vorherrschaft zur See sicherte, 480 v. Chr. bei Salamis die gewaltige Flotte der Perser vernichtete und in den folgenden Jahren gegen den Widerstand Spartas Athen und den Hafen ummauern ließ. 471 wurde er wegen angeblichen Hochverrats zum Tod verurteilt und floh nach Persien, dessen König ihn großzügig aufnahm und zum Herrn einer Festung machte.

Thessalia, -ae: Thessalien, Landschaft im Nordosten Griechenlands.

Thrācia, -ae: Thrakien, das Siedlungsgebiet der wilden Thraker nordöstlich von Griechenland.

Tiberis, -is: der Tiber, der Fluss, an dem Rom liegt.

Tiberius, -ī: römischer Kaiser (reg. 14 – 37 n. Chr.), Nachfolger des ↗ Augustus; misstrauisch wegen erlittener Zurücksetzung, aber in der Verwaltung des Reichs gewissenhaft, wird er von den Historikern eher zu negativ beurteilt.

Titius Sabīnus, -ī: vornehmer Römer zur Zeit des ↗ Tiberius.

Titus, -ī: männlicher römischer Vorname, abgekürzt T.

Tityus, -ī: Tityós, ein riesenhafter Sohn der Erdgöttin Gaia, der für den Versuch, der Göttin Leto Gewalt anzutun, in der Unterwelt büßen muss: Geier fressen an seiner stets nachwachsenden Leber.

Trāiānus, -ī: Trajan, römischer Kaiser (reg. 98 – 117 n. Chr.), unter dem das Reich seine größte Ausdehung erreichte.

Trōia, -ae: Troja, uralte Stadt im nordwestlichen Kleinasien, nach sagenhafter Überlieferung um 1200 v. Chr. von einem Griechenheer nach zehnjähriger Belagerung erobert.

Trōiānus, -a, -um: trojanisch; Subst.: der Trojaner, Troer.

Tūscus Vīcus, -ī: „etruskisches Viertel", ursprünglich eine Fremdarbeitersiedlung, später eine belebte Geschäftsstraße in Rom, die vom Forum zum Circus Maximus führte.

Ulixēs, -is: Odysseus, König der Insel Ithaka, nahm am Kampf um ↗ Troja teil und überlistete die Trojaner mit dem hölzernen Pferd, vor dem ↗ Laokoon vergebens warnte. Auf der Heimreise musste er, verfolgt vom Zorn des Meergotts Poseidon, viele Abenteuer bestehen, unter anderem mit dem einäugigen Riesen Polyphem, mit den Meerungeheuern Skylla und Charybdis und den lockenden Sirenen. Erst nach zwanzig Jahren sah Odysseus seine treue Frau Penélope wieder.

Utica, -ae: älteste phönikische Kolonie in Afrika, unterwarf sich im 3. Krieg Roms mit ↗ Karthago den Römern und wurde nach Kriegsende Hauptstadt der neu gegründeten Provinz Africa.

Vārus, -ī, P. Quīnctilius: römischer General, geriet 9 n. Chr. im „Teutoburger Wald" in einen Hinterhalt der germanischen Cherusker. Dabei wurden drei Legionen vernichtet.

Venus, Veneris: die römische Liebesgöttin, der griechischen Aphrodite gleichgesetzt.

P. Vergilius Marō, -ōnis: Vergil (70 – 19 v. Chr.), der bedeutendste römische Dichter und Autor der *Äneis*, in der er die Irrfahrten und Kämpfe des ↗ Äneas nach dem Vorbild ↗ Homers beschreibt.

Vesta, -ae (griech. *Hestía*): Göttin des Herdfeuers, das in einem Rundtempel auf dem Forum von sechs Priesterinnen gehütet wurde.

Veturia, -ae: Mutter ↗ Coriolans.

Via Nova, -ae: Straße in Rom.

Volscus, -a, -um: volskisch; Subst.: der Volsker. Das latinische Volk der Volsker führte erbitterte Kämpfe mit Rom, ehe es unterworfen wurde.

Vulcānus, -ī (griech. *Héphaistos*): Vulkan, der Gott des Feuers und der Schmiedekunst, ein Sohn des ↗ Zeus und der Hera (↗ Juno).

Zeus: der oberste Gott der Griechen, mit ↗ Jupiter gleichgesetzt.

Vokabelverzeichnis

Deutsch – lateinisch

Die Zahlen bezeichnen die jeweilige Lektion, in der die Vokabel zum ersten Mal auftaucht.

a

abbringen	abdūcere	10.2
aber	autem	2.2,
	sed	1
ablassen	dēsinere	4.1
Abneigung	invidia, -ae	9.1
abschreiben	dēscrībere	19.2
Absicht	voluntās, -ātis f	15.2
Acht: sich in Acht nehmen (vor)	cavēre *(m. Akk.)*	3.2
all(es)	cūnctus, -a, -um	3.2,
	omnis, -e	19.1
alle: vor allem	imprīmīs	5.1
allein	sōlus, -a, -um	8.1
als *(Subjunktion)*	cum	13.2,
	postquam	11.1
als *(beim Komp.)*	quam	22.1
alt	antīquus, -a, -um	15.1
Altar	āra, -ae	12.2
an	ad *(m. Akk.)*	5.2,
	in *(m. Abl.)*	6.1
anderer	alius, -a, -ud	7.1;
die einen – die anderen	aliī – aliī	7.1
Anführer/in	dux, ducis m/f	15.1
angenehm	grātus, -a, -um	9.2
angreifen	petere	5.2
ängstlich	timidus, -a, -um	3.2
anhören	audīre	4.1
Anschlag: einen Anschlag planen	īnsidiās parāre	12.1
anstelle *(von)*	prō *(m. Abl.)*	6.1
anstrengen: sich anstrengen	labōrāre	7.1
antworten	respondēre	2.1
arbeiten	labōrāre	7.1
armselig	miser, misera, miserum	9.1
Art	mōs, mōris m	131
Atem	anima, -ae	17.1
auch	et	1,
	etiam	1,
	quoque	2.2
auf	in *(m. Abl.)*	6.1;
auf (= hinauf)	in *(m. Akk.)*	5.2
aufbewahren	condere	14.2
aufhören	dēsinere	4.1
aufschichten	exstruere	14.1
Aufstand	sēditiō, -ōnis f	12.1
aufstellen	statuere	16.2
aufsuchen	petere	5.2
aufziehen	ēducāre	13.2
aus	ē, ex *(m. Abl.)*	6.1
auseinander: auseinander gehen	discēdere	10.2
aushalten	sustinēre	5.2
auslachen	rīdēre	1
Ausschau halten	exspectāre	6.1
Ausspruch	vōx, vōcis f	10.1

b

Bauwerk	aedificium, -ī	5.1
beben	tremere	4.1
bedauern	dolēre	7.2
bedeutend	māgnus, -a, -um	2.2
bedrohen	imminēre	12.1
beeilen: sich beeilen	properāre	3.2
beeinflussen	movēre	11.1
beenden	fīnīre	8.1
befahren	nāvigāre	9.2
befreien *(von etw.)*	līberāre *(m. Abl.)*	8.1,
	prīvare *(m. Abl.)*	18.2
begierig (nach)	cupidus, -a, -um *(m. Gen.)*	9.2
begrenzen	fīnīre	8.1
Begriff	nōmen, nōminis n	14.2
Begründer	auctor, -ōris m	17.2
begünstigen *(jmdn.)*	favēre *(m. Dat.)*	13.1
bei	ad *(m. Akk.)*	5.2
bekannt	nōtus, -a, -um	12.2;
es ist bekannt	cōnstat	16.1
bemühen: sich bemühen	studēre	3.1
benennen	dīcere	11.2,
	nōmināre	12.2
beobachten	observāre	6.1
Beratung	cōnsilium, -ī	9.1
berauben	prīvāre	18.2
bereiten	parāre	11.1
bereits	iam	2.2
berichten	nārrāre	9.1
beruhigen: sich beruhigen	quiēscere	4.2
berühmt	clārus, -a, -um	2.2
beschließen	dēcernere	14.2,
	statuere	16.2
Beschluss	cōnsilium, -i	9.1
beschreiben	dēscrībere	19.2
besiegen	superāre	20.1,
	vincere	11.1
besitzen	habēre	5.2
besonders	imprīmīs	5.1
besorgt sein	timēre	3.2
besser	melior/melius, -ōris	24.1
bestatten	condere	14.2
bestimmen	dēscrībere	19.2

bestrafen	pūnīre	4.1
betreiben	agere	6.1
betreten	intrāre	1
betrübt	maestus, -a, -um	6.2
Betrug	dolus, -ī	7.1
bevorstehen	imminēre	12.1
bewahren	servāre	14.1
bewegen	movēre	11.1
bilden: sich bilden	studēre	3.1
binden	vincīre	20.2
bitten	petere	5.2,
	rogāre	2.1
bleiben	manēre	6.2
bloß *(Adj.)*	sōlus, -a, -um	8.1
böse	malus, -a, -um	6.1
Brand	incendium, -ī	15.1
Brandstiftung	incendium, -ī	15.1
Brauch	mōs, mōris m	13.1
brauchbar	ūtilis, -e	19.1
breit	lātus, -a, -um	2.1
brutal	crūdēlis, -e	19.1
Buch	liber, librī	9.1
Bürger	cīvis, -is m	17.2
Bürgerrecht	cīvitās, -ātis f	17.2
Bürgerschaft	cīvitās, -ātis f	17.2

c

Charakter	mōrēs, mōrum m	13.1

d

da *(örtl.)*	ibī	1
da *(zeitl.)*	tum	1;
von da an	deïnde	13.2
damals	tum	1
dankbar	grātus, -a, -um	9.2
dann	deïnde	13.2,
	tum	1
darauf	deïnde	13.2,
	tum	1
dauerhaft	diūturnus, -a, -um	12.2
dein	tuus, -a, um	9.2
denn	nam	1,
	enim	1
dennoch	tamen	3.1
der/die/das:	*(rel.)* quī, quae, quod	13.1;
der/die/das(jenige)	is, ea, id	13.2
deshalb	itaque	3.1
dich	tē	3.1
Dichter	poēta, -ae m	23.2
dieser/-e/-es	hic, haec, hoc	20.1,
	is, ea, id	13.2
Diktator	dictātor, -ōris m	12.1
diskutieren	disputāre	9.1
doch	tamen	3.1
Dorf	vīcus, -ī	5.1
dort	ibī	1
drohen	imminēre	12.1
du	tū	3.1
durch (… hindurch)	per *(m. Akk.)*	5.2
Durcheinander	turba, -ae	1
durchsetzen	perficere	18.1
dürfen: man darf	licet	3.2;
nicht dürfen	nōn dēbēre	4.1
Durst	sitis, -is f	24.2

e

Ehre	decus, décoris n	20.1,
	honōs, -ōris m	12.2
Ehrenamt	honōs, -ōris m	12.2
ehrwürdig	antīquus, -a, -um	15.1
eifrig	ācer, ācris, ācre	19.1
Eigenschaft:		
gute Eigenschaft	virtūs, -ūtis f	20.1
eigentlich: denn eigentlich	tandem	7.1
eilen	properāre	3.2
einhalten	observāre	6.1
einige	nōnnūllī, -ae, -a	6.1
einladen	invītāre	24.1
einräumen	concēdere	12.2
einsehen	intellegere	4.2
eintreten	intrāre	1
elend	miser, misera, miserum	9.1
empfinden	sentīre	4.2
endlich	tandem	7.1
entfliehen	effugere	21.2
entführen	abdūcere	10.2
entkommen	effugere	21.2
entlassen	mittere	16.2
entwischen	ēvādere	10.2
er	is	13.2
Erde	terra, -ae	6.2
ereignen: sich ereignen	accidere	8.1
erfinden	invenīre	9.2
erfreuen	dēlectāre	8.2
ergreifen	capere	18.1
erhoffen	spērāre	6.2
erkennen	intellegere	4.2
erklären	docēre	2.1
erlauben	concēdere	12.2;
es ist erlaubt	licet	3.2
ernst	sevērus, -a, -um	10.2
erobern	capere	18.1,
	expūgnāre	15.1
erörtern	disputāre	9.1
erregen	movēre	11.1;
Furcht erregend	terribilis, -e	20.2
errichten	exstruere	14.1
erringen	parere	18.2
erstürmen	expūgnāre	15.1
ertragen	sustinēre	5.2
erwarten	exspectāre	6.1,
	manēre	6.2,
	spērāre	6.2
erweisen	tribuere	12.2

erwerben	parere	18.2,
	quaerere	10.1
erwidern	respondēre	2.1
erzählen	nārrāre	9.1
Erzählung	fābula, -ae	19.1
erziehen	ēducāre	13.2
es	id	13.2
Essen	cēna, -ae	24.1
etwa?	num?	3.2;
etwa nicht?	nōnne?	8.2
euch *(Akk.)*	vōs	12.2
euer	vester, vestra, vestrum	9.2
ewig	aeternus, -a, -um	12.1

f

fahren: (zur See) fahren	nāvigāre	9.2
Fall: auf alle Fälle	profectō	4.2
Falle: eine Falle stellen	īnsidiās parāre	12.1
fällen	caedere	4.1
fassen	capere	18.1
feiern: einen Triumph feiern	triumphum agere	11.1
feige	timidus, -a, -um	3.2
feindlich	inimīcus, -a, -um	12.1
Feldherr	dux, ducis m	15.1,
	imperātor, -ōris m	1
Fels	saxum, -ī	22.2
fesseln	vincīre	20.2
fest	firmus, -a, -um	2.2
festhalten	tenēre	4.1
festsetzen	statuere	16.2
Feuer	incendium, -ī	15.1
finden	invenīre	9.2
fliehen	fugere	18.1
fordern	pōscere	5.1
Forum	forum, -ī	2.1
fragen	rogāre	2.1;
(jmdn.) fragen	quaerere ex/ab *(m. Abl.)*	10.1
frei: frei sein *(von)*	vacāre *(m. Abl.)*	7.1
Freude: Freude machen	dēlectāre	8.2
freuen: es freut	iuvat	3.1;
sich freuen	gaudēre	1
Freund	amīcus, -ī	2.1
Freundin	amīca, -ae	2.1
Frevel	scelus, sceleris n	14.2
Friede	pāx, pācis f	12.2
fröhlich	laetus, -a, -um	2.1
froh	laetus, -a, -um	2.1
fühlen	sentīre	4.2
führen	dūcere	13.1
Führer/in	dux, ducis m/f	15.1
für	prō *(m. Abl.)*	6.1
Furcht	timor, -ōris m	12.2;
Furcht erregend	terribilis, -e	20.2
fürchten	timēre	3.2

g

ganz	cūnctus, -a, -um	3.2,
	omnis, -e	19.1
Gasse	vīcus, -ī	5.1
gebären	parere	18.2
Gebäude	aedificium, -ī	5.1
geben	dare	8.1
gebildet	doctus, -a, -um	9.2
Gedicht	carmen, carminis n	20.1
Gefahr	perīculum, -ī	7.1
gefährlich	perīculōsus, -a, -um	22.1
gefallen	placēre	1
gegen	in *(m. Akk.)*	5.2
Gegend	loca, -ōrum	6.2
gehen	cēdere	7.2;
auseinander gehen	discēdere	10.2;
gehen lassen	mittere	16.2;
spazieren gehen	ambulāre	5.2
gehorchen	pārēre	3.1
Geist	animus, -ī	6.2
Geld	pecūnia, -ae	7.2
gelehrt	doctus, -a, -um	9.2
Gemälde	tabula, -ae	19.2
gerecht	iūstus, -a, -um	17.2
gesamt	cūnctus, -a, -um	3.2
Geschichte	fābula, -ae	19.1
Geschlecht	gēns, gentis f	17.1
Geschrei	clāmor, -ōris m	4.2
Gesetz	lēx, lēgis f	19.1
Gesinnung	animus, -ī	6.2
Gewalt	vīs f	15.1
gewaltig	ingēns, -ntis	19.1
gewiss *(Adv.)*	certē	3.2
gewogen sein	favēre *(m. Dat.)*	13.1
Glanz	lūmen, lūminis n	20.1
glauben	putāre	16.1
gleich *(Adv.)*	iam	2.2
Gott	deus, -ī	4.2
Götterzeichen	mōnstrum, -ī	9.2
Göttin	dea, -ae	4.2
grausam	crūdēlis, -e	19.1
groß	māgnus, -a, -um	2.2;
größte(r/s)	māximus, -a, -um	22.2
gründen	condere	14.2
grüßen	salūtāre	7.1;
sei gegrüßt!	avē	1,
	salvē	3.1
gut	bonus, -a, -um	2.1;
besser	melior, melius, -ōris	24.1
Gut	bonum, -ī	14.1

h

haben	habēre	5.2;
(etw.) nicht haben	vacāre *(m. Abl.)*	7.1,
	carēre	7.2
haben wollen	petere	5.2
halten	habēre	5.2,
	tenēre	4.1;

Ausschau halten	exspectāre	6.1;
halten *(für)*	dūcere	13.1,
	putāre	16.1
handeln	agere	6.1
Hass	invidia, -ae	9.1,
	odium, -ī	11.1
heftig	ācer, ācris, ācre	19.1,
	vehemēns, -ntis	21.2
Heimat	patria, -ae	11.1
heiraten	uxōrem dūcere	13.1
helfen	adiuvāre *(m. Akk.)*	11.1
hell	clārus, -a, -um	2.2
herabkommen	dēscendere	4.2
herabsteigen	dēscendere	4.2
herausgehen	ēvādere	10.2
hereinkommen	intrāre	1
Herr	dominus, -ī	4.2
Herrscher	imperātor, -ōris m	1
hervorbringen	parere	18.2
heute	hodiē	3.2
hier	hīc	3.1
Hilfe	auxilium, -ī	8.2
hinauswerfen	ēicere	18.2
hinter	post *(m. Akk.)*	10.2
hinterlassen	relinquere	11.1
Hirt	pāstor, -ōris m	14.2
hoch	altus, -a, -um	2.2
hochmütig	superbus, -a, -um	17.2
hoffen	spērāre	6.2
hören	audīre	4.1
hübsch	pulcher, pulchra, pulchrum	9.1
Hunger	famēs, -is f	24.2
hüten: sich hüten *(vor)*	cavēre *(m. Akk.)*	3.2

i

ich	ego	3.1
ihr *(Poss. Pron.)*	suus, -a, -um *(reflexiv)*	9.2,
	eius/eōrum/eārum *(von* is, ea, id)	13.2,
	(Pers. Pron.) vōs	12.2
immer	semper	2.2;
immer wieder	iterum atque iterum	10.1
in	in *(m. Abl.)*	6.1;
in (... hinein)	in *(m. Akk.)*	5.2

j

Jahr	annus, -ī	13.2
jeder	omnis, -e	19.1
jedoch	autem	2.2
jener/-e/es	ille, illa, illud	17.2
jetzt	nunc	1
Junge	puer, puerī	9.1

k

Kaiser	imperātor, -ōris m	1
Kampf	pūgna, -ae	7.1
kämpfen	pūgnāre	7.1
Kaufmann	mercātor, -ōris m	4.1
Kind	puer, puerī	9.1
klar	clārus, -a, -um	2.2
klug	prūdēns, -ntis	19.2
kommen	venīre	4.1
König	rēx, rēgis m	9.1
können	posse	8.1
Konsul	cōnsul, -sulis m	2.2
Kraft	vīs f	15.1
Krieg	bellum, -ī	11.1
Kühnheit	audācia, -ae	4.2
kurz	brevis, -e	19.1

l

lachen	rīdēre	1
Lage: in der Lage sein	posse	8.1
Lager	castra, -ōrum	16.1
Land	terra, -ae	6.2
lang dauernd	diūturnus, -a, -um	12.2
lange	diū	6.2
lassen: gehen lassen	mittere	16.2;
im Stich lassen	dēserere	10.2
laufen	currere	5.2
Laut	vōx, vōcis f	10.1
Leben	anima, -ae	17.1,
	vīta, -ae	5.1
leben	vīvere	12.2
Legion	legiō, -ōnis f	11.2
lehren	docēre	2.1
Lehrer	magister, magistrī	9.1
Lehrerin	magistra, -ae	2.1
Leid	malum, -ī	17.2
leiden	labōrāre	7.1
lesen	legere	8.1
Leute	hominēs, -um m	4.1
Licht	lūmen, lūminis n	20.1,
	lūx, lūcis f	17.1
Liebe	amor, -ōris m	7.2
lieben	amāre	1
Lied	carmen, carminis n	20.1
List	dolus, -ī	7.1
loben	laudāre	3.2
Los	sors, sortis f	17.1

m

machen: es macht Spaß	iuvat	3.1;
machen *(zu)*	reddere	14.2
Mädchen	puella, -ae	8.1
Mahlzeit	cēna, -ae	24.1
Mal: zum zweiten Mal	iterum	1

manche	nōnnūllī, -ae, -a	6.1
manchmal	interdum	3.1
Mann	vir, virī	9.2
Marktplatz	forum, -ī	2.1
Mauer	moenia, -ium n	15.1
meiden	fugere	18.1
meinen	putāre	16.1,
	sentīre	4.2
meiste	plūrimus, -a, -um	24.1
Menge	cōpia, -ae	11.1,
	numerus, -ī	14.1,
	turba, -ae	1,
	vīs f	15.1
Mensch	homō, -inis m	14.1
Menschenmenge	turba, -ae	1
merken	sentīre	4.2
mich	mē	4.1
mild	clēmēns, -ntis	21.2
Milde	clēmentia, -ae	23.1
mit	cum *(m. Abl.)*	6.1
Mitbürger	cīvis, -is m	17.2
möglich: es ist möglich	licet	3.2
Mord	nex, necis f	7.2
müssen	dēbēre	4.1
Mut	animus, -ī	6.2
mutig	fortis, -e	21.2
Mutter	māter, mātris f	11.1

n

nach *(örtl.)*	in *(m. Akk.)*	5.2
nach *(zeitl.)*	post *(m. Akk.)*	10.2
nachdem	postquam	11.1
nachgeben	cēdere	7.2
nachher	posteā	12.1
Nachsicht	clēmentia, -ae	23.1
nachsichtig	clēmēns, -ntis	21.2
Name	nōmen, nōminis n	14.2
nämlich	nam	1,
	enim	1
nehmen:		
sich in Acht nehmen	cavēre	3.2
Neid	invidia, -ae	9.1
nennen	dīcere	11.2,
	nōmināre	12.2,
	vocāre	5.1
neu	novus, -a, -um	5.1
neuartig	novus, -a, -um	2.1
nicht	nōn	1;
nicht mehr	nōn iam	2.2
nichts	nihil, nil	3.2
niederhauen	caedere	4.1
niederschlagen	occīdere	12.1
niemand	nēmō	2.1
nun	nunc	1
nützlich	ūtilis, -e	19.1

o

oder	aut	19.2,
	vel	9.1
offen: offen stehen	patēre	16.1
offenbar sein	patēre	16.1
oft	saepe	5.1
ohne	sine *(m. Abl.)*	6.1
Ort	locus, -ī	6.2

p

Pferd	equus, -ī	16.1
Plan	cōnsilium, -ī	9.1
planen:		
einen Anschlag planen	īnsidiās parāre	12.1
Platz	locus, -ī	6.2
plötzlich	subitō	6.1
preisgeben	prōdere	11.2
Publikum	populus, -ī	1

r

rächen	pūnīre	4.1
Rang	locus, -ī	6.2
Rat	cōnsilium, -ī	9.1
rechtmäßig	iūstus, -a, -um	17.2
reden	dīcere	11.2
Rennbahn	circus, -ī	5.1
rennen	currere	5.2
retten	servāre	14.1
rollen	volvere	23.2
rufen	clāmāre	1,
	vocāre	5.1
ruhen	quiēscere	4.2
Ruhm	glōria, -ae	9.2
rühmen	laudāre	3.2

s

sagen	dīcere	11.2
sammeln	legere	8.1
sanft	clēmēns, -ntis	21.2
scharf	ācer, ācris, ācre	19.1
Schau	spectāculum, -ī	1
schauen: schau!	ecce	1
Schauspiel	spectāculum, -ī	1
schicken	mittere	16.2
Schicksal	sors, sortis f	17.1
schlagen	caedere	4.1,
in die Flucht schlagen	pellere	11.2
schlecht	malus, -a, -um	6.1;
schlechteste(r/s)	pessimus, -a, -um	24.1
schleppen	trahere	16.1
schließlich	tandem	7.1
schlimm	malus, -a, -um	6.1
Schmerz	dolor, -ōris m	8.2;
Schmerz empfinden	dolēre	7.2

Schmuck	decus, décoris n	20.1
schon	iam	2.2
schön	pulcher, pulchra, pulchrum	9.1
schonen *(jmdn.)*	parcere *(m. Dat.)*	17.2
schrecklich	terribilis, -e	20.2
schreiben	scrībere	8.1
schreien	clāmāre	1
schulden	dēbēre	4.1
Schule	lūdus, -ī	7.2
schweigen	tacēre	1
Schwert	gladius, -ī	7.1
Seele	anima, -ae	17.1
segeln	nāvigāre	9.2
sehen	vidēre	3.1;
sieh da!	ecce	1
sehr	valdē	1
sein	esse	1
sein *(Poss. Pron.)*	suus, -a, -um *(reflexiv)*	9.2,
	eius (*von* is, ea, id)	13.2
seit	ā, ab *(m. Abl.)*	6.2
selbst	ipse, ipsa, ipsum	15.2
Senator	senātor, -ōris m	12.2
Senatoren: *(Pl.)*	patrēs, -um m	4.2
sich	sē *(Akk., Abl.)*, sibī *(Dat.)*	12.1
sicherlich	certē	3.2
sie	ea	13.2
Sieg	victōria, -ae	7.1
siegen	vincere	11.1
singen	cantāre	23.2
Sinn	animus, -ī	6.2
Sitte	mōs, mōris m	13.1
Sitz	sēdēs, -is f	17.1
sitzen	sedēre	1
Sklave	servus, -ī	2.1
Sklavin	serva, -ae	2.1
so	sīc *(beim Verb)*	8.1,
	tam *(beim Adj./Adv.)*	7.1;
so viele	tot	5.2
sobald	ubī	1
sofort	statim	10.1
sogar	etiam	1
Sohn	fīlius, -ī	9.1
Soldat	mīles, mīlitis m	9.2
sondern	sed	1
Sorge	cūra, -ae	6.1
Sorgfalt	cūra, -ae	6.1
sparen *(an/mit etw.)*	parcere *(m. Dat.)*	17.2
Spaß: es macht Spaß	iuvat	3.1
später *(Adv.)*	posteā	12.1
spazieren gehen	ambulāre	5.2
Spiel	lūdus, -ī	7.2
spitz	ācer, ācris, ācre	19.1
Staat	cīvitās, -ātis f	17.2
Stadt	urbs, urbis f	17.1;
(befestigte)	oppidum, -ī	9.2
Stadtmauer	moenia, -ium n	15.1
Stadtviertel	vīcus, -ī	5.1
Stamm	gēns, gentis f	17.1
stark	firmus, -a, -um	2.2,
	fortis, -e	21.2
stehen	stāre	2.2;
offen stehen	patēre	16.1
Stelle	locus, -ī	6.2;
auf der Stelle	statim	10.1
Stich: im Stich lassen	dēserere	10.2
Stimme	vōx, vōcis f	10.1
stolz	superbus, -a, -um	17.2
stoßen	laedere	14.1
Straße	via, -ae	2.1
Streitkräfte	cōpiae, -ārum	11.1
streng	sevērus, -a, -um	10.2
Stunde	hōra, -ae	5.2
suchen	quaerere	10.1

t

tadeln	reprehendere	4.2,
	vituperāre	11.2
Tafel	tabula, -ae	19.2
tapfer	fortis, -e	21.2
Tapferkeit	virtūs, -ūtis f	20.1
Tat: in der Tat	profectō	4.2
Teil	pars, partis f	19.1
Tempel	templum, -ī	2.2
Theaterstück	fābula, -ae	19.1
tief	altus, -a, -um	2.2
Tochter	fīlia, -ae	13.1
Tod	mors, mortis f	17.1;
gewaltsamer Tod	nex, necis f	7.2
Tor	porta, -ae	16.1
töten	occīdere	12.1
traurig	maestus, -a, -um	6.2
treiben	agere	6.1,
	pellere	11.2
Tribun	tribūnus, -ī	2.2
Triumph	triumphus, -ī	11.1;
einen Triumph feiern	triumphum agere	11.1
Triumphzug	triumphus, -ī	11.1
trotzdem	tamen	3.1
trotzig	ferōx, -ōcis	22.1
Truppen	cōpiae, -ārum	11.1
tüchtig	bonus, -a, -um	2.1
Tüchtigkeit	virtūs, -ūtis f	20.1
Tugend	virtūs, -ūtis f	20.1
Turm	turris, -is f	15.1

u

Übel	malum, -ī	17.2
über	dē *(m. Abl.)*	6.2;
über (... hin)	per *(m. Akk.)*	5.2
überall	ubīque	8.2
überfallen	opprimere	16.2
überliefern	prōdere	11.2
übertreffen	superāre	20.1
überwältigen	opprimere	16.2

überwinden	superāre	20.1
übrig: die übrigen	cēterī, -ae, -a	12.2
umgeben	circúmdare	11.2
umsichtig	prūdēns, -ntis	19.2
umzingeln	circúmdare	11.2
und	et	1,
	-que	8.2,
	ac/atque	10.1
ungeheuer	ingēns, -ntis	19.1
Ungeheuer	mōnstrum, -ī	9.2
unglücklich	miser, misera, miserum	9.1
uns *(Akk.)*	nōs	12.2
unser	noster, nostra, nostrum	9.2
unter	inter *(m. Akk.)*	5.2
unterdrücken	opprimere	16.2
unterrichten	docēre	2.1
unterstützen	adiuvāre	11.1
Urheber	auctor, -ōris m	17.2

V

Vater	pater, patris m	4.2
Vaterland	patria -ae	11.1
Verbrechen	scelus, sceleris n	14.2
verdanken	dēbēre	4
verfassen	scrībere	8.1
Verfasser	auctor, -ōris m	17.2
verfeindet	inimīcus, -a, -um	12.1
vergeblich	frūstrā	6.2
Verhalten	mōrēs, mōrum m	13.1
verhandeln	agere	6.1
verlangen	petere	5.2,
	pōscere	5.1
verlassen	dēserere	10.2,
	relinquere	11.1
verletzen	laedere	14.1
verliebt sein	amāre	1
vernichten	dēlēre	15.1
verraten	prōdere	11.2
verschieden(artig)	varius, -a, -um	10.1
Verstand	animus, -ī	6.2
verstehen	intellegere	4.2,
	scīre	10.1
vertreiben	ēicere	18.2,
	pellere	11.2
Verwegenheit	audācia, -ae	4.2
Verwirrung	turba, -ae	1
viel	multus, -a, -um	2.2;
der/die/das meiste	plūrimus, -a, -um	24.1;
so viele	tot	5.2
vielleicht	fortāsse	6.2
Volk	gēns, gentis f	17.1,
	populus, -ī	1
voll	plēnus, -a, -um	9.1
vollenden	perficere	18.1
von *(örtl.)*	ā/ ab *(m. Abl.)*	6.2,
(über)	dē *(m. Abl.)*	6.2;
von (... aus)	ē, ex *(m. Abl.)*	6.1;
von ... her	ā, ab *(m. Abl.)*	6.2;
von ... herab	dē *(m. Abl.)*	6.2
von *(zeitl.)*: von (... an)	ē, ex *(m. Abl.)*	6.1;
von da an	deïnde	13.2
vor	prō *(m. Abl.)*	6.1;
vor allem	imprīmīs	5.1
vorbereiten	parāre	11.1
vorlesen	recitāre	3.1
Vorrat	cōpia, -ae	11.1
vortragen	recitāre	3.1

W

wachsen	crēscere	4.2
während *(Subjunktion)*	dum *(m. Ind. Präs.)*	5.1
während *(Prp.)*	inter *(m. Akk.)*	5.2
wälzen	volvere	23.2
warten (auf)	exspectāre	6.1,
	manēre	6.2
warum	cūr	2.1
was	quid	3.1;
was für ein/eine	quī, quae, quod *(adj. Interrogativ-Pron.)*	20.1
Wasser	aqua, -ae	23.2
weder – noch	neque – neque	7.1
Weg	via, -ae	2.1
wegführen	abdūcere	10.2
weggehen	discēdere	10.2
wehtun	dolēre	7.2
weichen	cēdere	7.2
weil	quod	3.2
Wein	vīnum, -ī	5.1
Weise: auf diese Weise	sīc	8.1
weit	lātus, -a, -um	2.1
welcher:		
(adj. Interrogativ-Pron.)	qui, quae, quod	20.1;
(Rel.-Pron.)	quī, quae, quod	13.1
wenn	cum *(m. Ind.)*	13.2,
	sī	8.2
werfen	mittere	16.2,
	iacere	18.1
wie	quam *(beim Adj.)*	14.1,
	ut *(beim Verb)*	3.1
wieder	iterum	1;
immer wieder	iterum atque iterum	10.1
wild	ferōx, -ōcis	22.1
Wille	voluntās, -ātis f	15.2
willkommen	grātus, -a, -um	9.2
wir	nōs	12.2
wissen	scīre	10.1
wo	ubī	3.2
woher	unde	4.1
Wohnsitz	sēdēs, -is f	17.1
wollen	studēre	3.1
Wort	verbum, -ī	8.2
Wunderzeichen	mōnstrum, -ī	9.2
Würde	decus, décoris n	20.1
Wut	īra, -ae	9.1
wütend	īrātus, -a, -um	19.1

Z

Zahl	numerus, -ī	14.1
zahlreich	multus, -a, -um	2.2
zehn	decem	15.1
zeigen	mōnstrāre	17.1
zerstören	dēlēre	15.1
ziehen	dūcere	13.1,
	trahere	16.1
Zierde	decus, décoris n	20.1
Zirkus	circus, -ī	5.1
zittern	tremere	4.1
zögern	dubitāre	2.1
Zorn	īra, -ae	9.1
zornig	īrātus, -a, -um	19.1
zu	ad *(m. Akk.)*	5.2
zufrieden *(mit)*	contentus, -a, -um *(m. Abl.)*	8.1

zugehen auf	petere *(m. Akk.)*	5.2
zugestehen	concēdere	12.2
zuhören	audīre	4.1
zunehmen	crēscere	4.2
zurückgeben	reddere	14.2
zurücklassen	relinquere	11.1
zurückziehen:		
sich zurückziehen	sē recipere	18.1
zusammenhauen	caedere	4.1
zustoßen	accidere	8.1
zuteilen	tribuere	12.2
zuverlässig	firmus, -a, -um	2.2
zuweisen	tribuere	12.2
zwei	duo, duae, duo	19.1
zweifeln	dubitāre	2.1
zwischen	inter *(m. Akk.)*	5.2
Zwist	sēditiō, -ōnis f	12.1
zwölf	duodecim	19.2

Lateinisch – deutsch

Die Zahlen bezeichnen die jeweilige Lektion, in der die Vokabel zum ersten Mal auftaucht.

a

ā, ab *(m. Abl.)*	von, von ... her; seit; von *(jmdm.)*	6.2
abdūcere (abdūcō, abdūxī, abductum)	wegführen, entführen; abbringen	10.2
abundāre *(m. Abl.)*	Überfluss haben *(an)*, reich sein *(an)*	7.2
ac	und, und auch	10.1
accēdere (accēdō, accessī, accessum)	heranrücken, herantreten, dazukommen	5.2
accidere (áccidit, áccidit)	sich ereignen, zustoßen	8.1
accurrere (accurrō, accurrī, accursum)	herbeieilen	7.2
accūsāre	anklagen, beschuldigen	11.2
ācer, ācris, ācre	spitz, scharf; heftig, eifrig	19.1
ad *(m. Akk.)*	zu, zu ... hin; an, bei	5.2
adeō	so sehr	10.2
adesse (adsum, affuī)	anwesend sein; beistehen, helfen	20.1
adhibēre	anwenden, heranziehen, dazunehmen	18.1
adimere (ádimō, adēmī, adēmptum)	an sich nehmen, wegnehmen, rauben	24.1
adiuvāre *(m. Akk.)* (ádiuvō, adiūvī, adiūtum)	unterstützen, helfen	11.1
admonēre	erinnern, ermahnen	6.1
adversārius, -ī	Gegner, Feind	22.1
adversus, -a, -um	entgegengesetzt, ungünstig	15.2
aedificāre	bauen, errichten	17.1
aedificium, -ī	Bauwerk, Gebäude	5.1
aeternus, -a, -um	ewig	12.1
afficere *(m. Abl.)* (afficiō, affēcī, affectum)	versehen *(mit)*, ausstatten *(mit)*	24.1
honōribus afficere	ehren	24.1
poenā afficere	bestrafen	24.2
affirmāre	bekräftigen, bestätigen, behaupten	16.2
ager, agrī	Acker, Feld; Gebiet	9.2
agere (agō, ēgī, āctum)	treiben, betreiben; handeln, verhandeln	6.1
triumphum agere	einen Triumph feiern	11.1
vītam agere	ein Leben führen, sein Leben verbringen	13.2
agitāre	treiben, jagen	15.2

agmen, agminis n	Heereszug, Zug; Schar	14.2
agmen prīmum	Vorhut	20.1
alius, -a, -ud, *Gen.* alterīus, *Dat.* aliī	ein anderer	7.1
aliī – aliī	die einen – die anderen	7.1
alter, altera, alterum, *Gen.* alterīus, *Dat.* alterī	der/die/das eine *(von zweien)*, der/die/das andere	7.1
altus, -a, -um	hoch; tief	2.2
amāre	lieben, verliebt sein	1
ambulāre	spazieren gehen	5.2
amīca, -ae	Freundin	2.1
amīcus, -ī	Freund	2.1
āmittere (āmittō, āmīsī, āmissum)	aufgeben; verlieren	13.1
amor, -ōris m	Liebe	7.2
anima, -ae	Atem; Seele; Leben	17.1
animus, -ī	Geist, Gesinnung, Sinn; Verstand, Mut	6.2
ex animō	aufrichtig, von ganzem Herzen	6.2
annus, -ī	Jahr	13.2
ante *(m. Akk.)*	vor	10.1
antīquus, -a, -um	alt, ehrwürdig	15.1
appārēre	erscheinen, sich zeigen	1
appāret	es ist offensichtlich, klar	16.2
appellāre	anreden, nennen, benennen	1
appropinquāre	sich nähern, herankommen	14.1
apud *(m. Akk.)*	bei, in der Nähe *(von)*	10.1
aqua, -ae	Wasser	23.2
āra, -ae	Altar	12.2
arbor, -oris f	Baum	22.1
arcēre	abhalten, fern halten, abwehren	23.2
ārdēre (ārdeō, ārsī)	brennen, glühen	23.2
argentum, -ī	Silber; Geld	20.2
arma, -ōrum *(Pluralwort)*	Waffen	15.1
arx, arcis f	Burg	17.1
asper, aspera, asperum	rau, hart, streng	13.1
at	aber, jedoch	20.2
atque/ac	und, und auch	10.1
atrōx, -ōcis	schrecklich, furchtbar, wild	22.2
auctor, -ōris m	Begründer; Urheber, Verfasser	17.2

audācia, -ae	Kühnheit, Verwegenheit, Frechheit	4.2
audīre	hören, zuhören, anhören	4.1
aurum, -ī	Gold	20.2
aut	oder	19.2
aut – aut	entweder – oder	22.1
autem *(nachgestellt)*	aber, jedoch	2.2
auxilium, -ī	Hilfe	8.2
avē	sei gegrüßt!	1
avis, -is f	Vogel	23.2
avus, -ī	Großvater	14.2

b

beātus, -a, -um	glücklich, selig	17.1
bellum, -ī	Krieg	11.1
bene *(Adv.)*	gut	10.1
bestia, -ae	*(wildes)* Tier	20.2
bibere (bibō, bibī)	trinken	24.2
bonum, -ī	Gut	14.1
bonus, -a, -um	gut, tüchtig	2.1
bōs, bovis m/f	Rind	22.1
brevis, -e	kurz	19.1

c

caedere (caedō, cecīdī, caesum)	fällen, niederhauen; schlagen, zusammenhauen	4.1
caedēs, -is f	Mord, Blutbad	22.2
callidus, -a, -um	schlau, verschlagen	16.2
canis, -is m/f	Hund	22.1
cantāre	singen	23.2
capere (capiō, cēpī, captum)	fassen, ergreifen; erobern	18.1
capessere (capessō, capessīvī, capessītum)	ergreifen, packen	15.2
captāre	zu fangen suchen, jagen; fangen	22.2
captīvus, -ī	Gefangener	20.2
caput, capitis n	Kopf; Hauptstadt	22.1
carcer, carceris m	Gefängnis	10.2
carēre *(m. Abl.)*	*(etw.)* nicht haben, *(auf etw.)* verzichten müssen	7.2
carmen, carminis n	Lied, Gedicht	20.1
carpere (carpō, carpsī, carptum)	abreißen, pflücken	23.2
viam carpere	einen Weg zurücklegen	23.2
castra, -ōrum *(Pluralwort)*	Lager	16.1
causa, -ae	Ursache, Grund; Sachverhalt; Prozess	18.1
quā dē causā	weshalb; deshalb	19.2
cavēre *(m. Akk.)* (caveō, cāvī, cautum)	sich in Acht nehmen, sich hüten *(vor)*	3.2
cēdere (cēdō, cessī)	gehen, weichen; nachgeben	7.2
vītā cēdere	aus dem Leben scheiden, sterben	13.2
celer, celeris, celere	schnell, rasch	19.1
cēna, -ae	Mahlzeit, Essen	24.1
certē *(Adv.)*	sicherlich, gewiss	3.2
cēterī, -ae, -a	die übrigen	12.2
cēterum	übrigens, im Übrigen	21.2
cibus, -ī	Speise, Nahrung	24.1
circúmdare (circúmdō, circúmdedī, circúmdatum)	umgeben, umzingeln	11.2
circus, -ī	Rennbahn, Zirkus	5.1
citō	schnell, rasch	10.1
cīvis, -is m	Bürger, Mitbürger	17.2
cīvitās, -ātis f	Bürgerrecht; Bürgerschaft, Staat	17.2
clam	heimlich	18.2
clāmāre	rufen, schreien	1
clāmor, -ōris m	Geschrei	4.2
clārus, -a, -um	klar, hell; berühmt	2.2
claudere (claudō, clausī, clausum)	schließen, absperren	10.2
clēmēns, -ntis	mild, sanft, nachsichtig	21.2
clēmentia, -ae	Milde, Nachsicht	23.1
coërcēre	einschränken, zügeln; strafen	21.2
cōgitāre	denken, nachdenken; beabsichtigen	6.2
cognōscere (cognōscō, cognōvī, cognitum)	erkennen, bemerken; kennen lernen	18.2
colere (colō, coluī, cultum)	bebauen; bewohnen; pflegen, verehren	21.1
comes, comitis m/f	Begleiter/in, Gefährte/Gefährtin	15.2
committere (committō, commīsī, commissum)	zustande bringen; anvertrauen	21.1
proelium committere	ein Gefecht beginnen	21.1
scelus committere	ein Verbrechen begehen	24.1
commūnis, -e	gemeinsam, allgemein	19.2
comparāre	beschaffen, bereiten, erwerben	12.1
complūrēs, -a	mehrere, ziemlich viele	22.2
comprehendere (comprehendō, comprehendī, comprehēnsum)	ergreifen, fassen, erfassen; begreifen	11.2

concēdere (concēdō, concessī, concessum)	zugestehen, einräumen; erlauben	12.2
conciliāre	*(jmdn.)* für sich gewinnen; (sich) zum Freund machen, *(etw.)* zustande bringen, erwerben	8.2
condere (condō, cóndidī, cónditum)	gründen; aufbewahren; bestatten	14.2
condiciō, -ōnis f	Bedingung; Lage	23.2
cōnficere (cōnficiō, cōnfēcī, cōnfectum)	vollenden, erledigen	22.1
iter cōnficere	einen Weg zurücklegen	22.1
cōnfugere (cōnfugiō, cōnfūgī)	sich flüchten	18.1
coniūnx, coniugis m/f	Gatte / Gattin	15.2
cōnsilium, -ī	Rat, Beratung, Plan; Beschluss	9.1
cōnstāre *(ex)* (cōnstō, cōnstitī)	feststehen; bestehen *(aus)*; kosten	16.1
cōnstat	es ist bekannt, es steht fest	16.1
cōnsuēscere (cōnsuēscō, cōnsuēvī, cōnsuētum)	sich gewöhnen	4.2
cōnsul, -ulis m	Konsul	2.2
cōnsulere (cónsulō, cōnsuluī, cōnsultum)	*(m. Akk.:)* um Rat fragen; beratschlagen *(mit)*; *(m. Dat.:)* sorgen *(für)*	19.2
cōnsulere in *(m. Akk.)*	*(mit jmdm.)* verfahren, *(gegen jmdn.)* vorgehen	21.2
contendere (contendō, contendī, contentum)	sich anstrengen, eilen; kämpfen; behaupten	16.2
contentus, -a, -um *(m. Abl.)*	zufrieden *(mit etw.)*	8.1
convenīre (conveniō, convēnī, conventum)	zusammenkommen, -passen; zustande kommen; sich ereignen; *(m. Akk.:) (jmdn.)* treffen	8.1
cónvenit	es ziemt sich, es passt; man einigt sich	19.2
cōpia, -ae	Vorrat; Menge; *Pl. auch:* Truppen, Streitkräfte	11.1
corpus, córporis n	Körper; Leiche	20.2
corrigere (córrigō, corrēxī, corrēctum)	berichtigen, verbessern	19.2
crēdere (crēdō, crēdidī, crēditum)	glauben; anvertrauen	16.2
crēscere (crēscō, crēvī, crētum)	wachsen, zunehmen	4.2
crīnis, -is m	Haar	21.2
crūdēlis, -e	grausam, brutal	19.1
crūdēlitās, -ātis f	Grausamkeit, Brutalität	15.1
cum *(m. Abl.)*	(zusammen) mit	6.1
cum *(Subjunktion)*	(immer) wenn; als;	13.2
	als plötzlich	10.2
cūnctus, -a, -um	all(es), gesamt, ganz	3.2
cupere (cupiō, cupīvī, cupītum)	begehren, verlangen, wünschen	18.1
cupidus, -a, -um *(m. Gen.)*	begierig *(nach)*, habsüchtig	9.2
cūr	warum	2.1
cūra, -ae	Sorge, Sorgfalt	6.1
cūrāre *(m. Akk.)*	besorgen, sorgen *(für)*, sich kümmern *(um)*	9.1
currere (currō, cucurrī, cursum)	laufen, rennen	5.2
custōs, -ōdis m	Wächter, Wärter	22.2

d

dare (dō, dedī, datum)	geben	8.1
dē *(m. Abl.)*	von, von ... herab; von, über	6.2
dea, -ae	Göttin	4.2
dēbēre	müssen; schulden, verdanken	4.1
nōn dēbēre	nicht dürfen	
decem *(undekliniert)*	zehn	15.1
dēcernere (dēcernō, dēcrēvī, dēcrētum)	entscheiden; beschließen	14.2
decus, décoris n	Schmuck, Zierde; Würde, Ehre	20.1
dēfendere (dēfendō, dēfendī, dēfēnsum)	verteidigen, abwehren	21.2
dēicere (dēiciō, dēiēcī, dēiectum)	herabwerfen; vertreiben	24.2
deïnde	von da an; darauf; dann	13.2
dēlectāre	erfreuen, Freude machen	8.2
dēlēre (dēleō, dēlēvī, dēlētum)	zerstören, vernichten	15.1
dēlīberāre	erwägen, überlegen; *m. Inf.:* sich entscheiden, beschließen	5.1
dēscendere (dēscendō, dēscendī, dēscēnsum)	herabsteigen, herabkommen	4.2

dēscrībere (dēscrībō, dēscrīpsī, dēscrīptum)	abschreiben; beschreiben, bestimmen	19.2
dēserere (dēserō, dēseruī, dēsertum)	verlassen, im Stich lassen	10.2
dēsinere (dēsinō, dēsiī, dēsitum)	ablassen, aufhören	4.1
dēspicere (dēspiciō, dēspexī, dēspectum)	herabsehen; verachten, gering schätzen	24.1
dētegere (dētegō, dētēxī, dētēctum)	aufdecken, entdecken	22.2
deus, -ī (*Pl. auch:* dī)	Gott	4.2
dīcere (dīcō, dīxī, dictum)	sagen, reden, nennen, benennen	11.2
dictātor, -ōris m	Diktator	12.1
dīripere (dīripiō, dīripuī, dīreptum)	plündern, zerstören	18.2
discēdere (discēdō, discessī, discessum)	auseinander gehen, weggehen	10.2
discere (discō, didicī)	lernen	11.2
discordia, -ae	Uneinigkeit, Zwietracht	17.2
discrīmen, discrīminis n	Unterschied; Entscheidung; gefährliche Lage	15.2
dispōnere (dispōnō, disposuī, dispositum)	verteilen, aufstellen, ordnen	21.2
disputāre	erörtern, diskutieren	9.1
diū (*Adv.*)	lange, lange Zeit	6.2
diūturnus, -a, -um	lang dauernd, dauerhaft	12.2
dīvitiae, -ārum (*Pluralwort*)	Reichtum	7.2
docēre (doceō, docuī, doctum)	lehren, unterrichten, erklären	2.1
doctus, -a, -um	gelehrt, gebildet	9.2
dolēre	Schmerz empfinden, bedauern; wehtun	7.2
dolor, -ōris m	Schmerz	8.2
dolus, -ī	List, Betrug	7.1
domina, -ae	Herrin	21.2
dominus, -ī	Herr	4.2
dōnāre	schenken, beschenken	5.2
dōnec	solange, (*solange*) bis	12.1
dōnum, -ī	Geschenk, Gabe	5.1
dubitāre	zögern, zweifeln	2.1
dūcere (dūcō, dūxī, ductum)	führen, ziehen; halten (*für*);	13.1
(uxōrem dūcere)	heiraten	
dulcis, -e	süß, angenehm	23.2
dum (*m. Ind. Präs.*)	während	5.1
duo, duae, duo	zwei	19.1
duodecim (*undekliniert*)	zwölf	19.2
dūrus, -a, -um	hart, unempfindlich	10.2
dux, ducis m/f	Führer/in, Anführer/in, Feldherr	15.1

e

ē, ex (*m. Abl.*)	aus, von ... aus; von ... an	6.1
ecce	sieh da!, schau!, seht!	1
edere (edō, ēdī, ēsum)	essen, fressen	24.1
ēducāre	erziehen, aufziehen	13.2
effugere (effugiō, effūgī)	entfliehen, entkommen	21.2
ego	ich	3.1
ēicere (ēiciō, ēiēcī, ēiectum)	hinauswerfen, vertreiben	18.2
elephantus, -ī	Elefant	20.2
emere (emō, ēmī, ēmptum)	nehmen, kaufen	21.1
enim (*nachgestellt*)	denn, nämlich	1
eques, equitis m	Reiter; Ritter	19.1
equus, -ī	Pferd	16.1
esse (sum, fuī)	sein	1
et	und; auch	1
et – et	sowohl – als auch	3.1
etiam	auch, sogar	1
etiamsī	wenn auch, selbst wenn	13.2
ēvādere (ēvādō, ēvāsī)	herausgehen, entwischen	10.2
excipere (excipiō, excēpī, exceptum)	herausnehmen, ausnehmen; aufnehmen	18.2
exilium, -ī	Verbannung, Exil	13.2
explēre (expleō, explēvī, explētum)	ausfüllen, erfüllen	10.1
expōnere (expōnō, exposuī, expositum)	ausstellen, aussetzen; darlegen	14.1
expūgnāre	erstürmen, erobern	15.1
exspectāre	Ausschau halten, warten (*auf*), erwarten	6.1
exstruere (exstruō, exstrūxī, exstrūctum)	aufschichten, errichten	14.1

f

faber, fabrī	Handwerker, Schmied	10.1
fābula, -ae	Erzählung, Geschichte; Theaterstück	19.1
facere (faciō, fēcī, factum)	tun, machen, herstellen	18.2
bellum facere *(m. Dat.)*	Krieg beginnen *(mit)*	18.2
iter facere	marschieren, reisen	22.1
fallere (fallō, fefellī)	täuschen	22.2
famēs, -is f	Hunger	24.2
fātum, -ī	Schicksal; Götterspruch	17.1
favēre *(m. Dat.)* (faveō, fāvī, fautum)	gewogen sein, *(jmdn.)* begünstigen	13.1
ferē *(Adv.)*	ungefähr, fast	12.1
ferōx,-ōcis	wild, trotzig	22.1
festīnāre	eilen, sich beeilen	10.2
fīlia, -ae	Tochter	13.1
fīlius, -ī	Sohn	9.1
fingere (fingō, fīnxī, fictum)	formen, bilden; sich ausdenken, erdichten	11.2
fīnīre	begrenzen; beenden	8.1
fīnis, -is m	Grenze, Ende, Ziel; Zweck	17.2
firmus, -a, -um	stark, fest, zuverlässig	2.2
flectere (flectō, flexī, flexum)	biegen, beugen, wenden	23.1
flēre (fleō, flēvī, flētum)	weinen, beklagen	21.1
flūmen, flūminis n	Fluss, Strom	20.1
fortāsse	vielleicht	6.2
forte *(Adv.)*	zufällig; vielleicht	14.2
fortis, -e	tapfer, mutig, stark	21.2
fortūna, -ae	Schicksal, Glück	14.1
forum, -ī	Forum, Marktplatz	2.1
frāter, frātris m	Bruder	14.1
fraus, fraudis f	Täuschung, Betrug	15.1
fremere (fremō, fremuī)	lärmen, toben, murren	4.2
frūstrā *(Adv.)*	vergeblich	6.2
fuga, -ae	Flucht; Verbannung	15.2
fugere (fugiō, fūgī)	fliehen, meiden	18.1
fundāmentum, -ī	Grund, Grundlage, Fundament	18.1

g

gaudēre	sich freuen	1
gaudium, -ī	Freude, Vergnügen	10.1
gēns, gentis f	Geschlecht, Stamm, Volk	17.1
genus, generis n	Geschlecht, Gattung, Art	23.1
gignere (gignō, genuī, genitum)	erzeugen, hervorbringen, gebären	13.2
gladiātor, -ōris m	Gladiator	7.1
gladius, -ī	Schwert	7.1
glōria, -ae	Ruhm	9.2
grātus, -a, -um	dankbar; angenehm, willkommen	9.2
gravis, -e	schwer, gewichtig; ernst	24.2

h

habēre	haben, halten, besitzen	5.2
habitāre	wohnen	21.1
haurīre (hauriō, hausī, haustum)	schöpfen; trinken	24.2
hērēs, -ēdis m	(der) Erbe	12.1
hic, haec, hoc	dieser, diese, dieses	20.1
hīc	hier	3.1
hodiē	heute	3.2
homō, hominis m	Mensch; *Pl. auch:* Leute	4.1
honōs, -ōris m	Ehre, Ehrenamt	12.2
hōra, -ae	Stunde	5.2
hortus, -ī	Garten	18.2
hostis, -is m	Feind	17.2
hūc	hierher	23.1
hūmānus, -a, -um	menschlich; gebildet	23.1

i

iacēre	liegen, daliegen	7.2
iacere (iaciō, iēcī, iactum)	werfen, schleudern	18.1
fundāmenta iacere	den Grund *(zu etw.)* legen, mit dem Bau *(von etw.)* beginnen	18.1
iactāre	werfen, schleudern	3.1
iam	schon, bereits; gleich	2.2
nōn iam	nicht mehr	2.2
ibī	da, dort	1
igitur	also, folglich, daher	7.1
īgnis, -is m	Feuer, Brand	22.2
īgnōrāre	nicht wissen, nicht kennen	20.1
ille, illa, illud	jener, jene, jenes	17.2
imāgō, imāginis f	Bild, Abbild	20.1
immānis, -e	ungeheuer, riesig, schrecklich, grausam	22.1
imminēre	drohen, bedrohen, bevorstehen	12.1
immō	ja sogar, vielmehr, im Gegenteil	4.2
imperātor, -ōris m	Feldherr; Herrscher, Kaiser	1
imperium, -ī	Befehl; Herrschaft; Reich	12.2
imprīmīs	besonders, vor allem	5.1
in *(m. Akk.)*	in (... hinein), nach, auf; gegen	5.2

in *(m. Abl.)*	in, an, auf	6.1
incēdere (incēdō, incessī, incessum)	daherkommen; befallen	18.2
incendere (incendō, incendī, incēnsum)	anzünden, in Brand stecken	18.2
incendium, -ī	Brandstiftung; Brand, Feuer	15.1
inde	von da (an), von dort	21.1
ingenium, -ī	Anlage, Talent, Begabung	13.1
ingēns, -ntis	ungeheuer, gewaltig	19.1
inimīcus, -a, -um	feindlich, verfeindet *(mit)*	12.1
inimīcus, -ī	Feind	12.1
iniūria, -ae	Unrecht, Ungerechtigkeit	14.2
iniūstus, -a, -um	ungerecht	7.1
inquit	sagt(e) er, sie, es	8.1
īnsidiae, -ārum *(Pluralwort)*	Hinterhalt, Anschlag	12.1
īnsidiīs parāre	eine Falle stellen, einen Anschlag planen	12.1
īnsula, -ae	Insel; Wohnblock	13.1
intellegere (intellegō, intellēxī, intellēctum)	erkennen, einsehen, verstehen	4.2
inter *(m. Akk.)*	zwischen, unter; während	5.2
interdum	manchmal	3.1
interficere (interficiō, interfēcī, interfectum)	töten	18.1
intrāre	eintreten, hereinkommen, betreten	1
invenīre (inveniō, invēnī, inventum)	finden, erfinden	9.2
invidia, -ae	Neid; Abneigung, Hass	9.1
invītāre	einladen	24.1
invītus, -a, -um	ungern, unfreiwillig	23.1
ipse, ipsa, ipsum	selbst	15.2
īra, -ae	Zorn, Wut	9.1
īrātus, -a, -um	zornig, wütend	19.1
irrīdēre (irrīdeō, irrīsī, irrīsum)	auslachen, verspotten	14.2
is, ea, id	er, sie, es; dieser, diese, dieses; der(jenige), die(jenige), das(jenige)	13.2
iste, ista, istud	dieser, diese, dieses; der da, die da, das da	20.2
itaque	deshalb	3.1
iter, itíneris n	Weg, Reise, Marsch	22.1
iterum	wieder, zum zweiten Mal	1
iterum atque iterum	immer wieder	10.1
iubēre (iubeō, iussī, iussum)	beauftragen, befehlen; *(m. Inf.:)* lassen	21.2
iūdicium, -ī	Gericht, Gerichtshof; Urteil	19.1
iūs, iūris n	Recht	19.2
iūstus, -a, -um	gerecht, rechtmäßig	17.2
iuvat (iūvit)	es freut, macht Spaß	3.1

l

labor, -ōris m	Mühe, Anstrengung, Arbeit	19.1
labōrāre	arbeiten, sich anstrengen; leiden	7.1
lacessere (lacessō, lacessīvī, lacessītum)	reizen, herausfordern	14.2
lacrima, -ae	Träne	23.1
laedere (laedō, laesī, laesum)	verletzen, stoßen	14.1
laetus, -a, -um	froh, fröhlich	2.1
latēre	verborgen sein	16.1
lātus, -a, -um	breit, weit	2.1
laudāre	loben, rühmen	3.2
lēgātus, -ī	Abgesandter; Legat	19.2
legere (legō, lēgī, lēctum)	lesen; sammeln	8.1
legiō, -ōnis f	Legion	11.2
leō, -ōnis m	Löwe	22.1
lēx, lēgis f	Gesetz	19.1
libenter *(Adv.)*	gern, mit Vergnügen	16.2
liber, librī	Buch	9.1
līber, lībera, līberum	frei, unabhängig	13.2
līberāre	befreien	8.1
lībertās, -ātis f	Freiheit	20.1
lībertus, -ī	Freigelassener	4.1
licet	es ist erlaubt, man darf; es ist möglich	3.2
littera, -ae	Buchstabe; *Pl. auch:* Brief; Wissenschaft(en)	7.2
locus, -ī *Pl.:* loca, -ōrum	Ort, Platz, Stelle; Rang Orte, Gegend	6.2
longus, -a, -um	lang, weit; lang dauernd	22.1
lūdus, -ī	Spiel; Schule	7.2
lūmen, lūminis n	Licht; Glanz	20.1
lupa, -ae	Wölfin	14.1
lupus, -ī	Wolf	14.1
lūx, lūcis f	Licht	17.1

m

maestus, -a, -um	traurig, betrübt	6.2
magis	mehr, in höherem Grad	13.1
magister, magistrī	Lehrer	9.1
magistra, -ae	Lehrerin	2.1
māgnopere	sehr	11.2
māgnus, -a, -um	groß, bedeutend	2.2
māior, māius, -ōris	größer, bedeutender; älter	24.1
malum, -ī	Übel, Leid	17.2
malus, -a, -um	schlecht, schlimm, böse	6.1

manēre (maneō, mānsī)	bleiben; warten *(auf)*, erwarten	6.2
mare, maris n	Meer	15.1
māter, mātris f	Mutter	11.1
māteria, -ae	Grundstoff, Bauholz; Stoff	11.1
māximē	am meisten; sehr, überaus	24.2
māximus, -a, -um	der/die/das größte; sehr groß	22.2
mē	mich	4.1
medius, -a, -um	der/die/das mittlere; mitten	24.2
melior, melius, -ōris	besser	24.1
mercātor, -ōris m	Kaufmann	4.1
meus, -a, -um	mein, meine	9.2
mīles, mīlitis m	Soldat	9.2
minimē	am wenigsten; keineswegs, nicht	24.2
minimus, -a, -um	der/die/das kleinste, geringste; sehr klein	24.2
minor, minus, -ōris	kleiner	24.2
miser, misera, miserum	elend, unglücklich, armselig	9.1
miseret mē *(m. Gen.)*	*(jmd.)* tut mir Leid, ich bedauere *(jmdn.)*	20.2
misericordia, -ae	Mitleid, Barmherzigkeit	16.2
mittere (mittō, mīsī, missum)	schicken; gehen lassen, entlassen; werfen	16.2
modo	eben (erst), gerade; nur	1
modus, -ī	Maß; Art, Weise	22.2
moenia, -ium n *(Pluralwort)*	Stadtmauer, Mauer	15.1
monēre	mahnen, auffordern; erinnern; warnen	15.2
mōns, montis m	Berg	17.1
mōnstrāre	zeigen	17.1
mōnstrum, -ī	Ungeheuer; Götterzeichen, Wunderzeichen	9.2
mors, mortis f	Tod	17.1
mortālis, -e	sterblich	19.1
mortuus, -a, -um	tot, gestorben	23.1
mōs, mōris m	Sitte, Brauch, Art; *Pl. auch:* Charakter, Verhalten	13.1
movēre (moveō, mōvī, mōtum)	bewegen, beeinflussen; erregen	11.1
mox	bald	13.2
mulier, mulíeris f	Frau, Ehefrau; Weib	6.1
multus, -a, -um	viel, zahlreich	2.2
mundus, -ī	Welt, Weltall	23.1
mūtāre	ändern, verändern, wechseln, vertauschen	11.2

n

nam	denn, nämlich	1
nārrāre	erzählen, berichten	9.1
nauta, -ae m	Seemann, Matrose	21.1
nāvigāre	*(zur See)* fahren, segeln, befahren	9.2
nāvis, -is f	Schiff	17.1
-ne	*(Fragepartikel)*	8.2
nē ... quidem	nicht einmal, auch nicht	7.2
nec	und nicht, auch nicht, aber nicht	3.1
necāre	töten	21.1
negāre	leugnen, bestreiten; verweigern	5.2
nēmō	niemand	2.1
nepōs, -ōtis m	Enkel; Neffe	13.1
neque	und nicht, auch nicht, aber nicht	3.1
neque – neque	weder – noch	7.1
nescīre	nicht wissen, nicht verstehen	16.1
nex, necis f	*(gewaltsamer)* Tod, Mord	7.2
nihil *(auch:* nīl)	nichts	3.2
nisī	wenn nicht; außer	8.2
nōbilis, -e	berühmt, vornehm, adelig	20.2
nōmen, nōminis n	Name; Begriff	14.2
nōmināre	nennen, benennen	12.2
nōn	nicht	1
nōnne?	etwa nicht?	8.2
nōnnūllī, -ae, -a	einige, manche	6.1
nōs *(Nom./Akk.)*	wir/uns	12.2
noster, nostra, nostrum	unser, unsere	9.2
nōtus, -a, -um	bekannt	12.2
novem *(undekliniert)*	neun	19.2
novus, -a, -um	neu, neuartig	2.1
nox, noctis f	Nacht	23.2
nūllus, -a, -um, *Gen.* nūllīus, *Dat.* nūllī	kein	18.1
num?	etwa?	3.2
nūmen, nūminis n	*(göttliche)* Macht, Gottheit	23.1
numerus, -ī	Zahl, Menge	14.1
nunc	jetzt, nun	1
nūntiāre	melden, mitteilen	18.2
nūntius, -ī	Bote; Nachricht	18.2
nūper	neulich	21.2
nusquam	nirgends	8.1

o

oboedīre	gehorchen	4.1
observāre	beobachten; einhalten	6.1
occīdere (occīdō, occīdī, occīsum)	niederschlagen, töten	12.1
occupāre	besetzen, in Besitz nehmen	18.1
occupātus, -a, -um	in Anspruch genommen, beschäftigt	18.1
octō *(undekliniert)*	acht	19.2
oculus, -ī	Auge	23.2
odium, -ī	Hass	11.1
officium, -ī	Dienstleistung, Dienst; Pflicht; Pflichtgefühl	10.1
omnis, -e	all(es), ganz, jeder	19.1

oppidum, -ī	*(befestigte)* Stadt	9.2
opprimere (opprimō, oppressī, oppressum)	unterdrücken; überfallen, überwältigen	16.2
oppugnāre	bestürmen, belagern	15.1
optāre	wünschen	13.1
optimus, -a, -um	der/die/das beste; sehr gut	24.1
opus, operis n	Werk, Arbeit	18.1
opus est *(m. Abl.)*	es ist nötig, man braucht *(etw./jmdn.)*	19.1
ōrāculum, -ī	Orakel(stätte), Götterspruch	16.2
ōrāre	beten, bitten	8.1
orbis, -is m	Kreis, Kreislauf	17.2
orbis terrārum	Erdkreis, Welt	22.1
ōtium, -ī	freie Zeit, Freizeit, Ruhe	17.2

p

parāre	bereiten, vorbereiten	11.1
parcere *(m. Dat.)* (parcō, pepercī)	*(jmdn.)* schonen; *(an/mit etw.)* sparen	17.2
pārēre	gehorchen	3.1
parere (pariō, peperī, partum)	hervorbringen, gebären; erwerben; *(einen Sieg)* erringen	18.2
pars, partis f	Teil; Richtung	19.1
parvus, -a, -um	klein, gering	13.1
pāstor, -ōris m	Hirte	14.2
pater, patris m	Vater	4.2
patrēs, -um m	Senatoren, Patrizier; Vorfahren	4.2
patēre	offen stehen; offenbar sein	16.1
patria, -ae	Vaterland, Heimat	11.1
patricius, -ī	Patrizier	2.2
paucī, -ae, -a	wenige	2.2
paulum	(ein) wenig	12.1
pāx, pācis f	Friede	12.2
pecūnia, -ae	Geld	7.2
peior, peius, -ōris	schlechter	24.1
pellere (pellō, pepulī, pulsum)	treiben, schlagen; vertreiben	11.2
pendēre (pendeō, pependī)	(herab)hängen	24.2
per *(m. Akk.)*	durch (... hindurch); über (... hin)	5.2
perdere (perdō, perdidī, perditum)	vernichten; verlieren	6.2
perficere (perficiō, perfēcī, perfectum)	durchsetzen, vollenden	18.1
perīculōsus, -a, -um	gefährlich	22.1
perīculum, -ī	Gefahr	7.1
perspicere (perspiciō, perspexī, perspectum)	durchsehen; genau betrachten; durchschauen	24.2
perterrēre	*(jmdn.)* gewaltig erschrecken, einschüchtern	21.1
perturbāre	(völlig) verwirren, beunruhigen	12.2
pēs, pĕdis m	Fuß	22.2
pessimus, -a, -um	der/die/das schlechteste; sehr schlecht	24.1
petere (petō, petīvī, petītum)	aufsuchen; haben wollen, angreifen; verlangen, bitten	5.2
pīrāta, -ae m	Seeräuber, Pirat	21.1
placēre	gefallen	1
plēbs, plēbis f	Volk, einfache Leute	11.1
plēnus, -a, -um	voll	9.1
plūrimus, -a, -um	der/die/das meiste; sehr viel	24.1
plūs, plūris	mehr	24.1
poena, -ae	Strafe, Buße	24.2
poēta, -ae m	Dichter	23.2
populus, -ī	Volk; Publikum	1
porta, -ae	Tor	16.1
portāre	tragen, bringen	20.1
pōscere (pōscō, popōscī)	fordern, verlangen	5.1
posse (possum, potuī)	können, in der Lage sein, mächtig sein	8.1
post *(Adv.)*	später, darauf	19.2
post *(m. Akk.)*	nach; hinter	10.2
posteā *(Adv.)*	nachher, später	12.1
postquam	nachdem, als	11.1
praecipitāre	*(kopfüber)* stürzen, (sich) hinabstürzen	16.1
praeda, -ae	Beute	20.2
praestāre (praestō, praestitī)	*(m. Dat.:)* voranstehen, übertreffen; *(m. Akk.:)* leisten, erweisen	16.1
praetereā	außerdem	24.1
precēs, -um f	Bitten, Gebet	23.1
pretium, -ī	Preis, Wert	10.1
prīmō	zuerst, zunächst; anfangs	13.2
prīmum	zum ersten Mal	23.2
prīmus, -a, -um	der/die/das erste	17.2
prīnceps, -cipis m	erster Mann, Fürst	18.2
priusquam	bevor, ehe	23.2
prīvāre *(m. Abl.)*	befreien *(von etw.)*; berauben	18.2
prīvātus, -a, -um	privat, persönlich	12.1
prō *(m. Abl.)*	vor; für, anstelle *(von)*	6.1
probāre	prüfen; gutheißen, billigen	20.2
probus, -a, -um	tüchtig, gut	15.2
procul	fern, weit weg, von weitem	16.1
prōdere (prōdō, prōdidī, prōditum)	verraten; preisgeben, überliefern	11.2
proelium, -ī	Gefecht, Schlacht	21.1
profectō	in der Tat, auf alle Fälle	4.2
properāre	eilen, sich beeilen	3.2
propinquus, -a, -um	nahe, benachbart; verwandt	14.2
propter *(m. Akk.)*	wegen	13.2
prōtegere (prōtegō, prōtēxī, prōtēctum)	schützen, beschützen	6.2

prōvincia, -ae	Provinz, Amtsbereich	12.2
prūdēns, -ntis	klug, umsichtig	19.2
prūdentia, -ae	Klugheit	16.1
pūblicus, -a, -um	öffentlich, staatlich	5.1
puella, -ae	Mädchen	8.1
puer, puerī	Junge, Kind	9.1
pūgna, -ae	Kampf	7.1
pūgnāre	kämpfen	7.1
pulcher, pulchra, pulchrum	schön, hübsch	9.1
pūnīre	bestrafen, rächen	4.1
putāre	glauben, meinen; *(m. doppeltem Akk.:)* halten *(für)*	16.1

q

quaerere (quaerō, quaesīvī, quaesītum)	suchen, erwerben	10.1
quaerere (ex/ab) *(m. Abl.)*	*(jmdn.)* fragen	
quam	wie	14.1
(beim Komp. und nach alius)	als	22.1
(beim Superl.)	möglichst	22.2
quamquam	obwohl, obgleich	11.2
quantus, -a, -um	wie groß, wie viel	5.1
quattuor *(undekliniert)*	vier	19.2
-que	und	8.2
quī, quae, quod *(Relativ-Pronomen)*	der, die, das; welcher, welche, welches; wer, was	13.1
quī, quae, quod *(adj. Interrogativ-Pron.)*	welcher, welche, welches; was für ein/eine	20.1
quid	was	3.1
quidem	zwar; wenigstens, freilich, allerdings	20.2
quiēscere (quiēscō, quiēvī)	sich beruhigen, (aus)ruhen	4.2
quīnque *(undekliniert)*	fünf	19.2
quis	wer	8.2
quō	wohin	10.2
quod	weil	3.2
quoque *(nachgestellt)*	auch	2.2
quot	wie viele	5.1

r

rapere (rapiō, rapuī, raptum)	rauben, fortreißen	22.1
recipere (recipiō, recēpī, receptum)	zurücknehmen, aufnehmen	18.1
sē recipere	sich zurückziehen	18.1
recitāre	vorlesen, vortragen	3.1
reddere (reddō, réddidī, rédditum)	zurückgeben; machen *(zu)*	14.2
rēgīna, -ae	Königin	12.2
regiō, -ōnis f	Gegend, Gebiet; Richtung	15.2
rēgnāre	König sein, *(als König)* herrschen	17.1
rēgnum, -ī	Königreich, *(Königs-)* Herrschaft	14.2
relinquere (relinquō, relīquī, relictum)	zurücklassen, hinterlassen, verlassen	11.1
remōtus, -a, -um	entfernt, entlegen	14.1
removēre (removeō, remōvī, remōtum)	entfernen, wegschaffen	14.1
reprehendere (reprehendō, reprehendī, reprehēnsum)	tadeln	4.1
respondēre (respondeō, respondī, respōnsum)	antworten, erwidern	2.1
rēx, rēgis m	König	9.1
rīdēre (rīdeō, rīsī, rīsum)	lachen, auslachen	1
rogāre	fragen; bitten	2.1

s

sacerdōs, -dōtis m/f	Priester/in	16.1
sacrificium, -ī	Opfer	8.2
saepe	oft	5.1
salūs, -ūtis f	Wohl, Gesundheit, Rettung	16.2
salūtāre	grüßen	7.1
salvē / salvēte	sei/seid gegrüßt!	3.1
satis	genug	11.2
saxum, -ī	Fels	22.2
scelus, sceleris n	Verbrechen, Frevel	14.2
scīre	wissen, verstehen	10.1
scrībere (scrībō, scrīpsī, scrīptum)	schreiben, verfassen	8.1
sē *(Akk., Abl.)*	sich	12.1
sed	aber; sondern	1
sedēre (sedeō, sēdī, sessum)	sitzen	1
sēdēs, -is f	Sitz, Wohnsitz	17.1
sēdēs beātae	Gefilde der Seligen	17.1
sēditiō, -ōnis f	Aufstand; Zwist	12.1
semper	immer	2.2
senātor, -ōris m	Senator	12.2
sententia, -ae	Meinung, Ansicht; Satz; Sinn	5.2

sentīre (sentiō, sēnsī, sēnsum)	fühlen, empfinden; merken; meinen	4.2
septem *(undekliniert)*	sieben	19.2
sērō	spät, zu spät	9.1
serpēns, -ntis m/f	Schlange	16.2
serva, -ae	Sklavin	2.1
servāre	retten, bewahren	14.1
servus, -ī	Sklave	2.1
sevērus, -a, -um	ernst, streng	10.2
sex *(undekliniert)*	sechs	19.2
sī	wenn	8.2
sibī *(Dat.)*	sich	12.1
sīc	so, auf diese Weise	8.1
silva, -ae	Wald	16.2
similis, -e	ähnlich	24.2
simulācrum, -ī	Abbild, Götterbild	1
simulāre	vortäuschen, heucheln	16.2
sīn (autem)	wenn aber	23.1
sine *(m. Abl.)*	ohne	6.1
sitis, -is f	Durst	24.2
situs, -a, -um	gelegen, befindlich	9.2
solēre	gewohnt sein *(etwas zu tun)*, pflegen	5.2
sōlus, -a, -um, *Gen.* sōlīus, *Dat.* sōlī	allein, bloß	8.1
sonāre (sonō, sonuī)	ertönen, erklingen, klingen	20.1
soror, -ōris f	Schwester	13.2
sors, sortis f	Schicksal, Los	17.1
spectāculum, -ī	Schau, Schauspiel	1
spectāre	schauen, anschauen, betrachten	6.2
spērāre	hoffen, erhoffen, erwarten	6.2
stāre (stō, stetī)	stehen	2.2
statim	auf der Stelle, sofort	10.1
statuere (statuō, statuī, statūtum)	aufstellen; festsetzen, beschließen	16.2
struere (struō, strūxī, strūctum)	bauen, errichten; bereiten	16.2
studēre *(m. Dat.)*	sich bemühen *(um)*, wollen; sich bilden	3.1
stupēre *(m. Akk.)*	staunen *(über)*, stutzen, verblüfft sein	16.1
sub *(m. Abl.)*	unter	23.1
subitō	plötzlich	6.1
sūmere (sūmō, sūmpsī, sūmptum)	nehmen	11.1
summus, -a, -um	der/die/das oberste, höchste	6.1
super *(m. Akk.)*	über; (oben) auf	24.2
superāre	übertreffen, überwinden, besiegen	20.1
superbia, -ae	Hochmut, Stolz	11.1
superbus, -a, -um	hochmütig, stolz	17.2
supplex, -plicis	demütig, flehend	23.1
suspicere (suspiciō, suspexī, suspectum)	aufblicken, bewundern; verdächtigen	18.2
sustinēre	aushalten, ertragen	5.2
suus, -a, -um	sein/ihr	9.2

t

tabula, -ae	Tafel; Gemälde	19.2
tacēre	schweigen	1
tam	so	7.1
tamen	dennoch, doch, trotzdem	3.1
tandem	endlich, schließlich; *(in Fragen:)* denn eigentlich	7.1
tantopere	so sehr	4.2
tantum	nur, bloß	21.1
tantus, -a, -um	so groß, so viel	4.2
tardus, -a, -um	langsam, träge; spät	21.2
tēctum, -ī	Dach, Haus	22.1
tegere (tegō, tēxī, tēctum)	decken, bedecken	22.2
tēlum, -ī	*(Wurf-)*Geschoss, *(Angriffs-)*Waffe	18.1
templum, -ī	Tempel	2.2
temptāre	angreifen; erproben, versuchen	22.2
tempus, temporis n	Zeit, Zeitpunkt	14.1
ad tempus	eine Zeit lang; rechtzeitig	14.1
suō tempore	zu seiner Zeit	17.1
tenēre	halten, festhalten	4.1
terra, -ae	Land, Erde	6.2
terrēre	*(jmdn.)* erschrecken	20.2
terribilis, -e	schrecklich, Furcht erregend	20.2
timēre	(sich) fürchten, besorgt sein	3.2
timidus, -a, -um	ängstlich, feige	3.2
timor, -ōris m	Furcht	12.2
tot	so viele	5.2
trādere (trādō, trādidī, trāditum)	übergeben, überliefern	14.2
tragoedia, -ae	Tragödie, Trauerspiel	11.1
trahere (trahō, trāxī, tractum)	ziehen, schleppen	16.1
trāns *(m. Akk.)*	über (... hinüber); jenseits	15.1
trānsportāre	hinüberbringen, hinüberschaffen	13.1
tremere (tremō, tremuī)	zittern, beben	4.1
trēs, tria	drei	19.2
tribuere (tribuō, tribuī, tribūtum)	zuteilen, zuweisen; erweisen	12.2
tribūnus, -ī	Tribun	2.2
trīstis, -e	traurig	21.1

triumphus, -ī	Triumph, Triumphzug	11.1
tū / tē	du / dich	3.1
tuba, -ae	Trompete, Tuba	20.1
tum	da, dann, darauf; damals	1
turba, -ae	Verwirrung, Durcheinander; *(Menschen-)*Menge	1
turpis, -e	hässlich, schändlich	21.2
turris, -is f	Turm	15.1
tūtus, -a, -um	geschützt, sicher	17.2
tuus, -a, -um	dein, deine	9.2

u

ubī	wo	3.2
ubī *(Subjunktion)*	sobald	1
ubī prīmum	sobald	22.2
ubīque	überall	8.2
umquam	jemals	21.2
unde	woher	4.1
ūndecim *(undekliniert)*	elf	19.2
ūnus, -a, -um, *Gen.* ūnīus, *Dat.* ūnī	ein, eine(r/s), ein(e) einzelne(r/s)	5.2
urbs, urbis f	Stadt	17.1
ut	wie	3.1
ūtilis, -e	brauchbar, nützlich	19.1
uxor, -ōris f	Ehefrau, Gattin	13.1

v

vacāre *(m. Abl.)*	frei sein *(von)*, *(etw.)* nicht haben	7.1
vādere (vādō)	gehen, schreiten	10.1
valdē *(Adv.)*	sehr	1
valēre	gesund sein; Einfluss haben	8.1
valē/valēte	leb/lebt wohl!	8.1
varius, -a, -um	verschieden, verschiedenartig	10.1
vāstus, -a, -um	wüst, öde; unermesslich, weit	15.2
vātēs, -is m/f	Seher/in, Prophet/in; Sänger	17.1
vehemēns, -ntis	heftig	21.2
vel	oder	9.1
venia, -ae	Verzeihung, Nachsicht	13.2
venīre (veniō, vēnī, ventum)	kommen	4.1
ventus, -ī	Wind, Sturm	15.2
verbum, -ī	Wort	8.2
vester, vestra, vestrum	euer, eure	9.2
vexāre	quälen, beunruhigen	21.2
via, -ae	Weg, Straße	2.1
victor, -ōris m	Sieger	7.2
victōria, -ae	Sieg	7.1
vīcus, -ī	Dorf; Gasse, Stadtviertel	5.1
vidēre (videō, vīdī, vīsum)	sehen	3.1
vincere (vincō, vīcī, victum)	siegen, besiegen	11.1
vincīre (vinciō, vīnxī, vīnctum)	binden, fesseln	20.2
vīnum, -ī	Wein	5.1
vir, virī	Mann	9.2
virgō, virginis f	Mädchen, *(junge)* Frau	21.1
virtūs, -ūtis f	Tapferkeit, Tüchtigkeit; gute Eigenschaft, Tugend	20.1
vīs f *(Akk.* vim, *Abl.* vī)	Gewalt, Kraft; Menge	15.1
vīres, vīrium f	Kräfte, Streitkräfte	15.1
vīta, -ae	Leben	5.1
vituperāre	tadeln	11.2
vīvere (vīvō, vīxī)	leben	12.2
vīvus, -a, -um	lebend, zu Lebzeiten	23.1
vix	kaum	3.2
vocāre	rufen, nennen	5.1
voluntās, -ātis f	Wille, Absicht	15.2
volvere (volvō, volvī, volūtum)	wälzen, rollen	23.2
vōs *(Nom./Akk.)*	ihr/euch	12.2
vōtum, -ī	Gelübde, Wunsch, Opfergabe	10.2
vovēre (voveō, vōvī, vōtum)	geloben, *(feierlich)* versprechen	8.2
vōx, vōcis f	Stimme, Laut; Ausspruch	10.1
vulnerāre	verwunden	7.1
vulnus, vulneris n	Wunde	23.2

Was war wann?

Tantalus ㉔

Athen: Parthenon - Tempel

Griechenland

Orpheus ㉓

Homer

? ? ㉓

Herkules ㉒

⑲ Solon Gesetzgeber Athens

640 560

⑯ (angebl.) Zerstörung Trojas

1200 – 800 – 753 – 700 – 600 – 500 – 400

um 450

Zwölf-tafel-gesetz

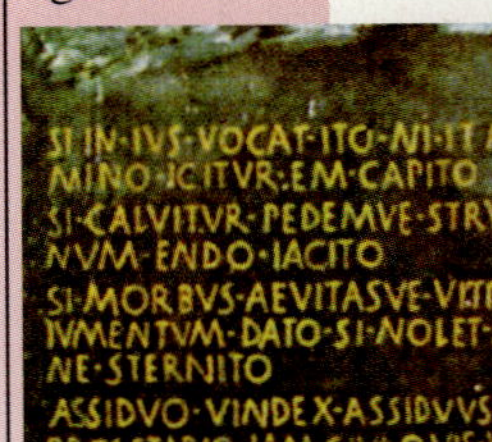

⑲

510

(angebl.) Vertreibung des Tarquinius

„Brutus“ ⑱

490

(angebl.) Verbannung des Coriolan ⑪

(angebl.) Gründung Roms

⑭

Äneas kommt nach Italien ⑮⑰

▬ = Zeit der Mythen und Sagen

Alexander siegt über den Perserkönig

(9)
Alexander der Große
356 323

300 — 200 — 100 — Christi Geburt — 100

234 149
Cato der Ältere

235 183
Scipio Africanus der Ältere

Triumphator
(20)

247 183
Hannibal

100 44
Cäsar
(12)

31: Ende der Bürgerkriege
(12)

63 14
Augustus
(13)

9

Ara Pacis - kaiserliche Familie
(14)

70 19
Vergil
(16) (17) (22)

59 17
Livius
(11) (18) (19)

43 18
Ovid
(1) (20) (23)

(1)
53 117
Trajan

Grabmal des Augustus

Rom

Die Kreiszahlen verweisen auf die Lektion, in der die jeweilige Thematik oder Person behandelt wird.

Imperium Romanum
(Anfang des 2.Jahrhunderts n. Chr.)